传承经典　相伴成长

——周浦欧风幼儿园传统文化特色活动成果集

盛　晴　主编

文匯出版社

图书在版编目(CIP)数据

传承经典　相伴成长 / 盛晴主编.—上海：文汇出版社，2023.3
ISBN 978-7-5496-3984-7

Ⅰ.①传…　Ⅱ.①盛…　Ⅲ.①幼儿园-教学研究　Ⅳ.①G61

中国国家版本馆 CIP 数据核字(2023)第 042775 号

传承经典　相伴成长

——周浦欧风幼儿园传统文化特色活动成果集

主　　编 / 盛　晴
责任编辑 / 熊　勇
封面装帧 / 张　晋

出版发行 / 文匯出版社
上海市威海路 755 号
(邮政编码 200041)
经　　销 / 全国新华书店
排　　版 / 南京展望文化发展有限公司
印刷装订 / 启东市人民印刷有限公司
版　　次 / 2023 年 3 月第 1 版
印　　次 / 2023 年 3 月第 1 次印刷
开　　本 / 720×1000　1/16
字　　数 / 360 千字
印　　张 / 19.75

ISBN 978-7-5496-3984-7
定　　价 / 58.00 元

本书编委会

主　编： 盛　晴

副主编： 丁晓玲

编　委： 徐　静　周婉晔　郭曼利　谈玮吟

赵　青　秦雯婷　钱　霞　周灵捷

李　丹　汪彩云　周　洁　王丽红

林婷婷　倪　霞　王顾艳　葛　臻

写在前面的话

（代序）

欣喜——如婴坠地

上海市浦东新区周浦欧风幼儿园，十三年前如婴坠地，迈出的第一步就让人欣喜，第一个区级课题“古诗吟唱教学培养幼儿良好品行的实践研究”，让这个婴儿具有了古诗文的底蕴；随后，“幼儿园‘快乐古诗文’的实践与研究”让这个渐渐长大的孩童有了底气，并成功迈入上海市一级幼儿园的行列；接着，区级重点课题“幼儿园传统文化活动区的创设与研究”让中华文化架构起这位少年不断攀登的阶梯，转眼间，欧风已然是老百姓家门口的好学校，翩翩少年初长成，鲜衣怒马正芳华。

成长——如鹰翱翔

如今，周浦欧风幼儿园在优秀传统文化这条研究之路上越走越坚定、越走越稳扎，“传统文化视域下幼儿园‘尚美’课程的构建与研究”再一次被立项为区级重点课题。年轻的老师们在一次次的实践与研究中越来越智慧，设计的活动越来越精彩，正所谓“蹈大方，出新裁”，使我们课程的实施展现出特色、孩子的品行得到了诗化。在优秀传统文化的熏陶中，我们的老师有了人文省思，让“弄堂游戏”走进幼儿园，让“民间手艺”有了传承，让“传统艺术”具有了现代韵味：布贴画有了“爱马仕”，扇子文化更具童趣，各种传统美食、传统节日、传统服饰散发出了绚烂的民族风……捧读欧风十三年汇成的成果集，一幕幕研究过程中的艰辛，有了苦涩后的回味、焦灼后的会心、冥思后的放松，而眼前，却出现了另一幕：在中华传统文化的天空中，一只雏鹰正在自由翱翔！

相伴十三年，作为一个见证者，相信欧风长成雄鹰的那一刻，已经指日可待！

浦东教育发展研究院　徐婵娟

2023 年 2 月

目　录

导　　论

伴随着改革开放，我国经济、政治、军事、科技等各领域取得了举世瞩目的成就，随后，推动文化教育快速发展就成为民族振兴和国家崛起的逻辑必然。

基于此，党的十八大提出：把立德树人作为教育的根本任务，培养德、智、体、美全面发展的社会主义建设者和接班人。为了贯彻和落实立德树人的根本任务，教育部连续印发了两个关系到教育全局的重大文件：《关于全面深化课程改革，落实立德树人根本任务的意见》《完善中华优秀传统文化教育指导纲要》。这两个文件相互联系、相辅相成，前者明确了教育改革的根本任务，后者明晰了实现根本任务的必经途径。

“立德树人”在党的十八大报告中首次提出，具有里程碑式的重要意义，这是在对中国教育深刻反思的基础上提出来的，是充分考虑到未来经济社会发展形势所提出来的，体现了教育的本质要求，明确了教育的根本使命，符合教育规律和人才培养规律，它将引领包括学前教育在内的中国教育，在今后相当时期内的基本方向。

于是，对我国学前教育核心价值的基本思考，应当是与我国的政治、经济、文化背景相一致。这是逻辑的必然，也是历史的趋势。

一、研究缘起

1. 落实中华优秀传统文化教育，顺应了新时代幼儿园立德树人的价值导向

党的十八大报告首次提出“把立德树人作为教育的根本任务”。在此背景下，党和国家把对中华优秀传统文化的重视推向了历史新阶段，多次强调要传承和弘扬中华优秀传统文化。习近平总书记指出：“培育和弘扬社会主义核心价值观必须立足中华优秀传统文化。牢固的核心价值观，都有其固有的根本。中华文明源远流长，孕育了中华民族的宝贵精神品格，培育了中国人民的崇高价值追求。自强不息、厚德载物的思想，支撑着中华民族生生不息、薪火相传。”

幼儿园作为国民教育中基础的基础，应当贯彻国家的教育方针，按照保育与教育相结合的原则，遵循幼儿身心发展特点和规律，把中华优秀传统文化教育落到实处，以促进幼儿德、智、体、美等方面全面、和谐发展——这是新时代幼儿园教育必然的价值导向。

2. 落实中华优秀传统文化教育，体现了新阶段幼儿园内涵发展的应有之义

伴随社会历史的发展，对教育质量的关注成为了园所的首要关注。这就要求我们更加关注园所的内涵发展，即通过加强内部建设，充分挖掘内部潜力，来不断提高办园能力和教育质量，是相对于规模发展的质量发展，强调提升幼儿园的办学质量；是相对于粗放发展的精细发展，将幼儿园的教学、德育、教师素质提高等作为改革与发展的关注重点；是相对于同质发展的特色发展，在特色的形成和品牌的培育中使学校上升到一个更高的水平；相对于模仿发展的创新发展，积极挖掘、利用、整合资源，将幼儿园导入一种新的发展境地。

我园始终坚持《3～6岁儿童学习与发展指南》《幼儿园工作规程》的要求，深入践行《完善中华优秀传统教育指导纲要》《上海市学生民族精神教育指导纲要》，在实施上海二期课改课程的基础上，培育教育特色，是幼儿园内涵发展的应有之义。

3. 落实中华优秀传统文化教育，契合了幼儿园中华优秀传统文化教育的实践困扰

上海二期课改课程以“幼儿发展为本”，“生活”“运动”“学习”“游戏”四类活动相互渗透，以一日活动的形式组织实施，关注幼儿多方面基本经验的感受与获得，为幼儿健康成长奠定基础。

在实践中，我们在生活、运动、学习、游戏四大类活动中渗透幼儿社会性发展的元素，以期践行中华优秀传统文化的传承，但这些探索或活动还缺少系统性和活动整体思考设计，在操作层面还显得较为表面和零散，教师实施课程的精力分散，不利于办园品质的提升。归根结底，幼儿园对中华优秀传统文化的传承和教育实践，存在意识的淡薄、方法的失当，尤其是系统课程的缺失，从而导致零散、随意。

二、研究问题

包括学前教育在内的教育是人们有目的、有计划、有组织地实施，以影响人的身心发展、培养人为目的的，在一定社会背景下发生的促进个体的社会化和个体化的实践活动。因此，教育是培养人的社会实践活动，这反映了教育的本质，体现了教育的特征，规定了教育的宗旨。

我们可以看出，教育与其他社会活动的不同，就在于“培养人”，即对人的发展施以主观倾向性的影响。培养人的社会实践活动，面向的对象自然是人。那么，在教育实践中，应当而且必须考虑个体的特性，尤其学前教育“要求教育者更

多地关注个体儿童的发展水平”，更大程度地“适宜儿童发展”——这是由学前期幼儿的身心发展特点决定的。

为此，上海二期课改为我们的教育实践厘定了基本的价值导向——“儿童视角”。作为一种教育价值理念，“儿童视角”意味着积极关注儿童的生活体验和意义感受，充分给予他们表达感受和意见的机会，让其感受到尊重；意味着积极发挥儿童的主体性，引导他们主动参与研究，使他们体验到能力感等。正如《3～6岁儿童学习与发展指南》所要求的：应当理解幼儿的学习以直接经验为基础，往往在生活和游戏中进行，应当尊重和保护其好奇心和学习兴趣，创设丰富的教育环境，合理安排一日生活，最大程度地支持和满足幼儿通过直接感知、实际操作和亲身体验获取经验。

我们的实践探究就是基于儿童视角，探索中华优秀传统文化教育在幼儿园教育实践中的有效落实。换言之，我们的探索聚焦于：如何以适宜幼儿的方式，有效地开展幼儿园中华优秀传统文化的教育和传承。

三、研究历程

1. 诗书经典——感知韵律中的美感

作为一种民族文学形态，经典古诗文是中国传统文化的瑰丽结晶，它语言简练、意境优美、内容广阔、感情深挚。经典诗文富有韵律，句式工整，读起来朗朗上口，非常符合学龄前儿童的认知特点和学习规律。

为此，我们于2010—2015年，基于《古诗吟唱教学培养幼儿良好品行的实践研究》和《幼儿园“快乐古诗文”的实践与研究》，深入实践，探究儿童视角下的古诗文教育活动，以期促进幼儿认知能力、道德品行、情绪情感等多方面的身心全面和谐发展。

具体而言，我们以艺术同构的形式和理念，开展儿童视角中的古诗文教育。所谓艺术同构，指的是用音乐、美术、游戏等不同形式的艺术与古诗文融合。教师在组织幼儿欣赏古诗文活动的过程中，应采用“多种感官协同参与”的模式，运用多种艺术教学形式，进一步提高幼儿对古诗文的感受力、理解力和表现力，树立幼儿的民族自豪感。

2. 精工巧艺——探寻手指间的智慧

《幼儿园教育指导纲要》明确要求：幼儿园应当“充分利用社会资源，引导幼儿实际感受祖国文化的丰富与优秀，感受家乡的变化和发展，激发幼儿爱家乡、爱祖国的情感”。社会文化资源承载着中华优秀传统文化的核心价值观，具体表现在人们生活方式的方方面面。其中，民间艺术、传统工艺等作为我国重要的民族文化遗产，不管是在内容上，还是在形式上均是丰富多样、精彩纷呈，比如剪纸、泥塑、印染、编织等，是开展中华优秀传统文化教育的重要资源。

活动区凸显小组合作和个别化活动，要求教师根据教育目标以及幼儿的发展水平和兴趣，有目的地创设活动环境，投放相应的活动材料，为幼儿提供了自主操作、自主思考和自主探索的机会，是传统文化教育儿童化的重要载体。

为此，我们基于《幼儿园传统文化活动区的创设与研究》的实践抓手，以活动区的形式和理念，开展儿童视角中的传统艺术教育。我们通过深入挖掘更多传统文化中对幼儿身心发展有益的精工巧艺，突破对传统文化教育单一的活动形式，尝试与幼儿日常区域活动相结合，开展个性化的传统文化活动区活动，让幼儿在生动情境中、快乐游戏中领略传统文化的内涵，并在感受中华文化的博大精深的同时，促进幼儿认知、情感、品行等多方面的发展，从而进一步激发幼儿对于中国传统艺术的兴趣。

3. 节庆习俗——浸润衣食中的气息

民风民俗是中华民族五千年辉煌灿烂史中的重要组成部分，蕴涵着天地万物，融会贯通了乡土、乡情、乡音、乡风等普通老百姓的审美追求，内容丰富、形式多样，也蕴涵着我们民族独特深层的精神价值观及相关活动、礼仪与相应的食品，渗透出深厚的文化底蕴。

而许多民俗民风是和中国的传统节日联系在一起的。传统节日有着艺术化的特点，传统节日文化中蕴涵着传统的审美情趣与艺术风格，许多充满想象的神话故事和传说都运用到了歌谣、年画和剪纸等艺术形式中，焕发出充满幻想与创造热情的魅力光芒。

因此，我们以生活化的形式和理念，开展儿童视角中的节庆习俗教育。所谓生活化，就是回归真实的生活场景，在衣食住行的再现情境中，深度感知渗透于言谈举止中的风俗民情。

由此，我们基于节庆活动的契机，充分融入一日生活场景，引导幼儿在感受民风民俗的过程中，实现中华优秀传统文化的教育。具体而言，节庆活动不仅仅是一个仪式、一个活动，而是贯穿一日生活中不同环节的活动。我们采用了多种方式开展民间节日活动，将节庆活动的组织与幼儿在园活动的四大板块自然结合。

4. 积水成渊——勾勒课程中的体系

在近十年的实践探究中，我们在保教实践中会渗透幼儿全面发展的要素，以期践行中华优秀传统文化的传承，但这些探索仍然缺少系统性，在操作层面表现出零散性、随意性。

为此，我们于 2020 年开始，以《传统文化视域下幼儿园“尚美”课程的构建与研究》为抓手，着力于梳理传统文化中“美”的物质和精神内涵，由此不断探索中华优秀传统文化教育在幼儿园教育中的内涵建设、课程建设，推进系统化发展。具体而言，我们以《规程》《课程指南》《3～6 岁儿童学习发展指南》为理论指导，着力于构建具有园所特色、彰显传统文化底色的“尚美”课程：选择传统文化中优秀的、积极的、美好的物质和精神内容作为课程主要内容，通过多途径实施课程，支持幼儿从中获得“美”的学习体验，在“尚美课程”中获得成长以及对传统文化的熏陶。

四、研究成效

立德树人是包括学前教育在内的教育工作的根本任务。本研究着力于适宜幼儿活动和发展的实践形式，深入探究中华优秀传统文化教育在幼儿园教育中的儿童化实践，以推进幼儿的全面发展，培养“现代中国人”，进而落实立德树人的根本任务。

落实中华优秀传统文化教育，实施的关键和难点在于儿童化。幼儿不同于成人，有其独特的生理和心理特点，因而幼儿园开展中华优秀传统文化教育，关键应从儿童的视角出发，尊重和遵循幼儿的年龄特点，以体验实践、文化浸润、浅显易懂的方式渗透于幼儿活动中。

我们基于实践循证，推动中华优秀传统文化教育在幼儿园教育中的儿童化实践，促进幼儿的全面发展，助力“培养现代中国人”的立德树人根本任务。同时，丰富了中华优秀传统文化教育的理论内涵，特别是为中华优秀传统文化教育的幼儿园实践、儿童化实践，提供了翔实的实践经验。

1. 促进幼儿的全面和谐发展

我们基于儿童化实践，开展传统文化教育，真正促进了幼儿体、智、德、美的全面和谐发展，特别是推动了幼儿的文化认知，培育了幼儿的文化认同感和自豪感。

在欣赏古诗文、分享节日、操作染艺等活动区中，了解背后所蕴含的文化内涵、认知兴趣和水平明显提高；在讲故事、诵古诗、玩游戏、念童谣、美工制作、艺术表演、民间玩具、益智游戏等活动区中，语言表达、艺术表现、文化自信明显增强；在剪纸、泥塑、布艺等手工制作活动中，感受美、表现美、想象创造和审美情趣明显进步；在传统科学区中反复实验、解决问题，在练习泥塑、水墨中不怕困难、勇于坚持等学习品质逐步养成。

2. 促进教师专业化水平提升

围绕传统文化资源的开发和利用，切实落实幼儿传统文化教育，这为教师的专业发展提出了要求，也搭建了载体。教师积淀了自身的传统文化素养，同时淬炼了敏锐发掘课程资源的能力；分析年龄特点、考虑个体差异，创设适宜的活动区、提供有层次的材料，认真观察、及时调整，有机整合素材、领域、板块和基础课程，在实践中巩固了幼儿为主的理念、提升了课程执行的能力、发展了多元整合的能力、提高了观察指导的能力。

3. 促进园所的内涵特色发展

党的十九大明确指出，中国特色社会主义进入新时代，未来的社会发展也必将更加聚焦于提高民生福祉，推动基本公共服务向高品质、多样化、均等化发展。反观自身，幼儿园应当更加致力于内涵发展，在特色的形成和品牌的培育中使学校上升到一个更高的水平。

我们在幼儿园运行和管理中，始终把课程建设和完善作为常规性的核心工作。基于传统文化传承的科学研究，切实培育了幼儿园的教育特色，助推了幼儿园的课程建设和内涵发展。目前，传统文化视域下幼儿园"尚美"课程，以美艺、美文、美食、美服和美旅为课程主要内容，简称"五美"内容，通过幼儿园、家园和社会三个途径开展活动。其中，幼儿园"五美"活动形式主要在园所环境创设、幼儿一日活动中有机渗透；家园亲子活动以邀请家长共同参与传统节庆日、特色活动为主；社会实践活动以走出校园的春秋游、演出活动为主。

第一章　诗书经典

——感知韵律中的美感

第一节 引言导读

《幼儿园教育指导纲要》明确要求："引导幼儿接触优秀的儿童文学作品，使之感受语言的丰富和优美，并通过多种活动帮助幼儿加深对作品的体验和理解。"

作为一种民族文学形态，经典古诗文是中国传统文化的瑰丽结晶，它语言简练、意境优美、内容广阔、感情真挚。或抒发了友人间互相关怀的美好情感，或描绘了祖国大地壮美秀丽的河岳山川，或歌咏诚实守信谦虚宽容的优秀品质……这些生动有趣的古诗文内容，有利于促进幼儿口语表达能力、记忆力、想象力等认知能力的发展；大量的古诗文欣赏和吟诵，亦可以增加幼儿对中国传统文化的了解和认识，不仅萌发民族自豪感，也能提高幼儿领略古诗文意境美和音韵美的能力，加强对语言的鉴赏能力和对美的感受能力。

与此同时，经典诗文富有韵律，句式工整，读起来朗朗上口，非常符合学龄前儿童的认知特点和学习规律。

为此，我们基于实践，探究儿童视角下的古诗文教育活动，以期促进幼儿认知能力、道德品行、情绪情感等多方面的身心全面和谐发展。

一、儿童视角中的古诗文：理念指向艺术同构

"儿童视角"意味着尊重幼儿以直接经验为基础、以多元感知为抓手的学习规律，积极关注儿童的生活体验和意义感受。为此，我们采用艺术同构的方式探究古诗文的儿童化实践。

艺术同构是指将不同艺术形式或艺术元素有机结合产生的综合性艺术形式，其在幼儿园艺术教学中占有重要的地位。艺术同构在幼儿艺术教育中的运用体现为幼儿艺术教育的综合性理念。综合性指的是在教育中不过分强调学科（包括文学、音乐、美术）的界限，以幼儿的兴趣和爱好为基础，通过幼儿主体性的、创造性的体验解决问题，从而获得教育效果的一系列教育活动。综合性教育强调不同内容之间的联系与整合，把幼儿的片段学习经验联系起来，形成个性化的学习方式。

从学习心理来看，幼儿心理上具有多通道联合感觉的特点，个体在认知过程中开放的感觉通道越多，对认知对象的体验就越精细、越丰富，理解也就更全面、更深刻。因此，教师在组织幼儿欣赏古诗文活动的过程中，应采用“多种感官协同参与”的模式，运用多种艺术教学形式，进一步提高幼儿对古诗文的感受力、理解力和表现力，树立幼儿的民族自豪感。

二、儿童视角中的古诗文：内容选择链接幼儿学习经验

古诗文内容包罗万象、博大精深、源远流长，有的寄情山水之间：“白日依山尽，黄河入海流”“明月松间照，清泉石上流”；有的富有哲理韵味：“不识庐山真面目，只缘身在此山中”“问渠那得清如许，为有源头活水来”；有的充满处事智慧：“己所不欲、勿施于人”“君子坦荡荡，小人长戚戚”；有的蕴含诗情画意：“小荷才露尖尖角，早有蜻蜓立上头”“碧玉妆成一树高，万条垂下绿丝绦”……古诗文中的美好情怀犹如润物细无声的春雨，能够为孩子优秀素养的形成和感受经典的千古之美奠定基础。

虽然古诗文向我们展示了一个丰富多彩的世界，但是其中的人、事、物都与幼儿的生活经验与理解能力相去甚远，因此，我们在进行内容选择时首要依据就是孩子的年龄特点和发展需要。《纲要》指出：教育内容选择和设计必须遵循发展性原则，让所选的内容适应幼儿需求，适应时代需求，要去其糟粕取其精华，适合幼儿身心发展，适应幼儿最近发展区。因此，在选择古诗文内容时，我们着重链接幼儿生活和学习经验。

1. 适合幼儿年龄特点

在幼儿学习古诗文时，“直面经典，不求甚解”是依据孩子的年龄特点和学习特点而提出的要求，虽然我们并不要求幼儿了解古诗文的背景、写作意图，也不要求幼儿逐字逐句地理解内容含义，但也不意味着幼儿完全不去理解内容，死记硬背，因为无意识的记忆很快会遗忘，这就失去了学习古诗文的意义。因此，我们在选择古诗文教材时要对所选材料进行科学分析，看是否符合孩子的认知水平，是否经过老师的教学能为孩子所体悟，因为内容的选择影响着孩子的兴趣，如果超出了孩子所能有的情感体悟范畴，反而会起到南辕北辙的效果。比如充满童趣的“咏鹅”“画鸭”用浅显、自然的五言诗尽显出小动物们活泼生动的姿态；“司马光砸缸”“孔融让梨”等历史故事情节简单、形象突出，这些都适合小班幼儿理解和欣赏。中、大班的孩子不管是生活经验、语言表达，抑或是理解赏析能力都较小班幼儿有了很大的进步，这时也就可以适当选择一些七言、宋词之类以及神话故事等。

2. 配合主题活动开展

幼儿园主题活动的开展是根据幼儿的年龄特点、发展水平及其兴趣与需求，打破学科的界限，通过一系列活动的组织，使幼儿获得与主题有关的比较完整的经验和信息。而我们的“快乐古诗文”活动，是渗透在各主题活动中，是配合主题开展，适度、适时、适当地补充进行。

小班“快乐古诗文”内容			
主　题	内　容	主　题	内　容
娃娃家	孔融让梨	好朋友	文彦博树洞取球、司马光砸缸
好听的声音	画鸭、咏鹅	小花园	草、咏柳、一去二三里、春晓
小兔乖乖	拔萝卜、狼来了	动物的花花衣	亡羊补牢、猪八戒吃西瓜、没有牙齿的大老虎
学本领	神笔马良	好热的夏天	乌鸦喝水、黄香温席
过年啦	年兽来了	好玩的水	小池
其他	静夜思、登鹳雀楼、回乡偶书、望庐山瀑布、三字经、百家姓		

中班“快乐古诗文”内容			
主　题	内　容	主　题	内　容
我爱我家	游子吟、七步诗、九月九日忆山东、兄弟、子路借米	在动物园里	猴子学样、狐狸和乌鸦、守株待兔
在秋天里	山行、风	春天来了	绝句、池上、江南、村居、草、清明、咏柳
好吃的食物	悯农	周围的人	滥竽充数、盲人摸象、郑人买履、羿射九日、孟母三迁
寒冷的冬天	江雪、北风和太阳	常见的用具	鲁班学艺
幼儿园里朋友多	送元二使安西、相思	其他	寻隐者不遇、望天门山、千字文、弟子规

续 表

大班"快乐古诗文"内容			
主 题	内 容	主 题	内 容
我是中国人	中秋月、示儿、大禹治水、盘古开天辟地、八仙过海、十二生肖、老鼠娶新娘、神笔马良	我们的城市	枫桥夜泊、忆江南、一望二三里
有趣的水	曹冲称象、乌鸦喝水	春夏秋冬	所见、早梅、清明、梅、晓出净慈寺送林子方、江南
我自己	小儿垂钓、拔苗助长、龟兔赛跑	动物大世界	狐假虎威、画蛇添足、狐狸和仙鹤
有用的植物	竹石	我要上小学	晓窗、明日歌
其他	弟子规、增广贤文		

三、儿童视角中的古诗文：活动实施融入幼儿多元感知

每两周一次的集体教学活动是"快乐古诗文"实施途径之一。我们知道，生动的故事、美妙的音乐、优美的图画、有趣的操作、快乐的游戏是孩子所喜欢的。于是，为了进一步挖掘教材内容的内涵并使之为幼儿所理解与接受，我们开展多次的一课三研等实践研讨活动，重在组织形式、活动策略、教学方法等的探索，并提炼总结使之成为课题研究的有效经验。

1. 教学策略灵活运用

(1) 氛围营造，烘托古韵

古诗文是最袖珍、精炼的文学样式，它往往借助意象来渲染气氛，借助跳跃的诗行来表达意境，为了帮助幼儿发挥想象，走进古诗文，我们注重通过声音、画面等将其转化成一幅幅鲜活生动的立体画面给幼儿以身临其境的感受。

比如老师在进行"江南"的教学活动时，当孩子们进入活动室，耳边传来的是"渔舟唱晚"的袅袅余音；江南水乡人、物、景的图片在屏幕上不断延展；活动室的中间"莲叶"一片片、一簇簇地摆放，孩子们坐在其间就如身处江南莲花池的木舟之上……孩子和古诗的互动就此展开。

(2) 故事融入，激发情趣

故事是幼儿百听不厌的，老师常常把古诗内容编成小故事，把古诗中难以理解的词语和意思用通俗易懂的语言表达出来，并把诗词之间省略的意思补充出

来，达到帮助幼儿理解古诗内容的目的。

如在“悯农”的教学活动中，老师用二胡音乐来作背景，那凄凉的旋律与农民佝偻的身影相互呼应，同时老师娓娓道来：“在一个烈日炎炎的中午，农民扛着锄头出门了……”当孩子们听完故事，再听古诗的时候，已经不需要老师再做过多的解释，甚至当老师把问题迁移到孩子的现实生活表现时，他们也都已经明白了珍惜粮食的可贵。故事的运用在这个活动中起到了事半功倍的作用。又如老师对《渔歌子》的处理，一曲班得瑞的背景音乐，一个美丽动人的故事，将孩子们带到了青山白鹭间，理解古诗内容自然顺理成章。

(3) 加工重建，提高乐趣

古代教育家孔子曾说过：知之者不如好之者，好之者不如乐之者。为了使古诗文更符合幼儿的发展需要以及增强其趣味性，老师可以在不改变古诗文原意的基础上将之改编再创造。

在我们的教学中老师用得比较多的是将古诗文改编成小故事，或者是将古诗文用歌曲的形式呈现。比如“司马光砸缸”“老鼠嫁女儿”等，当故事变成朗朗上口的歌词，在轻快的旋律伴奏下，孩子们边唱边跳的时候，他们的体验是欢快的、愉悦的；比如“一去二三里”，伴随着“远足”的故事，孩子们体验着诗人愉快、轻松的心情；比如在感受《弟子规》中“冠必正，纽必结……对饮食，勿拣拾……物虽小，勿私藏……”时，配合一个个生活小故事，使幼儿对古诗文内容心领神会。

(4) 讨论互动，点拨悟意

学起于思，思源于疑。适宜的讨论互动能够引发幼儿积极的思维状态，进而产生创造性思维。在欣赏感受古诗文的过程中，老师常常通过设疑引发幼儿讨论，拓宽对古诗文理解的思路。

比如在欣赏完“采得百花成蜜后，为谁辛苦为谁甜”的诗句后，到底是“为谁”，有的孩子说是为了我们能够吃上甜甜的蜂蜜，有的孩子说蜜蜂真是勤劳的小动物，有的则联想到了《悯农》中辛苦种庄稼的农民伯伯……在讨论中孩子们感受到了蜜蜂的辛勤劳动，也更丰富了古诗的意境。

(5) 诗画感映，增强体验

一诗一画，珠联璧合，诗中有画，画中有诗。利用诗画相通的特点引导幼儿发挥想象、感受古诗意境不失为古诗文教学中又一有效策略。

画中藏诗。比如老师先组织幼儿欣赏了徐悲鸿的名作《漓江春雨》，在浓墨淡彩之间，孩子们真切地感受到了江水盈盈、云雾缭绕的山水之美，之后对“锦石奇峰次等开，清江碧溜万千回”的理解也就顺其自然了。又如春暖花开季节，老师事先带幼儿观察柳树发芽吐叶的景象，近看尖尖的叶，远看青绿飘动，一幅具象画面已然在孩子眼前成型，而后在教学中通过图画欣赏和形象解释不仅让幼儿感受了自然的美好，也体会到了“咏柳”古诗的凝练。

诗中有画。一千个人的头脑中有一千个哈姆雷特。当幼儿将古诗语言文字变成具象图画的时候，不仅是对学习内容的回顾和加工，也是幼儿想象力的一种表现。如在熟悉古诗“一去二三里”后，引导孩子在宣纸上把诗人到达的小山村画下来，孩子们两两合作，由远处的山脉、梯田到近处的瓦房、花朵，犹如一幅连环画展现在我们面前；又如在学习了《小池》之后，孩子们自己想自己画，充满稚趣的画面跃然眼前：嫩绿的荷叶，尖尖的小角刚露出水面，一只蜻蜓立在上头，有的还画上了粉粉的荷花、追逐的鱼群……虽然笔触稚嫩，但作画的过程正是理解和感悟诗意的一种外在表现，并且放飞想象的翅膀后，孩子的思维徜徉于更广的自然之中。

(6) 情境表演，引发联想

叶圣陶先生说：胸有境，入境始于亲。情境表演就是引导幼儿通过扮演不用的角色，并恰如其分地表达故事或者古诗的内容，小演员和小观众都会在情境中得到感受和体验。这也是老师经常用到的教学策略之一。

比如在“江雪”的教学活动中，老师用废旧材料制作蓑衣、斗笠、小舟等，孩子穿戴上以后，蓑笠翁的形象立刻就明朗起来，如此直观、立体的教学情境带动了孩子与古诗之间的互动。又如在“老鼠娶新娘”的活动中，孩子们扮演风、墙、老鼠夫妇等，每个人都有自己的角色，随着诙谐幽默的故事情节推进，孩子们对人各有所长的理解也更真切，而随着表演的深入，孩子的续编也在不断延续。

2. 趣味游戏拓展延伸

习之于嬉戏，游戏是幼儿最喜爱的活动，苏联的阿尔金称游戏为“儿童的心理维生素”。我们期望幼儿以主动、愉快的情绪参与古诗文游戏，在已有的知识经验基础上，接受经典的熏陶。

(1) 诵读接龙

按古诗诵读节奏拍手起韵，老师出上句幼儿接下句，或者由一个幼儿说出第一句，其他幼儿接下句，增加难度时可以不按座位顺序，“仙女棒”点到谁谁来接，孩子们竞相比赛，乐此不疲，在轻松的氛围中，达到温故知新的目的。需要注意的是不要选择过难或者是幼儿过于生疏的古诗，以免幼儿产生畏难情绪。

(2) 画中找诗

选择幼儿所学古诗中出现的画面，引导幼儿根据画面内容猜猜是哪首古诗或者是哪一句。比如有一幅孩子在菜花丛中捉蝴蝶的画面，具象的画面孩子们一下就想到“儿童急走追黄蝶，飞入菜花无处寻”的诗句；增加难度时比如先是出示只有远山的画面，幼儿可能会猜到“一望二三里”，或者是“空山新雨后”，又或者是“空山不见人”等等，随后画面逐步具体，直到孩子最终确定最契合的古诗。

在这个过程中,幼儿的思维能力、推理能力得到了发展,并且记忆中的古诗被不断挖掘,直到明确目标,他们始终处于积极的思维状态,猜中的喜悦是一种成功的体验。

(3) 模仿游戏

古人摇头晃脑读书的样子是孩子们很愿意模仿的,他们一本正经的样子总会让人忍俊不禁,但是在这可爱的模仿中却能让幼儿在熟记内容的同时体会古诗文抑扬顿挫的韵味,想象经典中悠远恬静的意境。如果能提供一些古时候孩童的服装,孩子们入情入境,体验古时候"私塾"的氛围,是他们非常乐意的事情。

(4) 画中题诗

特别是大班的孩子对认字很感兴趣,在完成绘画之后或者在现成的画面上鼓励孩子给画题诗,可以找关键字,可以图夹文,当作品完成,诗画相成,情景交融,也能充分体会成功后的喜悦。

(5) 民间游戏

将古诗文内容与民间游戏结合,如将"司马光砸缸"的内容改编成儿歌,幼儿边念儿歌边游戏,或者是结合《元日》玩点爆竹的游戏,抑或是结合"端午赛龙舟"等,不仅让幼儿在游戏中感悟诗文内涵,也对传统习俗有了更深的了解。

(6) 哑剧竞猜

幼儿选择相应的古诗文图片,用最简练、形象的动作来展示其经典画面,可以选择三三两两合作,画面简单的也可以独自完成,其他幼儿猜表现的是哪个故事或哪首古诗。在这个过程中孩子通过动作、表情等再现了对古诗文的理解,他们的表现力、自信心也得到了发展与提高。

3. 多领域渗透丰富内涵

苏霍姆林斯基说过:儿童是用形象、色彩、声音来思维的。虽然古诗文的语言魅力不言而喻,但是通过各领域的渗透,将之与幼儿喜欢的音乐、美术或者是科学活动相结合,不仅可以进一步激活幼儿的情感经验,更能充分挖掘古诗文丰富的内涵,也使古诗文的习得变得更加有趣、生动。

(1) 在语言活动中渗透

古诗文中的语言精练优美,也有很多四字成语,包含了富有哲理的故事内容,我们通过语言活动引导幼儿感受和理解其中的美妙。比如在"咏鹅"的活动中,老师迁移了奥尔夫的教学理念,将节奏与古诗结合,使孩子们的吟诵朗朗上口、富有节奏。又如在"盲人摸象"的活动中,教师尝试通过拼图游戏、模盒游戏、设疑解疑等过程来活跃语言活动的氛围,使孩子们都能乐于参与其中,在情节推理的过程中故事线索逐步明朗,故事蕴含的道理逐步显现,幼儿的思维能力、语言能力也得到了发展。

(2) 在艺术活动中渗透

唱唱跳跳是幼儿乐此不疲的活动。在音乐活动中，老师适当巧妙地融入一些古诗文内容来进行歌唱或表演活动，不仅挖掘了幼儿的艺术潜能，更增强了幼儿对古诗文的理解和记忆。首先，我们收集选择一些现成的适合幼儿欣赏和吟唱的古诗歌曲，如《回乡偶书》《登鹳雀楼》《悯农》等，如伴随着《咏鹅》的音乐，孩子们戴上老师提供的白鹅头饰，边唱边跳，扑棱几下，游游泳，理理羽毛，快乐、自由真如水中的白鹅一般。其次，尝试将古诗或者故事填入幼儿熟悉的歌曲旋律之中，如老师选择了轻快的"小狗抬花轿"旋律，填入"老鼠嫁女儿"的故事歌词，随着旋律的反复，故事情节也在不断循环，再配上幼儿动作表情的演绎，俨然成了一部迷你音乐剧。虽然有些无法用歌曲来表达，但是老师同样可以通过音乐欣赏的融入引导幼儿熟悉故事角色、理解故事内容。如在传统故事"龟兔赛跑"的活动中，老师引入两段不同风格和节奏的旋律，引导幼儿将之与故事角色进行匹配，在音乐中幼儿模仿角色，整个活动就是一场"赛跑"，而音乐的融入更是帮助小班孩子走进角色、了解角色，进而熟悉故事内容。因此，在音乐活动中渗透古诗文内容，在很大程度上能够提高幼儿的兴趣，使他们更快乐地投入其中。

绘画是幼儿表达内心想法的一种方式。在美术活动中渗透古诗文，引导幼儿通过想象和创造来表现对古诗文意境的理解，提升审美情感。如在"清明"的活动中，孩子们对杏花村颇感兴趣，于是用吹画的方法给我们呈现了大片的杏花林，"牧童遥指杏花村"的意境即刻显现。而小班孩子用棉签比作梳子，通过"给柳树姑娘梳头"这样的拟人手法，也生动表现了"万条垂下绿丝绦"的美景。

(3) 在科学活动中渗透

经典的古诗文不仅语言精练、富含哲理，有很多历史故事、人物故事，还能激发幼儿探究的兴趣，观察了解事物之间的联系，不断积累经验。以"文彦博树洞取球"为例，在活动进行时，教师将故事内容与科学探索交叉融合，引导幼儿和文彦博一起想办法的过程中发现沉浮的秘密；又比如"曹冲称象"的活动，故事情节曲折生动，引人入胜，曹冲看到青蛙跳到荷叶上得到了启迪，而活动中教师也很好地运用了游戏与操作进行前奏启智。活动中游戏、故事贯穿始终，孩子们很快就理解了古人爱动脑筋、善于观察、富于联想的品质，而对于能量守恒的探索也随着故事的推进成为孩子们可贵的经验。因此，在科学活动中渗透古诗文内容，不仅能加深孩子们对作品的理解，又使其在主动探索中发展了逻辑思维能力、解决问题的能力。

(4) 在社会活动中渗透

幼儿社会领域的发展过程是其社会性不断完善的过程。陶行知先生曾经说过这样一句话：凡人生所需之重要习惯倾向态度多半可以在六岁以前培养成功。而经典古诗文中很多关于德行、言语、雅量等方面的内容也使快乐古诗文在社会活动中的渗透成为必然。如小班的孩子以自我为中心、不愿与人分享的特征十分明显，“孔融让梨”的故事可以帮助他们初步了解与同伴交往的方法；在母亲节、父亲节、重阳节等节日时，配合“父母呼，应勿缓；父母命，行勿懒；父母教，须敬听……”的引导，知道尊敬长辈的道理；幼儿午睡起床，“冠必正，纽必结；袜与履，俱紧切”使他们知道要保持仪表整洁；当幼儿遇到困难时，“司马光砸缸”的故事会给幼儿以启迪，如学着自己解决问题、学会自我保护，提高幼儿主动思考的能力；与同伴相处时，通过“亡羊补牢”的故事知道有错就改的重要性……古诗文内容在社会活动中的渗透是贯穿在幼儿一日活动之中的。

第二节 经验总结

品读经典 积淀品行

——古诗吟唱教学培养幼儿良好品行的实践研究

盛 晴 闻 丹

摘 要：古诗文是我国传统文化中不可或缺的一部分，它有着丰富的内涵、优美的意境以及深奥的哲理，其中包含许多关于德行、言语、雅量等方面的内容，孕育了一代又一代的中国人。在幼儿园古诗吟唱教学中，古诗吟唱教学模式可以有效培养幼儿良好品行，促进幼儿认知发展。文章对幼儿园古诗吟唱的内容、方法和途径进行了具体分析和探讨，旨在提供一定的借鉴意义。

关键词：古诗吟唱 教学思考 传统文化

很多知名的专家学者，都对经典著作的现代文化价值进行了深入的分析与肯定：诵读经典有利于让学生吸取智慧，启迪理性；可以升华人生境界，净化社会风气；有利于传承民族文化，有利于更好地与世界文化交融。而幼儿期是一个人的品德、个性开始形成的重要时期，也即培养良好行为习惯的关键期。因此，在幼儿阶段让孩子接受古代诗文的熏陶显得十分必要和可行。

一、培养幼儿良好品行的古诗吟唱教学的内容

古诗文内容本身便是知识财富与精神财富，古诗文中的美好情怀犹如润物细无声的春雨，能够为孩子优秀素养和高尚人格的形成奠定基础。但是，虽然古诗文向我们展示了一个丰富多彩的世界，我们在进行内容选择时依然还是要根据孩子的年龄特点和发展需要。《纲要》指出：教育内容选择和设计必须遵循发

展性原则，让所选的内容适应幼儿需求，适应时代需求，要去其糟粕取其精华，适合幼儿身心发展，适应幼儿最近发展区。因此，在选择古诗文内容时，我们主要达成了以下共识：

1. 适合幼儿年龄特点

在幼儿学习古诗文时，“直面经典，不求甚解”是依据孩子的年龄特点和学习特点而提出的要求，虽然我们并不要求幼儿了解古诗文的背景、写作意图，也不要求幼儿逐字逐句地理解内容含义，但也不意味着幼儿完全不去理解内容，死记硬背，因为无意识的记忆很快会遗忘，这就失去了学习古诗文的意义。因此，我们在选择古诗文教材时不能拿来主义，而是要对所选材料进行科学分析，看是否符合孩子的认知水平，是否经过老师的教学能为孩子所体悟，因为内容的选择影响着孩子的兴趣，如果超出了孩子所能有的情感体悟范畴，反而会起到南辕北辙的效果。如小班孩子喜欢可爱的小动物，古诗《咏鹅》就是一个很好的选材，朗朗上口的五言诗将鹅的动态刻画得生动有趣，浅显的语意很适合小班幼儿理解和听赏；而中、大班的孩子不管是生活经验、语言表达，抑或是理解赏析能力都较小班幼儿有了很大的进步，这时也就可以适当选择一些七言诗或者是宋词之类了。

2. 适应幼儿发展需要

所谓“入芝兰之室，久而自芳也”。我们希望幼儿在与古诗文的交融共鸣中，在欣赏美的同时也把一种美好的思想无形地渗透在人格行为发展中。因此，在古诗文材料的选择上以亲近自然和有利于幼儿品德及行为习惯养成的作品为主。如：孟郊《游子吟》（慈母手中线，游子身上衣），歌颂了伟大的母爱；王维《九月九日忆山东兄弟》（独在异乡为异客，每逢佳节倍思亲），表现的是作者远在异乡对家乡亲人的思念；志南和尚《绝句》（沾衣欲湿杏花雨，吹面不寒杨柳风）表现了大自然的美丽和身处其中的温暖而美好的感受；李绅《悯农》（谁知盘中餐，粒粒皆辛苦）表达了一粥一饭的来之不易等等。

虽然古诗文中还有很多对宇宙社会人生发表感慨的作品，但作为古诗文教材并不适合，如陈子昂的《登幽州台歌》表现的是诗人俯仰古今，深感人生短暂宇宙无限，空怀报国为民之心却不得施展的呐喊；张养浩的《山坡羊·潼关怀古》表达的是作者对历代兴旺的感叹……这些古诗所表达的情感已经超出了孩子的阅历范围和心智水平，并不是孩子能体会和产生共鸣的，因此，内容的选择也要符合幼儿的发展需要。

基于以上两点共识，我们在收集整理古诗文的基础上，结合“指南”中各年段的目标要求，初步形成了三个年龄段古诗文吟唱教学的目标和内容。如：

小班：《三字经》《百家姓》；经典故事：《文彦博树洞取鞋》《孔融让梨》《司马光砸缸》《闻鸡起舞》《王祥卧冰》；古诗：《咏鹅》《春晓》《元日》《夜宿山寺》《锄禾》

《池上》《墨梅》《静夜思》《登鹳雀楼》《绝句》《寻胡隐君》等。

中班：《千字文》《弟子规》；经典故事：《黄香温习》《子路借米》《笨鸟先飞》《狐狸和樵夫》《东郭先生和狼》《守株待兔》《井底之蛙》；古诗：《悯农》《七步诗》《江雪》《咏柳》《江南》《夏意》《早发白帝城》《送元二使安西》《寻隐者不遇》《别董大》《望天门山》《望庐山瀑布》《赋得古原草送别》《村居》《相思》等。

大班：《弟子规》《增广贤文》；经典故事：《孟母三迁》《狐假虎威》《愚公移山》《画蛇添足》《兄弟争孝》《曹冲称象》《三个和尚》《囊萤映雪》《孺子可教》；古诗：《清明》《晓窗》《示儿》《游子吟》《明日歌》《一去二三里》《出塞》《长歌行》《七步诗》《小池》《枫桥夜泊》《望天门山》《梅》《忆江南》《小儿垂钓》《回乡偶书》等。

二、培养幼儿良好品行的古诗吟唱教学的方法

兴趣是诱发幼儿学习动机的强大动力，只有激发学习兴趣，才能使幼儿的学习态度变被动为主动，变厌学为爱学。古诗文语言精练、含蓄、意味深远，有些词句还比较抽象，这就需要老师通过多种方法和手段来吸引幼儿的兴趣并帮助他们理解诗意、体会诗境。

1. 情境体验法

教学情境的重要特点是直观、形象，在教学情境中，幼儿不再仅仅是一个观察者、模仿者和被动的接受者，更是一个主动的探索者、发现者以及和同伴、教师、学习资源的互动者。例如在小班古诗教学《咏鹅》中，教师可以设计一个池塘的场景，让幼儿戴上鹅的头饰，孩子们仿佛自己就是白鹅，跟着鹅妈妈一起伸伸脖子唱唱歌，理解了原来这样就叫“曲项向天歌”；鹅妈妈和鹅宝宝一起理一理漂亮的羽毛、白色的羽毛浮在绿绿的水中，孩子们一下子明白了这是“白毛浮绿水”；接着用小脚划划水，一起来游泳，这就是“红掌拨清波”……活动中幼儿始终融入自己扮演的角色之中，和鹅妈妈一起快乐地念着古诗做着游戏。

又比如在《回乡偶书》中，幼儿通过角色扮演老爷爷、儿童，来表现古诗的意境；在表现《江雪》时，老师用废旧材料制作了蓑衣、斗笠，孩子穿戴上以后，蓑笠翁的形象立刻就明朗起来。这种形象的教学方法让幼儿更加喜欢诵读古诗、愿意欣赏古诗。

2. 节奏诵读法

古诗是极具节奏和音律的，读起来虽然朗朗上口，但是千篇一律反复吟诵，就会显得枯燥乏味，容易使孩子们失去朗诵的兴趣，于是，我们尝试用不同的节奏来变换古诗朗诵的抑扬顿挫。如五言《静夜思》，可以用××××　×（床前明月光）的节奏，也可以用×　×　×××（床前明月光）的节奏，并且提供响板等小乐器，让幼儿在敲敲打打中感受不同节奏带来的不同诗韵。

3. 歌曲吟唱法

许多古诗本身就是很好的歌词，可以直接谱上乐曲来吟唱。如中华少儿古诗歌曲集就是很好的教材，其中《咏鹅》《春夜喜雨》的旋律活泼欢快，节奏鲜明；《游子吟》《咏柳》的旋律抒情、流畅；《出塞》《赋得古原草送别》的旋律是激昂、催人奋进的。我们将这些古诗歌曲跟音乐活动结合，幼儿通过欣赏、学唱不仅提高了学习的兴趣，充满着音乐美的旋律更能激发幼儿体会古诗的意境。

4. 媒体运用法

多媒体的优势在于可以展示古诗优美的画面和意境，再加上声音与画面的完美结合，使幼儿对于学习和理解古诗有了更深的突破，教师通过合理适当的媒体运用能使幼儿在诵读古诗时得到更好的理解。

如在组织《春晓》这首古诗的教学活动时，一幅生机勃勃、欣欣向荣的大好春光图首先展示在教室的大屏幕上，马上吸引了幼儿的视线，他们情不自禁地赞美起春天的美丽和绚烂，有的孩子还学起了小鸟飞舞的样子，无疑，此媒体的运用使幼儿在活动一开始就有了良好的情感体验。又如《江上渔者》，为了让幼儿更能体会渔夫的辛苦劳动，老师制作了动画课件，只见"狂风吼叫，乌云密布，茫茫水天中一叶小舟在波浪里颠簸"，幼儿如临其境，如闻其声，鲜明的表象信息给了幼儿真切的情感体会。

5. 故事讲述法

故事是幼儿百听不厌的，老师常常把古诗内容编成小故事，把古诗中难以理解的词语和意思用通俗易懂的语言表达出来，并把诗词之间省略的意思补充出来，达到帮助幼儿理解古诗内容的目的。

如在《悯农》的教学活动时，老师用二胡音乐来作背景，那凄凉的旋律与农民佝偻的身影相互呼应，同时老师娓娓道来："在一个烈日炎炎的中午，农民扛着锄头出门了……"当孩子们听完故事，再听古诗的时候，已经不需要老师再作过多的解释，甚至当老师把问题迁移到孩子的现实生活表现时，他们也都已经明白了珍惜粮食的可贵。故事的运用在这个活动中起到了事半功倍的作用。又如老师对《渔歌子》的处理，一曲班得瑞的背景音乐，一个美丽动人的故事，将孩子们带到了青山白鹭间，理解古诗内容自然顺理成章。

6. 诗画结合法

一诗一画，珠联璧合，诗中有画，画中有诗。幼儿对图画感兴趣，诗画结合不失为幼儿古诗学习的又一有效方法。

首先是先有画后有诗。如春暖花开季节，大班安排了《咏柳》古诗，事先带幼儿观察柳树发芽吐叶的景象，近看尖尖的叶，远看青绿飘动，一幅具象画面已然在孩子眼前成型，而后在教学中通过图画欣赏和形象解释不仅让幼儿感受了自然的美好，也体会到了古诗的凝练。

其次是先有诗后有画。一千个人的头脑中有一千个哈姆雷特，当幼儿将古诗语言文字变成具象图画的时候，不仅是对学习内容的回顾和加工，也是幼儿想象力的一种表现。如在学习了《小池》之后，孩子们自己想自己画，充满稚趣的画面跃然眼前：嫩绿的荷叶，尖尖的小角刚露出水面，一只蜻蜓立在上头，有的还画上了粉粉的荷花……虽然笔触稚嫩，但这就是孩子们心中的《小池》。

7. 趣味游戏法

游戏是幼儿最喜爱的活动，对他们而言，游戏就是生活游戏就是学习。我们要让幼儿在游戏中学习古诗文，接受经典的熏陶。

古诗接龙游戏：老师出上句幼儿接下句，或者由一个幼儿说出第一句，其他幼儿接下句，孩子们竞相比赛，乐此不疲，在轻松的氛围中，达到了温故知新的目的。

观画猜诗游戏：可以是老师画，也可以是幼儿画，其他幼儿根据画面内容猜猜是哪首古诗或者是哪一句。比如老师画了一幅一位农民在田里干活，满脑门豆大的汗珠在往下流，夸张的画面孩子们一下就想到"汗滴禾下土"的诗句，此游戏也很适合孩子们在区角中自娱自乐，复习巩固。

模仿游戏：古人摇头晃脑读书的样子是孩子们很愿意模仿的，他们一本正经的样子总会让人忍俊不禁，但是在这可爱的模仿中却能让幼儿在熟记内容的同时体会古诗文抑扬顿挫的韵味，想象经典中悠远恬静的意境。

找字拼句游戏：特别是大班的孩子对认字很感兴趣并且也认识了许多字，在学习了新的内容后，教师出示所教内容中的关键字让幼儿找找哪里还有这个字。或者是将古诗文中的一句话、一首诗的每个字单独分开，打乱顺序，让幼儿看看、拼拼，拼成一句话、一首诗，并把它念出来，不会的幼儿可以去向老师或朋友请教或者是看书检查，在这样的活动中幼儿主动与人交往，也能充分体会成功后的喜悦。

民间游戏：我们将古诗文内容与民间游戏结合，如将《司马光砸缸》的内容改编成儿歌，幼儿边念儿歌边游戏，或者是结合《元日》玩点爆竹的游戏，抑或是结合《端午》赛"龙舟"等，不仅让幼儿在游戏中感悟诗文内涵，也对传统习俗有了更深的了解。

三、培养幼儿良好品行的古诗吟唱教学的途径

1. 凸显古诗文传统文化环境，营造氛围

环境的熏陶虽然是一种无声的教育，但是对幼儿的作用及影响是巨大的。因此，我们倡导营造浓浓的诵读文化氛围，使幼儿在与环境的互动中感受传统、

接受经典。

校园环境：走进校园，长长的走廊内满是丰富的经典图文资料，一楼是传统故事、二楼是成语故事、三楼是图文并茂的《千字文》《弟子规》，楼梯通道旁则是古诗壁画，这些都给家长、老师和幼儿以潜移默化的感染，每每经过，孩子总是拖着家长在走道上驻足，指点着自己会念的古诗，或者询问着画面中的人物，这样的氛围，使孩子很快融入古诗文之中，激发起他们诵读经典的兴趣。同时我们还倡导为孩子创设口之能读、目之能视、耳之能听的环境。因此，在校园广播音乐的选择上也凸显特色，如踏着轻快的《春晓》旋律，孩子们欢欢喜喜地来园；《村居》跳跃的节奏伴随孩子们在操场上欢笑、奔跑；舒缓的《静夜思》提醒孩子们该进入甜蜜的梦乡了……

班级环境：每学期，我们都会开展班级文化环境创设评比，有的以水墨相融，有的以唐诗宋词为背景，集美、雅、趣味于一体，给人赏心悦目的视觉感受。在每一个班级活动室，老师还根据孩子的年龄特点结合课题研究内容精心设计"传统文学阅读区"：有的用图夹文的形式将古诗学习与认字相结合；有的自制了古诗棋；有的班级将古诗结合节奏谱，用自己的方式来吟唱诵读，增加古诗文学习的趣味性；更有班级引导幼儿自制古诗书签，在制作过程中熟悉古诗内容、引发兴趣。

2. 在多维通道中品读经典，积淀品行

虽然在课题实施过程中，我们对古诗文的内容进行了筛选，舍去不适合孩子的内容，将比较枯燥抽象的内容适当改编，但是不可否认的是经典古诗文的某些内容还是与孩子的生活有距离，因此，我们将古诗文吟唱活动融入孩子的一日生活，多通道地让孩子接触经典。

集体教学活动：每两周一次集体听赏、吟唱教学活动是古诗文吟唱教学的途径之一。我们知道，生动的古诗、美妙的音乐、优美的图画、有趣的操作、快乐的游戏是孩子所喜欢的。于是，为了进一步挖掘教材内容的内涵并使之为幼儿所理解与接受，我们在教研组内开展多次的"一课三研"活动，重在活动组织形式和活动策略的研究。有计划地将经典古诗和故事等进行大胆实践创新，设计组织了一系列的教学活动，让幼儿快乐、轻松地学习。如在进行古诗《悯农》教学时，老师们从抓重点入手，小到画面色彩的运用，大到各个环节的有效性问题，逐步推敲，细心研磨，不仅要让孩子理解古诗的内涵，又不能留于说教；既要让孩子体会农民的辛苦劳动，又不能让活动气氛过于悲戚。渐渐地，通过一研、二研、再研，老师的思维在不断地得到碰撞和拓展，孩子们参与古诗文吟唱教学的兴趣也在不断地被激发。

日常渗透活动：古诗文的精神教育和情感激发不是直接的外显的，而是渗透在吟唱、诵读的过程中、渗透在孩子的成长历程中、也渗透在日常生活游戏中，孩子的年龄特点要求吟唱、诵读活动是快乐自然的。因此饭前十分钟、放学前十分钟以及活动等待环节等比较零碎的时间成了孩子的快乐吟唱、诵读时间。如原来的“一二三、坐坐好”被古诗歌曲所代替；饭前的安静游戏孩子们在玩古诗火车与接龙……而“孟母三迁”“疏广教子”让孩子感受着父母养育的艰辛；“孔融让梨”“孺子可教”给孩子树立了做人的榜样，这些饱含教育意义的故事内容又可以与主题活动相结合，品行的习得显得轻松而自然。

主题特色活动：古诗文的学习是愉快的，朗诵表演古诗，吟几句“蓬头稚子学垂纶，侧坐莓苔草映身”“青春须早为，岂能长少年”，每个幼儿都可以做到，于是结合主题或是节日活动，让幼儿充分表现、自信表达。如以“迎世博、贺新年”为主题的童声念童谣迎新活动，孩子们稚嫩的声音，将一首首古诗、一曲曲童谣表达得淋漓尽致；庆祝国庆六十二周年的时候，孩子们又用一首首古诗歌曲表达了对祖国妈妈的热爱；六一儿童节的时候，古文朗诵、古诗对诵、故事小品等丰富多样的节目让大家啧啧称赞；在“我爱祖国语言美”的主题推普活动中，孩子们又以特殊的方式向家长朋友们展示了我国语言文字的悠久历史。这一系列的主题特色活动倾注了老师、家长、孩子的辛勤劳动，但是孩子出色的表现又不得不让人折服，他们的自信在表演中增强着，他们的喜悦在成功中体验着。

家园互动活动：家长资源亦是幼儿园的宝贵资源，我们要合理利用这一资源，使之得到最大的开发和利用。我们借助家长的力量一起探讨古诗吟唱教学的方法和策略，家长们有的提出以小品、古诗的方法来演绎，有的帮忙收集了很多视频材料，也有的家长走进幼儿园课堂，向孩子们讲述农民劳作的故事等，家长的出谋划策，给我们提供了更多的学习古诗文的渠道，家长的支持也给我们进行古诗教学提供了便利。而家长们也在参与亲子制作古诗书签、经典吟唱等活动的过程中，进一步习得家庭教育方法，为幼儿创设良好的家庭阅读环境，家长在行为举止上也成为孩子学习的榜样。

幼儿园的古诗吟唱教学在幼儿接受优秀文化熏陶的同时，也丰富着幼儿的情感体验。他们沉醉于“空山不见人，但闻人语响”的优美意境中，感受着夸父大步追向太阳的豪迈，紧张着蓑笠翁在海中飘摇的危险……这些美好真实的情感体验渗透到他们的心灵深处，激发起他们学习的浓厚兴趣。幼儿在古诗文吟唱活动中经常能获得成功的体验，也获得了许多表现的机会，他们的自信心得到了激发。经典吟唱、诵读活动的功效不是一朝一夕就能显现的，这种对幼儿品德、行为习惯养成的耳濡目染、潜移默化的影响，是极具功效的人格熏陶教育，影响将十分深远。

传统文化背景下幼儿园阅读区环境创设的实践研究

丁晓玲

幼儿身心发展的无意性决定了环境对于幼儿身心发展的重要作用：幼儿总是在潜移默化中受到环境的影响。

幼儿园阅读区如何通过环境创设，来进一步彰显阅读区的价值，进一步凸显传统文化的启蒙，进一步强化幼儿对传统文化的兴趣呢？

一、幼儿园“传统阅读区”环境布置的渗透性

《幼儿园教育指导纲要（试行）》中明确指出：“环境是重要的教育资源，应通过环境的创设和利用，有效地促进幼儿的发展。”在幼儿园教育活动中，环境作为一种“隐性课程”，理应而且必须凸显教育意义的渗透。

1. 外在“硬装”中凸显传统特色

在中华传统文化中，中国的建筑文化非常具有民族特色，传统建筑中的各种屋顶造型、飞檐翼角、斗拱彩画、朱柱金顶、内外装修门等形成了中国特有的建筑风格，充分体现出中国建筑文化的纯熟和感染力。在我们“传统阅读区”的环境创设中也将这些传统建筑元素渗透其中，布置出古色古香的屋檐门头、城墙，或雕花式样的围栏、传统灯笼式吊灯、立式灯等，呈现具有浓郁古代特色的环境氛围，配以“尚书房”“书房斋”“藏书阁”等古朴韵味的区角名称，又用宣纸、蓝印花布、竹席、刺绣、剪纸、铜钱等常出现在古代传统服饰、生活中的辅助材料进行修饰，以更好地凸显中华传统文化。例如大三班水墨画房屋上呈现出“小书苑”，大四班、中三班不同风格的屋檐装饰，中二班的自制花窗格、屋檐，“书香屋”呈现在竹子、雕刻式样图案上，小四班、中一班、中三班、大二班等具有传统花纹雕刻的自制书架。中四班将四大发明、京剧脸谱的内容呈现在古典圆盘上，大二班将十二生肖呈现在传统花纹中。

2. 内在“软装”中融入传统元素

阅读区自然少不了图画、图书等阅读材料，在我们的“传统阅读区”中，阅读材料所放置的位置也凸显传统特色。有的班级自制具有传统雕花、彩画、刺绣、剪纸等式样的书柜或书架，或大型立体书柜，或小型墙面桌面书架；有的班级自

制长条形或流线型的条桌、书案等，并提供竹垫、竹凳、编织坐垫、蓝印花布靠垫等可供幼儿盘腿而坐、伏案阅读；有的班级则将阅读材料，或贴或印或画在扇子、卷轴、中国结、棋盘等具有传统韵味的象征物上。例如大三班、中三班自制卷轴案桌、竹席上画有传统小故事贴在案桌上；大四班的大图书（插图故事书）采用古典花纹样式；中三班的“借书卡”采用扇子式样；中四班、中二班、中三班、大四班的阅读材料呈现在卷轴上；小三班的“古诗长廊”、小四班的“找找在哪里”呈现在扇子样式上；中一班、中二班线条形案桌供幼儿阅读用；小四班的“故事推荐”呈现在书本样式上。

另外，我们的阅读区分为主题推荐、科普读物、自制图书和经典绘本四大类，其中经典绘本多为传统古诗文内容，自制图书和科普读物也可适当渗透传统文化。在安静的阅读区和热闹的操作、游戏区之间，在传统阅读区域与普通阅读区域之间，我们通常会自制一些具有传统特色的屏风进行隔断。例如，大三班、中三班的传统式样屏风不仅起到一个隔断作用，而且有一些屏风上还自制了可操作的版面，供幼儿边欣赏边操作边游戏。

二、幼儿园“传统阅读区”阅读方式的多样性

有价值、能互动、可对话是幼儿园环境创设的生命，这也是情境化的环境创设的灵魂。为进一步凸显幼儿与环境的互动性，我们着力于阅读方式的多样化设置，以期构建不同的阅读方式，进而丰富幼儿的互动体验。

1. 平面的阅读

一方面，提供“现成图书”，图书是阅读区域中必不可少的部分。对于阅读区的图书投放，我们根据观察幼儿对图书的兴趣和参与阅读区的积极性中得出：幼儿的阅读兴趣是阅读区开展的有利条件，也是幼儿阅读成长中最好的老师。教师根据幼儿的年龄特点，在不同年龄段幼儿的“经典绘本”板块投放有利于幼儿发展、有兴趣、有价值的与年龄和兴趣相适应的古诗、故事图书。在数量上，小班图书保证同一种类书籍数量充足，避免小班幼儿平行阅读过程中的争抢，大班图书则要保证种类丰富。

另一方面，提供“自制图书”，在我们的“传统阅读区”中有一个板块为“自制图书”。自制图书的内容可以是主题下的，也可以是传统古诗文类的。自制图书的来源可以是教师事先制作并投放的大图书，也可以是师幼共同完成的，更可以是家长和孩子一起完成的亲子图书。自制图书的方式可以通过粘贴图片、照片，或水墨画、水彩画、颜料画等多种绘画形式。例如在开展中班“身体的秘密”主题中，家长收集孩子从小到大的照片，自制成图书《我在长大》；在“秋天”主题中，孩子在开展了树叶贴画的活动后，利用树叶贴画的形式自制成图书《小蝌蚪找妈

妈》等。自制图书不仅丰富了阅读材料的种类，而且在成人与幼儿共同制作图书的过程中，成人的技巧和幼儿的童真相互碰撞，往往有意想不到的效果。自制图书不仅是成人与幼儿智慧的结晶，还流淌着浓浓的情谊。

2. 立体的操作

(1) 古诗类

古诗在古代传统文化中是具有代表性的一种，短小精悍的古诗讲述着精彩的故事、蕴含着深刻的道理。故事除了简单的吟诵，也可以通过好玩的游戏感悟古诗中的意境。

古诗火车：将古诗的每句句子转化成一幅幅好看的图片，幼儿通过观察图画，猜测古诗所讲述的主要内容，并将图片按顺序插入火车车厢背景中，看图吟诵古诗。对于大班幼儿还可以加入一个把相应的古诗字条、字卡插入其中的环节，以增加游戏难度。

古诗风车：将古诗的四幅图片贴在自制立体风车的四个页面上，转动风车，让图片依次移动，幼儿由此吟诵古诗。

古诗对对碰：这个游戏通常在大班幼儿中较多见，而且主要以环境布置与游戏操作相结合。将幼儿熟悉的古诗呈现在墙面上，将古诗中涉及的一些常见动物、植物、生活用品、工具等以图片替代，帮助幼儿在朗诵古诗的过程中，将相应的字卡插入图片中。

古诗大骰子：将古诗图片贴在自制大骰子的各面上，幼儿随意掷骰子，骰子哪面朝上，就吟诵该首古诗，对于小年龄幼儿可只进行古诗下一句对念即可。大班幼儿可在骰子上贴上古诗名字，并由两名及以上幼儿掷骰子念古诗竞赛，念对一首则获一个棋子，最后看谁得到的棋子多则获胜。

(2) 故事类

传统文化中的许多经典小故事、成语故事、神话故事等都是我们"传统阅读区"素材库的内容。将这些好玩有趣的故事转化为可操作的小游戏，会更吸引幼儿的兴趣。

故事盒：将故事中所涵盖的重要元素制作成小玩具投放在故事盒中，将故事盒布置成与故事相符合的精美背景，幼儿通过摆摆、放放、插插等多种不同方式边玩边讲故事。其中还有一种"故事卷"的形式，将故事图片画成连续的几张画，通过卷动两根卷轴依次翻动故事图画，从而引导幼儿看故事、讲故事。

手偶、皮影戏：自制一个桌面小舞台，让幼儿套着手偶、举着摆动自制皮影棒，让幼儿在摆摆、玩玩中感受中华文化中的经典故事。

拼图：将故事的图片分割成 4～8 幅，让幼儿在拼图过程中了解故事主要内容。针对大年龄的孩子，不仅可以增加平面拼图的数量，还可以提供立体拼图，每块小拼图三面都有画，孩子可以在完整拼图后，获得每面具有故事的立体大拼图。

(3) 字画类

如何根据学龄前儿童把这些难懂的文字变成吸引他们的图画，就成了古诗类操作材料的重点。

找找在哪里：幼儿根据观察故事、古诗图片，从图书中寻找相应内容。

象形文字大转盘：将象形文字和对应的现代汉字通过转动转盘的形式一一对应，感受中华文化的魅力。

成语对对碰：将成语中的常见动物、植物、生活用品、工具等转化为图片，让幼儿在图文配对的过程中了解中华成语文化。与之相对应的“十二生肖”也是将生肖动物与汉字相匹配。

三、幼儿园“传统阅读区”阅读材料的适宜性

与其他各级各类教育不同，学前教育应当“更加适宜 3～6 岁幼儿的发展水平”。这同样也体现在环境创设中。我们在环境创设中，时刻关注环境与幼儿认知水平的相匹配，与幼儿生活经验的相契合。

1. 阅读材料适应幼儿的年龄特点

一方面，中华文化上下五千年的历史源远流长，古诗文内容涉及面广而博大精深，但其中不乏一些感慨人生苦短、抒发怀才不遇之情、表达对历代兴旺感叹、呐喊报国无门的怨愤之感等等一些消极、悲观的内容，并不适合 3～6 岁学前儿童，他们的心智尚未发育成熟、对过于深刻的内容的理解力还不够。作为教师，首先要懂得从众多中华古诗文中，去其糟粕取其精华，选择积极向上、朗朗上口、便于理解和记忆，且适合 3～6 岁学龄前儿童身心发展的内容。

另一方面，小中大班三个年龄段的幼儿又具有各自不同的年龄特点和表现特征，我们要根据不同年龄段幼儿的特点，结合《指南》要求，选择适合不同年龄段幼儿的古诗文素材。小班幼儿，一般以无意注意为主，有意注意的时间持续短，大多是直觉形象思维，喜欢颜色鲜艳、形象可爱的画面，能用词组或简单的句子表达但不完整甚至语句颠倒等。因此，我们给小班幼儿选择的古诗文素材基本以短小精悍的五言古诗，简单有趣的情节为主的寓言小故事、动物形象为主的成语故事等。中班幼儿，无意注意过渡到有意注意，逐步转为具体形象思维，好奇心、求知欲和表达表现欲望明显增强，喜欢反复复述故事，活动的持久性、目的性和专注性有所加强。因此，我们给中班幼儿选择的古诗文素材范围扩大到景物、常见事物的五言、七言古诗，有一定寓意的成语故事、名人小故事等。大班幼儿，有意注意明显增强，抽象逻辑思维开始萌发，有极强的求知欲，能用清楚连贯的语句表达，能完整复述、创编故事，认知能力、观察能力、理解能力等均有明显

提高。因此，大班幼儿的古诗文素材扩大到情感、品行等内容的古诗，增加神话故事、传说故事等。

	古　诗	故　事	其　他
小班	《春晓》《咏柳》《小池》《江南》《荷叶》《山行》《江雪》《元日》《一去二三里》《登鹳雀楼》《锄禾》《悯农》《清明》《采莲曲》《早发白帝城》	《龟兔赛跑》《小马过河》《乌鸦喝水》《小红帽》《小蝌蚪找妈妈》《猪八戒吃西瓜》《狼来了》《狼和小羊》《狐狸与葡萄》《小蛋壳旅行记》《小猪和靴子》《小猴子下山》《老爷爷的帽子》《不爱洗澡的小猪》《盲人摸象》《守株待兔》《狐假虎威》《叶公好龙》《井底之蛙》《亡羊补牢》《画蛇添足》	《三字经》
中班	《春夜喜雨》《鸟鸣涧》《大林寺桃花》《游园不值》《惠崇春江晚景》《晓出净慈寺送林子方》《四时田园杂兴》《夏意》《山居秋暝》《登高》《绝句》《相思》《游子吟》《回乡偶书》	《刻舟求剑》《闻鸡起舞》《杀鸡取蛋》《揠苗助长》《掩耳盗铃》《愚公移山》《滥竽充数》《螳螂捕蝉》《惊弓之鸟》《飞鸟惊蛇》《过河拆桥》《对牛弹琴》《画饼充饥》《胸有成竹》《歧路亡羊》《黔驴技穷》《九牛一毛》《塞翁失马》《杯弓蛇影》《杀鸡吓猴》《鸡鸣狗盗》《呆若木鸡》《不入虎穴焉得虎子》《十二生肖》《年的来历》《端午节的来历》《元宵节的由来》《重阳节的来历》	《弟子规》《千字文》
大班	《墨梅》《梅》《梅花》《咏梅》《枫桥夜泊》《渔歌子》《别董大》《绝句》《夜宿山寺》《渔歌子》《村居》《送元二使安西》《寻隐者不遇》《望天门山》《望庐山瀑布》《出塞》《望天门山》《忆江南》《小儿垂钓》《题都城南庄》《宿建德江》《晓窗》《示儿》《明日歌》《江上渔者》《九月九日忆山东兄弟》	《曹冲称象》《磨杵成针》《笨鸟先飞》《缘木求鱼》《芝兰玉树》《一鸣惊人》《囫囵吞枣》《水滴石穿》《一诺千金》《口若悬河》《对症下药》《一丝不苟》《孺子可教》《草船借箭》《南辕北辙》《望洋兴叹》《空中楼阁》《三顾茅庐》《雕虫小技》《邯郸学步》《道听途说》《郑人买履》《先声夺人》《神笔马良》《嫦娥奔月》《夸父追日》《女娲补天》《百鸟朝凤》《精卫填海》《鲤鱼跳龙门》《牛郎织女》《沉香救母》《后羿射日》《八仙过海》《女娲造人》《孟姜女哭长城》《菊花仙子》《钻木取火》《炎帝击石生火》《大禹治水》《盘古开天》《龙公主戏神珠》《亚当与夏娃》《姜太公钓鱼》《黄帝乘龙升天》《智斩独角龙》《龙头金钗》	《百家姓》《增广贤文》

2. 阅读材料适应幼儿的个体差异

幼儿年龄不一，所选的阅读材料不同；但当幼儿年龄相同，同一年龄段的幼儿所提供的阅读材料也是不同的。即使相同年龄的幼儿都有各自不同的发展进度，呈现出不同的发展水平，此时教师对于阅读材料的提供要充分考虑到每个孩子的“最近发展区”，切不可以统一的阅读材料、统一的要求一刀切。例如在游戏“古诗火车”中，根据不同孩子的游戏水平有不同层次的玩法。层次一：将古诗的四幅图片贴上数字标记后用夹子夹在一起，幼儿只需将图片按数字顺序插入火车车厢中，朗诵古诗；层次二：每首古诗的四幅图片只有颜色标记没有数字标记，幼儿取下同一首古诗的四幅图片后通过观察画面，将图片依次按顺序插入火车中，并朗诵；层次三：取消标记和夹子，让幼儿在一堆图片中通过观察找出同一首古诗的四幅图并按顺序依次插入火车中并朗诵；层次四：对于大班识字的幼儿来说，可以在放完图片后依次插入字条或字卡，以增加游戏难度。同一个游戏设计出不同的游戏玩法，旨在让每个幼儿都能根据自己的发展水平在游戏中体验游戏的快乐、获得成功的体验。

综上所述，我们倡导营造浓浓的传统文化氛围，使幼儿在与“传统阅读区”环境的互动中感受传统、接受经典。一方面，幼儿园通过创设“传统阅读区”，将共同性课程的阅读内容与传统文化内容有机融合，既体现对3～6岁学龄前儿童共同性课程的要求，也凸显本园传统文化特色。每个班级的“传统阅读区”环境，构成了我园整体的传统特色的校园文化。另一方面，幼儿园通过创设“传统阅读区”，将幼儿的教育与家教的指导有机融合，我们充分挖掘家长资源，鼓励家长积极参与，家园共育共同创设“传统阅读区”环境，提高家长对传统文化及对幼儿发展重要作用的认识，丰富阅读区环境，营造传统特色的校园文化。当然，最终是幼儿园通过创设“传统阅读区”，将幼儿的全面发展与个性发展有机融合，幼儿在与优美典雅、材料丰富、具有层次、宽松自由的“传统阅读区”环境的相互接触与碰撞中，获得语言表达、观察想象、自主创造、交往合作等多方面的发展，进而在潜移默化中感受传统文化的魅力。

创新阅读环境,爱上传统故事

周婉晔

我园对于幼儿的传统文化熏陶尤为重视,不仅在园所大环境中处处营造浓浓的传统文化氛围,同时每个班级的图书角也充分体现了我园的传统特色。本班活动区设有传统阅读区,阅读区放置了许多经典书籍,包括古诗、寓言故事等,帮助幼儿了解中国传统文化的重要性,传承民族文化。但是如何将古诗文、经典故事生动有趣地呈现在幼儿面前?在帮助幼儿理解传统故事时,教师又能做些什么?如何让幼儿更加主动地阅读传统文化?幼儿的兴趣点在哪里?一连串的问题引发了我的思考。

实录一:

和往常一样,幼儿都各自选择喜欢的个别化学习活动。沫沫和西西看到阅读区有那么多的书和竹编桌子、椅子,特别兴奋,争着抢着看新添的传统书籍。只听到沫沫说:"哇!西西,我们这里有这个小桌子呀,跟其他不一样!"西西也说:"这里还有好多好漂亮的书!"……两个人你一言我一语,几乎把所有的图书翻了个遍。不一会儿就听到沫沫在喊:"西西你干吗去呀?"西西说:"我都看完了呀,我去其他地方了。"沫沫也没跟着,一个人在阅读区读书。我轻轻地走过去问:"沫沫,你在看什么书?"沫沫百无聊赖地说:"就是看一个人在吹笛子的故事。"我一看书名原来是《滥竽充数》。沫沫刚说完就把书本合上,马上又换了另外一本。我追问:"你看完了?书里面说了些什么?"沫沫答道:"看完啦,就是一个人吹笛子,但在很多人里面他又吹不来。"接下来的时间里我就没有再去打扰她。沫沫捧着书,但眼睛却时不时地看着旁边的活动区,而书架上的每一本书都被她非常快速地翻阅完了。

【实录分析】

和沫沫交流的过程中,我推断沫沫是能够看懂一些图片的。但是她是真的理解这个传统故事吗?是真的喜欢阅读这个故事吗?在传统阅读区创设初期,我们投放了大量的传统故事书籍或者是古诗词的图片,同时也在墙面装饰上体现浓浓的传统氛围。刚开始,颜色鲜艳的故事书、不同于其他区域的摆设,一下子就吸引了幼儿的注意力,但和沫沫一样,大部分幼儿对传统阅读区的兴趣往往只是昙花一现，幼儿在快速翻阅每本图书后似乎就失去了兴趣。提到传统阅读区，幼儿可能也只是知道这是阅读传统文化图书的地方，但真正在阅读的却寥寥无几。

传统的阅读模式大多是看着图片说一说，只要幼儿将故事内容大概地说出来，就代表理解故事或古诗文的内容。但其实传统的寓言故事、成语故事甚至是古诗文，都有情境在里面，如果幼儿感受不到故事情境的有趣和故事情境中主要人物的特点，那么自然不能明白故事所蕴含的意义。因此，在创设环境的时候，图片、书籍的作用是帮助幼儿理解记忆，并不是主角。真正要做的是考虑幼儿喜欢的故事内容，给予他们丰富的场景和实物。中、大班的幼儿已经可以有各式各样的情境辅助，也可以自主选择合适的材料，教师需要给予他们更多的辅助材料，让幼儿更多地去动手和思考。我们不仅是让幼儿看书后复述故事，更要从多种形式来理解传统故事和古诗文。

基于上述理念，在后期，我们调整了传统阅读区的情境创设，例如将几个平面的墙面变成立体的几个面，并在百宝箱中投放低结构的材料供幼儿选择，幼儿可以根据自己的故事需要更改背景，将一些材料进行筛选和增加。这一调整，使幼儿在活动中的自主性大大加强，兴趣也大大增加。

实录二：

前段时间正好学习了“掩耳盗铃”的成语故事，我们就在传统阅读区里的一面墙上做了一个老式房屋的造型，也投放了“掩耳盗铃”剧本和音效。到了个别化时间，传统阅读区比往常“热闹”得多。四个幼儿趴在“老式房屋”门口讨论着。“你们说这是什么房子？”“肯定是老房子呀！”“对对，我们住的房子又没有这个屋顶，也没这个柱子。”四个人热闹地讨论着，突然只听见沫沫说：“我们不是学过‘掩耳盗铃’吗，那里面就是老房子呀，我们来一边讲一边演好了。”于是四个人开始找掩耳盗铃的书籍，拿到了我们提前投放在活动区的“剧本”。在分配角色的时候幼儿出现了争执，沫沫想当小偷，遭到了其他幼儿的反对：“不行，应该是子辰来当，他最高。”“对对，小偷要敲钟的呀，子辰力气最大。”最后沫沫可能是觉得有道理，向其他幼儿妥协了，选角风波就这样过去了。看着四人认真地看“剧本”，我也在旁默默观察。这个过程中，沫沫和西西用笔画了一口大钟当作道具，子辰还找了桌子上的录音机挑选了合适的音乐，整个演绎中，语言虽然稚嫩，但是故事表演十分生动。

【实录分析】

我们尝试着在传统阅读区选择幼儿接触过、且喜欢的传统故事和古诗文作为素材，帮助幼儿重温传统文化。同时我们也十分注意环境的创设和材料的准备，帮助幼儿更多元、更自主地思考和创造。实录中可以看到，四个幼儿在讨论老式房子的时候，自发联系了故事里的场景，从而选择了“掩耳盗铃”这个故事。在演绎故事的过程中，幼儿也在分配角色、制作道具中找到了“乐趣”。由此可见，创设有效的情境和材料能保证幼儿的活动兴趣和活动时间。跟故事息息相关的背景、剧本，甚至是音乐，都能让幼儿主动去探索，让幼儿的学习欲望由潜伏状态转入活跃状态，最终达成有效学习的效果。

当然，故事表演中也存在一些问题。幼儿善于模仿，但是对于传统故事中的一些语句依然不是特别理解，自然不能很好地表达表述出来。针对这个问题，教师需要多让幼儿听、说一些优美语句(包括成语)，这样幼儿的传统语言也能得到很好的发展。

通过对以上两个案例的记录和思考，我越来越感觉到传统阅读区的创设并不如想象中那么简单，创设初期的预设和活动中期的调整都要以幼儿的兴趣表现为出发点，以下是我在传统阅读区创设过程中获取的点滴经验。

一、创设故事情境，激发幼儿阅读兴趣

生动直观的事物往往能更好地引起幼儿的兴趣，传统阅读区不仅仅是几本传统书籍、几张传统故事图片那么简单，首先必须要很直观地让幼儿感受到浓浓的传统文化气息。因此，在创设传统阅读区的前期，要针对幼儿的兴趣需求创设故事情境，在整个大环境中体现传统文化，比如古色古香的书柜、古代房屋的建筑、传统故事的背景等。同时，在阶段性的学习中，随着幼儿不断吸收不同传统故事、古诗文，阅读区的主题环境也需要随之更新，吸引更多的幼儿来阅读区了解传统文化。

二、投放多样材料，帮助幼儿充分理解

材料是幼儿发展的载体，幼儿总是在主动操作材料的过程中获取信息，积累经验并发展能力。因此，阅读区中的材料是幼儿开始阅读的物质基础，也是幼儿建构知识的依托。如何有效地投放材料，才能帮助幼儿更好地理解传统文化呢？通过实践发现，传统阅读区中的材料可以有不同种类，不同种类的材料可以满足幼儿不同方面的需求。第一种是视觉类，如图书、图片、影像及幼儿自制图书；第二种是听觉类，如传统故事、古诗文故事录音，以及教师讲故事的录音，或者是一些轻音乐，更好地衬托故事情节；第三种是操作类，提供图文配对材料，有故事“剧本”可以自己创造角色、演绎角色；第四种是表演类，提供头饰、指偶、人偶等具有形象特征的道具，以及简单的背景等，供幼儿表演。材料形式的多样性使得

幼儿的表达方式多样化，幼儿利用多种感官获取信息，充分理解故事内容。

三、创造开放氛围，引导幼儿主动创新

《3～6岁儿童学习与发展指南》中指出大年龄段的幼儿创造欲望比较强烈，比如说他们越来越喜欢那些能满足想象和创造欲望的多变性玩具。传统阅读对于幼儿来说，内容相对“单一”“枯燥”，如何让幼儿生动活泼、自主个性地进行活动呢？开放性的活动氛围很重要。阅读区不是一个僵化的角落，不是单一地在里面看书识字，而是能够和各个区域之间融合，幼儿在阅读的过程中可以在表演区借用服装，可以在百宝箱中制作道具，可以邀请同伴加入阅读或演绎，这种开放轻松的氛围更能激发幼儿的想象力和创造力。

古诗文在幼儿园传统文化活动区中的渗透

赵　青

传统文化活动区，是教师结合中国传统文化的精华，以“传承创新、多元融合”为教育理念，将传统文化与活动区域有机地结合，创设幼儿感兴趣的活动区环境和内容，使其在轻松自由的氛围中自主地选择游戏、学习的内容，从而达到弘扬和传承优秀民族传统文化的目的的活动区域。

传统文化活动区基于相对宽松、自由的活动氛围、灵活多样的活动形式，助力幼儿的自我学习、自我探索、自我发现、自我完善，支持幼儿的自主体验。

作为一种民族文学形态，经典古诗文是中国传统文化的瑰丽结晶，它语言简练、意境优美、内容广阔、感情深挚。其中短小精悍、读来朗朗上口的古诗以及故事内涵简单易懂、故事情节好玩有趣的成语故事、寓言故事、名人小故事、神话故事等更加适合3～6岁幼儿。

我们期望将这些优秀的古诗文融入我们的传统文化活动区中，让幼儿在自主快乐的活动中感受古诗文的魅力，也通过自主活动的形式让幼儿更加自由自主地习得。

一、基于年龄特点，梳理古诗文资源

1. 古诗

对于大班幼儿来说，对很多古诗文有一定的了解，可以选择一些适合大班幼儿学习的古诗文，放在个别化学习中，比如像《送友人》《赠汪伦》这类的赠友送别诗，《枫桥夜泊》《静夜思》如此的借景抒情诗、咏史怀古诗，如《赤壁》《西江怀古》《出塞》《从军行》这样的边塞征战诗，《登楼》《望岳》这样的即景抒怀诗，比如《鸟鸣涧》《春中田园》这样的山水田园诗等，这些古诗文大都朗朗上口，画面感强，让幼儿有想象的空间，放在个别化中，也能让幼儿自我学习，自我研究。

2. 成语故事

成语是我国独有的文化，可与古诗词相提并论。它有着独特的魅力，既具有丰富的内涵、深远的意义，又有妙趣横生的典故和灵活多变的语言环境。而幼儿园大班的孩子已掌握了一定数量的词汇，为丰富幼儿的词汇量，提高幼儿的语言水平，发展幼儿的口语表达能力，我尝试着对本班幼儿进行成语教学。很多优秀的儿童文学作品中也会出现一些浅显优美的成语，能帮助幼儿积累词汇，提高幼儿驾驭语言的能力，促进幼儿语言的发展。所以成语对培养孩子的语言敏感性其实是十分有帮助的。

3. 神话传说

神话传说大都是从古代寓言、故事、俗语、古诗文、历史事件和名人名言中产生的，其中一些成语还伴随着美丽动听的故事。心理学家研究发现，低年级阶段的孩子最易接受的就是故事。因此，我们可以通过讲述一个个生动有趣的故事，来说明一个道理、表达一种看法、陈述一种观点，使大班幼儿在听故事的过程中受到启发，得到暗示，从中领会中国文化的魅力。在选择时，要适当地选择一些所含寓意简单易懂、立竿见影的，对于幼儿来说有生活经验、能够运用的，这样，幼儿才会有兴趣去学习和阅读。

二、基于古诗文元素，设置传统文化区活动内容

1. 以阅读为主的传统文化区

基于我园的特色传统文学，有专门的传统阅读区，古诗文内容在阅读区的渗透是最为常见的了，我们有效利用空间将阅读区进行合理分隔，既有主题阅读、传统阅读，还有操作游戏。

(1) 提供适合幼儿的故事书、视频

在传统阅读区的创设上，为幼儿提供了很多适合幼儿的书籍，比如，《愚公移山》《金斧子银斧子》《嫦娥奔月》这样的民间故事，帮助幼儿理解爱、善、礼、孝；《重阳的传说》等关于传统节日的一些传统故事，跟幼儿一起走进传统节日，了解传统节日；还有像《西游记》这类名著，让幼儿对中国经典故事有一些简单的了解。另外，用视频的方式播放，如《传统故事》等节目的动画片，让幼儿在视觉、听觉上，同时感受到中国传统故事，动画片的形式，幼儿更容易接受。

(2) 创设适合幼儿的操作游戏

在操作游戏的创设上，尽量选择幼儿感兴趣的形式，比如说：《成语接龙》：一草一木→目瞪口呆→呆若木鸡→鸡飞狗跳……另外还有“成语之最”，如最值钱的话“一诺千金”、最遥远的地方“天涯海角”、最长的腿“一步登天”、最高的人“顶天立地”、最大的手“一手遮天”等。我们经常会让孩子三三两两坐好后，进行抢答竞赛。还有让孩子们拿着卡片找一找说一说成语，如“一鸣惊人”“二话不说”“三心二意”“四面楚歌”“五湖四海”“六六大顺”“七嘴八舌”“八仙过海”“九牛二虎”“十全十美”等，别有一番趣味。孩子们在游戏的过程中也逐渐建立起相关的游戏规则，自由轻松地体会玩游戏、学成语的快乐。在此基础上，《猜成语》也

是幼儿十分喜爱的一种游戏，它可以是用图片猜成语也可以用故事或者表演来猜成语。幼儿只要稍动脑筋就可马上猜出成语。例如，守株待兔，只要说故事中有一个农民不好好种田每天等着天上掉馅饼下来，幼儿就可以反应过来说的是“守株待兔”这个成语。除了成语游戏，还有“故事小达人”，准备一些幼儿熟悉的传统故事图片，可以根据图片上的加减法把图片插入对应的位置。然后，根据图片内容讲故事给小朋友听。当然，古诗也是常用的一种游戏形式。“古诗大比拼”，准备：骰子、古诗名称和图片、游戏币，一位幼儿掷骰子并根据骰子数寻找对应的古诗图片。将故事图片和古诗名称进行配对，并念给另外一个小朋友听。念准确则得到一枚游戏币，最后比谁得到的游戏币多为胜。进入大班，文字也是必不可少的。“汉字大不同”，准备：自制转盘、自制卡片、提示板。幼儿通过观察提示卡片，了解甲骨文的外形特征和含义。幼儿观察卡片之后，由一名幼儿插动物图片，而后由另一幼儿寻找相应的甲骨文和汉字，并且相互交流所配结果，并且说一说甲骨文的外形和动物外形的联系。

2. 以美工为主的传统文化区

(1) 水墨与诗

水墨画，是中国传统绘画的代表，也就是狭义的“国画”，一般的水墨画，仅有水与墨，黑与白色，但进阶的水墨画，也有工笔花鸟画，色彩缤纷，后者有时也称为彩墨画。中国水墨画的特点是：近处写实，远处抽象，色彩单调，意境丰富。用水墨画来表现古诗文，再贴切不过了，一般表现于山水或者花卉、马、松竹之类的多一点，比如，《江南》：江南可采莲，莲叶何田田。鱼戏莲叶间，鱼戏莲叶东，鱼戏莲叶西，鱼戏莲叶南，鱼戏莲叶北。用水墨的浓淡、深浅，以及下笔间的流畅来表现鱼儿在荷叶间穿梭的灵动是再合适不过了，诗中有画、画中有诗的意境，值得回味。

(2) 童手画竹简

利用一些自制竹简、绘有图画的竹简以及竹简半成品。幼儿能够自己看着竹简上的图片讲出故事。或者幼儿可以自己在竹简上绘画，并由自己讲故事给其他幼儿听。

3. 以表演为主的传统文化区

(1) 古诗表演

幼儿穿着相应的服装，或者利用木偶、手偶来表达一些简单的古诗文，表演的幼儿需要对此古诗文非常了解，甚至有自己的一些看法，才能在表演中信手拈来，得心应手，而观看的幼儿，通过生动的表演，对古诗文也会更加理解，让古诗文变得不再单调。

(2) 古诗新唱

用歌唱的方式让幼儿去记住诗词的内容，领悟诗词的意境，达到记忆和理解的目的。使辛苦的学习变得轻松愉快，同时获得一种强烈的审美愉悦和审美享受，巧妙地把难懂的古诗和音乐唱歌合在一起，让幼儿跟随轻快的音乐轻松记忆，完全消除了背诵古诗词的痛苦，给幼儿的童年留下美好的回忆。古诗文是中华文化中的一个重要组成部分，古人通过古诗抒发自己内心的情感，同时一些短的古诗词里也含着许多的语法技巧以及人文精神。

4. 以科学为主的传统文化区

大家知道，在很多古诗文中，蕴含着许多的科学道理，比如，《曹冲称象》的故事，聪明的曹冲所用的方法是“等量替换法”。用许多石头代替大象，在船舷上刻画记号，让大象与石头产生等量的效果，再一次一次称出石头的重量，使“大”转化为“小”，分而治之，这一难题就得到圆满的解决。让幼儿边理解这个故事，边做实验，通过自己一次次的尝试，明白其中的道理，对传统故事也自然能够清晰地理解。

三、基于活动区内容设计，建构幼儿活动支持策略

1. 环境渲染

不同层次的材料能给孩子提供充分探索、质疑的空间。在选区、进区过程中，我们通过环境暗示的手段，发挥其特殊、潜在的引导功能。比如：把阅读区布置成温馨的书房，把古诗文渗透到阅读区中，让幼儿在玩中体会古诗文的经典，在游戏中快乐地学习。环境的创设主要以“传统文学”为基调，书架上以大量图书为主的传统故事、古诗书籍配合具有传统特色的环境布置。对于阅读的材料来说，我们给孩子提供的也是多种多样的。孩子们进入到阅读区选择的范围很广，他们可以选择自己喜欢看的书籍。

2. 材料投放

在设计这些区域游戏的时候，材料投放要注重层次性，考虑到幼儿的个体差异，教师在古诗文传统文化区中投放材料时，要根据由浅入深、从易到难、层层递进的原则，分解出若干与幼儿的认知发展相吻合的、可能的操作层次，将材料“细化”，满足不同发展水平幼儿的需求。

3. 及时调整

在传统文化活动区活动的过程中，老师应根据孩子的活动情况不断分析、调整和反思，善于利用与捕捉教育机会来调整孩子的行为，促进全体孩子在实践中获得不同程度的发展，以便更好地引导孩子在区域活动中自主探索、体验、学习和发展。在整个活动中，老师要以游戏伙伴的身份与孩子一起活动。随时环顾教室，看谁在开始时就需要帮助。当孩子确定了自己的活动方式后，老师要依据孩子的不同需要给予适当的帮助，同时还要注意激发孩子之间的积极相互帮助

作用。古诗文涉及的区域，往往都是相对来说比较安静的，需要给予幼儿足够的空间和时间，不合理处要及时调整。

4. 分享交流

老师在活动结束后，要对本次活动进行分享和交流，那么有古诗文元素的传统文化区当然也不例外，而特别要注意的是，这些区域的分享交流要给予幼儿充分的说话机会。

(1) 幼儿自主表达

当说到这个区域的时候，全班围成一个半圆一起分享自己的成果，或者直接围在这个区域周围，比如说，阅读区中，幼儿看到的成语故事，可以说说自己看的内容，说说自己为什么喜欢这个故事，可与其他区域的幼儿进行互动，比如，表演区是否有表演这个故事，他们的感受是什么，总之，要把这个故事与全班幼儿进行分享，同时还要培养其他孩子的倾听习惯。

(2) 教师鼓励引导

孩子在整个活动中，能通过自己的努力完成一幅作品或做起事情来有始有终，老师就要加以表扬，来肯定孩子的劳动，同时也可以适当给予一些小的建议，比如在美工区中，幼儿把成语故事用画画的形式表现出来了，要及时地让幼儿把这个故事讲出来，并让其他幼儿进行欣赏，说说他们的看法。

(3) 活动作品展示

我们将制作好的作品，摆放在作品展示区里，供大家一起来欣赏。比如在表演区中，幼儿把一个成语故事用表演的形式展现出来，这个时候，教师可以用现场表演或者视频的方式，让这个过程重新展现一遍，让幼儿进行交流、改进，说说自己的想法。

古诗文是中国几千年历史连绵传承的瑰宝，作为幼儿园，有必要有义务把这个瑰宝传承下去，把古诗文在传统文化活动区中进行渗透，让这两者更好地融合，让幼儿能在自主的环境中，感受古诗文的韵味。

将中国绘本融入大班阅读集体教学活动的思考

——以《铁门胡同》为例

李　丹

一、引言

中国绘本是图文结合的文学作品，它之所以深受不同年龄段人们的喜欢，主要是任何人都能在细细阅读中寻找到自己感兴趣的画面，并从绘本中读到画面里、画面外大量的文化信息，从而丰富个人的内心体验，唤醒更多的美好情感。并且，随着孩子年龄的增长，对本国文化的了解、认同会显得越来越重要。国学大师梁启超先生说："凡一国之能立于世界，必有其国民独具之特质，上自道德法律，下至风俗习惯、文学美术，皆有一种独立之精神，祖父传之，子孙继之，然后群乃结、国乃成，斯实民族主义之根底源泉也。"可见，文化认同是民族认同和国家认同最重要的基础。中国优秀传统文化常寓于儿童绘本中，在让儿童接受审美教育的同时，能潜移默化地对他们进行底色教育。通过对这些传统文化的学习，儿童可以更好地了解和认识我们的民族和国家，从而产生对中华民族的归属感和认同感。党的十八大报告也指出"建设优秀传统文化传承体系，弘扬中华优秀传统文化"的重要性。我们要让孩子从小接受传统文化的熏陶，让孩子在传统文化的沃土中成长，而国风绘本正好可以作为媒介，构建承载传统文化的桥梁，使孩子逐步迈入传统文化的大门，感受中国文化的浸润与滋养。正如全国少工委副主任、中国少年儿童新闻出版总社社长李学谦所说："童年时代优秀传统文化的浸润和滋养，能让孩子们拥有文化的自信与包容，他们有一天终究要长大，但是不管他们走到世界的哪个角落，都知道自己是有根的中国人。"如此一来，优秀的国风绘本就有了它在新时代背景下的重要意义。而教师作为传道者，就被赋予了把中国优秀传统绘本带进幼儿身边的使命。

接下来，我想以《铁门胡同》为例，谈谈中国绘本融入大班集体教学活动的设计与实施中的一些思考。

二、将中国绘本融入大班阅读活动的设计

（一）绘本解析 厘定目标

1. 绘本的选择

中国绘本千千万，教师要做的是从千千万的中国传统绘本中遴选出可供学龄前儿童阅读的适宜题材。虽然儿童在思想、道德、法律、文化等方面的可塑性很强，但对外界事物的选择能力却很弱，且难以辨别外在事物的是非黑白，需要依赖成人塑造和培养他们的世界观、人生观和价值观。因此，教师需要对儿童阅读的内容进行审查和筛选。传统文化不是一个纯粹的真理体系，而是一个糟粕与精华并存的复杂的文化系统，所以并非全部的传统文化都适合儿童阅读。正所谓"有高世之名，必有遗俗之累"，只有那些在今天仍被提倡和弘扬价值的优秀传统文化，才能被纳入原创儿童绘本的创作题材范围之内，如"以人为本、遵道贵德"中的"德性"精神。

《铁门胡同》这个绘本是我国著名绘本作家保冬妮老师的原创作品，它的故事主旨意在凸显人文的价值。绘本描绘了生活在铁门胡同的英子奶奶，通过记忆碎片式的叙述回忆了胡同内四季的不同景象和人文气息。小英子在春天和邻家的孩子结伴做游戏；夏天跟着妈妈挨家送粽子；秋天拿着叔叔给的毛票买沙果；冬天与家人围坐在一起过大年。就这样，作者把英子奶奶对左邻右舍的回忆展现在画面中。从故事的情节分析，我们能看到主题与时代的变迁；从故事的画面分析，我们能看到胡同、老槐树、冰糖葫芦等多种"京"味元素画面；从故事的情感分析，我们能感受到绘本中邻里之间相处和睦所蕴含的美好情感。整本绘本无论在情节、画面、情感走向上都更易唤起儿童对于本土文化、故乡情结的认同感；另一方面在儿童对这些优秀传统文化的学习和内化的共读过程中，有利于推动儿童的社会化过程，也是儿童未来社会生活的需要。故而选择《铁门胡同》这一传统绘本是有其价值的。

2. 绘本内容解读

翻开《铁门胡同》，犹如坐上了时光机，瞬间穿越到 20 世纪三四十年代，胡同中的四季美景、胡同中的人情温暖无一不深深吸引着我们。但是在和孩子们共读绘本的同时，也发现了由于时代背景的差异，给孩子们的阅读带来了一定的困惑。为了让幼儿更好地品读绘本，并在反复解读绘本的基础上，思考分析作家生活背景和读者生活背景之间的差异，以及今天儿童所需要建立的经验，基于大班幼儿视角，探寻了绘本中的"近"与"远"。

(1) 绘本中的近

1）人情的温暖，直指人心

故事中小英子成长的那个年代，生活并不富裕，但是不同境遇的人们住在同一条胡同里，彼此间却能和睦相处、相互关怀。那一片沉静的四合院，记录着风

情淳厚的邻里之情，让孩子们体会到“不是亲人胜似亲人”的感觉。这样的情感触动着每个人的心弦。

2）四季的更迭，亘古不变

翻开绘本，随着四季的轮换，铁门胡同也呈现出四个季节中不同的美，每个季节都有相关的趣事。而我们的孩子，因为大班开展过《春夏秋冬》主题，因此对于四季的认知是有经验基础的。一样的四季美景，不一样的故事人情，所以把握四季线索，开展绘本共读，是契合幼儿的经验和认知的。

3）胡同的韵味，缓缓流淌

翻开绘本，四合院的远景气势恢宏，一页一页画面间流淌着邻里关怀细腻温情。从儿童视角出发，将儿童眼里老北京胡同的风貌、北京儿童的音容笑貌跃然纸上，图画唯美而生动。

(2) 绘本中的远

1）时代背景的差异，挑战着孩子们的认知

故事发生在20世纪三四十年代。绘本中提到的“张恨水”“军阀太太”“邻居家闹鬼”“爸爸躲债”这些话题与现实生活相去甚远，在幼儿阅读中，挑战着孩子们的认知。而且会衍生出更多的话题。如何在幼儿能够理解的基础上，聚焦阅读，规避无关干扰因素，是我们在设计阅读活动时要考虑的问题。

2）对特定的居住环境——胡同生活，孩子们缺少感同身受的体验

故事描绘的是北京四合院里发生的故事，但是对生活在城市里的孩子来说，这样的生活情境恐怕只有电视、绘本里才能看到，缺少体验。如何帮助孩子搭建梯子，找到相近的体验，是我们设计绘本教学要考虑的问题。

3）绘本中可阅读的点多而散，凭孩子们简单的阅读经验无法把握，干扰了孩子们的阅读

绘本中虽然能找到许多可阅读的画面，如左邻右舍相谈甚欢、串门闲玩的场景，皆能体现邻里间和睦相处的常态。但是对于3～6岁孩童来说，可供幼儿阅读的画面比较零散，导致幼儿无法把握故事关键，造成感受困难。

那如何让绘本中的“近”变得更有趣，让绘本中的“远”更近些。在教案的设计上我做了如下尝试。

3. 教案的设计（详见附录）

活动名称：铁门胡同（大班阅读）

活动目标：

① 阅读奶奶的童年故事，猜测事件并想象人物的心理活动。

② 了解铁门胡同的四季生活，感受人们在一起的欢乐和温暖。

活动准备：PPT、四季大图、小图书等。

活动过程：

一、激趣导入——介绍奶奶

二、集体阅读——感受铁门胡同的四季景色

1. 聊胡同

2. 读四季

三、分组阅读——了解铁门胡同的四季生活

（一）春天

（二）夏、秋、冬

（1）妈妈包粽子分邻居

提问：妈妈为什么要把不多的粽子分给大家吃？

（2）叔叔掏糖给我吃

（3）春节爸爸归来

（二）年龄特点 设计过程

1. 添加画面——提高幼儿阅读绘本的兴趣

在开展阅读活动时，我们发现由于地域性的关系，大班幼儿对绘本中铁门胡同生活经验的知识了解得并不多，在一定程度上影响了一些故事带来的整体感受。针对这样的情况，我们对绘本中一些重点阅读的图片画面进行了必要的增添和处理，以满足幼儿的阅读需要，从而增强幼儿的阅读兴趣。

绘本中有一幅图描绘了春天邻里们聚在老北京四合院里聊天的场景，对于成人而言能感受到作者笔下邻里之间和睦相处、闲适快乐的常态。但对于居住于现有环境的幼儿而言，老北京、四合院、胡同里人们的生活常态，这些画面内容早已远离了幼儿的实际生活经验，阅读兴趣不能被有效激发。于是，添加了幼儿结伴儿一起玩石头剪刀布、滚铁环、踢毽子、金锁银锁等幼儿熟悉的民间游戏图片于胡同场景中，修改并整合画面，将画面内容调整为更贴近幼儿生活、更易被幼儿理解、让幼儿读图就能领悟画面内涵，以幼儿的视角解读胡同内邻里间在一起生活的那一份快乐与闲适，从而提高幼儿解读绘本画面的兴趣。

（调整前）

（调整后）

2. 提供符号——助推幼儿读懂绘本的关键

找故事的线索往往是帮助幼儿读懂绘本故事的关键，以线索作为绘本教学切入点，可以将绘本中一幅幅孤立的画面串联起来。《3～6岁儿童学习与发展指南》也指出："5～6岁幼儿能根据故事画面的线索猜测故事情节的发展。"《铁门胡同》的故事架构与指出的5～6岁幼儿的发展目标十分契合，符合大班幼儿学习与发展的具体方向。所以在供幼儿分散阅读的小图书中，以四季为辅线，在每个季节的右上角页面添置了一个空心的小红圈，让幼儿在自主阅读的过程中，以奶奶为主线，找到每个季节中奶奶都在做什么事并动手粘上红圈。通过操作加深幼儿记忆点，让幼儿在集中分享时完整、准确地表述，助推幼儿读懂绘本。

3. 制作图层——聚焦幼儿观察绘本的内容

从儿童视角出发，尝试将绘本画面观察中特别难的部分做细致分解，通过调整画面呈现方式将画面背景和人物进行了剥离，从而有效降低了观察的难度，聚焦了观察的内容，集中了交流的话题，最终降低了挑战的难度，使得孩子们面对相对较远的话题时，依然可以通过有序推进，进而走向问题的关键，最后顺利地找到答案。

4. 精制动图——带领幼儿共入绘本的情境

原绘本中的四季景色，从大的变化上有所体现，但对于四季美的细节呈现略显单一，只是以静态的画面出现，较难调动幼儿去直观、形象地领略四季的美景。捷克教育家夸美纽斯曾说：一切知识都是从感官开始的。在可能的范围内，一切事物应尽量地放在感官的跟前。蒙台梭利认为：儿童对于特殊的环境刺激有一定的敏感时期，这种敏感时期与生长现象密切相关，并和一定的年龄相适应。为3～6岁低幼儿童提供丰富的刺激环境，可以使幼儿获得多种感觉，促使儿童观察、记忆和思维等能力的发展。可见，教学环境的刺激能多方位调动幼儿的感官，激发幼儿各项能力的发展。于是在遵循幼儿年龄特点的基础上，选择采用PPT课件动画制图。

以春天为例：将大图上出现的树、花、燕子、黄鹂、蝴蝶等象征春天气息的景物制作成声音与画面相结合的渐变动图：树慢慢地变绿了，花渐渐地开了，燕子飞过低低的屋檐，黄鹂鸟唱起了歌，蝴蝶翩翩起舞等，让画面变得鲜活起来，带领全体幼儿进入绘本情境，让幼儿共享视觉和听觉的饕餮盛宴，激发幼儿的话语权，并为之后的自主阅读和理解做好必要的准备。（夏、秋、冬三幅动图亦是如此）

三、将中国绘本融入大班阅读集体教学活动的实施

在开展《铁门胡同》大班阅读集体教学活动的实施中，我们不禁惊叹：孩子们的理解能力、感悟能力、表达能力远比我们想象的更强。面对远离这个时代背景的故事情节，孩子们能够读到悟到，一定有着教师在过程中的助力。

（一）尊重幼儿　互动有效

1. 慢一点——提问后多些等待

所谓"慢一点"，就是放慢阅读节奏，给予孩子观察一个画面或理解一段情节更充分的时间。例如：在片段1中，我们能感受到教师的耐心等待。一个封面让孩子们用心观察，从一眼看见英子奶奶的模样，到逐渐找到英子奶奶的特别之处，隐约感受着故事人物生活的特殊背景，为缓步走入某一个年代做好了足够的心理准备。紧接着细致解读扉页中胡同的画面，教师以闲庭信步的姿态引导幼儿读遍了这一画面的角角落落，从中体会着胡同独特的美，自然萌发了继续阅读胡同中人、事、物的兴趣。

片段1：胡同和女孩

（导入部分：为了帮助孩子走进这个故事特定的时空背景，我们将讲述改成了第一人称，从认识我的奶奶和奶奶童年生活的胡同开始了阅读之旅）

师提问：今天我要给你们讲讲我奶奶的故事，瞧，书的封面上这个小女孩就是我奶奶了，她小的时候就是这个模样哦。来看看，她长什么样？谁愿意说说？

（教师出示了封面，放大了整个画面，邀请孩子们细读封面上的人物）

幼儿A：你奶奶长得很可爱，剪了短头发，笑眯眯的。

幼儿B：她穿着红色的长长的衣服。

幼儿C：她看上去是个很懂事很讨人喜欢的小孩。

师小结：就像你们说的，我奶奶小时候梳着齐耳短发，穿得干干净净的，见人总是笑眯眯的，所以周围的人

都特别喜欢她。奶奶说，那个时候人们的生活真的没有现在好，有时候吃不饱、穿不暖，但是只要想起那些年，还是很喜欢啊！所以奶奶常常找出那些老照片，指着照片里的老房子给我们讲故事。

（教师出示扉页，继续带着孩子们阅读画面）

师提问：看这就是奶奶住过的老房子了，你觉得这些房子和现在的房子有什么不同呢？

幼儿 A：这些房子围起来，中间有个小院子。

师回应：是啊，这就是北京的四合院，几栋房子围出了院子，奶奶就是四合院长大的孩子。

幼儿 B：这些老房子不高，都矮矮的，看上去没有现在的房子漂亮。

师回应：对啊老房子不大不高不怎么美，但也有温暖和美好。

幼儿 C：我看到老房子门前有一条路，好像一直可以走到很远的地方。

师回应：你们都看见他说的长长的窄窄的路了吗？

（孩子们随着老师的提示，寻找起绘本画面里的胡同，此时很多孩子点头表示看见）

师小结：瞧，矮矮的墙，窄窄的道，走也走不完的路，这就是北京的胡同。奶奶就是在这样的胡同里长大的啊。

2. 轻一些——回应时多些角度

师幼互动中，教师面对孩子们的回答，所做出的回应需要“轻一点”，“轻一点”的还有一层意思便是：对于问题答案的多角度认识。孩子们阅读一个绘本的感受和成人阅读同一绘本的感受是不同的，由于认知水平和经验积淀的不同，所以感悟也会大相径庭。况且一些绘本的情节对于这个时代的孩子而言，真的比较遥远，因此，对一些情感的理解、情节的分析，教师都应以包容欣赏的方式解读孩子们的回答。摒弃追求唯一答案的心态，重视每一种可能。片段 2 里教师的每一句回应都让我们看到了“轻却有力”的支持和推助。认同—梳理—提升—

分享，完整的互动过程让孩子对于围绕绘本展开的深层次问题不再畏惧，而充分的表达，只会使得孩子获得更多的发现，对故事有更多的感悟。

片段 2：奶奶的背影和胡同的记忆

（师在与孩子们一起议了故事后半段并讲述了这一段情节后，将画面停留在最后一页上）

师提问：看，只要一有空，奶奶就会带着我来到铁门胡同原来的地方，这些年城市变了，胡同没有了，只留下了这棵陪着奶奶长大的树还站在那儿。每一回，奶奶总会站在那棵老树下很久很久，一声也不吭。你猜，这会儿背对着我们的奶奶会是怎样的表情？怎样的心情呢？

幼儿 A：一定很感动吧，会流泪的吧。

幼儿 B：肯定眼睛红了。

幼儿 C：会很伤心的。

师追问：接着猜猜这会儿奶奶又会想些什么呢？

幼儿 A：奶奶会想念她的小伙伴们，可能都见不到了，但还是很好的朋友。

师回应：是啊，有些人住在心里了。

幼儿 B：奶奶会想：为什么要拆了铁门胡同？很美的地方啊。

师回应：对，这样的不舍很多人都会有。

幼儿 C：奶奶会想过去的事，想到就会很难过吧。

师回应：回忆总会让人感动，有回忆的人一定不会孤单啊。

幼儿 D：奶奶肯定很爱这个胡同，很爱胡同里的人。

师回应：是啊，一定很爱很爱，很爱很爱啊！

（二）紧扣主线　互动有意

《铁门胡同》这一绘本中的内容没有很明显的主线构成，而是根据时间推移，描述了一年四季中不同时间发生的各种事件，这些事件之间似乎没有直接的关联，人物也并不聚焦。因此，教师需要意识到在这段阅读中应做内容的选择，并助推幼儿关注特定时空中人物的行为、事件和内隐的心情与感受。于是，教师在众多事件中选择了四个重要事件构成一条主线，如片段 3 中，对图片进行了特定的处理，引导幼儿进行表述，让互动有意义。

片段 3：四季之旅和人物故事

师提问：奶奶说，胡同里的生活是非常美的，无论你什么时候走进胡同都能找到喜欢它的理由，我不信，奶奶便找出了四张老照片，这些照片记下了铁门胡同一年四季的景色，请你们走走看看、找找喜欢铁门胡同的理由，想想你最喜欢什么季节的铁门胡同？

（幼儿自主欣赏四张不同季节铁门胡同的画面，此时，教师引导幼儿观察铁

门胡同四季不同的景色，并尝试表述喜欢的理由）

师提问：谁愿意说说你最喜欢什么季节的铁门胡同，你发现它美在哪儿？

幼儿 A：我喜欢春天的铁门胡同。燕子飞回来了，花都开了，树都绿了。

幼儿 B：我喜欢冬天的铁门胡同，一片白茫茫的，特别美！

幼儿 C：冬天也有花开着，那个红色的花也很美。

师回应：你们知道这冬天开的红花是什么花吗？

幼儿 D：梅花吧。

师回应：知道得真多啊！“墙角数枝梅，凌寒独自开，遥知不是雪，为有暗香来”啊！

幼儿 E：我喜欢夏天的铁门胡同，因为树更绿了。

师回应：有没有喜欢秋天铁门胡同的孩子。

幼儿 F：秋天很多树的叶子都掉了下来，地上有很多堆着的叶子。

师追问：是啊！想想如果踩在这些厚厚的落叶上，会是怎样的感觉呢？

幼儿 G：会是软软的吧。

幼儿 H：应该会有好听的声音吧。

幼儿 I：这些叶子捡回去还能做书签作画吧。

师小结：看，简单而美好的时光，只几片落叶便能带给胡同里的人很多温暖美好的感受，难怪奶奶想起胡同的生活总有讲不完的故事。

师提问：奶奶说，胡同的美不仅仅是四季不同的景色，还有更重要的，那就是胡同里生活在一起的人，那些年在不同的季节里，胡同里的人们总会有很多温暖的事发生，先来看看春天的故事吧。

（教师在原有春天胡同的图片上翻出人物插图）

幼儿 A：我看见有人在放风筝。

幼儿 B：我看见你奶奶了，她在喂小兔子吃菜。

幼儿 C：我看见有几个小朋友在滚铁圈。

……

师过渡：看，原来在一段美好的时光里，胡同里的人们都会有喜欢一起做的事啊！那么夏天、秋天、冬天呢？就请你们去读读桌上的书吧。

（幼儿开始自主阅读）

四、中国绘本融入大班阅读活动的总结

在实践的过程中，我们发现：要读懂优秀的中国绘本，的确不是一件简单的事。这是因为中国绘本往往将深刻的情感内隐于故事情节的细枝末节之中，没有直接夸张的情感表露，只有反复的品味才可明白那些散落在故事情节中深刻隽永的美好情感。因此，当我们面对一些特殊时代背景的中国绘本故事时，我们需要做的是找到绘本中观察交流的重点部分（实处），从幼儿的经验出发，分析孩子能感受到的情感体验。然后围绕可能涉及的问题，分解难点，虚化或淡化一些无关紧要的认知经验，而强调可以通达的美好情感。要更好地设计此类国风绘本，建议教师做到以下几点：

（一）设计活动前

应反复品读绘本，仔细思考这个绘本中，哪些经验的确离孩子们较远，面对这部分内容，我们可以尝试通过修改故事或调整文字表述，抑或丰富补充相关画面来解决经验问题；反之，我们也应思考故事中哪些情节和当代孩子的生活经历有类似甚至相同之处，强调这部分内容，以便设计时找到重点话题和交流分享的主要内容。

（二）设计活动时

应从儿童的视角出发，寻求他们的认识路径。将特别难的问题做细致分解，利用教学材料的改变、画面呈现方式的调整，以及提问的层层推进设计来聚焦于最关键的 1～2 组问题，让孩子们可以缓步前行，不紧不慢地完成理解。

（三）活动进行中

教师切忌带着唯一答案提问孩子，而应该更加耐心地倾听孩子们的回答，面对意想不到的回答，教师应该首先以接纳和认同的态度及时给予孩子回应，明确暗示孩子回答中的合理性和通达的情感，之后再考虑运用追问、陈述或者讨论等方式，顺着孩子的思路进行相关引导，这里需指出的是：由于这些故事所讲述的事件和出现的人物可能孩子们并不熟悉，所以教师引导的方法可能还要遵循“眼不离图”的阅读理念，最终让孩子有意识地关注绘本画面，通过观察找到相关答案。

（四）活动延伸或前期

对于一些时代感比较强的绘本故事，成人可以在活动之前或之后，设计组织

一些相关的经验活动帮助幼儿从不同途径采集并获得一些相关信息，之后再来理解这个绘本故事，就能更加准确地帮助幼儿感受到绘本所传达的情感和思想了。切勿急于求成，避免追求通过一次集体活动来解决所有问题的想法。并且，要大胆尝试通过多次阅读的方式，帮助孩子真正自然而然地读懂这些绘本。

附录：

活动名称：铁门胡同（大班阅读）

活动目标：

1. 阅读奶奶的童年故事，猜测事件并想象人物的心理活动。

2. 了解铁门胡同的四季生活，感受人们在一起的欢乐和温暖。

活动准备：PPT、四季大图、小图书等。

活动过程：

一、激趣导入——介绍奶奶

提问：说说奶奶长什么样子？

小结：奶奶小时候剪着整齐的短发……我想，那个时候一定有许多人喜欢我的奶奶。

二、集体阅读——感受铁门胡同的四季景色

（一）聊胡同

提问：老房子和我们现在住的房子有什么不一样？

小结：瞧！这就是我奶奶住过的老房子……于是她们给这个地方取了个好听的名字，叫铁门胡同。

（二）读四季

提问：你最喜欢哪个季节的铁门胡同？它美在哪里？

小结：春天，铁门胡同开始变得热闹了……奶奶说春天的铁门胡同真美！一场春雨过后一点一点就变得热起来了……奶奶说夏天的铁门胡同真美！秋天来了……奶奶说秋天的铁门胡同真美啊！冬天来了……奶奶说冬天的铁门胡同真美！

三、分组阅读——了解铁门胡同的四季生活

（一）春天

提问：奶奶在干吗？小伙伴在干吗？

小结：那个时候就是这么简简单单，随时随地都可以拉一个小伙伴来玩喜欢的游戏。春天有太多的美好和欢乐记在心里。

（二）夏、秋、冬

提问：这几个季节里奶奶在干吗？

（1）妈妈包粽子分给邻居

提问：妈妈为什么要把不多的粽子分给大家吃？

（2）叔叔掏糖给我吃

（3）春节爸爸归来

提问：春节有什么欢乐的事情？

小结：放鞭炮、贴春联、吃团圆饭，春节有许多欢乐的事情。

提问：你猜那一刻奶奶想到了什么才会眼圈红红的？

小结：就像你们说的，胡同没了，心里的东西一样都没变少，总在那里。

提问：如果让你为奶奶做件温暖的事情，你会做什么？

小结：瞧，当你读完这本书的时候，你就看到了很多的故事，这就是那个时候发生在铁门胡同的故事。于是就有了你们手上的这本书——铁门胡同。一个有家的地方，在心里。

弘扬中华文化，传承古诗经典

——中班语言活动“古诗里的冬天”思考与设计

程　丽

一、古诗活动的解读与背景

《中共中央关于党的百年奋斗重大成就和历史经验的决议》指出：“中华优秀传统文化是中华民族的突出优势，是我们在世界文化激荡中站稳脚跟的根基，必须结合新的时代条件传承和弘扬好。”中华优秀传统文化是中华民族的文化根脉，蕴含着丰富的人文精神，作为华夏儿女，我们需要进一步弘扬优秀传统文化。古诗作为传承优秀中华文化的重要载体，在优秀传统文化的弘扬中占有独特的地位。其中蕴含的语言美、色彩美、思想美有利于我们领略古人的智慧和情怀，感受中华优秀传统文化的魅力。因此，幼儿园开展古诗活动可以作为弘扬传统文化的途径之一。

从古至今，中国诞生了无数诗人，也诞生了无数古诗。其中，苏轼作为家喻户晓的诗人，创作了“不识庐山真面目，只缘身在此山中。”“欲把西湖比西子，淡妆浓抹总相宜。”“但愿人长久，千里共婵娟。”他的诗就像一汪清泉，滋润着每个人的心灵。因此，结合尚美课题，我在苏轼的众多古诗中选择了《赠刘景文》进行集体教学活动设计，最后设计了适合中班幼儿的艺术美术活动“古诗里的冬天”。

二、古诗活动的思考与设计

（一）感知古诗的情感

“荷尽已无擎雨盖，菊残犹有傲霜枝。一年好景君须记，正是橙黄橘绿时。”古诗的前两句描绘了秋末冬初的萧瑟景象。而后两句，作者鼓励好友一定要记住一年里最好的景致就是橙黄橘绿的时节。幼儿教师在设计古诗活动时，仅仅了解表面诗意很难抓住落脚点，首先需要挖掘古诗背后的意义，感知古诗思想情感，才能更好地设计活动。

1. 诗赠知己

古人以诗交友，以诗言志，赠诗是古人对亲友表达感受、思念的方式。比如李白在《赠汪伦》中将情谊化为千尺潭水，表达了诗人对好友汪伦的真挚友情。

那么苏轼在《赠刘景文》中试图对好友表达什么呢？他和刘景文又有什么渊源呢？

故事是这样的：苏轼在杭州任知州时，西湖由于长期没有疏浚，湖水逐渐干涸，湖中长满野草，影响农业生产。于是，苏轼负责清理西湖湖底的淤泥，将淤泥集中起来堆砌后形成了一条贯穿西湖的长堤。这项浩荡的工程得到了时任两浙兵马都监刘景文的大力支持，两人可谓志趣相投，遂成为知己。经此一事，苏轼得到了刘景文的帮助，两人成为了知己。那么，苏轼赠诗仅仅是为了表达对刘景文的感谢吗？还需继续深入挖掘。

2. 托物言志

想要挖掘《赠刘景文》的真正意义，可以从刘景文的经历入手。刘景文出身名门，父亲是朝廷重臣，苏轼曾向朝廷大力保举刘景文，但由于刘景文之前战败投降过西夏，一直不得重用。于是，苏轼写下了这首勉励诗来激励好友。

《赠刘景文》中，前两句写“荷尽菊残”的凋零景象，后两句写“橙黄橘绿”的大好景致，意为曾经风光无限的荷菊如今也需让位于橙橘。作者将橙橘并提，实则重橘，因为橘树和松柏一样，代表人的高尚品格和坚贞的节操。作者由物到人，借以赞扬刘景文的精神品格。诗人托物言志，抒发自己的广阔胸襟和对同处窘境中友人的劝勉和支持，意境高远。

（二）确定活动的目标

教育活动目标是教育活动的出发点和归宿，教育方法、教育手段、教育内容的选择，以及教育环境的设计和教育活动过程的设计都应围绕教育目标。幼儿园教育是有目的、有计划的社会实践活动，在制定活动目标时需要具体性和适宜性。

1. 活动目标具体化

古诗中用“橙黄橘绿”把日渐凋残的初冬景象打扮成了一片金黄翠绿的图景。起初教师抓住这个落脚点，将第一条活动目标定为：尝试用撕贴和添画的方式表现橙子和橘子。细细斟酌后，教师发现“撕贴”这样的表述不够具体，因为小班幼儿和中班幼儿都具有撕贴的技能，区别在于小班幼儿的撕贴更多是将纸撕成长条形、块状或不规则形状，中班幼儿则可以撕出难度更大的形状。本活动的活动对象是中班幼儿，幼儿需要撕出“橙黄橘绿”的圆形，技能更进一步，更具挑战性。为了更加符合活动主题和幼儿年龄特点，将第一条目标修改为“通过撕圆和添画的方式表现冬天橙红橘绿的成熟景象”，使得活动目标更具体。

2. 活动目标适宜性

《赠刘景文》蕴含着苏轼和友人深厚的感情，因此教师在设计活动目标时，试图通过故事的形式引导幼儿感受苏轼和刘景文的友情，将第二条活动目标定为：

“初步了解古诗，懂得朋友间相互关心、帮助的情感。”但是结合实践时，遇到了困难：如果教师想将古诗背后的情感传达给幼儿，那么在活动开始需要让幼儿了解苏轼和刘景文的故事，如此一来活动偏向语言领域，违背了设计艺术美术活动的初衷；另一方面，偏语言领域的古诗活动更适合大班幼儿，不适合中班幼儿。于是，根据中班幼儿的年龄特点，第二条目标修改为：感受诗中冬天硕果累累和生机勃勃的美。

（三）实施活动的途径

在设计活动《古诗里的冬天》过程中，教师通过寻找古诗中的价值点，结合艺术领域，利用“诗情画意”的方式，引导幼儿通过“荷尽”“菊残”和“橙黄橘绿”的对比，感受古诗中冬天硕果累累的美。再利用撕圆、添橘蒂的技能方法，表现出万物凋零的冬天也有橙黄橘绿的美。

1. 积累活动的前期经验

由于恰逢秋末冬初，古诗情境与当前季节相符。在活动前，首先利用午后散步时间，组织幼儿在园内进行写生。观察后幼儿有了许多发现，如：“为什么有的树只剩树枝，有的树还有树叶呢？”“小草好像死掉了，还会长出来吗？”“有的树叶怎么是红的？”……通过种种发现，幼儿知道原来冬天并不是一幅黑白的水墨画，冬天是有色彩的。其次，通过冬天调查表，幼儿可以记录冬天的变化，巩固已有经验并用自己的方式记录下来，为活动开展做好铺垫。

2. 把握诗意的自然流露

活动第一环节的设计意图主要是了解古诗基本诗意。活动开始，教师与幼儿回忆初冬的景色变化，引出古诗《赠刘景文》，结合 PPT 并利用小结的形式将古诗的诗意缓缓道来。小结表述为：“当荷叶枯萎、菊花凋谢，不要以为一年的美景就这样结束了。实际上，一年里最美的就是冬天的到来，树上有黄澄澄的橙子和绿油油的橘子，冬天被打扮成了金黄翠绿的模样。”这种 PPT 加小结的形式让幼儿初步感受到古诗所要表达的内容，显得自然而然，不会刻板生硬，容易让幼儿接受。

3. 思考材料的分层提供

活动第二环节的设计意图为通过撕圆和添画的方式，表现冬天硕果累累的一面。通过平时对幼儿的观察可以发现，徒手撕圆对于部分中班第一学期的幼儿来说，操作起来有一定困难。因此在材料提供上需要考虑到不同幼儿的发展水平，分层满足不同幼儿的需要。首先增加黄、绿色蜡笔，对于能力稍逊的幼儿，可以让他们先用蜡笔在纸上画一个圆，在这个圆形的基础上再进行手撕。其次，可以在一部分作品背景上先贴一个撕好的圆形，在操作时有意识地分给平时绘画创作中表现比较慢的幼儿，满足不同水平幼儿的需要。

三、古诗活动的传承与思考

1. 成为传播美育教育的工作者

2020 年 10 月，国务院印发的《关于全面加强和改进新时代学校美育工作的意见》指出，美育是审美教育、情操教育、心灵教育，也是丰富想象力和培养创新意识的教育，并强调学前阶段的美育应培养幼儿拥有美好、善良的心灵和懂得珍惜美好的事物。身为一名人民教师，我们不仅授人知识，还要教人以德，让幼儿形成健全完善的人格。古诗活动不仅能激发幼儿对中华传统文化的兴趣和热爱，同时能让积极、美好的情感浸润幼儿的心灵，在传播美育的同时丰富幼儿的精神世界。为了在古诗教学活动中再现古诗描绘的种种情境，实施美育教育，我们应该好好探索、挖掘古诗活动，用中华的传统经典文化去熏陶、感染每一位幼儿，让幼儿在诗香的浸润下有所成长，有所进步，努力培养中华传统文化的传承人。

2. 成为以幼儿为主体的教学实施者

以幼儿为主体设计的活动能让幼儿身心得到最大程度的放松，智力和情感得到最大限度的满足。为了使古诗活动遵循以幼儿为主体的原则，教师在准备古诗教学活动前，首先需要了解作者的背景和经历。其次，要了解作者通过古诗抒发的情感。最后，从不同角度挖掘古诗的教育价值，制定教学目标。教师在积极主动地探索古诗背景、意蕴的基础上，再现古诗描绘的种种景象，让幼儿感受古诗的语言美、色彩美、思想美，培养幼儿以诗作画的能力，促进幼儿想象力和表现力、创造力的发展。

教育是教学相长的过程，不仅能提升教师的传统文化素养，帮助其从传统文化的宝库中汲取营养、熏陶人格，促进专业技能发展，还能使幼儿通过古诗教学，受到民族精神的熏陶，在完善人格修养、提升文化品格的同时，承担起传承中华文明，弘扬民族精神的职责。

挖掘传统美文,感受美好品质

——集体教学活动《神笔马良》剖析

沈晓晴

中华传统文化是中国数千年沉淀下来的精华,学习传统文化,能让幼儿了解中华民族的优秀文化精髓。寓言故事也是中华文化不可或缺的一部分,中国寓言故事具有浓厚的中国色彩,蕴含着中国精神。同时,寓言故事作为一种独特的文学体裁,故事简短,寓意深刻,对幼儿而言,通俗易懂,朗朗上口,体现了中华美文的独特之美。我园"尚美"课程就是追求传统文化中那些美好事物、美好品德、美好情感、艺术审美等,并加以传承与创造。

中班幼儿喜欢把听过的故事或看过的图书讲给别人听,并且能根据连续的画面大致说出故事情节,对作品的展开产生喜悦、担忧等相应的情绪反应,体会作品所表达的情绪情感。因此在"尚美"课程建设中,我班根据中班幼儿的年龄特点选择了《神笔马良》这则贴近幼儿经验并有教育价值的寓言故事绘本,帮助幼儿深入地了解寓言故事中的科学及生活道理,感受寓言故事中所蕴含的传统美德及品质之美。

一、绘本的价值之美

1. 有助于幼儿清楚表达马良帮助别人的办法

《3～6 岁儿童发展指南》中提出,中班幼儿能根据连续画面提供的信息,大致说出故事的情节。在《神笔马良》绘本中,其中的画面简单清晰,幼儿能一目了然地根据画面提供的信息,自己表达出画面中的大致内容。绘本中,马良虽然出身贫微,但是他勤劳、刻苦、有志气的优秀品质,给孩子一个正面的引导,感受中华美文的优秀品质。

2. 有助于幼儿合理想象

中班幼儿能根据画面或者事物的发展,并运用已有的经验进行大胆的猜测。《神笔马良》的整个故事都围绕马良的"神笔"展开,于幼儿而言,"神笔"带有神奇的色彩,更有利于幼儿展开想象。在整个活动中,都是以"马良会画什么帮助他"来引导幼儿展开,让幼儿有身临其境的感觉,充分感受马良的智慧和善良。

3. 有助于幼儿在不断帮助别人的故事情节中充分感受助人为乐的快乐

中班幼儿能随着文学作品情节展开的进程，体会作品所表达的各种情绪、情感。《神笔马良》主要是讲马良用“神笔”帮助他人解决困难的故事。在每幅画面中，幼儿积极投入故事情节，如：马良对画画的热爱，孩子们从用树枝画画的画面上就能感同身受；又如：在大胆想象助人的方法后，帮助了有需要的人时的快乐，感受到了助人为乐的成就感；在面对“恶人”威胁时，孩子们与马良有一样勇敢的心。在整本故事中，有两幅图是经过反复推敲后删除的。故事发生的背景时代是幼儿不熟悉的，对现在幼儿而言，“穷”似乎与幼儿的生活感受不相关，幼儿无法感受“穷”带来的生活困境。所以，在活动中将穷人的概念转化为有需要的人，通过观察图片去理解和分析这些有需要的人缺乏哪方面的帮助，引发幼儿要去帮助的愿望。

二、设计之美

（一）传统故事与教学活动的有机结合

在活动的开始，教师就讲述了马良对于画画的热爱，以及对于画笔的渴望。在提问马良最想要的东西时，幼儿一致认为是画笔。为了能够共情马良，教师运用了一支非同寻常的大毛笔作为教具，从外观上为感受“神笔”打下了基础。在故事情节中，从原来的多图，删减到两张图，为幼儿仔细观察、开放猜测马良的心理留下充分的时间。在故事的最后，马良被坏人抓起来，幼儿坚定地认为他不会屈服，更感同身受地为马良“出谋划策”，达到了目标 2 中的情感目标，也为活动画上一个圆满的句号。

（二）从幼儿经验中走来回归幼儿生活

在《神笔马良》的教学活动中，有“小朋友摘不到树上的苹果”这一画面，请幼儿猜猜马良会用画笔画什么来帮助幼儿。幼儿发挥想象力，有用梯子、绳子、大吊车等帮助的，也有请动物朋友帮忙的……在活动后的某日，中午带着孩子们散步，坐在一棵高高的柿子树下，稀稀拉拉的几个柿子挂在树上，我不禁感叹，这么高怎么才能摘下柿子呀！孩子们兴奋地说：老师忘记神笔马良了吗？有很多帮助我们长高的方法呀……

在幼儿教育中，我经常自问：我们到底要给幼儿什么？什么样的幼儿才是真的“毕业”了？这次活动的后续，让我豁然开朗。我们经常将幼儿生活经验作为挖掘幼儿学习的一个重要条件，那么，一个集体教学活动的最终目的到底是什么？在一个教学活动中，从幼儿的生活经验中走来，将我们所要教授的其他经验输入，让孩子们懂得更多知识，这不正是从幼儿生活经验中走来，最终又回归幼儿生活，为他们这座“成长”的堡垒添砖加瓦。

(三)教师与幼儿互动有效优化

《指南》中指出:“建立良好的师生、同伴关系,让幼儿在集体生活中感到温暖,心情愉快,形成安全感、信赖感”,“创造一个自由、宽松的语言交往环境,支持、鼓励、吸引幼儿与教师、同伴或其他人交谈。”为了优化师幼互动,可以设计一个教师即兴作画的互动环节。教师需要现场绘画提炼出幼儿的关键词,例如,幼儿说马良可以画一把楼梯来帮助朋友摘果子,教师这时候需要马上画一把楼梯为幼儿展示,利用思维导图的方式,激发幼儿对于画面的想象,这种互动的方式不仅新颖,还非常吸引幼儿的注意,所以在本次《神笔马良》的活动中,师幼互动很有效,能够推动幼儿一直处在想办法帮助别人的情境中。

传承中华优秀文化是幼儿自身发展的需要,在幼儿园中以绘本为素材开展中华传统文化教育,根据幼儿年龄特点和生活经验有选择地开发传统绘本,挖掘故事中的传统美德、美好品质,有利于实现良好道德的正确引导,促进幼儿身心共同健康成长。

幼儿园美文教学活动(唐诗)的思考

——以大班语言活动《宿新市徐公店》为例

郑 晨

摘 要:"尚美"课程是我们幼儿园的园本课程,着重培养幼儿感受美、欣赏美、表现美和创造美的能力,并通过实施美艺、美旅、美食、美服、美文这五美的教育教学活动来达到我们最终"美"的目的。教师以七言绝句《宿新市徐公店》中"篱落疏疏一径深,树头花落未成阴。儿童急走追黄蝶,飞入菜花无处寻"而设计的一次语言活动"宿新市徐公店"为例,谈一谈在实施过程前、中、后的思考,并在此基础上探究幼儿园美文教学活动中唐诗部分实施与设计的思考。

关键词:美文教学 尚美 唐诗

一、选择《宿新市徐公店》的原因

(一)符合幼儿园"尚美"课程总目标

幼儿园"尚美"课程的总目标有以下几点:

感受美:愿意接受传统文化的浸润、熏陶,尝试感受传统文化中的语言美、艺术美以及美好事物、美好情感。

欣赏美:积极参与各种传统文化活动,懂得欣赏多种多样的传统文化艺术、文学作品,提高认知、情感、个性、社会性等方面的发展。

美文目标:对各种不同种类的传统文学作品有浓厚的兴趣,能发现其中蕴含的美好情感、良好品行等。

《宿新市徐公店》的内容贴近幼儿的生活,朗朗上口、句式工整,符合我园"尚美"课程的总目标,能激发幼儿的自然探索欲和提升幼儿对美的欣赏能力。

(二)源于生活,贴近生活

在一次午间散步的时候,我们来到了小菜园。那里有一排小篱笆,一条小路,还有几棵开满白玉兰的树,有的白玉兰花瓣落在了地上,当时的场景其实就已经是这首诗的首联和颔联了;这个时候孩子们看到了飞来飞去的小小的白蝴蝶和黄蝴蝶,有的孩子就去追,白蝴蝶很容易追到,可是黄蝴蝶躲在了油菜花里就比较难找了,有的孩子就说：黄蝴蝶被油菜花挡住了！这样一个眼前的情景完全就是古诗《宿新市徐公店》！多么贴近孩子们的生活，杨万里肯定也是看到了这样的场景才提笔的吧！

二、现场教学活动的实施

1. 第一部分：古诗里的春天

这一部分以回忆和欣赏动态 PPT 为途径，欣赏春日里的美景。

1）和孩子们一起回忆之前我们在午间散步的时候所发生的有趣的事情，共同感受其中的春色之美，温故而知新。

2）在很久以前有一位叫杨万里的老爷爷，一天他住在了一个叫徐公（主人姓徐）店的地方，到了那里他散步时看到了很多春天里美丽的景色：一道稀疏的篱笆和一条幽深的小路，篱笆旁还有几棵树，花瓣从枝头纷纷飘落；儿童捕蝶的欢乐场面；面对一片金黄菜花搔首踟蹰，不知所措的儿童。

3）结合之前和古诗里极为贴近的情境，配合了 PPT 的动作效果把古诗的首联和颔联"篱落疏疏一径深，树头花落未成阴"，展现了出来。

2. 第二部分：古诗里的游戏

这一部分以游戏为主体，感受春日里的愉悦心情。

1）在这个环节教师先在 PPT 上播放了一段孩子们欢声笑语的特效音，让大家猜一猜里面的小朋友可能在做什么。（追黄蝴蝶）

2）设置一个菜园的场景，首先教师将黄颜色蝴蝶绑在了长长的细绳上，教师边跑孩子们边追，和古诗里的孩子们一样玩"追黄蝴蝶"的游戏。这里就体现了"儿童急走追黄蝶"。

3）追着追着黄蝴蝶都不见了，这是为什么？（回到 PPT：原来是因为飞到了黄黄的菜花里就像藏起来了一样）这里就体现了古诗的尾联：飞入菜花无处寻。

3. 第三部分：我找到的春天

这一部分以图画为载体，说说自己找到的春天。

1）展示自己的春天图画。

2）说说自己在哪里看到了春天。

3）春天的感觉是怎样的。

总结整个活动的脉络：源于生活→进入唐诗→回归生活

三、美文（唐诗）教学活动的思考

（一）进行传统美文（唐诗）教学活动的原则

1. 充分感受整首诗的情感基调

我们都知道每一首唐诗都具有它的基调，有的悲伤，有的疏阔，有的婉约，有的激昂，有的愉悦，也有的会在几句诗中不断变化……因此如果要将一首古诗设计成一个集体教学活动那么就不能改变他的整体基调，要遵循诗人原本的情感表达。

《宿新市徐公店》是一首描写暮春农村景色的诗歌，描绘了一幅春意盎然的景象。头两句“篱落疏疏一径深，树头花落未成阴”点出儿童捕蝶时快乐、天真的背景。画面上有一道稀疏的篱笆和一条幽深的小路，篱笆旁还有几棵树，花瓣从枝头纷纷飘落，嫩叶还未长出，春意盎然。篱笆和小路，点明这是农村，“花落未成阴”和结句中的“菜花”都说明这是暮春季节。

后两句“儿童急走追黄蝶，飞入菜花无处寻”将彩笔转入画面的中心，描绘儿童捕蝶的欢乐场面。“急走”“追”是快速奔跑追逐的意思。这两个动词十分形象贴切，将儿童的天真活泼、好奇好胜的神态和心理刻画得惟妙惟肖，跃然纸上。而“飞入菜花无处寻”则将活动的镜头突然转为静止。“无处寻”三字给读者留下想象回味的余地，仿佛面前又浮现出一个面对一片金黄菜花搔首踟蹰、不知所措的儿童。前两句写农村景色，是静态描写；后两句写儿童和蝴蝶，是动态描写。这首诗除了运用动静结合的写法外，还运用白描手法，平易自然，形象鲜明。

所以根据整首古诗的基调和情境，在第一个环节就是让孩子们和老师一起回忆之前春日里午后散步的愉快情景；在之后的第二个环节是和古诗中的孩子们一样去追黄蝴蝶，先是老师将黄蝴蝶绑在长长的细绳上，教师边跑边让孩子们追，这是动态的蝴蝶。然后带着孩子去寻找静态的黄蝴蝶，这样以游戏的形式来激发孩子们的兴趣，从而提高活动快乐的氛围。第三个环节让孩子们通过自己的所见、所感、所想和杨万里的描述，说说自己找到的春天是怎样的。

活动的通篇都要与古诗中的春日相联系：散步、游戏、春天的美丽景色和景物，体现动静结合的同时始终保持诗人对于田园生活所表达的愉悦、欢快的情感，并且将这样的情感传达给孩子们。但有些活动的设计似乎与诗人所要表达的情感基调不太一致。

比如，之前的美文活动“杏花村”。它取自于杜牧的《清明》，这首唐诗的整体基调是在不断变化的，首联交代情景、环境、气氛，是“起”；颔联是“承”，写出了人物，显示了人物凄迷纷乱的心境；颈联是“转”，然而也就提出了如何摆脱这种心境的办法；而这就直接逼出了尾联，成为整篇的精彩所在——“合”。在艺术上，这是由低而高、逐步上升、高潮顶点放在最后的手法。

如果只是单单将最后一句的三个字摘出来独立成为一个吹杏花的美术活动（传统美文活动可以通过不同的领域来进行展示），应该说还是值得商榷的，而且这首诗的诗眼是：**欲断魂**。诗人问路找酒家也并非是为了单纯喝酒，或者去欣赏杏花村的美景，是有各中原因的，如果以这样的形式开展古诗教学活动那么对于整首诗的基调就破坏了，或者说吹花属于美艺的一部分，直接就叫“杏花村”也可以，不用将杜牧的这首诗作为一个载体。

2. *充分理解诗人所描绘画面的深层次含义*

选择《宿新市徐公店》是因为其中的情感和诗人所要展现的画面是孩子们容易理解的，就是春天里一种愉快的情感，万物生长，景色优美，这些是孩子们都能感知到的。同样的画面感知也可以在《江南可采莲》(汉乐府)美文活动中寻找到踪迹。这首诗歌描绘了江南采莲的热闹欢乐场面，从穿来穿去、欣然戏乐的游鱼中，我们似乎也听到了采莲人的欢笑。执教老师通过让幼儿在荷叶间用手的小鱼际印出小鱼，再添上眼睛，这样就活灵活现地展现了一幅鱼儿在荷叶间自由自在游来游去的场景，是多么的快乐，是符合孩子们的认知的。这两首诗也没有内涵所要表达的特殊意义，或者有着更高的境界需要读诗的人去探寻和挖掘。但是有些古诗中诗人所要表达的情感就并非那么简单了，或者说那是一种格局，一种境界，比如《赠刘景文》。

《赠刘景文》是苏轼的作品，此诗前半首“荷尽已无擎雨盖，菊残犹有傲霜枝”，是说“荷尽菊残”仍要保持傲雪冰霜的气节；后半首“一年好景君须记，最是橙黄橘绿时”，则通过“橙黄橘绿”来勉励朋友困难只是一时，要乐观向上，切莫意志消沉。抒发作者的广阔胸襟和对同处窘境中友人的劝勉和支持，托物言志，意境高远，格局大气。但是执教教师只是让孩子们利用撕贴的形式将“橙黄橘绿”呈现在篮子里来表现冬天的硕果累累这就完全和诗人当时所要表达的情感脱离了。

我们要明确一点：诗歌中的橙黄橘绿是托物言志。苏轼的这首诗并非只是单纯地描写“橙子黄了橘子绿了”，而给大家一片硕果累累的景象。我们不能只看这首诗的字面意思就设计一个教学活动，而要充分了解诗人到底想表达一种什么样的感情，还有要充分考虑古诗本身所具有的格局和境界。坦白地说苏轼这样一位大文豪，他的作品是很难用一个美术、语言等领域的活动来展现的。在中学大学里苏轼的一首诗、一首词需要 45 分钟、90 分钟来进行剖析和理解，但是现在我们只用 30 分钟甚至 20 分钟就把整个作品解决了，这样的方式真的可以吗?

所以在选择古诗的时候要选择诗人采用白描直接抒发情感的这一类，如果有更加深远的内在含义或者情感格局的话，那么就不太适合放在幼儿园阶段的学习活动中来进行。

3. *充分尊重诗人书写的整个篇幅*

在进行美文教学的时候，基本上老师们都会运用图画、动态课件和游戏等手段把整个篇幅全部展现在孩子们的面前，以此来感受整首古诗的意境。但是也存在另一种情况：为了展现好的活动效果就只选择其中的一句或者两句。我们要清楚一点：没有一首古诗是可以被割裂了来进行教学的，它既然有首、颔、颈、尾这四联必定是有它的深意的，如果割裂开来那就失去了诗人整首诗的价值。

有一个活动叫“春江水暖鸭先知”。整个画面就是运用中国画颜料，画出蓝蓝的水面，然后水面上有几只黄黄的小鸭子。可是苏轼这首诗的整首是这样的：竹外桃花三两枝，春江水暖鸭先知。蒌蒿满地芦芽短，正是河豚欲上时。这首诗中确实“春江水暖鸭先知”是点睛之笔，把画家没法画出来的水温冷暖，描绘得如此富有情趣、美妙传神！但是它还有一个高妙之处是表现在幽默的想象上，它能看到画外，以画上并没有的“河豚欲上”，来点染初春的气息，深化画中的意境。也就是说这个美术活动就干脆直接撇开了苏轼的另外三句诗，这样的方法真的可取吗？

4. 充分把握古诗和幼儿生活之间的关系

以《江南可采莲》(汉乐府)为例，在采莲的时候看到莲叶间自由自在的鱼儿们，这样的场景在我们的生活中也常见，孩子们去公园就能够看到莲叶间的鱼儿，有着“潭中鱼可百许头，皆若空游无所依”的意境，这样的情景贴近幼儿的生活。

又比如贺知章的《咏柳》首句写树，柳树就像一位经过梳妆打扮的亭亭玉立的美人。第二句就此联想到那垂垂下坠的柳叶就是她身上婀娜多姿下坠的绿色的丝织裙带，第三句由“绿丝绦”继续联想，这些如丝绦的柳条似的细细的柳叶儿是谁剪裁出来的呢？先用一问句来赞美巧夺天工可以传情的如眉的柳叶；最后一答，是二月的春风姑娘用她那灵巧的纤纤玉手剪裁出这些嫩绿的叶儿，给大地披上新装，给人们以春的信息。

这首诗也比较贴近孩子们的生活，而且通篇就是在写柳树、柳条、柳叶，所以基本上就只有一个意向。而且当中的比喻孩子们也能理解，柳树就是一个姑娘，因为有一首儿歌就叫《柳树姑娘》。柳叶细细长长，就好像剪出来的一样，这样容易理解，孩子们平时在个别化的时候剪剪贴贴本来就常见，而且他们也会说自己剪的长条像柳树，这样就很贴合了。

(二) 进行传统美文(唐诗)教学活动的意义

1. 感受唐诗里的韵律节奏美

押韵，这是唐诗的主要特征。因为只有押韵，才能使合乎韵律的相同的声音在诗歌中形成有规律的反复，给诗歌的声音组合创造一种回环相押、抑扬顿挫的音乐美。从而加强诗歌的表现力和感染力。这样也就易记易唱，而且悦耳动听，达到声情并茂。

唐诗的节奏很鲜明。节奏的长短、快慢，是由诗歌语言的起伏、高低和升降等特点决定的。把平仄声调不同的字词有规律地排列起来，使它们具有间歇，显示强弱，这就是节奏。一般我们在背诵唐诗的时候都是二二一、二二二一，这就很有节奏感。我们也会发现对于孩子们来讲背诵唐诗要比背诵其他的故事、寓言等容易得多，这就是唐诗的韵律，节奏在起作用。在幼儿园里教孩子们念唐诗的时候很多老师会拿着乐器，比如鼓、铃鼓、响板等，边敲击边念唐诗就更能感受到唐诗的节奏和韵律。

2. 体会唐诗里的情感美

《现代汉语词典》里说：情感是对外界刺激肯定或否定的心理反应，如喜欢、愤怒、悲伤、恐惧、爱慕、厌恶等。只要是一个正常人他就一定会有情感，只要有情感他就会通过各种形式来表达自己的情感，而唐诗就是古人抒发情感的一个重要的途径。

在唐诗里有着浓浓的思乡情，孩子们最熟悉的李白的古诗《静夜思》；有着美好的血肉亲情，比如王维的《九月九日忆山东兄弟》、孟郊的《游子吟》；有着珍贵的朋友之情，李白的《赠汪伦》；有着对农民的深切同情，李绅的《悯农》；还有着深沉的爱国情，杜甫的《春望》……唐诗里的这些情感都是那样的弥足珍贵，我们可以将这些情感通过教学活动的设计来传达给孩子们。

3. 欣赏唐诗里的景色美

“诗中有画，画中有诗”其实就是唐诗的一个特点，所以在唐诗里虽然都是一个个的字，但是读来却能像看到其中的美景一样。比如杨万里的《晓出净慈寺送林子方》将西湖的美景表现得淋漓尽致；李白的《望庐山瀑布》这首诗形象地描绘了庐山瀑布雄奇壮丽的景色，反映了诗人对祖国大好河山的无限热爱；刘禹锡的《望洞庭》则将洞庭湖的景色形象生动地展现在了我们的眼前……而这些美文也通美景。

有一首儿歌叫《读唐诗》，开头就是这样几句话：床前的月光窗外的雪，高飞的白鹭浮水的鹅，唐诗里有画唐诗里有歌，唐诗像清泉流进我心窝！我想就是对唐诗一个美的概括，美的欣赏。而还有更重要的一句那就是：唐诗是祖先在向我诉说。我们听清楚祖先在诉说些什么了吗？

总之，希望每一位老师都能够认真读唐诗、品唐诗，将其中的寓意、情感、格局、境界深深地印刻在自己的心里，这样我们才能把诗人所要真正表达的、抒发的情感和意义传达给孩子，让我们认真聆听经典传统文化所发出的声音！

幼儿园“快乐古诗文”亲子阅读活动的实践

朱春华

苏联教育家苏霍姆林斯基认为，没有家庭教育的学校教育和没有学校教育的家庭教育，都不可能完成培养人这一极其细微而复杂的工作，因而，促进幼儿的全面发展，是幼儿园和家庭的共同责任。这就要求幼儿园一定要重视并切实做好家长工作，推进家园合作共育。

我园希望通过分析家长资源、了解亲子古诗文阅读现状与需求，挖掘并运用多种开展古诗文亲子阅读的形式和方法，使家长和幼儿均有获益和成长。

一、幼儿园家长资源的现状调查与分析

我们对全园556名家长发放了本课题的调查问卷，从551份有效的问卷中我们发现，100%的家长对于幼儿园开展快乐古诗文亲子阅读研究持积极支持的态度，而且有73%的家长具有一定的传统文化阅读的基础和习惯，但其知识面不够广、对亲子陪读亦缺乏经验和方法，有待我们教师通过各种途径来逐步提高家长这方面的能力。

1. 全面了解、分析和研究家庭教育资源的内容与特点

建立家长资源库，通过调研了解家长的特长与能力，并将有价值的信息输入幼儿园的“信息库”中，在开展活动时主动联系相关家长，请他们提供协助。

2. 以人为本的原则，将家长资源进行有效的研究开发、筛选分类

了解了家长的基本信息后，我们将其按课题活动开展的要求进行筛选、分类，并在活动开始前主动邀请家长参与活动，征得家长的同意后方可将其资源运用进课题。邀请的活动有：家长讲故事、开展亲子阅读外出活动、组织家长助教团、成立家长阅读义工团等。

虽然家长们整体表示愿意支持我们开展此课题，但我们发现绝大多数的家长不太敢于独立承担某个亲子阅读活动项目，他们只想以协助者或志愿者的身份参与或配合活动，仅小部分的家长有开展活动的资源且有意愿成为活动的筹划者或组织者。因此，我们通过此课题可以研究拓宽幼儿园在鼓励和运用家长

资源方面的方法和思路，寻找有效途径，突破以幼儿园为主导地位的传统模式，进一步激发家长自主参与幼儿园活动的潜能。

二、幼儿园运用家长资源有效开展幼儿快乐古诗文亲子阅读方法的研究

1. 真诚平等地交流沟通，增进了解、取得信任

尊重家长是良好沟通的前提，我们应以真诚的心与家长之间架起一座信任的桥梁，以平等的身份与之交流，尤其是自身注重教育、又有能力支持活动的家长，更要与之心平气和地用商量、征询的口气，向家长解释清楚我们即将要开展的课题活动的出发点和目的，从而获得他们的理解和支持。通过与家长有效的沟通交流，使双方达成共识，互相配合，携手共同为课题活动的开展出谋划策。

2. 有效利用信息化技术，发挥家长能动性

利用新型的家园网络平台的互动模式，教师前期做好规划和指导后，主要由家长接手监管。例如：建立各类古诗文阅读群，推选家长分别担任“群主”，负责添加好友、发布相关信息和通知，有事亦可及时与老师反馈。由该位家长自主建立班级或年级群，把所有的“古诗文爱好者”家长们一一邀请入群，家长们就在群内共同交流和分享自己在与孩子快乐古诗文亲子阅读中的体会和经验，由此挖掘了家长的主观能动性，提升了家园共育实效性。

3. 鼓励家长积极参与园内教育活动的实施

我们积极发挥教师的引领和主导作用，事先与有关家长做了良好沟通，让他们发现自己爱好文学的闪光点或特长可以运用到幼儿园的课题中来，调动家长的积极性，带动家长参与各类课题组实践活动，以此共同推动课题的开展。

三、幼儿园运用家长资源有效开展幼儿快乐古诗文亲子阅读途径的研究

1. 走进校园和课堂，参与或协助阅读活动

现代幼儿园教育中有很多让家长可以走进课堂的机会，尤其是那些愿意来尝试体验当老师、和孩子们一起在幼儿园共同活动的家长，这也是一个非常好的让家长体会当教师、与幼儿零距离接触的机会。为了促进课题的开展，有效利用家长资源，我们借助“家长半日开放活动”“家长半日助教”“小喇叭广播”等活动，鼓励各类喜欢讲故事的家长走进幼儿园、走进课堂，间接或直接与幼儿一起开展集体式的快乐古诗文亲子阅读，进一步激发了幼儿和家长参与活动的兴趣和热情。

2. 借助传统节日，充分发挥各类家长的阅读才能

我园是传统文化特色园，故每一次的传统节日我们都会组织孩子们开展各类相应的节庆活动。借助幼儿园正在开展的各种传统节日，我们分别邀请不同的家长把课题活动融入其中，例如“三八国际妇女节”，我们瑞福部的中班组老师邀请了班中喜爱文学的妈妈，由她组织和发动整个年级的妈妈们，趁着节日之际开展了一次“听妈妈讲传统故事”的活动，期间妈妈和孩子们还自发地将传统故事排成了一个个“亲子表演”让大家观看；大班组利用“端午节”邀请不少祖辈家长，开展了一次“传统故事大嘎刚”，发动了本地的奶奶和爷爷们用上海本帮话给孙子们讲传统故事；小班组趁“父亲节”之际，邀来年轻的爸爸们，开展了一次“爸爸陪我读本书”的活动，激发爸爸们主动参与陪伴孩子阅读传统书籍。

3. 运用网络信息平台，创建各种快乐古诗文亲子阅读的交流活动

微信群是现代的一种新的互动、沟通的重要形式。我们要求各班或各年级成立自己的阅读微信群，由家长主动报名当群主，在微信群里与家长们相互分享亲子阅读的照片和小视频等资料，了解彼此在亲子阅读过程中的各种情况。然后通过某个亲子阅读的个案，家长们可以共同讨论阅读的内容、时间以及陪读者等各种影响亲子阅读效果的因素。在家长们的微信群中，家长们还自发地建立了古诗文爱好者社团、开展了儿童文学微讲座、好书推荐活动、音频小故事、故事表演小视频等多种共享和交流的形式，让孩子们真真切切地体验到了古诗文亲子阅读活动的快乐。

4. 借助社会力量优化亲子阅读活动，搭建社会实践平台

近年来，为了全面贯彻落实习近平总书记关于注重家庭、注重家教、注重家风的指示精神和中共中央、国务院关于倡导和开展全民阅读的这一号召，日前，我园周边的社区均在以“书香飘万家”为主题，以传递科学家庭教育理念、引领亲子阅读风尚为重点，开展相关的亲子阅读活动。于是，我们决定打破以往幼儿园开展活动都是把家长请进来的常态，将一位在居委会工作的家长资源结合到我们的课题活动中，由她起头组织爱阅读的家长们带着孩子，以幼儿园开展外出实践活动的形式到社区精心打造的“亲子阅读活动室”去开展各类快乐古诗文亲子阅读活动。

另外，还有一位中三班的小步妈妈，她本身就是班中的家委会成员，既热心又精通古诗文，自己恰巧有一处较大的活动场所，知道我们在开展这一课题后，主动表示很乐意将她的这一资源共享出来，允许教师们带领不同年龄段的家长和幼儿前去她那里开展快乐古诗文亲子阅读活动。例如：上学期，瑞意部中班组的“文学爱好亲子团”就去了小步妈妈那里，小步妈妈还特地将这一场所布置成了一个“临时亲子绘本馆”，大家在里面来开展了一次“亲子古诗文阅读进家

庭”的活动。小步妈妈布置的亲子绘本馆既温馨又舒适，她特地准备了很多古诗文的儿童绘本和桌椅。爸爸妈妈们陪孩子们坐在安静的环境中亲切地讲述着优美的古诗文故事，脸上洋溢着笑容，活动场面动人又和谐。之后，小步妈妈又和家长们分享了自己和孩子“亲子阅读”的体会，并亲自做了一个关于“传统书籍对亲子阅读的重要性”的微讲座，本次活动结束之后，家长们纷纷表示活动形式非常好，今后也要在家多陪陪孩子阅读，多看传统文化书。该案例诠释了幼儿园运用家长资源开展快乐古诗文亲子阅读的有效性。

除此之外，我们还和家长一起开展过亲子阅读社区表演、传统故事优秀小喇叭广播员评比、“我和宝宝一起走进传统故事”亲子征文展、妈妈陪我做本故事书等一系列课题活动，均或多或少由家长参与或承担，每一个活动均取得了课堂里收获不到的效果。

四、幼儿园运用家长资源有效开展幼儿快乐古诗文亲子阅读策略的研究

1. 建立全园的家长资源库和活动智囊团，形成家长亲子阅读联盟

为了确保每一次活动的顺利推行，我们在课题开展前期就架构了一个“活动智囊团”，是由我们教师和家长共同组成的一个既独立又有关联的网络管理梯队。从园长、课题负责人、一线教师到热心的志愿者家长们，不同的年龄班都有相应的教师和家长，大家在一起围绕着快乐观诗文亲子阅读，或开展活动，或分享交流，就像一个“阅读者大联盟”。

2. 凸显幼儿园亲子阅读活动的教育效果，提高家长参与的自主性

两年来，“亲子图书漂流”它像一根纽带，贯穿在整个课题的始终。我们的“亲子图书漂流”是以孩子为主，家长为辅的理念开展。期间，每班各有两位热心家长承担“图书管理员”，每周五轮番帮助班级里的家长和孩子借阅传统图书。而这些“传统图书”又是各班的家长和孩子一起提供在班级门口的小书架上的，“图书管理员”们则在老师的引导下主动负责做好了对所有图书的标号、登记、整理等管理图书的系列工作。图书漂流活动不仅仅是一种有意义的阅读分享，更体现的责任和品德，诚信和快乐。

3. 充分挖掘和发挥家长资源的优势，完善亲子阅读

在课题的开展中，基于对家长意愿的尊重，我们对不同家长的职业和专长进行筛选，将其带人每个活动中，或以助教的身份带领孩子们开展快乐古诗文亲子阅读，或者让他们独自承担、合作完成每个关于亲子阅读的活动项目，由此充分发挥了家长的资源和作用，给孩子们创造一个快乐的亲子间互动体验过程。

4. *归纳和总结经验，反思家长资源在亲子阅读活动运用中的不足*

对于首次尝试的我们来说，在课题中还存在颇多不成熟的方面。例如：在家长资源的开发利用的过程中，我们过多地介入或干预家长正在组织的活动、过度以教师为主导；不敢真正放手让家长承担某个活动等等。其实，这种由幼儿园提供一定条件、教师和家长共同组织或由家长独立承担任务，也是现代幼儿园教育的新趋势和新观念，我们应逐步接收和转变。

在开展快乐古诗文亲子阅读活动的过程中，我们与家长在平等、友好、互敬、信任的基础上，充分合作、开发有价值的家长资源，积极将家长的物力、人力等资源有效整合；同时，鼓励和引导家长自主承担活动、挖掘其自身的资源，从而调动家长参与活动的积极性和激发其组织活动的潜力。这一家长工作方面的举措，还可以灵活推广到其他领域的教育中家长资源的有效运用，具有一定的借鉴性和辐射作用。

共享阅读　漂流书香　家园共育

——“运用家长资源开展图书漂流”案例

丁晓玲

图书漂流，源于20世纪六七十年代的欧洲，阅读者将读过的书籍再放回公共场所或转给下一位漂友阅读，这样循环往复，让书籍不断漂流下去。

在物质、经济资源丰富的当下，家长会给幼儿购买大量图书，但经常看过后就被闲置，而后继续大量购置图书。为此，开展图书漂流活动，利用共享阅读的形式，家园共同参与，让闲置的图书重新流动起来，不仅满足了幼儿的阅读需要，而且实现了图书的共享。

我们班的“图书漂流”，是在教室门口放置书架，由孩子和家长共同收集整理家中的书籍，贡献出各种不同种类的图书。由家长自愿报名，争做“图书管理员”，负责图书的归类与整理，并完成每周五借阅图书时的登记与归还记录。

忙碌的管理员

新学期的图书漂流活动本周五又要开始了，我和宸宸妈妈说了本学期班级的书架上新增了许多图书，希望她能帮忙一起整理一下。这天周五三点放学，宸宸妈妈两点半不到就佩戴着图书管理员的胸牌来园了。“老师，我来了，书在哪里，都给我，我来整理吧。”宸宸妈妈一来就把一摞图书搬到教室门口的图书架前。和往常一样，她自己搬好桌子、椅子，开始在书架前忙碌起来。只见她把每一本书按大小、厚薄，依次整理，并为每一本书贴上统一的标签、编上班级和序号，又拿出图书登记表，认真地将每一本书的名字、编号以及由谁带来的一一登记清楚。虽然宸宸妈妈的文化水平不高，字迹也不娟秀大气，但工整有序，处处流露着一种妈妈的仔细与认真。让我意外的是，这次她自己准备了标签纸。可能是上次我准备的标签纸用完后，宸宸妈妈问我要的时候，我正好在为孩子们的放学工作忙碌着，这次她是不想打扰老师们，自己悄悄带来了一沓标签纸。这份默默的付出深深触动了我。在老师们等待孩子放学的时候，宸宸妈妈也完成了所有的整理工作开始等待家长带着孩子到她那里借书。

等所有的孩子放学后，宸宸妈妈开始再次整理书架，摆好被孩子们借书时翻乱的图书，完毕后，和宸宸一起放回桌椅，来到教室里，在问过老师这会儿是否有空后，开始询问我宸宸这学期的表现。在我表扬了宸宸在园的一些表现后，妈妈也跟我反馈了孩子在家里的进步。同时，我们也都看到了孩子有待进一步完善的地方，妈妈也虚心向我请教“应该怎么教育孩子”。我们就莀莀的问题聊了近半个小时，妈妈表示很受教育，以后会在家里尝试老师提出的建议。临走前，不忘提醒莀莀帮老师把教室里的玩具整理好，和老师道别后，牵着孩子的手离开教室正式放学。

莀莀妈妈提早半小时来园，又比一般家长晚了半小时离园，在这一个多小时的时间里，妈妈一直忙碌着。忙着帮老师整理书架、登记图书、做好借阅登记，忙着和老师沟通孩子在园的情况。在此过程中，妈妈不但没有怨言，还很乐意。因为妈妈说，通过上学期担任图书管理员，收获很大。每周五都可以细心挑选一本图书给莀莀带回家阅读，孩子在图书阅读方面进步明显。另外，不仅是阅读，自己和幼儿园、老师的距离也更近了，有更多时间了解幼儿园为孩子们做的事情，有更多机会和老师沟通孩子的情况，了解更多的育儿知识，自己的育儿理念和育儿方法也更科学有效。

热闹的图书架

经过小班第一学期的图书漂流活动的开展，我们发现家长们从家里拿来的闲置图书，基本都是大家耳熟能详的故事，很多孩子的家中可能都有类似的图书。因此，在活动开展了一段时间后，特别到学期末前的一段时间，图书借阅的人数越来越少，书架开始冷清，图书漂流活动没有起初那么红火了。为此，我想到了按主题请家长提供图书，本次主题是“传统绘本”，即硬封面、大图书、讲述中国传统内容的绘本。这类绘本图书，有别于传统小故事，一般孩子不太接触，家中重复的可能性很小，很多甚至需要家长重新购买。家长们在图书管理员的带头下，纷纷响应，陆续带来了关于饺子、汤圆、包子、花木兰、兔灯、传统节日等传统内容的绘本图书。通过班级群的图书照片上传，家长们都清楚图书架上的图书，每到周五，来借新书的孩子又重新多起来，书架又热闹起来了……

家长提供的新书里，还有许多可以被班级老师利用后开展教育教学活动的图书。如莀莀妈妈带来的《传统节日系列》图书，被投放到班级传统文化活动区（美食与节日板块）中。利用《饺子与汤圆》图书开展祖辈来园活动“和奶奶学包饺子”；利用《谁偷了包子》图书开展妈妈来园活动“和妈妈认识包子”，并在教室里开“包子铺”游戏；利用《春茶》图书开展爸爸来园活动“爸爸泡茶给我喝”。

图书漂流活动中家长提供的图书，不仅丰富了书架上的图书种类，让图书漂流活动焕发生机；也为教师的日常教育教学活动提供了有效的教育资源，丰富了班级的教育环境，为开展各类亲子活动奠定了良好的物质基础。重新热闹的书架也丰富了孩子们的活动。

得意的小助手

“你看，我有星星贴纸，红色的！”莀莀向周围的小伙伴骄傲地展示着自己因为经常借书得到的奖励。对于他来说，月龄偏小，是家中唯一的男孩子，各方面能力在班里并不突出，有些方面甚至低于平均水平，很少能在学习、生活中得到能力的奖赏。因此，被老师赞誉为“爱读书”的乖宝宝，对他来说可能是无比荣耀的事情。妈妈一来，他就兴奋地要跟妈妈炫耀。“莀莀，去帮妈妈搬椅子、整理图书吧。”只见莀莀一边帮妈妈搬椅子，一边和妈妈说着自己的星星奖励。说是整理图书，其实也只是帮妈妈递一下书，妈妈自己在整理而已。但画面给人的感觉就是那么温馨。等所有的孩子都借完书走后，莀莀迫不及待地问：“妈妈，今天我们借本什么书啊？”“你想看什么？这里有好多新书，这本是……这本是……”莀莀妈妈对书架上的书了如指掌，挑了几本适合莀莀的书让他选，莀莀选了一本讲端午粽子的图书，又帮着妈妈把桌椅搬回教室。

因为妈妈是图书管理员，莀莀成为班中“最爱看书”的宝宝，一下子自信心就起来了。我还清楚地记得，莀莀入园时，哭闹打滚的场面，不会自己吃饭、穿衣服，还经常尿湿，总是怯生生的。

自从妈妈当了管理员，他的进步越来越明显：不仅经常看书，在生活自理、适应集体等看似与阅读无关的这些方面也取得了不小的进步。可能是经常帮助妈妈做小助手，被照顾的意识开始转变为自己做，甚至是服务他人；也可能是妈妈从老师这里获得的教育方法使然。

综上所述，图书漂流活动的价值与意义，从以上的案例中显而易见。

一方面，实现图书资源的充分共享。图书漂流活动，将每个家庭的图书资源分享出来，实现图书资源的流动。这样一来，不但降低了每个家庭的图书资源成本，同时也使得闲置的图书资源得到了优化利用，使每一本图书能让更多的人阅读到，最大限度地发挥图书的作用，让每一位参与图书活动的幼儿获得更多的优质图书资源。

另一方面，促进家园沟通。特别是担任图书管理员的家长，有了更多时间来园，看到幼儿园实施教育的一些做法；也有了更多机会与班级老师沟通孩子的具体情况，不像其他家长那么匆忙接孩子放学回家，教师在与家长的一对一静心沟通中能给予有针对性的教育建议；在与班中其他孩子和家长借阅图书的互动中，体验幼儿教师工作的不易，给予教师更多的理解与支持。从而由管理员家长对班级工作的理解带动更多家长支持班主任的日常教育教学工作。

更加重要的是，在图书共享、家园互动的过程中，幼儿获得了全面的发展和提升。

首先，激发幼儿的阅读兴趣。图书漂流活动中，图书由每个家庭提供，种类丰富，每个参与活动的幼儿都能遇到自己喜欢的图书或者自己未曾接触过的图书种类，可以很好地拓宽幼儿的阅读面。另外，借阅的图书通常需要归还，有一定的时间限制，幼儿便会在家中积极阅读起来，不易被闲置。这样阅读量会提升，阅读氛围更宽松，幼儿的阅读兴趣也会大大得以激发。

其次，促进幼儿萌发分享意识。图书漂流活动中的幼儿，会相互模仿，带来自己心爱的图书，和他人分享，克服小我意识，帮助幼儿逐步去除自我中心。不仅图书分享，看完图书之后的感受也可以与同伴分享。在图书漂流活动中图书成为一个纽带，把大家紧密联系起来，打破人与人之间的隔阂，使人们的相互关系更加融洽。

最后，帮助幼儿形成健全的人格。每个参与图书漂流活动的幼儿，需要受到道德的约束，即借阅他人提供的图书时，不能占为己有，需要及时归还。在阅读过程中，也要爱护图书，若不小心有损坏，需要及时告知图书提供者，通过协商修补图书或购买新图书。在这一过程中，不仅有对自我的约束，也有出现问题后的沟通与解决。

第二章　精工巧艺

——探寻手指间的智慧

第一节 引言导读

《幼儿园教育指导纲要》明确要求：幼儿园应当“充分利用社会资源，引导幼儿实际感受祖国文化的丰富与优秀，感受家乡的变化和发展，激发幼儿爱家乡、爱祖国的情感”。

这里所谓的社会文化资源承载着中华优秀传统文化的核心价值观，具体表现在人们生活方式的方方面面。其中，民间艺术、传统工艺等作为我国重要的民族文化遗产，不管是在内容上，还是在形式上，均是丰富多样，精彩纷呈，比如剪纸、泥塑、印染、编织等，是开展中华优秀传统文化教育的重要资源。

当然，这些社会文化资源的开发、利用的关键和难点在于儿童化。幼儿不同于成人，有独特的生理和心理特点，因而幼儿园开展中华优秀传统文化教育，关键应从儿童的视角出发，尊重和遵循幼儿的年龄特点，以体验实践、文化浸润、浅显形象的方式渗透于幼儿活动中。

活动区凸显小组合作和个别化活动，为幼儿提供了自主操作、自主思考和自主探索的机会，是传统文化教育儿童化的重要载体。

为此，我们通过深入挖掘更多传统文化中对幼儿身心发展有益的精工巧艺，突破对传统文化教育单一的活动形式，尝试与幼儿日常区域活动相结合，开展个性化的传统文化活动区活动，让幼儿在生动情境中、快乐游戏中领略传统文化的内涵，感受中国文化的博大精深的同时，促进幼儿认知、情感、品行等多方面的发展，从而进一步激发幼儿对于中国传统文化的兴趣。

一、注重年龄适宜和文化适宜，厘定幼儿园传统文化活动区的目标

作为文化的表现形式和价值的具体承载，精工巧艺往往蕴含着丰富的教育意义。

传统剪纸、泥塑、国画、青花瓷、扎染等中国传统艺术，为幼儿提供了感知欣赏美的具体抓手，也为幼儿表达创作美提供了表达范式，契合了“喜欢自然界与生活中美的事物，喜欢欣赏多种多样的艺术形式和作品”，“喜欢并大胆表现，具有初步的艺术表现与创造能力”等艺术教育目标。

古代的四大发明和古人勇于开拓、智慧探索的精彩故事，不仅富含科学道理，也彰显着中国人科学的精神、务实的态度……

我们以学前教育各项文件为依据，大量搜集传统文化各方面的内容，在充分考虑幼儿的学习特点、认识规律、经验基础、最近发展区等要素的基础上，主要依据《3～6岁儿童学习与发展指南》，结合共同性课程目标，从五大领域入手，制定了"传统文化活动区"的目标。

总目标	通过幼儿园"传统文化活动区"的创设与研究，筛选适合幼儿身心发展的优秀传统文化内容，设计能帮助幼儿感受和体验、表达和表现的操作方案并组织实施，从而构建幼儿园"传统文化活动区"的内容、方法、原则、策略等，形成我园特色的"传统文化活动区"，使幼儿乐于接受传统文化的积极熏陶，在认知、社会、情感、艺术等多方面获得发展
社会	• 能与同伴友好相处，并能自信自主地表达表现 • 体验传统文化的魅力，了解家乡、热爱祖国
艺术	• 喜欢欣赏多种多样的传统艺术形式和作品，萌发表现美和创造美的情绪 • 乐于与同伴一起娱乐、表演、创作
语言	• 乐于接触优秀的儿童文学作品，感受语言的丰富与优美 • 能清楚地表达自己的想法和经验
科学	• 愿意动手动脑，大胆探索传统文化的奥秘 • 感受古代劳动人民的智慧，萌发对传统文化的好奇心和认识兴趣
健康	• 有健康的生活态度，乐于参加传统文化活动，情绪愉快

二、链接文化内涵和幼儿经验，钩织幼儿园传统文化活动区的内容

中华传统文化是我国古代精神文明文化的象征，有着悠久的历史，它包括的内容十分丰富，琴棋书画、民间工艺、传统戏曲等无不蕴含了取之不尽的文化财富。

我们结合儿童视角从浩渺的中华优秀文化中遴选适宜适切的内容，传承和发扬之。具体而言，我们深度融合基础课程的学习主题，结合核心素养，链接幼儿的生活经验和兴趣爱好，挖掘主题适宜和年龄适宜的传统文化教育内容，以好玩的内容、有趣的话题吸引幼儿，不断激发幼儿的自主探究和个性表达，不断提升幼儿参与活动的兴趣度。

基于年龄适宜性、可操作体验性、文化内涵性等基本原则，本研究整理了各年龄段传统文化活动区的内容：大班侧重探索——认知；小、中班侧重体验——操作。

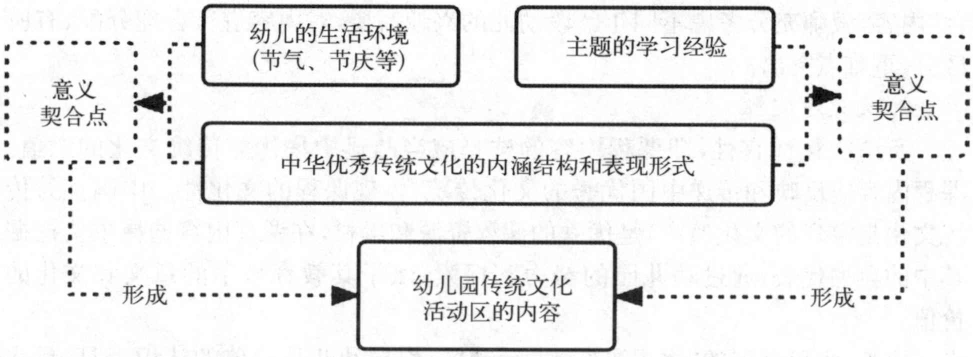

年龄段	内 容 设 置	活 动 区 名 称
小班	传统美食、趣味印染、方言、灯笼、传统服饰、传统乐器、民间玩具	食全食美、趣味印染、嘎三胡、趣味灯笼阁、最炫民族风、小小玩具柜
中班	地方戏曲、木偶、扎染、茶艺、传统小吃、扇子、编织、版画、弄堂游戏、传统节日	小戏台、木偶剧场、多彩染吧、小茶坊、小扇庄、小吃铺、巧手编织铺、舌尖美食、好玩的节日
大班	四大发明、传统布艺、水墨画、地域美食、民族服饰、民族乐器、剪纸、泥塑、青花瓷、传统节日	四大发明馆、布布馆、墨墨悟文、吃遍中国、游遍中国、剪纸印象、快乐泥塑、民乐坊、青花坊、多彩的节日

《纲要》指出：教育内容选择和设计必须遵循发展性原则，让所选的内容适应幼儿需求，适应时代需求，要去其糟粕取其精华，适合幼儿身心发展，适应幼儿最近发展区。因此，各年龄段各班在选择传统文化活动区内容时，我们始终遵循以下原则。

1. 年龄适宜性

适合幼儿年龄特点，贴近幼儿生活，能够被幼儿感知、理解的内容；反之，远离幼儿生活经验，不能引导幼儿全身心投入的传统文化则不用。

比如，“传统美食”的活动区在中班开展，主要包括“美食文化”“美食游戏”“美食制作”三方面拓展，旨在引导幼儿在看看听听美食传说故事中了解美食的文化，在玩玩接龙、转盘等美食游戏中进一步感知美食的乐趣，在做做玩玩美食游戏中，切身感受中华美食文化的魅力。基于不同的年龄特点，小班将“认识”美食缩小到与他们生活更贴近的“节日美食”、将“制作”美食落实到“面点类”的操作感知等内容向更广的面延伸；而大班则将内容向更深的层次拓展，如了解美食中的调味料、南北方美食的异同、北方特色馍的制作与欣赏等。同样的“传统美食”内容，教师充分考虑不同年龄段幼儿的兴趣需要，对内容进行合理分配、有所区分，重难点突出。

2. 文化适宜性

所谓文化适宜性，即课程内容的选择应当凸显中华优秀传统文化的意蕴。课程内容应反映和传递中国优秀的文化传统，体现课程的文化性。中国优秀传统文化是宝贵的文化遗产，是优秀的课程资源和素材，在课程内容选择中要挖掘其中的典型代表，通过幼儿园的努力和探索，赋予其教育教学的意义和文化的价值。

比如，大班开展的“水墨画”美术活动区，引导幼儿从简单的认识工具、玩水墨游戏，到正确握笔尝试绘画各种由简到难的水墨画；而后将水墨画与其他内容有效结合，拓展活动形式，通过水墨画自制皮影道具、自制水墨故事书，在语言区里“演国画”“说国画”。“国画创意玩”的形式能进一步激发大班幼儿对国画的持续兴趣。

比如，饮食中的传统文化不仅能让幼儿了解各地美食，还能从“吃”中学到礼仪、学会生活；游戏中的传统文化如七巧板、华容道、翻花绳等能够使幼儿在“玩”中潜移默化地获得哲理性、道德性启迪等。

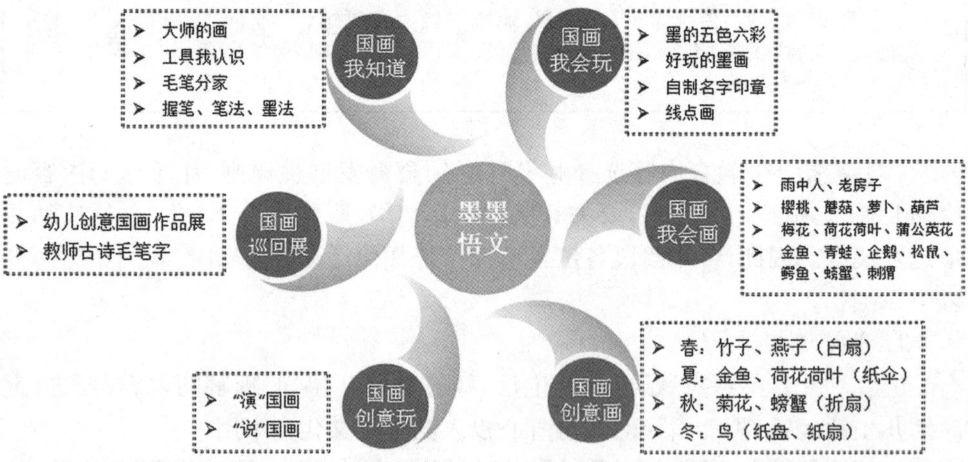

3. 活动体验性

能够引发幼儿主动、快乐、自然地参与并享受传统文化的内容，使幼儿在亲历、“对话”的过程中丰富和拓展对传统文化的认识，感受传统文化独有的魅力。杜威所指的经验趋向于主客观的交互作用和连续性，在此基础上，我们试图进一步关注幼儿的内心感受与理解及各自原有经验的碰撞与交汇，体验既是方式、过程，又是追求。比如，在大班的布布馆里，孩子们通过“一条龙”服务，“织布”“染布”“设计”“制作”，感受着劳动人民的智慧，在体验中获得认知与快乐。

三、凸显多元形式和立体体验，构建幼儿园传统文化活动区的路径

我园在开展传统文化活动区时，充分考虑幼儿的年龄特点，遵循幼儿的身心发展规律，选择贴近幼儿生活、易于幼儿理解和接受的内容，通过各种形式，使幼儿在时空环境的浸染之下感受和体验中国传统文化。在实践过程中，基于本班幼儿的年龄特点及兴趣需要，选择适宜的传统文化内容作为本班的传统文化特色；聚焦该特色，以某一文化形式为具体承载，融合多元的教育价值和意义；聚焦某一感官体验形式，钩织立体化的体验环境。

1. 学—智慧

众所周知，中华民族有着上下五千年的历史，我们的中华文化是我国古代劳动人民智慧的结晶。我们期望将孩子扶上巨人的肩膀，让他们站在中华民族五千年文化巨人的肩膀上去俯视世界。我们知道《指南》中明确指出：“幼儿科学学习的核心是激发探究兴趣，体验探究过程，发展初步的探究能力，幼儿不断积累经验，并运用于新的学习活动，形成受益终身的学习态度和能力。”我们除了让幼儿了解传统文化中的人文智慧，我们也要让幼儿学习和了解中国古代劳动人民的聪明与勤劳、探索与创造。比如，在我们的传统文化中，四大发明、弄堂游戏等可以充分满足幼儿的探究兴趣和愿望。

◇ 弄堂游戏促智力

古老的弄堂游戏种类繁多、好玩有趣，其中益智类的弄堂游戏内容易懂易学，种类丰富多彩，不受时间、空间限制，幼儿玩起来竞争激烈，趣味盎然，其乐无穷，竞争中有合作。教师选择了益智类弄堂游戏中最为常见的牌类、棋类或其他综合益智游戏，投放到班级的传统文化活动区中。比如经典的牌类游戏“抽乌龟”和“金钩钩鱼”，对于刚接触的孩子来说整副扑克牌的数量有点多，于是将其减少；又针对小班幼儿难以理解扑克牌原本的花色图案，教师将其改成了幼儿熟悉的水果、动物等，稍加修改后孩子们对新游戏爱不释手。在教室的一处古风弄堂里，经常可见孩子们三五成群围坐在一起下五子棋、跳棋、象棋等；还会看到孩子们在一起玩“挑游戏棒”“翻花绳”“青蛙跳井”“老虎吃小孩”“找东南西北”“刮刮片”“玩火柴棒”等，这些益智类的弄堂游戏能使幼儿在轻松的状态下积极开动脑筋，促进幼儿智力的发展。

◇ 四大发明感智慧

中国的四大发明是我国古代劳动人民的重要创造，是他们智慧的结晶。大一班的老师抓住大班幼儿的年龄特点，选择这个素材点创设活动区。孩子们在

科学区，摸摸看看各种各样不同的纸，了解不同纸的吸水性、延展性等，玩玩造纸术了解纸的由来；在美工区，通过撕贴折剪将纸变成各种漂亮有趣的、或立体或平面的造型，感受纸的艺术；利用黏土、绳子、木块等材料自制印章，感受活字印刷的奇妙；在生活区，玩玩指南针，了解指南针为生活带来的便利；在语言区，听听看看关于火药的来历和重要性。幼儿在看看、玩玩的过程中认识中国的四大发明，了解其在生活中的运用，感受古代劳动人民的智慧。

◇ 科学故事探真知

在我国大量的传统故事中，有许多名人小故事，大都蕴含着深刻的科学道理。大二班的老师就选择蕴含科学道理的故事内容，与科学区结合。比如《曹冲称象》的故事，聪明的曹冲所用的方法是“等量替换法”。幼儿边做实验边理解故事，通过一次次的尝试，明白其中蕴含的科学道理。孩子们在听过了《树洞取球》的故事后，通过亲手操作理解文彦博树洞取球的智慧方法，在科学区中将各种材料放在水里，探究它们的沉浮情况，从而进一步理解为什么文彦博往树洞里灌水可以取到球，还有哪些东西可以用同样的方法获取。孩子们在一次次实验、失败、再尝试的过程中，不但了解科学故事中的科学原理，同时也提高了自己的科学素养，教师引导幼儿在观察、比较、记录、讨论的过程中，不断激发幼儿对科学活动以及传统故事的兴趣。

2. 玩—艺术

幼儿天生需要艺术的滋养。而艺术以活生生的感性形态存在于时空之中，以能激发人们的情感、情绪为最大特色，与幼儿的认知心理特征和情绪特征完全吻合。艺术和游戏一样成了他们生活中不可缺少的组成部分。教师充分挖掘《纲要》和《指南》中对于艺术教育的内容，两者均对幼儿园艺术教育做了全面具体的阐述，既要求幼儿园通过各种手段，萌发幼儿对美的感受、美的体验，丰富幼儿对美的想象、美的创造，又引导幼儿用自己喜欢的方式去表现美、创造美。因此，在我们的传统文化活动区中，各班教师根据自己班幼儿的兴趣需要，选择不同的传统艺术内容，开展不同形式的艺术活动，如水墨画、染艺、泥塑、舞台秀、灯笼、扇子等，孩子们与艺术作品不断亲近、与传统文化成为朋友，他们在艺术中感受着传统文化，又在传统文化中欣赏着艺术。

◇ 一笔一画舞文墨

大三班的教室整体被老师布置成水墨环境风格，因此每到一年一度升班时，搬来这个教室的老师和孩子们都不约而同地将自己的班级传统文化活动区定位为“水墨画”的内容。教师首先在环境中选择了吴冠中等大师的水墨名作供幼儿欣赏，孩子与大师的相遇，又使他们被生动的画面、传神的造型、酣畅的墨色所吸引；活动初期，引导孩子“玩墨”感受水、墨、宣纸三者的特性，当一滴墨在宣纸上逐渐蔓延的时候，孩子们对水墨的兴趣也被激发，他们惊奇地尝试着墨与纸的融合与变化；随后，又学着正确捏握毛笔进行由浅入深、由简到难的水墨画作品的创作……教师不仅提供纸，还鼓励幼儿在纸伞、纸盘、折扇、布等多种材料上进行水墨艺术创作……当他们装裱自己的“大作”时，或是撑起自己添画的纸伞时，当他们在完成的作品上盖上自己的印章时，或是拉着老师去欣赏自己的作品时，我们相信孩子们感受到了水墨文化的无穷魅力。

◇　一吟一唱戏台秀

不同于一般幼儿园里的舞台，有着酷炫的架子鼓、动感的电子乐，我们的小舞台布置出传统小戏台的感觉，出现的节目和乐器也是具有中国特色的京剧服装和道具。教师为孩子们提供了各色脸谱，赤胆忠心的红脸、刚直勇敢的黑脸、阴险狡诈的白脸，孩子们似懂非懂，但是咿咿呀呀的京剧唱腔、唱念做打的招式让他们感受到了一种全新的听觉艺术。在后台，教师忙着指导幼儿画脸谱、贴花黄，帮助幼儿穿上水袖长衫，只为他们能在这一方戏台随京哥音乐旋转舞动。你方唱罢我登场，有的大班教师则引导幼儿将皮影搬上自己班的戏台，西游记、孔融让梨等故事中的角色在他们手中灵动起来。还有中三班的戏台也好不热闹的，他们将木偶戏搬上了小舞台。就连小班的戏台，老师也能根据小班幼儿喜欢穿戴、唱跳、摆弄玩具的特点，提供了传统服饰和民族乐器。孩子们穿戴着漂亮的衣服跟着音乐快乐舞动，随意拨弄乐器自得其乐。虽然我们小戏台中道具、服装和演出效果不够完美，但是幼儿的自信与快乐在小戏台蔓延。

◇　民族工艺显匠心

小五班的老师深知“染”是我国传统工艺之一，对激发幼儿的审美情趣、陶冶幼儿的艺术情操具有重要意义。于是老师结合小班年龄特点：对鲜艳的色彩非常敏感，进而创设了“小染吧”，颜色的变化使孩子兴奋、惊奇；有趣的活动材料能激发小班幼儿的兴趣。教师指导幼儿在小染吧里玩着“贝壳跳舞”“蔬果大会”的游戏；在纸、黏土，甚至布、湿巾等多样材料上拓印；还会提供刷子、树叶进行印染、敲染等多种形式的染艺活动。孩子们沉浸在自己的印染作品中，感受着不同颜色、形状、线条等的艺术美感。大四班的老师选择了现在少见的“泥巴”投放到班级传统区，引导幼儿认识泥巴并将可塑性很强的“泥”捏在手上。当孩子们听到老师说“百变泥巴”需要自己创作时，对他们来说是另一种体验和挑战。老师提供必备的用品，幼儿随意使用和制作，渐渐地，大阿福、十二生肖等传统形象雏形初现。老师和孩子们一起欣赏着自己的染艺作品、泥塑成品，美的体验在幼儿心中萌芽。

3. 做一游戏

游戏是幼儿园的主要活动之一，它对幼儿的身心健康和智力发展都有深刻的意义。《指南》中指出：3～6 岁的幼儿阶段是儿童身体发育和技能发展极其迅速的时期，也是形成安全感和乐观态度的重要阶段。发育良好的身体、愉快的情绪、强健的体质、协调的动作、良好的生活习惯和基本生活能力是幼儿身心健康的重要标志。在我们的传统文化活动区，传统的玩具、游戏使孩子们在潜移默化中获得哲理性、道德性的启迪，教师帮助幼儿在弄堂游戏中提高运动能力、在传统美食游戏中了解中华饮食文化，又在与同伴的互动玩耍中丰富交往体验。

◇ 运动艺术健体魄

有的班级，孩子们的弄堂游戏玩得如鱼得水。老师自己对弄堂游戏研究颇深，知道许多弄堂游戏如“丢沙包”“跳房子”能促进幼儿走、跑、跳、钻等大肌肉动作；还有一些游戏如“套圈子”“踢毽子”“高跷”可以帮助发展幼儿动作的协调性、敏捷性和平衡能力；有的弄堂游戏如“翻花绳”“挑游戏棒”还能发展幼儿手的小肌肉群和手眼的配合协调。因此，她们在预设活动计划时，按照教育目标适当选用适合年龄特点、班级实际情况的弄堂游戏。例如，中班上学期促进动作发展目标之一：跑，“在一定范围内四散地追逐跑”。此目标分别制订在月、周计划中，最后落实于日计划中完成。在预设活动时，我们按班级实际情况分别选择“老狼老狼几点了”“瞎子摸人”“丢沙包”等弄堂游戏。它们能很好地实现这一目标，且游戏形式生动有趣，幼儿在愉快的嬉戏中发展跑的动作，达到目标要求。

除了身体大动作方面的发展，还有其他班级的一些艺术领域的传统文化活动区，也同样在潜移默化中提升着幼儿的小肌肉方面的发展，如剪纸、布贴画、泥塑等都需要幼儿做一些精细的动作，幼儿在这样的艺术活动中促进手部小肌肉的发展，提高手眼协调的能力。

◇ 交往互动悦情绪

有的班级也选择弄堂游戏作为传统文化活动区的内容，但形式不同。老师知道，传统游戏形式多样，不一定要很复杂的器材，她通常提供比较简单的道具，也能让幼儿在其中玩时体验很强的娱乐性。如，一根皮筋可以让孩子又唱又跳；几根划线和一个小石子就能造一幢“房”；小小弹珠打出满腔胜负欲……如此独特的玩具、玩法又灵活多变，孩子们尽情玩耍，情绪愉悦，身心同时得到发展。

在有的班级以舞台表演为内容的传统区中，教师创设一个戏台的传统舞台背景，提供木偶或皮影或各种民族服饰、民族乐器，引导幼儿在与同伴合作演出的过程中，和同伴一起说说、演演；在角色游戏类的活动区内容中，如民间美食、弄堂游戏中，和同伴一起玩玩、笑笑；在与同伴一起庆祝传统节日、合作完成手工作品的过程中，体验相互合作的乐趣。幼儿在各种传统文化活动区中，与同伴的交往互动能帮助幼儿增加快乐的情感体验，体验与同伴在一起的积极情感。

第二节　经验总结

传统文化视域下大班“尚美”活动区环境创设的实践研究

钱　霞

摘　要： 幼儿是中华民族未来的栋梁之材，中国优秀文化的瑰宝要让幼儿传承下去，并且发扬光大，因此，我们要将中国的传统文化融入幼儿园的环境创设中去，让幼儿从小就受到优秀传统文化的熏陶，认识和学习中国的优秀传统文化，并培养他们深厚的爱国情怀。所以，将中华传统文化与幼儿环境创设相结合对于幼儿的早期教育有着很大的影响，我们要让幼儿在丰富的中华传统文化氛围中学习和成长。

关键词： 传统文化　尚美活动区　大班环境创设

一、融合传统文化元素的“尚美”活动区

（一）什么是“尚美”活动区

近年来，《习近平的传统文化观研究》《习近平传统文化教育观及价值观》《习近平对中华优秀传统文化的继承和发展研究》等文章中，多次强调要使优秀传统文化“在继承中发展，在发展中继承”，使优秀传统文化的优秀价值理念、道德精髓与当今社会发展需要相契合。

中华优秀传统文化中蕴含许多适合幼儿的“美”的内涵价值。本园在传统文化方面做了十年的相关研究，最早的《古诗吟唱教学对幼儿良好品行的实践研究》旨在挖掘传统文化对于幼儿品行的积极推动作用，随后《幼儿园“快乐古诗文”活动的实践研究》又一次挖掘了古诗文当中能促进幼儿获得积极快乐熏

陶的内容,还有《幼儿园传统文化活动区的创设与研究》从区域活动中开展适合幼儿个性化发展的传统文化教育……本园幼儿教师具有一定的传统文化底蕴。

为了响应国家号召,并结合本园传统文化研究特色和“尚美”课程建设,各班尝试构建“尚美”活动区,幼儿教师在活动区中充分挖掘中华传统文化中“美”的物质、精神内涵,以美艺、美食、美文、美服、美旅等内容为载体,帮助幼儿感受与欣赏传统文化中的美,通过表现与创造,使幼儿乐于接受传统文化的积极熏陶,帮助幼儿从中获得“美”的学习体验、懂得认识美好事物、养成美好品德、提高审美情趣,萌发爱祖国、爱家乡、爱亲人的美好情感。

(二)大班“尚美”活动区环境创设的价值

1. 有助于中华优秀传统文化的传承与发展

中华优秀传统文化包含着众多的传统美德与文化内涵,是中华民族的精神支柱,也是中华民族繁荣稳定的基石之一,优秀传统文化的继承和发展必须依靠一代又一代的新生力量,幼儿作为中华民族的未来,有着担负起传承并发扬中华优秀传统文化的责任。《幼儿园教育指导纲要》指出:“环境是重要的教育资源,应通过环境的创设和利用,有效地促进幼儿的发展。”将传统文化资源融入幼儿园区域环境创设中,营造幼儿园的优秀传统文化氛围,引发幼儿对中华优秀传统文化的兴趣,使幼儿了解并接受优秀的传统文化,从小就接受优秀传统文化的熏陶,为中华传统文化的传承以及弘扬打下坚实的基础。

2. 有助于幼儿的品德培养,促进幼儿全面和谐发展

随着教育改革的不断发展,在新的形势下,如何进一步加强对幼儿进行良好的思想品德教育,为培养一代新人应有的思想素质打好基础,是摆在我们幼儿园全体幼教工作者面前的新课题。我国优秀传统文化是中华文明智慧的结晶,本身就是一笔宝贵的资产和财富。了解、学习中华优秀传统文化可以培养幼儿良好的学习习惯,同时对幼儿的心智发育也有着很好的促进作用,是幼儿精神文化素养提升得以全面发展的重要精神资粮。

3. 有助于强化幼儿爱国情怀,培养幼儿的民族意识和自豪感

优秀的传统文化是我国千百年来的智慧结晶,是我国古代圣人们的总结,对我国的建设和发展有着无可替代的作用。将优秀传统文化融入到幼儿园“尚美”活动区环境的创建中,增强幼儿在活动中的体验,不仅能促进幼儿们的文化素质培养,还能潜移默化地培养幼儿们的民族自豪感,也能更好地让幼儿们了解到中华传统文化的魅力,让传统文化直接深入到幼儿的生活当中去,让更多的幼儿了解到中华传统文化,能更好地培养幼儿的民族意识和自豪感。相对于现代文化,传统文化中特有的家国情怀是具有突出魅力的,也是无法轻

易被取代的。通过幼儿“尚美”活动区环境的创设，在其中融入传统文化的爱国精神和内容，实现对幼儿的熏陶教育，为他们成长为具备民族、国家精神素养的人才奠定基础。

二、融合传统文化元素的“尚美”活动区现状

（一）“尚美”活动区的环境创设缺乏互动性

第一学期大班“尚美”活动区两极分化，一种是单纯的装饰画布满大部分空间，导致幼儿参与环创的机会太少。另一种是幼儿作品贴满了整个区域，教育倾向小学化。出现这种情况说明教师的环境创设缺乏计划性、目的性，较少与传统文化结合或者单纯的装饰作品使得环境创设的教育性明显不足，在环境创设过程中忽略了幼儿的主体性，很多幼儿不能够参与到活动过程当中来，这样幼儿就不能够更好地了解我国的传统文化，感受我国传统文化的魅力，也忽视了对于幼儿创造性能力的培养。过分注重幼儿作品的呈现，而忽略其他的环节会使幼儿失去学习的兴趣，沦为单纯地“做作业”。这样，环境创设的意义也没有了，只是一个作品展示区。

（二）“尚美”活动区的环境创设缺乏整体性

幼儿们的年龄段决定了他们对于事物或环境的感受更多是基于先天的感官触觉而很少使用到头脑的后天意识运作。而在“尚美”活动区环境的创设过程中，部分幼儿教师没有充分考虑到美观和艺术性，比如在活动场景中很随意地堆砌活动用具或活动材料，导致环境虽然色彩很多，但是缺乏相互之间的协调性，没有整体性的美观，布局的美感、环境的层次和丰富性都无法体现，更不用说对幼儿的审美、创造性的开发了。

（三）“尚美”活动区的环境创设缺乏教育性

“尚美”环境的创设不仅仅是外在的氛围，更是内在的文化内涵。有的“尚美”环境创设的案例中，构建出游戏类的主题场景，一下子就吸引到幼儿们的感官和注意力，但是稍加琢磨就会发现，这些“尚美”活动场景要么沦为了游戏活动场所，幼儿在活动过程中玩耍的天性得到了释放，但是缺少了文化内涵。幼儿在区域中不会去思考，也得不到有益的经验，纯属“白忙活”。

（四）“尚美”活动区的环境创设缺乏变化性

“尚美”环境不是固定死板的，而是随着活动主题的展开而灵活化、深入化和开放化的。部分教师实行一贯到底的方法，可能活动设计随着计划而变化，但“尚美”环境创设始终不变，这样的环境创设不能发挥教育的引导作用。随着活动内容的改变，幼儿对于“尚美”环境的需求也在发生变化，墨守成规已经不可行，必须结合幼儿学习需求改变，积极探索才能够实现新的教学目标。

三、融合传统文化元素的“尚美”活动区优化

（一）提升教师的专业素养

1. 教师正确理解“尚美”课程的理念

部分教师对幼儿园环境和教育的理解存在片面性和狭隘性，导致在进行设计和布置的时候，忽略了环境创设的整体性和教育性。最重要的是，教师片面的理解将导致大方向的错误，从而无法深入研究和创新如何将传统文化与环境创设相融合。只有教师正确理解“尚美”课程的理念，“尚美”活动区的环境才不会缺乏教育性。所以要先培训老师，特别是青年教师，他们加入幼儿园的年限较短，参与的传统文化课题较少，对传统文化的了解参差不齐，也会影响到“尚美”区的计划制订以及“尚美”区的环境创设。可以通过走出去、请进来、园内外培训等形式提高传统文化素养，或者以点带面，利用更多的方法拓展一些年轻人更容易接受的“国潮”美，如：通过外出参观传统文化场馆、演出等进行学习；举办专家传统文化方面的讲座；民间艺人来园指导；园内课题组、课程组、教研组联手的“尚美”课程培训等。

2. 利用传统审美元素

我国有丰富的传统文化资源，教师可以利用好这些资源更好地进行活动区建设。一方面可以利用国画。国画是我国的传统画种，本身包含着“尚美”的内容。相对于西方画种的侧重于技法，传统国画更加侧重于氛围的渲染，注重画面传递的美感、意境和神韵。教师可以在“尚美”环境中融入国画的基本元素或整体内容，给幼儿们美的观感和艺术氛围的熏陶，比如在活动环境中加入宣纸、墨砚、毛笔、国画作品等素材，同时让幼儿利用国画的材料用具来创作作品。另一方面，在活动区中融入古典文学。古典文学中包含丰富的类型，如诗词歌赋，都可以作为有效的“尚美”题材融入到活动中，比如可以将诗歌和国画结合起来，作为活动板报，还可以让幼儿根据诗词的内容和情感来创作发挥，加深幼儿对古典文学的理解力和感知力，既提升环创的变化性，又提升了幼儿的文化素养。幼儿有了基础，就会有大胆的创造和表现。

（二）“尚美”区素材的选择

1. 选择合理的优秀传统文化元素融入到“尚美”环境

《幼儿园教育指导纲要》中指出：“幼儿园环境创设应有利于引发、支持幼儿的各种活动。”我国优秀传统文化内容众多而且涉猎范围极广，但其中相当一部分不适合幼儿学习和理解，所以对于幼儿园“尚美”环境中优秀传统文化元素的选择，需要教师根据幼儿的实际情况与教育目标进行筛选，本着“以幼儿为主体”的思想理念，根据不同教育阶段的幼儿身心发育情况，选择科学合理的优秀传统

文化内容作为教育素材。而且要考虑到幼儿活泼、好奇心强的天性，保证幼儿园“尚美”环境中传统文化元素的教育性与趣味性并存，使幼儿在接受优秀传统文化熏陶过程中不失快乐活泼的本性。同时对于优秀传统文化元素的选择还要适用于幼儿的动手动脑锻炼、语言表达锻炼以及幼儿独立能力的锻炼，环境与幼儿的互动性也更强了。

2. 材料投放要符合大班幼儿生活经验，适合本班幼儿发展

尚美区的建设离不开幼儿教师有目的性地营造创设活动环境和投放操作材料，从而为幼儿活动、学习提供一个温馨的环境，教师和幼儿、幼儿与幼儿之间可以通过环境材料营造好良好的氛围。比如，可以把剪纸、青花瓷作品结合到区域墙上去，可以把民间泥塑摆在幼儿的活动柜子上，也可以选择一些与节日主题相符合的元素的材料，如制作节日美食的面团、民族服饰。除此之外，教师也要根据本班幼儿的年龄特点和发展水平，考虑到不同幼儿发展水平的差异，需要提供不同层次的材料，让所有幼儿都得到满足。

（三）环境的布置

1. 让环境引发幼儿思考

以往，教师往往过分强调了对教育过程的精心设计而很少考虑创设支持幼儿学习、探索的环境，教师往往为孩子们精心准备操作材料、游戏玩具等，却忽视环境的熏陶作用。有的教师已经意识到环境创设的作用，却只在活动开始前几分钟才将与活动内容有关的图片、挂件等布置在教室的四周。从某种意义上说，教师忽略了幼儿身心发展中的“量”的积累过程，这样的环境缺乏对幼儿身心发展的“支持性”。《纲要》指出：“环境不仅是物质的、精神的，而且还是活动的。”因此教师在创设环境时，应重视环境的“活动性”，让环境引发幼儿思考，使环境与幼儿互动对话起来。记得在大班上学期的“造纸”活动中，孩子们都喜欢去造纸，因为区域的限制，教师只准备了两张桌子、两份操作材料，很多幼儿会为此而争抢。因此教师和幼儿一起讨论了分工合作、跨大区域、简易装备等调整措施。一到区域活动时间，孩子们就三五成群地来。几天过后，教师又添加了食用色素和散步时捡的落叶，让造的纸有了颜色图案，并告诉幼儿这是老师自己设计的，这一下孩子们的兴趣又来了：“原来造的纸还能自己设计呢。”有的孩子当即就说这些我们也会的！于是让他们自己去尝试设计的方法、可呈现的不同样式等。待幼儿遇到问题、时机成熟时，教师趁机组织了造纸的活动，针对问题重点解决。

2. 利用环境促进幼儿间的互动交往

环境是影响教育实践活动的一个重要因素，教师需要营造良好的环境，提供宽松、自由的学习氛围。同时《纲要》指出：创设环境的能力和内涵应包括“促进

儿童间的互动与交往”，因此教师在创设环境时，需要考虑到同伴间的互动和交往。大班幼儿对知识的渴求欲望明显增强，他们逐渐喜欢上了剪纸，为此，班级结合“十二生肖”这个主题，创设了“剪纸达人”版面，幼儿争相要把自己的作品和照片贴到墙面上去。教师还根据大班幼儿的年龄特点，创造“之最榜”“达人榜”“高手榜”等，激励幼儿主动参与剪纸活动。比如可以根据不同的能力设置不同的榜，让更多的幼儿参与，例如：窗花设计图案很厉害的，可以做设计大师；剪纸很平顺、沿线的，可以做精致达人等。正是我们为孩子们所设置的这样一个环境，促进了幼儿间的互动交往，使同一区域的内容在目标和层次上得到深化。

3. 利用环境支持幼儿的探索活动

幼儿园《纲要》强调：“幼儿每天有适当的自主选择和自由活动的时间。”要通过“引发、支持幼儿与周围环境之间积极的相互作用”来学习知识技能、发展认知能力与形成良好的社会性。因此，创设积极健康的、丰富多彩的活动环境来支持幼儿的探索活动十分重要。以往尚美区总是以美艺为主，最为方便幼儿操作，作品呈现也相对更美观。但是对孩子的探究引领不强，我们可以根据主题、元素提供些探索类的环境材料，如造纸术，在剪纸活动前，我们先让幼儿了解了纸的由来，先自己造纸，才会有节约用纸的概念。这些材料环境的创设，很好地支持了幼儿的探究活动，并由此生成了一系列丰富的、幼儿感兴趣的活动。材料的提供引发幼儿的探索兴趣，激起了幼儿的好奇心和探索欲望。每个幼儿都具有不同的经验水平，而这些经验水平就是在自己的反复探索中积累而成，当幼儿成为一个群体时，他们会从同伴的行为中得到启发，让群体环境帮助幼儿获得有益经验。

（四）突出家园合作

我国著名教育家陈鹤琴先生指出：“幼稚教育是一种很复杂的事情，不是家庭一方面可以单独胜任的，也不是幼稚园一方面可以单独胜任的。必须两方面结合方能得到充分的功效。”因此，家园合作的重要性是毋庸置疑的，已经成为世界幼儿园教育发展的共同方向。剪纸活动中，为了调动大班幼儿剪纸的积极性，我们先做了调查“你在哪里见过剪纸”，充分利用家庭资源，和家长沟通，动员家长和孩子们一起去寻找剪纸，拍下照片带到幼儿园来和同伴共享。有了前期的调查，孩子们的积极性被充分调动，班级的剪纸区域也马上受到了欢迎，一段时间后，我们利用节日组织了一个家庭剪纸作品赛，幼儿的积极性与参与度又上了一个台阶，有一种“全民剪纸”的空前高涨氛围。

中华优秀传统文化是中华民族的宝贵资产，影响和熏陶着祖祖辈辈的国人。在新时代，幼儿“尚美”环境创设应积极融入传统文化，发挥出这些宝贵资产的文化渗透力和精神影响力，帮助幼儿更全面地发育和成长。

基于儿童立场的幼儿园水墨画活动设计与实施

周灵捷

摘　要：幼儿园水墨画，是指以3～6岁儿童为对象，用简单化、游戏化、童趣化的方式，通过水墨画的水和笔墨的无穷变化所产生的生动、简洁、概括的艺术效果，具有愉悦性、随意性、形象性、自主性和可操作性，符合儿童年龄和思维的发展特点。本文以儿童身心发展特点与艺术能力发展阶段为依据，尊重顺应儿童的身心发展规律、兴趣、经验和情感需求，从水墨画内容的选择、过程的设计和评价的标准三部分展开详细介绍水墨画活动设计与实施的思路。

关键词：儿童立场　幼儿园水墨画　设计与实施

一、儿童立场—经验性：内容的选择

不同年龄段的幼儿对于水墨画的欣赏、感受和表现能力是不同的。年龄较小的幼儿难以理解水墨画背后的含义，所以教师怎样巧妙、适宜地选取活动的内容和形式对于开展水墨画活动的设计与实施是至关重要的。教师基于幼儿的生活经验、生活游戏的场景、年龄特点和认知方式、兴趣来设置取材的梯度是将水墨画活动完美实施的重点。

1. 内容的选择

托小班幼儿处于运动思维阶段，认识事物较直观，所以教师需选取生活中常见的事物作为水墨画活动的内容，例如点、线、蝌蚪、雨点等；中班幼儿具有具体形象思维，内容可以是具体到物体的形状，教师可引导幼儿对比发现物体特征，如樱桃、葡萄、仙人掌等；大班幼儿已经能够加工及重新组合艺术作品，可尝试观察和表现事物的不同形态，如虾、小鸡的不同形态的表现。

2. 表现形式的选择

不同年龄段的幼儿，其艺术感受力和表现力不同，对于托小班幼儿，更多采用的是游戏化、趣味化的形式，如水墨拓印画、水墨晕染、点画等，都能让孩子们产生兴趣，近距离地贴近感受水墨画，激发他们主动欣赏、模仿和参与的愿望。

如托小班的水墨拓印活动——拓印橘子：在丰收的橘子中，运用拓印的方式，请幼儿创作他们眼中的橘子。教师在教室布置的静物一角中，提供了不同形象的橘子：有篮子里面的橘子、篮子外面的橘子和有果蒂朝着不同方向的橘子；在操作纸上，也有着浓厚传统水墨元素的背景。托小班的幼儿在短暂的观察静物的过程中，对于橘子的外形构成、不同的大小、朝向等进行了讨论，简单的一印一点，他们也感受了属于他们自己的水墨画印象，感受了水墨画之美。

如中班的水墨晕染活动——紫藤花开：运用水墨晕染的方式表现绽放的紫藤花的活动，晕染的神奇效果能够吸引幼儿的注意力和吸引力，在掌握简单的晕染技巧后能够自行进行色彩运用，进行各种紫藤花开的景象，也能激发幼儿绘画水墨画的成就感。

如大班幼儿水墨运笔游戏——线条变变变：大班幼儿手部精细动作有了一定的发展，能够正确掌握握毛笔的姿势，能使用毛笔进行简单的作画。教师在此基础上利用情境中作画和游戏作画的方式，让幼儿在轻松有趣的氛围中根据不同的要求作画，感受用不同力度绘画所产生的不同效果。细细的水流、蒙蒙的春雨，笔则要提起来，轻轻地画；河流湍急的长江，用重重的力度粗狂地表现；柳条要用画曲线的方式来表现；点和曲线组合在一起，就是春天的小蝌蚪。情景化、游戏化的运笔游戏既是幼儿喜欢的形式，又能满足幼儿的感受和欣赏的愿望。

二、儿童立场—感受性：过程的设计

1. 感受在前，表达在后

艺术创作不是无中生有，是在已有经验的基础上进行升华。《上海市幼儿园办园质量评价指南（试行稿）》中的“3～6 岁儿童发展行为观察指引”中将“感受与欣赏”置于“表现与创造”之前，也从侧面肯定了艺术的表现和创造，只有在感受的基础上才能进行。感受和欣赏是引发幼儿表现与创造的催化剂。感受越深入，孩子的表现与创造才会越丰富，水墨画创作亦是如此。只有激发了幼儿内在的认知，有了充分的欣赏和感受的机会，幼儿才会产生内在的认知，表达的欲望才会被激发，然后进行表达和创造，因此幼儿园水墨画活动的开展要先从感受与欣赏入手。

如小班水墨拓印活动：在《江南》的古诗情景中幼儿用手的轮廓印小鱼的美术活动中，教师首先用欣赏古诗动画画面的方式，引导幼儿感受池塘里“鱼戏莲叶间”的画面之美感，接着用做游戏的方式，让幼儿用手表现小鱼朝哪里游。幼儿对于小鱼的形态有了充分的感受后，再用手的轮廓尝试印画小鱼，孩子基于充分的欣赏和感受，能够在画面上表现出不同朝向的小鱼，身体弯曲不同形态的小鱼，整幅画面灵动优美。

如中班活动《春如线》中，幼儿对于《春如线》的最初印象和感受是——乱七八糟。那正是幼儿对于春天的感受和认识较单一，对于作者吴冠中的点线结合的作品特点没有欣赏和感受的基础造成的。因为中班孩子的思维还处在具象思维向抽象思维过渡的阶段，在第一次欣赏活动中，他们只看到了实物点和线；但在后来的探索中，在《春天来了》主题中积累了更多经验的他们，能通过想象看到点线背后的秀美春色。在积累了春天的经验后，教师通过调动幼儿关于春天的经验来想象欣赏《春如线》，并且教会幼儿掌握简单的运笔技巧，使幼儿能在想象的基础上自主创作《春如线》。幼儿在欣赏《春如线》的过程中，能从“乱七八糟”的印象和无从下笔到能通过想象自主创作，源于幼儿更多经验的碰撞、对春天的经验、点线交织想象的经验和简单的运笔技能的经验……经验的叠加和碰撞，激发了孩子想象、创作、表现的活力。他们能自主运用点线交织，自主表现春天的各种景色。

2. 技能为辅，表现为重

在幼儿园水墨画活动中，幼儿会积累一定的技能和水墨知识的认知，这些技能的积累都是为了幼儿更好地自主表现服务的。因此，在水墨画的观察和指导中，更要关注的是服务于幼儿表达能力发展的技能。

如大班活动——齐白石画虾中，大班儿童能够探索较为浅显的水墨画绘画技能。如浓墨、重墨、淡墨、清墨。大班对于正确握笔、顺锋运笔已经有了一定的基础，对于侧锋、逆锋、回锋能通过单一的事物进行了解和简单的表现。教师在观察和指导中，更需关注的是，幼儿如何运用浓淡墨相交表现虾的身体的颜色、通过虾头虾尾的不同构图表现虾的不同形态，运用运笔的技能表现虾身体部位的粗细大小。

三、儿童立场—创造性：评价的标准

1. 过程性评价的适切性

(1) 适当支持，激发幼儿兴趣

评价是为了更好地激发幼儿对水墨画活动的兴趣和感受，所以教师的指导要更好地尊重幼儿的需要，基于幼儿的需要进行恰当的支持。如根据需要布置著名的画供幼儿观赏，让他们在浓浓的书香氛围中逐渐感受和理解水墨画的造型、色彩、线条、意境等，让幼儿多接触水墨画能激发其学习兴趣和提升审美能力。教师可以通过有意识地为幼儿创造接触水墨画艺术作品的机会，培养其对水墨画艺术作品的欣赏和感受能力。

(2) 充分引导，了解幼儿所思所想

《3～6岁儿童学习与发展指南》中指出，教师要营造平等自由的氛围，鼓励幼儿主动探究，接纳幼儿不同的意见、探究方式和发现成果，支持幼儿不断尝试和自主创新。儿童水墨画的兴趣、感受和表现都是具有个性差异的，成人不应以统一的标准去解读评价幼儿的作品，要鼓励幼儿表达自己作品中的想法，这样能帮助我们捕捉幼儿的独特感受，理解欣赏他们的行为。

(3) 交流互动，提升幼儿鉴赏的能力

幼儿间的互动交流能帮助幼儿在鉴画、赏画的互相欣赏和评价中发现美、感悟美。《幼儿园指导纲要》指出：幼儿园同伴群体及教师集体是宝贵的教育资源，应充分发挥这一资源的作用。同龄人的笔法充满天真童趣并具有一定的借鉴经验，幼儿在互相欣赏中会得到启示、激发创作的灵感，所以教师在区域中可以创建展示才能的平台：在教室的某个墙面为幼儿创设了一个展示自己的小空间，它也可以成为教室环境布置的一部分。例如："小小国画展示墙"，教师给幼儿搭建这样一个成果展示的平台，把所有儿童的作品展示出来，供大家一起欣赏并鼓励幼儿用自己的水墨画作品布置环境、美化生活。或组织小比赛等一系列的活动，给予幼儿在众人面前展示的机会。如此一来，幼儿既体验到了成功感，又获得了自信，还能在欣赏同伴的作品时相互间收获学习与启迪，共同提高创作和鉴赏能力。

2. 总结性评价的个性化与艺术性

《3～6 岁儿童学习与发展指南》中指出：对孩子自发的表现，教师应给予幼儿鼓励及肯定，切勿强调示范与模仿，更不能简单地用"好不好""像不像"来评价，不用成人美术的法则和技巧的标准要求儿童，要尊重幼儿的个性化的表现、创想，在创作中支持幼儿多形式、个性化的体验和表达，肯定他们用水墨画进行的表现和天马行空的想法，并进行适当的引导，用肯定的回应和鼓励，让幼儿感受到自己的画是被理解、被认可的。

教师应注重幼儿特有的创作特点和审美情趣，这样才能使其持续保持良好的绘画兴趣，使其更好地发展绘画能力。如用手指点印的方式点画过冬天盛开的梅花，用晕染的方式展现过春天绽放的紫藤。这一活动中有幼儿用水彩笔画着一串一串红色点点，用晕染的方式将红点逐一晕开，他有自己的见解："我上次看到的梅花都挤在一起，也是一串串的，我画的梅花有的还没开，看不到花蕊，还很小很小……"该幼儿能够根据自己看到的梅花景象，结合晕染的方式表现出来。可见他已经能够迁移经验，调动已掌握的各种绘画形式，来表现他观察到的含苞待放的梅花形态了。教师此时应尊重他的创作想法并鼓励他继续表现，是给他的最好的支持。

传承弘扬传统文化之美，从娃娃抓起。教师利用水墨画教育资源，以挖掘适宜的水墨画素材和形式并以 3～6 岁学前幼儿年龄特点、学习方式这两头做链接为方向，达成幼儿感知美、表现美、弘扬美逐步递进的目标要求。设计适宜的活动并加以实施，从而培养他们欣赏美、发现美、表现美的能力，提高儿童的审美情趣，开发儿童的艺术天赋，还有助于激发他们的民族情感，对其终身发展具有强烈的导向性。

幼儿园大班编织区活动的实践探索

林婷婷

区域活动是幼儿的一种重要的自主活动形式，是根据幼儿发展需求和主题教育目标创设的立体化育人环境，区域活动的开展需要充分利用各类教育资源。在区域活动中，利用编织艺术这样的传统文化资源，不仅可以丰富区域活动内容，拓展幼儿的生活经验，而且可以培养幼儿对祖国对家乡的热爱之情。因此，结合园所尚美课程建设，本班选择利用编制艺术开展区域活动，开展编织区的探索与建设。

一、编织艺术的教育价值

幼儿园教育实践表明，“对幼儿进行传统艺术的熏陶是可能的和必要的”。中国传统艺术中的编织蕴含着丰富的教育价值，集本土性、原创性、实践性、操作性、丰富性于一体，对幼儿多方面的成长具有积极意义。

首先，编织艺术有利于培养幼儿乐观开朗的性格。民间编织艺术本身体现着民众积极乐观向上的生活态度，承载了人们对美好生活的向往和追求，民间编织的过程其实也是享受喜悦和欢乐的过程。比如像中国结，它是由一根绳子通过穿梭、缠绕方式最终完成精美图案，象征着吉祥、幸福、平和。传递的是一种美好的祝福，代表的是一种积极向上、乐观豁达的态度。幼儿通过对编织工艺的学习，可以感受到这种生活精神和态度，从而培养其乐观开朗的性格。

其次，编织艺术有助于锻炼幼儿思维能力和动手能力。民间编织工艺凝聚了广大劳动民众的智慧，体现了民众的慧心巧工，民众用自己的慧心和巧手将一些看似不起眼的材料制作成了各种奇思妙趣的艺术品，将无穷的想象力用编织的形式表现出来，突破思维限制，既大胆又不乏创新，给了幼儿广阔的思维和想象空间。“心灵手巧”这个成语体现了思维能力与动手能力之间的密切关系，心灵才能给制作带来奇思妙想，手巧才能将妙想付诸实践，而且在动手操作的过程中还能不断刺激大脑神经，进一步增强大脑的灵活性，具有锻炼幼儿的思维能力和动手能力的意义。

除此之外，编织艺术也有助于提高幼儿审美能力。编织艺术的装饰体现着节奏、对称、秩序与空间美，而且色彩的对比和协调使用、搭配组合更是体现着视觉美感。审美，就是生命主体对本体之美的把握，幼儿在欣赏和创作这些艺术编织作品的同时，能够产生一种审美愉悦之感。

二、编织艺术活动区的功能定位

编织在我国是古老的手工艺之一，是传统技艺的一部分，具有较强的本土文化特色。编织活动具有操作性和趣味性，契合幼儿游戏的天性，其种类的丰富性有助于调动幼儿参与活动的积极性。将编织艺术融入幼儿园中，不仅可以丰富活动内容，拓展幼儿的生活经验，而且可以帮助幼儿在操作中体验传统文化。为此，将编织艺术融入班级尚美活动区域中，有助于架起幼儿与传统艺术沟通的桥梁，在幼儿园活动中传承中华优秀传统文化。

本班编织区旨在为幼儿创设一个以编结为主，以幼儿熟悉的穿鞋带、编辫子游戏等动作训练内容为辅的一个尚美活动区，帮助幼儿发展传统编织工艺中的穿、结、缠、绕等技法。在编织区的创设中，应注意避免单一的活动区环境创设，要把编织区创设为开放的、与其他区域相融合的游戏环境，为幼儿提供观赏、操作、探索的游戏场地，让幼儿在编织区不仅可以进行编织游戏，还可以获得其他领域的知识。另外，材料是幼儿开展区域活动的主要物质基础，也是我们对幼儿施加影响的重要载体，为满足不同发展水平幼儿的需要，我们从编织活动目标出发，结合大班幼儿年龄特点，对编织区材料进行分类投放，突出艺术教育“感受与欣赏”“表现与创作”的功能。

三、编织文化活动区的实践探索

编织是一种系统性比较强的手工活动。我们应充分利用有限的空间，为幼儿创设融“感受与欣赏、表现与创作”等多功能为一体的游戏环境。为了突出观赏、操作、探索和创作等功能，我们将编织区细化为欣赏区、材料区、操作区、创意区、展示区五个小编织区，并赋予每个小编织区不同的特色。如在“欣赏区”，幼儿可以欣赏风格各异的装饰结和实用结作品，突出“观赏”的功能；在“操作区”，幼儿可以体验多种材料的变化，感受同一种“结”使用不同材料也会编出不一样的效果，突出“操作”的功能；在“创意区”，幼儿可以选择自己喜欢的材料尝试进行创意编织，突出“探索”的功能；在“展示区”，设置了展示墙和展示台，幼儿可以用语言向同伴介绍自己的作品和自己创编的绳结儿歌，以此突出“创作”的功能。区域活动内容的细化，不仅可以突出特色功能，而且方便幼儿根据自身水平选择适合自己的小编织区开展游戏。比如，在编织区，能力较强的幼儿可以直接到“创意区”选择开放性的材料，进行创意编织；能力较弱的幼儿，可以在“操作区”选择高结构化的材料进行基本编织技法的练习。

1. 欣赏型编织活动区的探索

有研究表明,5～6 岁正是幼儿艺术潜能发展的重要时期,幼儿具备了初步的感知艺术作品的能力,逐渐形成审美的标准。因此,在编织区投放欣赏类材料,符合幼儿身心发展规律。为了拓展幼儿的审美经验、提高幼儿的想象力,需要在编织区设置“欣赏墙”和“欣赏台”,“欣赏墙”摆放平面编织作品,“欣赏台”摆放立体编织作品。同时,在编织区采用展板的形式展示“编织篮子”和“趣味编织手链”两种欣赏作品,目的是让幼儿亲手触摸、真切感受这些作品,而且这也有利于随时更换欣赏作品。

欣赏型编织区的内容还要贴近幼儿生活,使幼儿在丰富有趣的游戏中拓展生活经验。在“欣赏区”,结合幼儿园每月的主题活动布置环境,如在国庆节放假之前,可以展示“中国结”和“吉祥结”两种绳结作品及编织方法图例。

2. 操作类艺术活动区的探索

在操作类艺术活动区,放置着大班幼儿编织所需的多种材料,如各类编织器、毛线、装饰材料及辅助工具等。这些材料在大小、粗细、软硬、长短、宽窄等方面都是不同的,既具有编织操作材料的多样性和层次性,又蕴含了数学知识。比如,教师提供了不同种类的绳子,通过单转结将绳子固定在白色水管上,幼儿可以自由搭配绳子的种类和颜色进行绳结创编,从中不断加深对传统编织艺术的感知与表现力。除了多样性,操作型编织区内容选择还要遵循以下原则:

首先,操作型编织区内容的选择以与幼儿生活紧密相关为原则。贴近幼儿生活的教育内容可以让幼儿获得与生活相关的各种经验和能力,幼儿可以将这种经验和能力迁移到生活中,从而促进幼儿习惯、能力等方面的形成和发展。因此,在筛选编织资源时应从幼儿的生活经验出发,选择贴近幼儿生活且便于幼儿理解和接受的资源。如“三股平编结”又称“编辫子”,是最常用的一种编织头发的技巧,也是幼儿在生活中经常感知的一种编织技法,技法简单、贴近生活,便于幼儿理解和掌握。

其次,要符合幼儿的兴趣。兴趣是幼儿学习的一种内在驱动力。编织相较于其他手工艺,重复操作性强,对幼儿来说略显枯燥。因此,我们在选择编织资源时,应更加重视捕捉幼儿的兴趣点和关注点,着力彰显编织艺术的趣味与魅力;应结合幼儿的身心发展特点思考“这种编织技法能调动幼儿参与编织活动的兴趣吗”等问题,将幼儿的兴趣作为编织区选择资源的一项重要原则。有特色的编织内容能很好地引起幼儿的兴趣,“中国结”和“吉祥结”历史久远,是众多“结”中很有特色的编织资源,这样的编织资源既能激发幼儿对我国传统编织艺术的热爱,引发幼儿主动参与,又能起到传承编织艺术的作用。

最后,需要具有一定挑战性。维果斯基的最近发展区认为,幼儿的发展有两种水平：一种是幼儿的现有水平，另一种是幼儿可能的发展水平。两者之间的差距就是最近发展区。教育应着眼于幼儿的最近发展区，为幼儿提供带有难度的内容，调动幼儿的积极性，发挥其潜能，超越其最近发展区而达到其困难发展到的水平，然后在此基础上进行下一个发展区的发展。为此，要认真分析“这些编织资源对幼儿来说是否具有一定的挑战性”“它们对幼儿的发展有什么意义”等问题。大班幼儿的特点是探究欲比较强烈，表现和表达方式开始呈现多样化，倾向于通过探索和尝试，创造新的编织方法、设计模板和各种艺术造型。因此，我们在编织区为幼儿提供了大量的开放性、半开放性的有一定难度的操作材料，如，多功能泡沫垫制作的双色结模板、网绳结模板等，不仅可以丰富编织区游戏内容，而且能鼓励幼儿的创意编织，有利于我国优秀民间艺术的传承。

四、成效与思考

实践表明，幼儿能在编织区中自由选择游戏场地、自主选择编织材料，积极动手动脑，主动对材料进行探索。最初，幼儿进入编织区后，能够自主欣赏绳结作品，讨论绳结编织的方法，巩固编织绳结的技法，为下一步创作编织作品做了铺垫。在区域活动过程中，教师作为支持者，随时观察幼儿的游戏进程，及时给予幼儿游戏支持，重视区域活动中同伴经验的相互借鉴与学习。最后在作品展示阶段，幼儿的绳结作品被放到展示台上，幼儿积极介绍自己是怎样设想、怎样编织的，教师及时给予他肯定和鼓励，让他感受到编织带来的乐趣及成功的愉悦，获得积极的情感体验。

应注意的是，幼儿在编织活动中仍存在以下问题：一方面，幼儿设计绳结的能力有待提高。如在“操作区”，大部分幼儿都可以编织出已掌握的绳结作品，但在“创意区”，只有小部分幼儿创作出新颖的绳结作品。因此，在幼儿园一日生活中，我们应为幼儿多提供一些开展创意编织的机会，有意识地培养幼儿的想象力和创造力。另一方面，幼儿欣赏、倾听习惯的培养也应受到重视。如有些幼儿在“欣赏区”只是漫无目的随意逛逛；还有些幼儿只关注自己编织的作品，在其他小朋友介绍作品时心不在焉、东张西望。因此，在平时的活动中，我们要有意识地培养幼儿尊重他人的意识和良好的倾听习惯。

传统文化视域下大班扎染活动的实践

倪 霞

习近平总书记说："中华优秀传统文化是中华民族的文化根脉，其蕴含的思想观念、人文精神、道德规范，不仅是我们中国人思想和精神的内核，对解决人类问题也有重要价值。要把优秀传统文化的精神标志提炼出来、展示出来，把优秀传统文化中具有当代价值、世界意义的文化精髓提炼出来、展示出来。"扎染是中华民族民间传统而独特的特色工艺，它是织物在染色时部分结扎起来使之不能着色的一种染色方法，是中国传统的手工染色技术之一。结扎的技法千变万化，趣味无穷。对幼儿进行扎染艺术的教育，有利于培养幼儿对民间艺术的欣赏和认可，传播中华历史文化，增加民族自豪感。

一、扎染的价值分析

随着园所尚美课题的确立以及相关活动的开展，幼儿对部分传统民间技艺如剪纸、泥塑、风筝等有了一定的认识和了解，但是对扎染这种独特的民间技艺相对比较陌生。扎染作为传统而独特的特色工艺，又作为传统文化的优秀代表，幼儿可以通过对扎染的接触及实践，加深对传统文化民间技艺的认知，激发幼儿对传统文化的兴趣，进一步弘扬传统文化。

（一）感知扎染的艺术形态

扎染是使用天然植物进行染色的，故对人体皮肤无伤害。扎染的方式多种多样，扎染的图案纹路千变万化，具有令人惊叹的艺术魅力。扎染充满了梦幻般的色彩，作为优秀的传统民间技艺，有独特的结扎造型、染色装饰、丰润肌理、美观实用等特点，其纹样自然素雅，造型随意丰富，晕染色调柔和，韵味十足，能够强烈地吸引幼儿的眼球，幼儿在感兴趣的基础上感知扎染丰富而独特的艺术魅力。

（二）了解扎染的历史传承

扎染是中国一种古老的纺织品染色工艺，在中国约有 1 500 年的悠久历史。通过在幼儿园开展扎染活动，引导幼儿了解扎染千年的文化积淀。扎染起源于黄河流域，盛行于古代，现在成为流行的手工艺，广泛应用于生活服饰、装饰物、壁挂等，并且还流行于国外。在扎染活动中，幼儿首先了解扎染的起源，再欣赏扎染作品，最后在动手的过程中进一步传承传统文化。

二、活动目标的厘定

《幼儿园教育指导纲要》中指出："要丰富幼儿的情感，培养初步的感受美、表现美的情趣和能力，引导幼儿欣赏艺术作品，激发幼儿表现美和创造美的情趣。"扎染有变幻丰富的图案花纹，其工艺从扎到染都具有丰富的创造性。在幼儿园开展扎染活动，幼儿使用不同的方式从扎到染，呈现的每一件作品都是特别的、独一无二的，能够对幼儿产生较强的吸引力。

在技能方面，大班幼儿已经会使用简单的工具或用具，手部的肌肉群得到一定的锻炼，通过系鞋带、编辫子等活动，他们手部的小肌肉群也有了一定的发展，能灵活地运用手指进行活动，因此大班幼儿能使用多种工具、材料或不同的表现手法来表达自己的想法和感受，他们愿意自主表达表现，从而在自主创作中进一步提高创造力。在审美方面，大班幼儿对美的事物也有自己的独到见解，审美能力逐步提升。在情感方面，大班幼儿在各种活动中已经萌发热爱祖国的意识，对中国传统文化的了解兴趣很高，并且愿意深入了解。根据上述大班幼儿的年龄特点，结合本班幼儿对传统民间技艺的认知及现状，可以把扎染活动的目标厘定为：

（一）了解扎染的文化，感知欣赏扎染的文化艺术，探索扎染材料、技法与图案的关系，乐意使用多种工具大胆创作。

（二）感受扎染的艺术魅力，萌发对中国优秀传统文化的热爱。

三、活动环节的设计

《3～6岁儿童学习与发展指南》中指出："艺术是人类感受美、表现美和创造美的重要形式，也是表达自己对周围世界的认识和情绪态度的独特方式。"每个幼儿心里都有一颗美的种子，艺术教育是借助艺术的形式进行个别化表达的过程。大班的幼儿喜欢欣赏多种多样的艺术形式和作品，他们更喜欢进行艺术表达表现活动。在个别化创作的过程中，为了满足大班幼儿的活动和情感需要，基于教育规律开展了以下针对大班幼儿的扎染活动。

（一）感知与欣赏

1. 了解扎染之起源与传承

扎染有着悠久的历史，起源于黄河流域。根据大班幼儿的年龄特点，如果让幼儿通过教师的语言描述扎染的起源，对他们来说肯定非常难理解。借着《我是中国人》主题活动的开展，幼儿对中国地图非常感兴趣，于是通过更为直观的方式来引导幼儿，让他们从地图中圈画出扎染起源的地方，并能说说扎染起源地的名称，指一指在地图的哪个位置，加深幼儿对扎染起源地的印象。

因扎染起源的时期尚未定论，但对于大班幼儿来说，只需要让他们了解到扎染是中国的传统文化，是传统民间工艺，是从古时候就开始盛行的即可。教师可以通过一些视频、图片的展示，引导幼儿知晓早在远古时候，扎染文化就已经存在，古时候人们穿的很多服饰上的花色就是通过扎染的手工技艺制作的。

2. 通过视频播放，了解扎染工艺

"扎染"古称扎缬、绞缬、夹缬和染缬，是中国民间传统而独特的染色工艺。它是织物在染色时部分结扎起来使之不能着色的一种染色方法，是中国传统的手工染色技术之一。扎染工艺分为扎结和染色两部分，通过纱、线、绳等工具，对织物进行扎、缝、缚、缀、夹等多种形式组合后进行染色。扎染的工艺特点是用线在被印染的织物打绞成结后，再进行印染，然后把打绞成结的线拆除。

在观看了视频，配合教师的讲解之后，幼儿不仅初步知晓了扎染的含义，同时对扎染所需的部分材料也有了简单的认识，能为之后的扎染工艺创作打下基础。

3. 出示图片，欣赏扎染艺术

扎染有一百多种技法，而且每种技法都各有特色，不同的技法会呈现出不同的效果，真是趣味无穷。通过出示各种各样的图片，引导幼儿观察图示上的不同花纹、花色，引导他们感知图案与扎染的关系。幼儿在观看扎染作品的图片时充满兴趣，并能大胆表述自己的想法，与同伴说出他所认为的扎染作品上的图案。有的孩子说这幅扎染作品上的图案像花一样，有的孩子说那幅扎染作品上的图案像万花筒一般，还有的孩子说那边几幅扎染作品上的图案是由正方形组合而成、三角形组合而成的……这些扎染作品的图片正如幼儿口中表述的那样千变万化、多种多样。

4. 通过实物展示，体验扎染美感

在了解了扎染工艺及其特点，观看了扎染作品图片之后，幼儿对扎染工艺充满了喜爱和好奇。这时，教师直接展示民间手工艺人的一些扎染作品，让幼儿通过直观的触觉、视觉来进行感受，在欣赏扎染的艺术中，能初步体验扎染的美感，也激起了幼儿浓浓的活动兴趣。

（二）互动与探索

1. 掌握简单的扎染步骤

在开展扎染活动之前，掌握扎染步骤是活动的基础。扎染的一般步骤有：使用工具捆扎布料、浸水打湿、戴上手套、用颜料染色、解绑、冲洗晾干。大班幼儿以具体形象思维为主，能凭借具体事物的鲜明形象或表象及它们之间的联系进行思维。根据大班幼儿的年龄特点，教师通过照片和简笔画示意图的方式直观地将步骤图出示在尚美区域的活动版面上，同时为幼儿提供一块留白的版面，更好地体现了幼儿与环境的互动性。

(1) 照片示意图

照片示意图是幼儿在扎染的过程中由教师进行拍摄记录的，根据操作的顺序，将照片按步骤图进行排版。这种照片示意图的方式非常直观，第一次来到区域进行活动的幼儿，都会选择先仔细看照片步骤示意图。部分从未进行过扎染的幼儿还是非常谨慎，有的幼儿有点不敢上手操作，但是在同伴的互相帮助和引导下，幼儿看着照片步骤图，有了初步的尝试。

(2) 简笔画示意图

简笔画示意图则是幼儿在扎染创作完之后，将他在操作过程中简单的扎染步骤绘画下来，是对他进行的扎染活动步骤的回忆和巩固，从而也更有效地体现了幼儿与环境的互动，在此互动过程中，幼儿也会将自己绘画的步骤图与照片图示进行对比，在对比的同时，能够让幼儿加深对扎染步骤的印象，从而能够巩固其对扎染步骤的掌握。

这两种不同的步骤呈现方式，满足了不同幼儿的需要，他们可以选择自己的方式进行活动，逐渐掌握简单的扎染步骤，更自主、更宽松、更愉悦。

2. 在互动中，探索扎染的布料

扎染布料是决定扎染上色成功与否的关键。为了让幼儿区分并知晓使用何种扎染布料最为合适，激发幼儿自主探索的积极性，教师提供了棉布、麻布、无纺布、混纺布、涤纶布、纤维布和纱布，引导幼儿自主分别对这些布料进行染色。在染色及染色成果交流的过程中，幼儿共同发现棉布的染色效果是最好的，其他的布料染色效果都不太理想。所以，在之后的创作中，我们将为幼儿提供棉质布料进行创作。

3. 在互动中，探索扎染的工具

(1) 使用单一的工具进行扎染

由于是幼儿第一次进行扎染操作活动，在活动开展之前，教师为幼儿提供了若干块白布、绳子和若干种颜料滴瓶的材料。其目的是让幼儿在初步的尝试中，掌握简单扎染绑、染、解的步骤，初步体验扎染的趣味。个别幼儿在第一次的体验中，发现绳子捆扎的部位、整块白布都染上了颜色，并没有扎染作品图片和实物展示时呈现出的那种效果。与幼儿共同讨论，究其原因，大家发现原来绑绳子的时候一定要将绳子牢牢绑住，这样绳子绑住的地方才不容易上色。于是，幼儿进行了第二次的体验，在体验中，幼儿发现了用绳子绑，绳子一定要扯得很紧，可以多绑几圈。在完成打湿、染色之后，幼儿非常期待解绑之后的效果。晾了一晚之后，幼儿满怀欣喜地来到“遇见·扎染”区域，在解开绳子、打开布料的那一刻，幼儿都沸腾了，终于成功了，在扎的部分明显没有被上色，所以颜料与白色区域区分明显，染出了他们想要的效果。

(2) 收集辅助的工具，促进扎染的开展

扎染的工具非常丰富，在观看扎染视频和图片的过程中，幼儿发现可以使用不同的工具进行扎染。于是我们通过“亲子调查表”的方式引导幼儿去寻找可以使用的扎染工具。在亲子调查的过程中，不仅再一次拉近了幼儿与扎染文化的距离，而且让扎染文化在每个家庭中传播。在每个家庭收集扎染材料的过程中，利用视频、图片、网上查阅资料等多种方式初步了解了扎染这一传统文化。经过调查，我们收集了幼儿家长眼中认为可以辅助扎染的材料，如木棍、夹子、弹珠、线等材料，将其投放在尚美活动区域内，供幼儿自主选择与创作。

(3) 使用多种工具进行扎染

在有了多种辅助材料之后，幼儿的兴趣更高了。他们欣喜地想要去尝试不同的工具进行扎染，同时对这些工具的使用也充满了好奇。此时一些照片图示就起到了关键的作用，从照片中了解到该如何操作。也有的孩子，因为有了与父母做“亲子调查表”的经验，做调查的时候就已经在了解这些辅助材料的使用方法。幼儿在尝试操作时，有的幼儿使用木棍和皮筋进行捆绑；有的幼儿将弹珠包裹在布料内，再用皮筋固定绑住；也有的幼儿将布料折叠后，再使用夹子夹住。不同辅助材料的选择，给他们的创作带来了新的体验，从而也带来了挑战。多种材料的捆绑，没有单一材料的捆绑来得便捷，尤其是木棍捆绑时，幼儿的手比较小，一只手要将木棍在布料上固定住，另一只手要去绑皮筋，通常情况下是较难单独完成的。此时，部分孩子想到了请同一区域内活动的幼儿帮忙，两人在互相帮助、交互合作下，完成了扎的部分，为幼儿扎染作品的完成起到了关键的作用。在多种工具创作下的作品，图案较之前都有所不同，图案更丰富、多样，出现了几何图形、圈圈点点、花型等不同图案，幼儿在欣赏自己的作品时，也在欣赏着别人的作品，还会去询问他人使用的工具，从而再次进行尝试。

4. *在互动中，探索扎染的技法*

(1) 同种材料的三种扎法

幼儿首先接触的是绳子，绳子的扎法千变万化，不同的扎法做出来的作品效果也是不同的。首先给到幼儿使用绳子的三种扎法是：辫子法、多点法和环形法。辫子法是先将布料沿边卷成长条状，然后像扎辫子一样，一段一段地使用绳子给这根“辫子”绑上的方法。多点法则相对较为随意，在布料上随意捏起一小块用绳子绑住，数量根据幼儿自己的意愿来决定。这两种扎法幼儿在动手体验的时候，只要绑紧了，大概率不会出错。环形法是先将布料在桌上摊平，在布料中心或随意一个地方找准一个点用手捏起，周围的布料就围着被捏起的布料进行旋转，直至布料都包裹在一起，卷成环形，再用多根绳子交叉绑住的方法。这个方法对幼儿来说稍有难度和挑战，但也深得幼儿的喜爱，他们愿意体验和挑战不同的扎染技法。

(2) 不同材料的多种扎法

在提供了多种材料之后，扎染技法就更多了。我们在环境创设中增添了不同工具的扎染技法图示，有折叠法、总合法和夹染法。折叠法使用的工具是夹子，在布料进行多次折叠后，用木夹在各条边上进行固定。这种方法幼儿在操作的过程中尝试过几次，染出的图案并没有那么鲜明，在后续的活动中，幼儿使用这种方法进行扎染的现象比较少。总合法是将弹珠包裹在白布里，再用皮筋绑住，这种方法使用过后的效果和多点法有点相像，这是幼儿自行探索发现的。夹染法是先将布料进行折叠，再用木棍将布料前后夹住，最后再用皮筋将两根木棍进行固定的方法，至于使用多少木棍由幼儿自行决定。使用这种方法的幼儿也一次次在试错中成功，由一开始的整块布料都染上了颜色，到后面形成的几何图形，这与布料的折叠次数和木棍的松紧有很大的关系，他们再尝试，后面也就取得了成功。不同的扎染工具供幼儿进行选择，选择范围广，满足了不同幼儿的兴趣和需要。

（三）表达与创作

《幼儿园教育指导纲要》中指出："幼儿能用自己喜欢的方式进行艺术表现活动。"从《纲要》的精神中可以看出，培养幼儿进行艺术活动时需要提倡幼儿的参与性，充分挖掘其表现形象的潜力，提供幼儿自我表现的机会，鼓励幼儿用不同艺术形式大胆地表现，尊重他们的想法和创造。在进行了多次尝试之后，可以带领幼儿去感受"大染缸"式的传统扎染。于是，教师为幼儿提供了靛蓝色的染料及染桶，每次在幼儿创作之前，为其做好扎染染料的准备工作。在这些材料的提供下，幼儿的创作兴趣越发浓厚，渐渐喜欢上了自主创作扎染技艺，更喜欢体验在传统"大染缸"里的创作形式及艺术。

1. 自主创作扎染的技法

(1) 对原有技法稍作改造的扎法

在掌握基础的扎法后，幼儿在一次次的操作中又萌发出了新的奇思妙想。"我觉得辫子法和总合法都很好看，我想用两种方法来扎染。"面对幼儿的想法，教师给予支持，帮助其大胆操作。幼儿先将布料卷成一条，绑了三根皮筋，剩下的部分用布料将弹珠包裹住，再用皮筋绑住，随后进行染色，在清洗沥干之后，形成了十分特别的作品，吸引了同伴们的目光，同时也激起了其他幼儿的创作欲望。有的孩子也使用了同种方法，将布料的四个角用辫子法扎，中间用点合法，不同方式的组合能够呈现不同的作品效果。在一次次尝试之后，幼儿爱上了多种方法的组合方式，有的甚至尝试三种、四种方法的组合，都达到了意想不到的效果。

还有幼儿在使用辫子法时，因绳子绑得不工整，上上下下，想把绳子扯下来重新绑，教师引导他："如果绑得不工整，会出来什么效果呢？好想看一看哦。"之后，他在整条辫子上都绑上了绳子，上上下下、交错有致，最终形成了有点像蜘蛛网又有点像竹子的图案。

(2) 自主创新扎法

在一次次的创作中，激发了幼儿的探索兴趣，他们不再局限于之前熟知的一些扎染技法，他们更想进行不同的尝试和探索。有同伴之间的引导，也有幼儿的自主探索。有的幼儿使用绳子自由地在布料上进行捆扎；有的幼儿则利用布料的折叠来做文章，折叠成正方形或三角形，再用皮筋或绳子进行捆扎。

为了更好地保留幼儿们的想法，在环境创设中，教师预设了留白的版面，制作了一本"扎染创意书"，将幼儿的创意手法用简笔画的方式画下来。如果有的技法较为复杂，也可以使用拍照的形式将其记录下来，供之后前来创作的幼儿作为参考。

2. 经验再现生活中的扎染素材

扎染的艺术来源于生活，还需回归到生活。在经过无数次简单形状布料的捆扎之后，幼儿发现生活中的很多素材都可以进行扎染，于是带着这份兴趣和热情，引导幼儿回去找一找。在寻找之后，开启了班级里的讨论会，大家纷纷说着自己的想法，没过几天，幼儿也发现了在尚美活动区，多了几件白色汗衫、几条白色围巾、几只纯白布包和几双白色袜子。幼儿都你争我抢地想要来扎染，进行创作，在创作前，幼儿进行构思，使用了自己喜欢的扎染技法，没过多久，这些生活品都成了幼儿的得意扎染作品。

一时之间，班级里兴起了"扎染热"，但由于班级里的材料提供有限，不能满足幼儿的操作欲望。后来幼儿对扎染的兴趣得到了家长的支持，幼儿陆续将家里的白色围巾、白色袜子、白色帽子和白色汗衫带到学校，每天都不间断地带来生活素材来活动区进行扎染。

3. 收集扎染作品的不同装饰方法

因之前已经完成了很多的扎染作品，如果都叠在一起或直接用网绳、网格进行晾晒，就会显得非常单一，影响了美观。于是，教师引导幼儿找一找、看一看、想一想，扎染好的作品可以做些什么装饰呢？幼儿通过寻找、查阅和思考，把他们的想法一一带到活动区，有的幼儿把自己看到的扎染展示方式的图片画了下来，有的幼儿将图片打印下来，幼儿你说一句我说一句，纷纷表达着自己的想法，从幼儿收集的图片中看到，有做花朵、花瓶装饰的，有做旗袍装饰的，还有做发饰的等等。

4. 装饰扎染作品，增添美感

在收集了这么多装饰方法之后，幼儿也纷纷开始动手，我们为幼儿提供了一些粉笔和水溶笔，便于幼儿进行绘画。同时提供了幼儿需要使用的扭扭棒、双面胶、绳子、剪刀、卡纸等多样材料。

(1) 教师支持下的扎染装饰

大班幼儿的想法比较多样，但是实际操作起来还是有稍许困难，教师就作为幼儿活动的支持者，为幼儿提供了一些半成品，如旗袍轮廓的底版、人物的剪影等，幼儿可以通过使用和点缀加以装饰。尚美区域内有教师投置进去的娃娃小旗袍，引来了无数女生的目光，她们看着精致的旗袍，纷纷说道："我的家里也有小娃娃，我也想给娃娃穿上旗袍，好漂亮呀。"

(2) 家长支持下的扎染装饰

旗袍的缝制是有很大难度的，对于幼儿来说不符合他们的手部肌肉发展目标。所以女生们可以将自己的扎染半成品带回家去与家长共同设计制作娃娃的旗袍，她们都欣喜若狂。女生也非常喜欢发圈和发带，于是教师为幼儿准备了很多的发圈。鉴于发圈缝制也是有一定难度的，所以想做发圈的幼儿，我们为其提供发圈和自己染的扎染作品，回家与家长共同缝制发圈。有了家长们的支持，一个个发圈很快就一一出现在了女生们的头发上。男生则喜欢把这些发圈当成腕带，也是在家长的帮助下，一个个腕带就在男孩的手腕处呈现了。

(3) 幼儿可操作的扎染装饰

在绘画的过程中，由于布料较软，不像平时使用的铅画纸，幼儿发现很难画，很容易画错，于是我们又为幼儿提供了一些稍硬一点的卡纸，引导幼儿先在卡纸上作画，再将卡纸按压在扎染作品上，将其轮廓沿着卡纸画下来，再用剪刀剪下作品，最后用双面胶进行粘贴，花瓶、花、旗袍、蝴蝶结的样式随之涌现。幼儿也会使用扎染的皮筋或扭扭棒，在蝴蝶结中间扭成结，将蝴蝶结进行再装饰，由平面变成立体，加个皮筋或是夹子，就摇身变成了发圈和发夹。

（四）展示与评价

《幼儿园教育指导纲要》对幼儿在艺术领域欣赏方面提出了明确规定："引导幼儿欣赏艺术作品。大班年龄段的幼儿更愿意和别人分享、交流自己喜爱的艺术作品和美感体验。"大班幼儿的交往意识较前期有了很大的提升，他们渴望在同伴和教师那里得到认可，当看到喜爱的作品时愿意与别人分享和交流。为此，我们可以给幼儿提供一定的机会和平台，让他们发挥自身的语言、艺术表达表现优势，尽可能地将自己与同伴的扎染作品充分展示在尚美活动区内，并供大家欣赏与互动。

1. 环境的创设

幼儿的成长离不开环境，环境对幼儿发展的影响是极其深远的。环境的创设有利于对幼儿进行生动、直观、形象和综合的教育。扎染活动开展之后，很多的扎染艺术作品没有得到很好地展示，成品和半成品也没有进行归类摆放。如何将这些物品进行分类呢？幼儿开展了讨论，认为需要画框、展板、头饰架子、芭比娃娃、衣架等。通过多方收集，这些材料都出现在尚美区里。随后，幼儿自己开始进行归类，只见他们把一些旗袍画粘贴在画框里，头饰一个个串在装饰的架子上，一件件扎染好的衣服挂在衣架上，穿好旗袍的娃娃有序地都坐在柜子上，展板上贴上了无法悬挂的作品。就这样，扎染作品基本上都有了展示的意境，整个尚美区看起来井然有序。

2. 游戏主题的生成

幼儿喜欢穿戴着自己扎染的衣服、围巾、背包和袜子，充分利用到角色游戏中去，他们使用这些扎染成品进行角色装扮。尚美区有的时候摇身一变，变成了服装店，幼儿挑选自己喜欢的服饰进行打扮，之后来到小舞台进行模特走秀；尚美区有的时候变成了理发店，幼儿对发型自行加工后接着去参与其他的游戏主题；尚美区有的时候变成了商店，幼儿可以自由消费，选择自己喜欢的作品，欣赏、穿戴等。我想，从幼儿对尚美区的热情中就可以看出他们对于这个活动区的热爱，以及对其中的作品的高度评价。

《幼儿园教育指导纲要》中明确指出："提供幼儿自由表现的机会，鼓励幼儿用不同艺术形式大胆地表现自己的情感、理解和想象，尊重每个幼儿的想法和创造，分享他们创造的快乐，支持幼儿富有个性和创造性的表达。"所以在大班整个扎染活动的开展中，幼儿有太多的创意和想法，我们时刻在做幼儿学习的支持者、合作者和引导者，要充分发挥活动的有效性，促进幼儿在扎染活动中的实践，有效推进了扎染活动的开展。

扎染是我国民间传统文化艺术，具有令人惊叹的艺术魅力，能对幼儿产生了强烈的吸引力，给幼儿带来了美的享受与冲击，在扎染的过程中幼儿发现美，还能尽情创造美。相信扎染活动不仅能够让幼儿感受民间艺术的博大精深，还能传承民间艺术，让传统工艺扎根在幼儿心中，从而传承发扬中华传统手工工艺。

幼儿园开展泥塑区域活动的实践

秦雯婷

摘　要：泥塑活动也是幼儿园艺术教育中的重要组成部分，对于幼儿的成长至关重要。泥塑活动的本质是一种游戏，在泥塑教育中，幼儿能够创造自己喜欢的模型，自己喜欢的动物、事物以及人物，能够锻炼幼儿的动手能力、思考能力，以及创新思维能力，提高幼儿的审美能力。本文针对泥塑活动在幼儿园的实践展开探究。

关键词：泥塑活动　学前教育　活动区

一、运用环境创设和实践操作，有效开展泥塑活动

（一）环境创设法

1. 区域环境

泥塑活动可以萌发幼儿对美的感受和体验，丰富他们的想象力和创造力，所以在开展泥塑过程中需要老师引导幼儿学会用心灵去感受和发现美，用自己的方式去表现和创造美。因此，我们在创设区域环境时首先用几个版面分别呈现了不同时期、不同地方的泥塑，如惠山泥人、天津泥人张等，营造一个充满泥塑氛围的物质教育环境。其次再用另外几个版面，呈现一些从古到今不同泥塑的意义和用途。孩子们通过观察这些图片，知道泥塑从远古的祭祀用品演变为现代的装饰品，从而进一步增加幼儿对泥塑探索的兴趣。

2. 心理环境

泥塑活动最终得到一个精美的成品固然重要，但是幼儿在泥塑过程中获得的经验体会、解决问题的能力、创作的能力和情感的发展比作品更为重要。所以在泥塑活动中，我更关注幼儿制作的过程，鼓励幼儿通过泥塑活动大胆、自由、创造性地表达自身的情绪情感，充分感受泥塑活动的快乐。在评价孩子的作品时也是以鼓励幼儿充分表达自己的想法，解放孩子的思维，重视每个孩子的想象力、创造力与艺术表现力，对幼儿的作品给予及时的肯定，帮助幼儿逐渐形成自信心，进而爱上泥塑活动。

3. 展示环境

幼儿的发展离不开环境，从某种意义上来说，环境即教育。陈鹤琴先生曾经说过："怎样的环境就能得到怎样的刺激，得到怎样的印象。"为了激发幼儿的创作灵感，我在泥塑区域的柜台上陈列了各种各样的泥塑欣赏作品进行展览，有家长带来的泥娃娃、十二生肖等泥塑作品，也有老师制作的嫦娥、孙悟空等《西游记》中的人物角色，还有小朋友自己制作的各种茶壶、茶杯等。这样的一个展示环境既体现了泥塑活动的轻松愉悦，又充满了美感。孩子们通过观察这些作品也潜移默化地激发创作的灵感，丰富他们的操作经验。

（二）实践操作法

1. 呈现步骤示意图

泥塑作品是具有立体感的，幼儿在制作过程中需要想象作品的空间结构，这对于处于具体形象思维的幼儿来说是相当大的挑战。因此我提供了大量的步骤示意图，孩子们通过观察步骤图了解每一件泥塑作品的不同制作过程，继而通过模仿，完成一件件泥塑作品。例如幼儿在制作孙悟空的时候，会先制作孙悟空的身体，然后是头、四肢，最后是衣服、头饰。通过这种详细的步骤图，将孙悟空这个立体的人物变成平面的、幼儿容易观察和模仿的图示。孩子们通过一次次的尝试，体验到了完成一件作品的成功感，自然而然地对泥塑越来越感兴趣，作品越来越美观，创造性也就更强了。

2. 提供多种辅助材料

为了满足幼儿创作的需求，我们除了提供不同的泥，有轻泥、彩泥和陶泥，还提供了各种大小各种长短的小木棍、麻绳、蓝印花布等，并提供了一些操作工具，如剪刀、牙签等，让幼儿在与材料、工具的互动中进行观察、揉捏、组合、创造。幼儿也能根据自己的兴趣和需要对材料进行选择。如：孩子们在制作一茶具时，不小心把茶壶的壶嘴弄断了，但是后期再粘上去却怎么也粘不住了，于是他们就想到了用一根小牙签将茶壶的身体和壶嘴连接起来。当一套茶具制作完成之后，他们又觉得只是一些茶具摆在桌子上不好看，于是又想到了在下面放置一块蓝印花布，使得这套茶具显得更加美观。可见，这些丰富的辅助材料不仅能满足孩子的兴趣和表现需要，还有利于在制作过程中去探索并获得新的学习经验。

3. 引导幼儿自主创新

幼儿玩泥的主要目的之一就是提高他们的创造力，在制作泥塑作品的过程中幼儿根据自己的生活经验把对事物的理解通过泥来进行表现，同时再加入自由的创作，使得作品富有新意。在一次泥塑活动中，欣欣小朋友根据"精卫填海"这个故事捏了一只鸟，捏到鸟的嘴巴时，发现她把嘴巴捏得很大。我很好奇地问："你为什么要把嘴巴捏得这么大，嘴巴这么大好像有点不好看了。"欣欣告诉我说:“嘴巴捏得大一点,就能衔更多的石头,才能更快地把大海填满呀。”原来欣欣根据对故事的理解和情节的需要创造性地塑造了大嘴巴的鸟。可见,泥塑活动不仅可以提高幼儿的认知能力与创造能力,还能成为打开幼儿智慧的钥匙。

二、巧用多种策略,推动泥塑活动顺利开展

(一) 循序渐进的策略

1. 材料的提供循序渐进

幼儿园的孩子常常是在接触材料后才会对自己的作品有个大概的想法和创意。因此在活动开展初期,我会先提供部分材料,从而让幼儿对提供的材料有一定的了解,并且鼓励幼儿大胆使用各种材料。刚开始我发现很多孩子都能使用一些简单的工具来完成自己的作品,偶尔会用一些辅助材料完善自己的作品。之后随着泥塑活动的深入开展,逐渐开始需要用到一些专门性的泥塑工具。这时我先让幼儿自己说新提供的工具有什么特点,它的用途是怎样的,然后再用明确、简洁的语言讲解使用方法,让幼儿结合自己的思考在理解的基础上掌握使用方法。如在制作人物的头发时,孩子们能用泥刀在人物的头上划几下,完成头发的制作。当孩子们能熟练运用各种工具制作作品之后,他们对于辅助材料的需求也越来越大了,后期我又添加了很多辅助材料,满足幼儿创作的需要。

2. 内容的开展循序渐进

(1) 内容的选择符合幼儿的兴趣

要使幼儿积极参加活动,保持他们的兴趣是关键。对于泥塑活动也不例外,选择幼儿感兴趣的泥塑活动的内容,对泥塑活动的开展也是至关重要的。因此在选择泥塑活动内容时,我选取一些幼儿熟悉的、与幼儿生活息息相关的事物。例如幼儿熟悉的泥娃娃、十二生肖等,孩子们对这些形象都比较了解,他们愿意跟着步骤图尝试模仿,有了成功的经验,就更能激发起继续探索泥塑的愿望。

(2) 难度适宜,层层递进

有了兴趣的推波助澜就要考虑到泥塑塑造的难度了,只有选择的内容符合幼儿的技能发展,才能创造和升华出新的作品。在创设活动内容初期,我主要考虑制作简单的具有中国传统特色的泥塑,例如茶杯和茶壶,制作简单,孩子们也容易观察和模仿,通过精美作品的呈现让孩子有一种成功感,从而使他们更好地吸收泥塑活动的内容。当孩子具有一定的经验之后,让他们开始塑造简单的人物形象,如孙悟空的人物形象,孩子们先根据步骤图完成形象塑造,然后再进行上色,最后晾干成品。通过难度的层层递进,幼儿的泥塑技能、创造力和表现力也在不断提高。

（二）活动形式多样化策略

1. 故事表演

游戏是幼儿最爱的活动，也是幼儿创造性思维发展的重要形式和手段。因此在泥塑活动中围绕某一主题、结合游戏表演的形式，对于幼儿来说便成为了一个更为适合、更深受喜爱的内容。例如，对于《三打白骨精》这个故事，孩子们首先在泥塑区中塑造出唐僧、孙悟空、白骨精的角色形象，其次结合班级中的表演区域，开展故事表演。孩子们拿着不同的人物角色，根据故事的情节精彩地演绎了一台有趣的小小舞台剧，吸引了很多观众前来观摩。有了这样一次成功的表演经历，孩子们对泥塑的兴趣就更高了，之后他们又塑造了司马光、孔融等人物角色，表演了《司马光砸缸》《孔融让梨》等传统小故事。可见，通过泥塑与故事表演相结合，将幼儿的思维想象不由自主、无拘无束地发挥了出来。

2. 混班活动

同伴之间的互相学习有时会成为一种最好的学习方式，结合幼儿园的游园大活动，我班开展了泥塑区域的混班活动。同一年龄段的孩子互相观摩和参与，通过对泥的揉捏和创造，再借助一些辅助物，制作完成了一个个活灵活现的小泥人、一个个憨态可掬的小动物。很多没参加过泥塑活动的小朋友也情不自禁地参与到玩泥的活动中，参考步骤图或者借鉴周围孩子的制作方法，有滋有味地玩起泥来。在这样的混班活动中，不同塑造经验和不同认知水平的幼儿在一起玩泥时，幼儿之间会用询问、征求意见、分工等方法进行商量，他们在合用工具、合作玩泥中进一步开拓思维，感受合作的快乐，提高了交往能力。

3. 课外活动

开展课外活动，不仅能够让幼儿对在幼儿园内学习泥塑的内容进行补充，也能够更好地调动幼儿探索泥塑的乐趣，使幼儿从根本上热爱泥塑。例如，我会给孩子布置一些任务：完成一张关于了解不同时期不同年代泥塑特点的调查表、亲自制作一个青花瓷的花瓶等。当然，我们的家长也是非常配合的，会带着孩子到古镇上去寻找泥塑的踪影，会和孩子一起参加泥塑制作的兴趣班活动。在这些课外活动中，幼儿不仅能够玩得开心，也能够巩固他们所学的泥塑知识。

三、小结

玩泥是幼儿的天性，泥塑活动对幼儿有着一种天然的亲和力，是实现幼儿认知与创造表达的重要途径，对幼儿身心发展起着重要作用。泥塑区域活动的开展，要依据幼儿年龄特点和教育目标有策略地进行，提高泥塑技能，提升幼儿经验，让泥塑区域成为幼儿获得快乐、自信，体验成功的创作平台。

感受民间印染艺术

王丽红

《幼儿园指导纲要》中指出，要“充分利用社会资源，引导幼儿实际感受祖国文化的丰富与优秀”“适当向幼儿介绍我国各民族的文化，使其感知人类文化的多样性和差异性”。我国是一个多民族国家，每一个民族都有灿烂辉煌的传统文化，传承民族传统文化对促进幼儿的发展有着重要的意义。

印染是我国传统工艺之一，对于弘扬我国传统文化、激发幼儿美术学习兴趣、陶冶幼儿情操具有重要意义。因此，结合我园尚美课程，本班决定在传统文化活动区创设“印染”艺术区，选择印染的原因有以下三点：第一，印染符合小班幼儿的年龄特点。小班幼儿心理、生理正处于发育之中，他们的能力水平有限，印染较为简单，可以尝试操作；第二，印染能激发幼儿探索兴趣。幼儿对鲜艳的色彩非常敏感，颜色的变化使幼儿兴奋、惊奇，从而产生浓厚的探索欲望；第三，印染艺术有利于发展幼儿表现美的创造力，对启发幼儿的思维、想象，发展幼儿的创造性，培养美感具有独特的作用。以下是印染活动的实录与反思。

实录一：

幼儿在小染坊里玩着“贝壳跳舞”的游戏。安安正在用扇形的贝壳蘸上颜料印在布上，一会儿印螺形，一会儿印花朵，非常认真，不久一幅美丽的画便跃然布上。玩了一会儿，她对其他小朋友用宣纸印染产生了兴趣，她也想去玩，但又有点担心蘸颜料会弄脏自己的小手。老师鼓励她：“不用担心，去试试看，你会很开心的。”听了老师的话，又看到伙伴们玩得这么开心，她终于忍不住了，也拿了一张宣纸加入了宣纸印染的行列。她首先将宣纸折叠好，再将纸浸入红色的颜料里，然后再换一种颜料尝试，印完了以后，她打开宣纸，对旁边的小朋友说：“呀，你看，这两种颜色放在一起变成了另一种颜色，多好看啊！”紧接着，安安不停地用不同的颜色变着来印，一边印一边对旁边的同伴说，“我要将宣纸折成不同的样子，这样出来的画都不一样。”

【实录分析】

小班幼儿善于模仿，容易受到同伴的影响。安安在这次活动的开始只局限于用工具来印画，后来看到其他幼儿用宣纸印染，她也开始尝试着用宣纸创作。

在创作的过程中，她发现了颜色变化的秘密，还把自己的发现和同伴一起分享。安安在同伴的影响下，从不敢玩到玩出自己的想法，这是一个很大的进步，由此可以看出同伴对幼儿的影响巨大，可以对幼儿起到鼓励的作用，让原本不敢去尝试的幼儿也能去探索、尝试。

作为教师，看到幼儿喜欢尝试不同的工具印染，心里自然是十分开心，同时也在思考，除了以上幼儿使用的工具印画、宣纸印染外，我们是不是可以投放不同的材料进去，让幼儿对印染活动更加地有兴趣，并创作出不同的作品呢？对此，本班教师积极投放了不同的材料。首先，针对比较单一的印画材料，我又让幼儿收集了一些废旧材料，如：瓶盖、玻璃弹珠、树叶、雪花片、牙刷、超轻黏土等。让幼儿在工具上能有更多的选择，促进了幼儿的创造性发展。其次，除了宣纸和布外，我又多增加了铅画纸、手工纸、报纸、纸巾、湿巾、棉布、麻布，等等。通过不同的选择尝试，让幼儿体验丰富的材料带来的不同效果。

根据幼儿在操作中的一些问题，我又不断调整操作卡的提示，引导幼儿探索。鉴于幼儿对颜色的变化很感兴趣，我就在操作步骤提示卡上加入了这样的提示，如用"蓝色＋黄色＝?"这样的卡片来激发幼儿探索颜色的兴趣。除此之外，受到安安操作时的影响，我又制作了几种不同的折纸步骤提示卡，来激励幼儿尝试不同的折纸方法，以此变幻出不同的图案。通过一次次的动手操作，幼儿知道了不同折纸方法就能变幻出不同图案，体会到了动手操作的成就感，不仅进一步激发幼儿去探索印染中更多的趣味和秘密，也保持幼儿对印染活动的兴趣。

实录二：

区角活动一开始，就听见诺诺大声喊着："哇，今天的材料好多哦！我都要试试！"说完，她就选取了一块超轻黏土，先将黏土揉捏成自己喜欢的造型，然后选取印画工具，在黏土上印上不同的图案，边印边招呼旁边的小朋友："快来看，我制作的小扇子漂亮吗？上面有好多图案哦，小扇子还能站起来呢！"旁边的小朋友一下子被吸引过来了，也开始用超轻黏土创作。玩了一会儿，诺诺又选取了一块棉质的麻布，她先是将麻布进行随意的折叠，折叠好后每个布角选取不同的颜色进行印染，等充分印染透后，将布打开，在有白色的地方又进行了添画，不一会儿，一幅美丽的艺术品跃然布上。周围的小朋友看到了，一下子叫起来："好漂亮啊，我也要玩。"于是，有的幼儿选择麻布、有的选择细棉布、有的选择湿巾……一下子，所有幼儿又兴致勃勃地玩了起来。

【实录分析】

多种材料的投放让幼儿对印染活动的兴趣又提高了一个层次，不仅仅局限于单纯地用工具印画和折叠染色。这次幼儿尝试制作立体的造型，在布的印染上也有了突破，并进行了添画，作品的形式更加多样化，幼儿的创作思维逐渐扩展延伸。

活动过程中，幼儿有了一个大的跨越，他们从平面创作到了立体创作。于是，我抓住这一契机，马上和幼儿讨论怎样制作立体的作品。在幼儿共同的参与下，又一次调整了活动区材料，加入了多种胶、立体的石头、手工纸伞、纸盒等，便于幼儿尝试制作立体的作品。有效的材料投放对于激发幼儿的学习兴趣、培养幼儿的创造力是非常重要的，好的材料不仅能让幼儿的创作欲望增加，还能激励幼儿自主探索，丰富印染形式。

反思：

结合以上两个实录的观察思考和平时幼儿的活动情况，对于如何帮助幼儿更有效、更积极地参与印染活动并获得成功的体验，可以梳理以下经验：

1. 适宜的环境能萌发幼儿对民间艺术活动的兴趣

著名幼儿教育家蒙台梭利相信环境的巨大作用，儿童的“精神胚胎”有赖于环境的保护和滋养。为了将民间艺术渗透于环境中，创设出富有民间艺术气息的环境，我把活动室里的一块主题墙布置为“各种印染制品”：印染的扇子、三角巾以及小花伞等，这些无不透出浓厚的民间艺术气息。当这些东西映入幼儿的眼帘时，幼儿都纷纷赞叹：“好看，好好看哦！”这是幼儿对美的感受与自然流露，也大大萌发了幼儿对民间艺术的兴趣，也为幼儿提供了感受民间艺术和表现民间艺术的机会与条件。

2. 丰富的材料能助推幼儿的艺术想象及创作热情

小班幼儿对新鲜事物具有强烈的好奇心，多样化的工具和材料能刺激幼儿的创造欲望，更有利于幼儿大胆想象、大胆创造。刚开始，我只投入了各种各样的纸，如手工纸、宣纸、皱纸、纸巾等。幼儿玩了一段时间后，兴趣有所降低，于是根据幼儿平时玩的情况，我对投放的材料进行了调整，增加了各种各样的布以及超轻黏土等。新的材料一投放进去，一下子引起了幼儿参与的兴趣，激发了他们创作的欲望。同时，丰富的材料使幼儿的想法不受材料的限制，发挥自主性，自由选择喜欢的工具，尽情发挥想象力和创造力。

3. 多样的形式能培养幼儿的审美能力和爱国情感

幼儿之间存在个体差异性，只有多样的形式才能满足不同幼儿的发展需要。教师要尊重每一个幼儿的想法和创造，肯定和接纳他们独特的审美感受和表现方式，分享他们创造的快乐，在支持、鼓励幼儿积极参加美术活动并大胆表现的同时，帮助他们提高表现的技能和能力。采取幼儿喜欢的形式，如鼓励幼儿举办“小画展”来展出自己的印染作品，不仅增加了乐趣，创造了幼儿展示自己的机会，也培养了幼儿审美的情趣和学习爱好。同时，作为老师，需对每一个幼儿作品的创造给予肯定——培养其审美能力，增强其自信心，加强其成功的体验。我们的宗旨是让优秀的民间文化资源进入幼儿园，让幼儿在真实的情境中“看得见、听得懂、摸得着、做得来”，在欣赏、体验、探索、合作中潜移默化地接受民族传统文化的熏陶，让传统文化的种子播撒在幼儿的心中。

布　贴　画

——布文化中的“爱马仕”

汪彩云

摘　要：民间手工艺术丰富多彩，种类繁多，我园开展了传统文化的设计活动，尝试将布帖画融入教学活动中，充分挖掘布文化包含的韵味，汲取布文化之精粹，有选择地借鉴运用到幼儿教育中，让布文化成为幼儿人文素养的一部分。本文探究布贴画活动开展的技巧与意义。

关键词：布贴画　传统文化　布文化

《幼儿园教育指导纲要》中指出：引导幼儿实际感受祖国文化的丰富与优秀，激发幼儿热爱祖国的情感。在中国源远流长、内容丰富的传统文化中，民间手工艺文化越来越受到世界的喜爱与关注。如：剪纸艺术、扎染工艺、编织钩织、布文化等等。其中，布贴画是布文化中的“爱马仕”，它原名宫廷补绣，俗称布贴画，又叫布堆画、布贴花、布摞花，还叫拨花。就是将不同质地、不同色泽、不同花纹的布角料收集起来。利用剪贴布，勾勒出画面色彩丰富鲜艳，边线明朗整洁的作品。

陶行知先生说：幼儿的教育来源于生活。我们尝试将布贴画融入到活动区，在收集、整理、剪剪、贴贴、玩玩的过程中，充分挖掘布文化所包含的韵味，有机地吸取布文化之精粹，有选择地借鉴运用到幼儿教育中，让布文化中的“爱马仕”成为幼儿人文素养的一部分，使幼儿在感受“布贴画”之美的同时，弘扬中国传统文化。

一、“布贴画”活动开展的意义

1. 带领幼儿感受文化魅力

布贴画在收集的过程中，孩子可能感受较少，一般停留在颜色、花纹不同的经验层面，感受方面则是摸上去有的软软的、硬硬的、毛茸茸的，有的则是滑如丝的等，但当老师把这些不起眼的边角布有意裁剪贴成一幅精美的布贴画时，对于孩子的震撼是不小的。他们感叹于这些布的神奇，感受到布艺文化的博大精深。

2. 激发幼儿审美和创作能力

布贴画制作的第一步就是要把自己想要制作的作品先绘画在纸上，然后选择合适的布料进行裁剪，最后拼贴。通过绘制、裁剪和拼贴，孩子不仅提高了想象力和创造力，同时促进了审美能力和表达能力等的发展。

3. 成就幼儿良好学习品质

幼儿制作一幅精美的“布贴画”需要有十足的专心、耐心和细心。当孩子想要完成一幅作品时，他们会变得异常专心，认真仔细地绘画、小心翼翼地剪贴。在幼儿的操作过程中，无形之中提高了专注的学习品质。

4. 锻炼幼儿肌肉发展

《指南》中提出各个年龄段要以“手的动作灵活协调”为发展目标。在“布贴画”过程中，我们将自然、愉快地锻炼幼儿小肌肉发展。比如：运用剪刀的能力。中班时，孩子能运用剪刀根据线条裁剪手工纸、彩纸等。在“布贴画”过程中，由于需要不同形状、不同材质的布料进行拼贴，孩子运用剪刀裁剪的难度指数较高，他们花费的力气更多，锻炼小肌肉的强度更高。“布贴画”既培养了幼儿的手眼协调能力，同时又锻炼了手部的小肌肉群，发展了精细动作。

二、“布贴画”活动的组织与实践

（一）“布贴画”活动区的环境创设

1. 感受体验区

兴趣是幼儿学习最好的老师，为了激发幼儿对于布贴画的兴趣，我们在生活中要给幼儿创造认识布、亲近布的环境。在教室中，我们对环境进行了相应设计，让布随处可见随手可摸：进入教室时，两面触摸墙都有实物让我们的幼儿触摸，让孩子在触摸中感受不同颜色、质地、厚薄的布料；在传统区中，“丝绸之路”用一张张图片、作品、实物等向孩子们展示着丝绸产生、加工、运用的过程，让孩子们在看看、说说、摸摸中了解“丝绸”这一中国特有的布料；我们还将幼儿收集的家中不需要的布角料剪下一点订在一块 KT 板上，让孩子们更好地感受其不同的颜色、不同的质地。在此期间，孩子更直观地感知了解了各种布料，同时能简单区分如牛仔布、棉布、老布、丝绸布、橡皮布等几种生活中常见的布料，同时让幼儿知道这些废旧布料能变废为宝、美化生活。

2. 审美观赏区

教室中悬挂着制作精美的布贴画，主题以幼儿喜欢的动物、太空、风景为主……吸引着孩子们唧唧喳喳地交流着自己的发现。一开始，几幅精美的布贴画（这是小、中班没有的一个环境，对于孩子来说是比较新颖的）挂入之后，我们并没有刻意引导，但由于大班孩子的观察力比较敏锐，有几个孩子已经注意到了，他们在一起聊着这些画，很快我班大部分孩子都对这些布贴画产生了极大的兴趣。此时我再介入效果将事半功倍。在一次谈话活动中我和孩子们讨论：这些精美的画是怎么制作而成的？他们需要什么材料？你们觉得还有什么样的布？就这样，我们墙上的亲子调查表也产生了：你见过什么样的布？这些布是怎么来的？为什么会有不同颜色的布？等等一系列问题都在家园配合中逐渐解决。

3. 创意操作区

陶行知先生说："我们发现了儿童有创造力，认识了儿童有创造力，就须进一步把儿童的创造力解放出来。"通过一系列的前期铺垫，孩子在不知不觉中，对布贴画产生了浓厚兴趣，对于如何制作布贴画也充满了好奇。于是，我们顺势而为，带着孩子开始了布贴画的创作之旅。在创设此环境时，孩子完全是处在主动的状态下。对于接下去幼儿的动手操作起到了承上启下的作用。所以，一个丰富、切入主题的环境对于激发幼儿的主动性是至关重要的，可以让幼儿在这样的环境中获得能力的发展。

（二）"布贴画"活动区的材料提供

传统的布贴画需要的材料有铅笔、剪刀、胶水、白纸和纺织品的边角料。它的制作方法如下：

1. 构图：确定要表现的内容；
2. 草稿：把自己想要表现的事物、风景用笔在纸上画出；
3. 择布：根据自己的内容选择布料适合的颜色、质地；
4. 裁剪：用布料剪出构图中的内容；
5. 粘贴：进行远近、层次的粘贴；
6. 裱框：用精美的框把这幅布贴画裱起来。

我们分步骤分阶段带领幼儿进行"布贴画"的创作：

第一阶段：提供了一些现成的大图，比如小兔、小狗、大老虎等，以及孩子喜欢的风景：小花、大树、小草等。让孩子运用剪刀沿着线条剪下来，练习运用剪刀。

第二阶段：提供纸和笔，让孩子把自己想要表现的东西画出来。引导孩子大胆下笔，图画丰满、颜色搭配适宜。

第三阶段：提供多种颜色、多种材质的边角布。让孩子根据一幅画上的事物、景色选择适合的边角布。在多次练习和搭配后，孩子初步有了搭配颜色的能力。

第四阶段：提供成品图片、白纸、铅笔、剪刀、胶水、纺织品的边角布。在熟练运用剪刀的情况下，让孩子大胆创造，激发想象力和创造能力。

在这种循序渐进的过程中，孩子的绘画能力、运用剪刀的能力、审美能力、大胆配色和布置格局，以及耐力都得到了一定的提高。比如刚开始时孩子只能简单地绘画、裁剪、拼贴出一些简单的树、苹果等。画面单一,往往是一个苹果撑起了一整幅画。通过多次的欣赏、交流、搭配和练习。孩子发现原野山川、晨晖晚霞、春光秋艳、霓虹夜色、奇禽猛兽等复杂的变化比起单一的画面更加吸引人,更能令人赏心悦目。他们开始自己尝试用白绒毛布料裁剪出雪山,用蓝牛仔布料裁剪出湖水。通过远近摆放,拼贴出一幅雪山奇景。

(三)"布贴画"活动区的教师指导

在整个活动中,教师起到了引领和指导的作用。布贴画是运用纺织的边角布经过裁剪创作出以动物、花卉、风景等为题材的艺术品,激发了孩子们勤于动脑,大胆创造,热情描绘大自然,向往和平幸福生活的美好心灵和精神风貌。那么在布贴画的过程中,老师是如何起到了引领和指导的作用呢?

1. 寻找幼儿的最近发展区

随着幼儿年龄的增长,生活经验日益丰富,表达表现能力也不断提高。因此会出现不同的起点,同时老师需要深入了解幼儿实际发展水平,制定出适合幼儿发展的教育目标,不能过低,没有挑战会失去兴趣;也不能过高,无法达到也会失去兴趣;需要在低目标和高目标之间寻找到一个幼儿发展的最近区域,促进幼儿在最近发展区获得最大程度的发展。比如:在《动物大世界》主题下,孩子们在完成几次单幅的动物作品后,能根据老师的要求制作出一幅由几种动物组成并且动物形态多样的"动物园"主题作品。看上去这是偶然发生的,但其实是老师根据幼儿的实际发展水平,制定目标,循序渐进,通过多次练习得到的最近区域。

2. 营造有利于幼儿大胆创造的空间和条件

我们常说的大胆创造,其实就是创造性思维,它主要是求同思维和求异思维,而求异思维又是创造性思维的核心。为促进幼儿思考问题的流畅性,解决问题的变通性,探索问题的独特性,教师在活动中需要特别注重幼儿的求异思维的培养。

(1) 同一内容的多样性

教师在内容选定上,需要根据班中大部分幼儿的已有生活经验,以及年龄特点设定。比如:在第二学期春游过后的一周,老师就以布贴画《春天》为内容,让幼儿将自己在春游过程中的亲身感受通过布贴画的形式再现。孩子们创作出了《一起去郊游》《五颜六色的花朵》《我来种小树》等,这一内容的选择既能反映幼儿在这段时间对于"春天"的感受,又有一定的创造余地。

(2) 表达表现的多样性

布贴画以多样性的表现手法呈现,即任何一个对象都可以用不同的造型、不同的色彩、不同的构图来表现,促进了幼儿创造性思维的发展,使幼儿创作更有童趣,更有灵性,更富有个性。比如民间艺术"布老虎",在制作布老虎前,让幼儿观察了解“这个布老虎和我们平时看到的老虎有什么不一样”“它是怎么样的”等一系列激发幼儿充分发挥想象的问题，让幼儿思考，激发幼儿的观察力、想象力和语言表达能力。然后让每位幼儿回家和爸爸妈妈一起收集关于布老虎的图片，启发幼儿思考“布老虎有哪些颜色”“是怎么搭配的”“身上有什么图案”等，感受民间作品大胆、不拘一格的表现形式，了解对比色的装饰性、图案的对称性等特点。通过布老虎的动态，感受老虎勇猛威武的形态特征，使幼儿了解到每件作品背后的社会意义，提高审美活动的质量。

3.“补强法则”贯穿整个活动

美国加州大学的博士詹姆斯·多伯森对于“补强法则”做了这样的解释：当一个人的行为得到满意的结果时这种行为就会重复出现。语言补强可以成为促进人格发展的最有力的原动力。语言补强的巨大力量来自人们对外界有关评价自己高度敏感性和有效的反馈机制。人们的自尊感和价值感也多产生于这些评说者的无意信息。在整个布贴画的过程中运用“补强法则”具有一定的意义，也显得极为重要。它贯穿于整个活动的始终，能极大地保护幼儿的创作欲望，激发幼儿创作热情，树立自信，为造就独立健全的人格铺平道路。那么当幼儿创作完一张作品后，其心中的得意溢于言表，他希望与他人共同分享喜悦，也希望得到老师和同伴的认可和赞许。如在完成《布老虎》的作品后幼儿介绍自己的布老虎是怎样完成的，教师会提问布老虎的胡须比较细，不大好剪，可以用什么来替代。幼儿说“我们可以用毛线来代替”“也可以用扭扭棒”，此时教师对于他们的见解要及时肯定与表扬。在幼儿介绍自己作品的同时，提高了幼儿的价值判断水平和审美能力，讲评过程中引导其他孩子发现别人的长处，恰到好处地运用补强会收到意想不到的效果。但也不能一味地补强，一味补强反而会过犹不及，适得其反。因此，教师应具有敏锐的眼光和洞察力，正确地引导幼儿去感受美、经历美、创造美，真正发挥补强的价值。

（四）“布贴画”活动区的家长参与

我班幼儿家长的受教育程度普遍较高，因此比较关注幼儿在园的一日活动及保育工作。同时，家园之间能够有效沟通，有问题能够及时反馈、及时解决。家长也非常愿意配合班级传统文化的各项工作，积极参与，提供帮助。

比如我们开展亲子布贴画展会时，每位幼儿和家长都能积极参加，热情高涨。提供各种质地、各种颜色的边角布。活动当天，家长和孩子早早来园准备，摆材料、铺垫子等。经过一年的了解和锻炼，孩子清楚地知道从构图到裱框的顺序。当下，孩子是主角，父母则是帮忙打下手的。一只栩栩如生的老虎出现了，绚丽多彩的太空出现了，炫彩斑斓的海洋出现了。孩子的成长离不开家长的支持，一幅幅精美的布贴画，创意、漂亮，令人赞叹。同时，能看出孩子的想象力、创造力，充分发挥了亲子关系的作用。

三、总结与思考

1. 创意来源于生活

幼儿的艺术创作来源于他们生活经验的积累，我们在进行布贴画活动时一般会选择幼儿生活中比较熟悉的内容，这样更有利于发挥幼儿的创意。孩子们通过自己灵巧的双手，在剪剪贴贴中展示自己熟悉的生活，也积累了布贴画创作的经验。

2. 结合节日活动开展教学设计

传统文化是我们幼儿园的特色，在传统节日中尤其重视。利用这一契机，让幼儿用布贴画的形式来展示节日。比如中秋节，幼儿用布制作出美味的月饼，感受团圆；重阳节，幼儿用布制作出重阳糕，体验尊老爱老；国庆节，幼儿用布制作五星红旗，体验做一个中国人的自豪；春节来临，幼儿用布剪出美丽的鱼（年年有余）、鞭炮等，感受春节的热闹……

3. 鼓励幼儿自由地表现和大胆地想象

布贴画是民间传统的工艺，历史悠久，反映了美术的另一种形式。《纲要》艺术领域中指出：提供自由表现的机会，鼓励幼儿大胆地想象，运用不同的艺术形式表达自己的感受和体验。因此，在布贴画主题活动中，我们鼓励幼儿在每个不同的节日、不同的季节，用简单的布在剪剪贴贴中表现对生活细节的观察，展示各种形态与色彩的想象，利用各种契机开拓幼儿的观察力和动手能力，从而激发他们的想象力和创造力，并最终让布贴画——布文化中的“爱马仕”，散发出独特的魅力，让传统文化持续生根发芽。

从快乐，到成长

——中班幼儿开展木偶活动区初探

谈玮吟

木偶戏在日常生活中似乎是一个既熟悉又陌生的事物，人们总是提起这个词，却又鲜少真正了解过。其实木偶戏的起源非常悠久，是我国的传统艺术，在古代又称傀儡戏，是用木偶来表演故事的戏剧，表演时需要演员在幕后一边操纵木偶，一边演唱。木偶戏并不是只有常见的提线木偶一个种类，根据木偶形体和操纵技术的不同，有布袋木偶、提线木偶、杖头木偶、铁线木偶等。

中班幼儿的词汇量增加，喜欢与家人及同伴交流，语言发展已经达到一定的水平，但是表演的能力又有所欠缺，而木偶戏表演既能满足中班幼儿的表达欲，又能发展中班幼儿的表演能力。于是，根据中班幼儿的发展水平以及特点，本班教师设计了快乐木偶剧的传统文化活动区，活动区中的幼儿能体验"看—识—玩—演"这样一个丰富的活动过程：幼儿先看木偶剧的视频，了解木偶剧的形式，再操作木偶，和同伴表演一个完整的故事。基于这样的设计，我们在活动区中放置了木偶剧表演的视频、幼儿操作的木偶和小舞台等活动材料。由于中班幼儿对指偶、手偶、杖头木偶更为熟悉，操作起来更为方便，所以我们主要投放了以这三种木偶为主的材料。通过不同形式的木偶表演，幼儿乐意表达，既能提升幼儿的表达技能，也能让幼儿感受我国传统木偶剧的文化，体验在表演木偶剧过程中的乐趣。以下是木偶表演的活动实录。

实录一：

游戏开始一段时间后，活动区里还是静悄悄的，走进一看，原来是晓晓和彤彤还沉浸在我们提供的木偶表演视频中。这些视频已经投放了很久，但是这两位幼儿还停留在观看视频的阶段。于是，我决定介入。我问："呀！这里是木偶剧场吗？我好喜欢看木偶剧呀！今天有表演吗？我好想看表演呀！"两位幼儿看到有观众来看表演，感觉比较新奇，立马开始忙碌起来。彤彤问："老师，你想看什么表演呀！我们今天要表演龟兔赛跑！"晓晓立马接话："对！我表演乌龟！"两位幼儿就开始积极地准备起来，可是到游戏时间结束，他们的表演还没有正式进入状态，一会儿去布置舞台上的场景，一会儿又为了角色争吵，一会儿又为了故事的旁白犯愁……

思考：

这两名幼儿在班级所有幼儿中，语言能力相对较弱，尤其是彤彤的语言表达能力与其他的幼儿有很大的差别。这样语言能力发展较弱的幼儿在快乐木偶剧中，能够做的事情比较少，要让他们和其他幼儿一样把故事表演完，难度还是比较大的，尤其是当故事表演牵涉到有旁白的内容时，就更难表达完整了。

那么面对这样的幼儿，活动就没有办法进行了吗？教师应该如何调整传统活动区，让这些幼儿也参与到活动中去，锻炼语言能力呢？

实录二：

游戏开始了，幼儿都选择好了自己今天游戏的内容，糖糖和牛牛选择在木偶剧场进行游戏。两个人商量了一会儿，决定表演龟兔赛跑的故事。两个人先把场景准备好，开始讲故事。龟兔赛跑是手指偶的形式，两个人将自己的手指插入指偶中，就开始讲故事，但是牛牛讲故事的能力弱一些，糖糖经常说完了自己的台词要帮牛牛讲，导致乌龟、兔子还有旁白这些重要的台词都被糖糖讲完了，牛牛只能操作一些"配角"。最终牛牛的兴趣减弱，不想参与游戏，而糖糖一个人也没有办法继续表演。

思考：

幼儿对木偶剧表演的形式是比较熟悉的，可以将整个故事表演下来，但是对于一些讲故事的能力比较差的幼儿来说，既要完成故事表演，又要操作手上指偶，还要念故事旁白，协调这三件事的完成还是稍微有一些难度的，所以做不到的幼儿对游戏的兴趣就会慢慢变小。

面对这样的幼儿，如何维持他们对于游戏的兴趣，让他们在表演故事的过程中，熟悉手偶的操作，同时又能加深对故事的理解呢？

实录三：

活动进行了一段时间，我们将原本只是在活动区中播放的故事陆续地放到了集体教学活动中去，幼儿对于故事有了更深刻的印象。经过活动区探索和集体教学活动，幼儿基本都能很好地复述故事的内容，并且熟练掌握各个类型的手指偶操作。这天，幼儿在里面又玩起来了，牧牧、辰熙和静怡正在里面商量今天要表演哪个节目，其中一个建议玩"磨杵成针"，于是三名幼儿商量了一会儿，决定了谁是教师，谁是李白，谁是老奶奶，谁来说旁白，之后，表演开始了。静怡作为旁白，对故事的熟悉程度并没有牧牧好，语言能力也稍差一些，说着说着，老是会忘记台词，牧牧就在边上很着急地提示她：不对不对，不是这样说的。最终几个人磕磕绊绊地把故事表演完了。

思考：

这次表演虽然完成了，但是过程却并不顺利。首先，这个故事是用信封自制手偶的形式展示的，幼儿手上还要配合故事的内容做些动作。比如，老奶奶用双手拿着铁棒在石头上摩擦，这样的表演效果很好，但是对于故事的表演者来说，难度较大。今天的表演者牧牧很出色地完成了这样的任务，同时还指导了其他幼儿的表演，让整个表演能够顺利地进行下去。但是并不是每一个幼儿都有牧牧这样的能力，当幼儿的能力达不到这样的水平，活动又要怎样进行下去呢？

总结与反思：

我们班设计的传统文化活动区——木偶表演，对于中班的幼儿来说，正好是属于最近发展区的范畴，是幼儿能够跳一跳够到的目标。木偶表演需要幼儿自己嘴巴和手的配合，也需要几个幼儿的相互合作，能够帮助幼儿发展语言能力、手眼协调能力以及与同伴的沟通能力、交往能力。但是从游戏的情况来看，本班的木偶表演还是相对弱势的，需要教师及时地根据幼儿的游戏情况进行调整。

1. 为发展较慢的幼儿提供较少的旁白和相对简单的故事

对于此类幼儿来说，首先要做的就是让他们说起来、表演起来。因此可以提供一些更简单的故事，保证幼儿都能够挑选到自己能力范围内的故事。旁白对于幼儿来说应该是难度最大的一个部分了，那就加入旁白少而对话多的故事，让幼儿可以在对话中把故事基本讲完。不同难度故事的提供，使得无论哪个幼儿走进传统活动区，都能进行表演。

2. 提供更多与故事相关的道具

对于中班的幼儿来说，有操作的材料肯定能够更好地吸引幼儿的兴趣，也能够让幼儿在过程中更好地感受到玩的乐趣。比如在前面的实录中，牧牧小朋友用手偶做老奶奶拿着铁棒磨针时，幼儿都看得哈哈大笑。观众看得开心，表演的幼儿自然就开心，对活动的兴趣就更大。同样，在活动区中投放符合故事情节的道具，对故事情节的推动作用也更大。

3. 提高幼儿对故事的熟悉程度

对于幼儿最难掌握的旁白，其实很大程度上考验的是对故事的熟悉程度，因此教师要想各种办法提升幼儿对故事的熟悉程度，比如让幼儿多接触这个故事，或者在选择故事的时候直接让幼儿选择他们已经熟悉的并且喜欢的故事。

4. 加入幼儿可以操作的部分

如果故事全部都是教师设计的，那么对于幼儿来说，活动区的作用仅仅是表演，大大降低了幼儿活动的兴趣。因此，可以在活动区中加入幼儿操作的部分，比如，让幼儿选择自己感兴趣的故事以及木偶剧的表现形式，或者让幼儿自己做木偶，参与到木偶表演之前的准备工作中。这样一来，幼儿的兴趣和参与度便能大大提升。

传统文化活动区应当注重幼儿在传统的表现形式下，学到了什么、感受到了什么、发展了什么。当幼儿充满兴趣地参与到游戏中去，并且积极地制作游戏材料、参与活动区表演时，活动区的构建才能算是成功的。

教育生活化理念下的托班拓印活动实践

周　洁

摘　要： 陶行知主张社会即学校、生活即教育、教学做合一，他认为学习不仅仅是学习，更是一种生活实践活动。拓印活动作为一种重要的艺术创造实践活动，不仅是一种辅助幼儿学习和创新的方式，更是让幼儿不断进步和成长的情境体验，幼儿的拓印活动与实践动手两者之间的关系密不可分。教师将生活理念与拓印活动相结合，可以实现幼儿自由的操作和创造，表达自己的态度和想法。本文通过分析托班幼儿在具体实践活动中的表现，浅析生活化理念下的托班拓印实践活动中的各方面价值和意义，发现幼儿能尝试利用各种资源自主开展拓印活动来满足自己创作的需要和热情。

关键词： 生活化理念　拓印活动

一、幼儿园拓印活动性质、意义和价值

拓印活动是幼儿园艺术活动中的重要手段，它是指使用自己的身体部位或者自然界中多元化的材料，蘸红、黄、蓝等水粉颜料进行想象与创作的玩色游戏。拓印活动具有色彩鲜艳、图案多样，又易于操作的特点。幼儿拓印活动不仅可以满足托班幼儿自由创作的愿望，也能弥补他们作画技巧不足的短板。

拓印活动是幼儿表现自我的重要手段。无论是 2 岁还是 3 岁的幼儿，他们已经萌发了对社会的好奇。他们通常用自己喜欢的颜色来制作拓印作品表达自己的情绪感受，比如在心情好的时候他们制作的拓印作品就是一些比较积极的东西，可能是太阳、白云、花朵或者小鸟；如果幼儿心情不好的时候，拓印活动的作品就可能是一些比较消极的东西，比如一棵扭曲的大树，就连选择拓印的颜料都可能是一些颜色灰暗的色彩。拓印实践活动满足了幼儿们对色彩的好奇和敏感的需要，表达的是他们探索世界的积极兴趣。拓印是一种基于幼儿发展的活动，拓印的过程强调幼儿的主体参与，也就是让幼儿充分利用自己的双手进行自由创作，开展一些自己喜欢的操作活动，所以拓印活动是提升幼儿动手能力的重要方法。

幼儿园拓印活动能激活幼儿的创造力。幼儿创造力的特征主要表现在幼儿

思维的流畅性和广阔性，以及在思维的变通性和灵活性等方面。托班幼儿拓印活动中的幼儿创造力还表现于他们在创造过程中独特的发散思维，也就是形象独特性高度发展而抽象独特性比较薄弱。

幼儿园拓印活动能调动幼儿的自主性。自主性比较强的幼儿的特征主要有：有旺盛的求知欲、对未知领域有积极探索的主动性。在托班拓印活动过程中幼儿经常问："为什么""怎么做"。他们对环境有敏锐的洞察力，可以发现别人未注意的细节。幼儿还善于接受新鲜事物，比别人更早发现疑难问题并能清楚地把这些细节用作品表达出来。拓印活动可以促进幼儿思路的发展，使幼儿能举一反三，触类旁通。

二、托班拓印活动的生活化理念

（一）从幼儿身心发展规律来看

幼儿身心发展处于不平衡性时期，这个时期的幼儿的注意力集中时间较短，也很少能够集中到具体的某一件东西上，但是由于他们对世界充满了期待、对于色彩充满了好奇，所以他们对于这个丰富多彩的世界里那些色彩鲜明的事物会主动靠近。幼儿们一般都会在拓印实践活动中将自己的注意力完全集中在自己感兴趣的东西上，这段时间也是他们注意力高度集中的时候。教师可以利用拓印活动发展幼儿的想象力和创造力；拓印活动中的具体形象贴近幼儿生活中可得的物品，更有助于幼儿感知操作具体事物。

（二）托班开展拓印活动的可行性

由于托班幼儿的认知特点，他们创作的作品都是和自己的生活息息相关的，在拓印活动中，他们尝试构建更加贴近生活的拓印活动，我们应尊重幼儿们的创作意愿，不断地让幼儿去尝试各种各样的能激发潜能的东西。

幼儿们非常善于发现和思考，他们通过观察发现了春天到来的特点以及和其他季节的区别，幼儿试着用创意拓印实践活动来表现与春天相关的事物，用拓印活动演绎独具特色的春天。小花园里的一切都是孩子们的"有趣的植物印章"，比如绿色的柳树、红色的花儿、黑色的鹅卵石等。幼儿将这些春天里相关的日常事物创作到作品里展示自己心中别样的春天。幼儿自主思考、观察、创造、制作不同类型的拓印模具，能最大程度地发挥自己体验和感知的春天之美，通过制作色彩斑斓、图案多样的拓印材料表达自己对于春天色彩鲜艳的事物的喜爱。

三、托班拓印的生活化实践

（一）基于生活场景，激发拓印兴趣

《3～6岁儿童学习与发展指南》中指出："对于幼儿学习艺术来说，关键在于

是否有合适的创造条件以及机会，能够引导幼儿在大自然和社会中去亲身体验，感受其中的创造环境，这样才能让幼儿亲身体会到生活中的创造美以及发散思维进行无尽的想象，从而达到引导幼儿学会用心灵去感受美的存在。”踏青路上满眼春色，幼儿用拓印的方式把春天留存下来。在户外活动的时候幼儿看到了春天里的各种各样的场景，有绿色的植物、彩色的花朵。幼儿把自己在户外活动时喜欢的树叶收集起来，把各种各样掉在地面上的花瓣带回室内，他们将自己找到的树叶片和花瓣放在颜料里面蘸满颜色，然后就将这些涂满颜色的树叶片拓印在了白色的衣服表面，彩色的树叶印子在白色的短袖外面留下了春的印记，有绿色的、红色的、黄色的、紫色的……一件充满春天气息的彩色树叶印花短袖就制作完成了。接下来的活动里，他们又继续将剩下的花瓣背后涂上鲜艳的颜料，有粉色的、荧光色的、橙色的、蓝色的……待颜料铺满整片花瓣以后，他们就将花瓣放在帆布袋外面开始进行拓印，不一会儿就有各种彩色的花瓣形状印在白色的帆布袋子上了，一个漂亮可爱的袋子就制作完成了。幼儿们基于生活的场景，将满眼的春色用拓印活动的形式留在自己的生活中，既充满了童真又充满了乐趣。

（二）基于生活环境，选择拓印材料

幼儿年龄较小，注意力不稳定，生动形象、色彩鲜艳、形状怪异的事物容易捕捉幼儿的兴趣并进行创作。所以对于幼儿来说，作为拓印画的底板是没有固定限制的，大部分材料都是取材于生活之中，例如矿泉水瓶、叉子、海绵、棉签、吸管、扇子、贝壳、印章、硬币、钥匙、可乐瓶、啤酒盖、菜根和藕等。大部分拓印材料都是生活中常见的东西，并且因为幼儿们思维非常的活跃，他们总能够发现生活中常人所难以发现的拓印材料，比如幼儿在进行分工合作的时候就会想到把石头、蚂蚁、气球、牙刷、橡皮圈、糖果、勺子、筷子等这些奇怪的东西作为他们选择的拓印材料。幼儿用自己选择的拓印材料将作品制作完成后相互之间进行展示，然后得到老师或其他幼儿的称赞之后会变得非常开心，这会激发他们发现更多好玩有趣的拓印素材。

拓印活动中幼儿的注意力会朝着一些丰富多彩的材料去拓展。对于拓印活动中的托班幼儿来说，通过不断进行各种观察活动让他们更加熟悉和了解认知世界，让他们脑海里记住不同拓印素材带给他们的不同感受，培养他们的审美能力。在拓印过程中，幼儿相互欣赏彼此选择的拓印材料，交流各自的作品创作过程和灵感，也可以提高他们表达交流的能力，激发幼儿相互之间学习的兴趣。

（三）基于生活经验，寻找拓印内容

对于幼儿来说，拓印实践活动是丰富多彩的，是无限可能的；同样地，对于幼儿们来说，世界是千奇百怪、丰富多彩的。幼儿在家里面看到父母做饭时会切蔬菜，于是有了对蔬菜的认知。他们尝试着在拓印活动中用一些形状相近或者颜色类似的东西制作蔬菜拓印作品；幼儿们在幼儿园里看到了池塘里的小鱼，于是他们开始尝试在拓印实践活动中将池塘里的小鱼作为想要拓印的对象，幼儿会将长长的树叶拓印成鱼的身体，捡拾银杏树叶拓印成鱼的尾巴，小瓶盖拓印出圆圆的泡泡，努力地进行创作；幼儿们在生活中认知了水果和动物，并在户外活动的时候看到了鸟、七星瓢虫、云朵、毛毛虫等东西，于是脑海中很快就想到了要对这些东西进行拓印表达，他们知道这些事物是生活中的一部分，他们也会想着将这些东西作为自己拓印的内容。基于生活经验，寻找拓印内容。可以说幼儿拓印实践活动是在进行认知世界和探索世界的过程。

综上所述，我们可以发现生活化理念下的托班拓印实践活动不仅可以帮助幼儿爱上创作，而且还可以培养幼儿的动手操作能力，更重要的是可以通过实践活动让幼儿们的思想发生潜移默化的改变。这种形式多样化的拓印实践活动把光、形和色有机地结合在一起，展现出直观和生动的游戏情境，从而带给幼儿色彩的冲击，带给他们学习的乐趣。生活化理念下的托班拓印实践活动让幼儿体验到艺术审美带来的愉悦和快乐，给幼儿预留了一些思想创造空间，让幼儿形成了对形状、色彩、大小的认识。这个过程既满足了幼儿自我表现和创造的需要，又培养了他们彼此的创新精神。陶行知先生所说的生活化教育理念通过拓印活动得以体现，因为拓印活动尊重和满足了幼儿成长的个性化需求，激发了幼儿的无限可能。

中、大班幼儿剪纸活动的有效组织与实施

王顾艳

摘　要： 中、大班幼儿开展剪纸活动能够有效支持幼儿艺术领域的发展，让幼儿在折一折、画一画、剪一剪等过程中进一步发展艺术欣赏能力，不断提高动手能力，充分发挥创造能力。文章基于中大班幼儿连续三个学期开展的剪纸实践活动，从三个方面进行相关阐述：一是剪纸艺术与幼儿园教育；二是中、大班幼儿剪纸活动的内容设置；三是中、大班幼儿剪纸活动的实施策略。

关键词： 幼儿园　剪纸　中大班

一、剪纸艺术与幼儿园教育

幼儿教育重视传统文化的学习，《3～6岁儿童学习与发展指南》中提出："带幼儿观看或共同参与传统民间艺术和地方民俗文化活动，如皮影戏、剪纸和捏面人等。"其中，剪纸是中国最古老的民间艺术之一，融合了绘画造型、剪纸技艺、想象创造和作品欣赏等艺术形式和内容，是幼儿园美术教育的重要组成部分。陈鹤琴先生在《家庭教育》一书中写道："小孩子应有剪图的机会。"他认为剪图能让孩子养成独自消遣的好习惯，剪图还可以练习孩子的手劲。也就是说，剪纸可以培养幼儿的专注力，养成良好的行为习惯。剪纸还能发展幼儿的手部精细动作，促进幼儿手眼协调，提高幼儿的动手能力。

《幼儿园教育指导纲要》中指出："幼儿的创作过程和作品是他们表达自己的认识和情感的重要方式，应支持幼儿富有个性和创造性的表达。"剪纸的工具以剪刀为主，材料主要是纸，一把剪刀和一张纸就能剪出五花八门的图形，加之剪纸的形式繁多，有利于幼儿用自己喜欢的方式进行艺术表现活动，并通过剪纸作品大胆地表现自己的情感和体验，在这一方面与《纲要》的要求不谋而合，有助于促进幼儿创造性的提升。

这些理论依据为中、大班幼儿开展剪纸活动指明了方向，明确了教师在艺术活动中的作用主要在于激发幼儿感受美、表现美的情趣，丰富他们的审美经验，

使之体验自由表达和创造的快乐。中、大班幼儿在开展剪纸活动的过程中，不仅感受到了剪纸带来的视觉美感和创造乐趣，还能激发对我国民间艺术的兴趣，为传承传统文化打下基础。

二、中、大班幼儿剪纸活动的内容设置

（一）多样形式挖掘剪纸内容

剪纸作品的表现形式多样，分为单色剪纸、彩色剪纸和立体剪纸。不同表现形式的剪纸给教师提供了丰富的剪纸内容资源，且不同形式的剪纸运用了不同的技能，教师可以从中选取适宜幼儿发展水平的剪纸加以引导，从而促进幼儿剪纸技能技巧的发展和动手能力的提高。

1. 单色剪纸

根据中、大班幼儿的发展状况和需求，教师在剪纸活动的初始阶段选取了单色剪纸中的折叠剪纸。纸折叠后产生的重复图案，是剪纸技法中最基本的一种，体现了折叠技巧的精妙，同时也是单色剪纸采用的一种表现手法，并且随着折叠的次数和角度不同，产生的效果也不同，从而幼儿每次创作的作品也都是不同的，这样的表现手法能够最大程度地满足中、大班幼儿灵活运用与创造的技能需求。因此，教师在开展折叠剪纸活动的时候，给予幼儿大量的步骤图，包括：对称剪纸——蔬果、灯笼、鱼、荷花、古亭、娃娃；二方连续剪纸——树、花、蝴蝶；五角剪纸——以窗花为主。通过日积月累的积淀，这些内容和方法成为幼儿能日常熟练使用的剪纸技法。

2. 彩色剪纸

彩色剪纸中又分为点染剪纸和分色剪纸。点染剪纸是在白宣纸剪成的作品上进行点色为主的剪纸创作。点染时，幼儿会进行一个配色，原理如同水彩、水粉画调色，黄、蓝相混呈绿色，红蓝相融呈紫色，幼儿可以直观地感受色彩的变幻和染料之间相互晕染的视觉美感。分色剪纸是两种或两种以上单色剪纸的组合拼贴。在拼贴组合时，幼儿要注重颜色之间的搭配，使整个作品画面协调，不突兀。分色剪纸鲜丽明快，创造性极强，趣味性也很高，为幼儿的艺术领域发展提供了有效支持。

（二）多元材料激发探索欲望

皮亚杰提出“儿童的智慧源于材料”，儿童是在对材料的操作、感知过程中建构自己的认知结构的。材料不同、幼儿操作方法不同，幼儿在活动过程中所获得的知识经验也不同，由此可见材料在幼儿的活动中起着举足轻重的作用，因此教师在投放材料时需注意以下几点：

1. 提供多样化的操作材料

为激发和延续幼儿参与剪纸活动的兴趣，教师在活动过程中为幼儿提供了

丰富多样的材料。如：中班幼儿刚接触剪纸活动时，教师提供的是印有不同线条（直线、曲线、折线、螺旋线、波浪线）的 A4 纸，让幼儿通过练习剪基础线条打好剪纸的基本功。一段时间后，教师又提供了五颜六色的手工纸，幼儿可以按照自己的喜好选择颜色进行简单的图形剪纸。在开展“点染剪纸”活动的时候，教师提供了白色生宣纸，其材质不同于普通的手工纸，有个女孩子第一次拿到手后，拇指和食指捏着白宣纸轻轻地搓了搓，又马上拿起一旁的手工纸摸了摸，惊奇地跟伙伴说：“你摸摸看，这张白色的纸跟彩纸摸上去不一样哦！白色的纸摸上去软软的，有点不平。”《3～6 岁儿童学习与发展指南》中指出：“4～5 岁幼儿常常动手动脑探索物体和材料，并乐在其中。”幼儿开始关注纸张材质的不同，会通过触摸、鼻子闻等方式来探索和比较材料之间的不同，通过感知触摸不同材料激发对材料物理性状的感知，形成初步的认知经验，并激发好奇心与创作欲。当大班开展“做书签”活动时，教师提供塑封纸、红线、打孔机等新材料。面对新材料，幼儿自主探索材料的欲望愈发强烈。不同的材料激发了幼儿的好奇心，大家都想要一探究竟，迫不及待地想尝试用新材料剪纸。

2. 提供层次性的操作材料

教师在投放材料时，还要根据幼儿的个性差异，投放不同层次的操作材料，材料的投放要体现由浅入深、由易到难的要求，使材料“细化”并能够与幼儿的认知发展相吻合。正如基础剪纸活动中，教师投放不同线条的 A4 纸，还以颜色区分线条的粗细，绿色 A4 纸上的线条是粗的，粉色 A4 纸上的线条中等粗细，黄色 A4 纸上的线条就是细的，这样能力强的幼儿可以选择细线条剪，能力相对薄弱的幼儿可以选择粗线条练习。在各种形式的剪纸步骤图上教师也是花了心思制作有层次性的提示板，如：同样是剪花，教师提供了两种步骤图，一是对称剪花，二是二方连续剪花，其中对称剪更为简单，而二方连续剪有折叠的技能，稍显复杂。再如：同样是单色剪纸，针对中班幼儿，教师提供的折叠剪纸多以大块面的图形为主，如：圆形的苹果、三角形的鱼；大班幼儿则加入镂空等细节，使得作品更饱满、更立体、更具挑战性。此外，剪纸步骤图在中班投放的时候，多以插卡式为主，便于幼儿拿取自行摆弄探索；到了大班，步骤图不再是插卡式的而是加入了符号元素，帮助大班幼儿自主探索剪纸的步骤。

3. 及时调整操作材料

在活动中，教师要根据幼儿的实际发展水平及时调整活动材料，从而发展幼儿的探索、感知与操作能力。点染剪纸用到的染料是民间常用的染布颜料，又称“品色颜料”，在中班幼儿操作的过程中，教师发现品色颜料沾在手上、衣服上很难清洗。于是，教师用丙烯颜料代替品色颜料，幼儿同样能观察到色彩晕染的效果，不小心沾到身上清水一冲就能洗干净。可以看出，丙烯颜料是比较适合中班幼儿开展点染剪纸活动的材料。等到大班，幼儿动手能力更强了，再投放品色颜料不失为一个好方法。每进行一段时间的剪纸活动，幼儿的兴趣值呈现出正态分布的特点，为了激发幼儿的探索欲，教师投放了大图书，幼儿可以用剪纸的形式自己创编故事；投放“剪纸大赛”作品展示板、剪纸作品相框，以竞赛的方式激发幼儿的剪纸兴趣。通过材料的调整，可适应不同年龄的幼儿进行剪纸活动，也能满足幼儿的个性发展。

三、中、大班幼儿剪纸活动的实施策略

剪纸实践活动的开展也是一个与幼儿交流互动的过程，教师要在实践中总结经验，得出一套行之有效的实施方法。因此，教师应在剪纸活动中根据幼儿的年龄特征、生活经验和现有水平来创设与提供适宜的活动环境和操作材料，以满足不同年龄段幼儿对剪纸活动的需求，让每个幼儿都能快乐剪纸、欢乐成长。

（一）创设场景，链接生活

在开展中班剪纸活动前，教师进行了学情分析，在幼儿年龄特征的基础上做了一些前期调查，发现幼儿对剪纸处于未知的状态，零经验的基础让老师决定把教学主题聚焦在主题剪纸和节日剪纸上，再从幼儿的兴趣点和不同的剪纸形式出发，以幼儿的生活经验入手，打开幼儿的剪纸艺术大门，借此增强幼儿对艺术的欣赏力、审美力和创造力。

1. 主题背景下的剪纸活动

主题剪纸活动是指围绕《学习活动》中的某一主题，结合幼儿的剪纸技能，自主表现主题内容的一种表达方式。考虑到很多孩子没有接触过剪纸，教师在预设方案中决定先以幼儿园开展的主题活动入手，将剪纸活动与之有机结合，把幼儿陌生的、不熟悉的剪纸变成常见的、生活化的个别化学习活动，激发幼儿的兴趣并帮助幼儿各方面技能有所提升，如：中班开展《在动物园里》主题时，幼儿学习了关于鱼类的一些知识，对剪小鱼产生了极大的兴趣。有的孩子剪椭圆形的鱼，有的孩子则会剪三角形的鱼，可以看出幼儿对图形比较感兴趣，《3～6 岁儿童学习与发展指南》中指出：“4～5 岁幼儿能感知和发现几何图形的基本特征，并能进行分类。”可见，在剪纸活动中除了能满足幼儿美术领域的发展目标，数学领域的发展目标同样也能兼顾到。教师在幼儿中、大班期间选取了一些容易开展剪纸活动的主题，开展了不同的剪纸活动。在主题剪纸活动中，幼儿情绪愉悦表现出对剪纸活动极大的兴趣，经常主动在个别化学习活动甚至自由活动的时候自发地和伙伴坐在一起剪纸，主题下的剪纸活动让中大班幼儿的创造力、想象力得到充分发挥，在作品交流的过程中其语言能力和社会性也得到了进一步发展，从而促进幼儿全面协调发展。

2. 传统节日中的剪纸活动

《指南》中指出:“幼儿艺术领域学习的关键在于充分创造条件和机会,在大自然和社会文化生活中萌发对美的感受和体验,丰富其想象力和创造力,引导幼儿学会用心灵去感受和发现美,用自己的方式去表现和创造美。”我国有不少的传统节日,蕴含着丰厚的文化内涵。每年的传统节日,幼儿园都会组织幼儿开展丰富多样的庆祝活动。教师在一些重大的传统节日中融入了剪纸活动,如:春节开展剪窗花活动;元宵节开展剪灯笼活动;中秋节开展剪玉兔活动等。以传统节日为契机,努力创造条件用剪纸的艺术形式过节,不仅帮助幼儿多角度感受和体验民间艺术的美,还能提高幼儿的艺术审美能力。

3. 幼儿兴趣生成的剪纸活动

随着剪纸活动的持续开展,幼儿对剪纸的一些基本步骤和要求比较熟悉了,教师发现幼儿开始把自己感兴趣的东西用剪纸呈现出来,如:女孩子剪魔法棒,男孩子剪奥特曼,还有的孩子会剪花朵送给生日的妈妈等。《纲要》中提出:“善于发现幼儿感兴趣的事物、游戏和偶发事件中所隐含的教育价值,把握时机,积极引导。”当教师发现孩子的兴趣点后,会组织有需求的幼儿一起欣赏、交流自己的剪纸作品,每个幼儿都有自己独特的见解。通过兴趣生成的剪纸活动,加之教师的积极引导,幼儿更能自信地用自己的方式去表现和创造美。

(二) 感知欣赏,内化审美

各地的剪纸有其独特的艺术形式,形成了不同的剪纸派系,不同派系各有各的艺术价值,也独具审美功能。依据《评价指南》领域六:美感与表现——子领域1:感受与欣赏——2:感受多种多样的艺术形式和作品中,表现行为3:1.2.2(愿意参加美术、音乐、儿童文学等艺术欣赏活动,欣赏艺术作品时能产生相应的联想和情绪反应);表现行为5:1.2.1(喜欢参加艺术欣赏活动,能通过表情、动作、语言等表达自己对作品的理解)。由此,在开展剪纸活动的初期,即中班第一学期,教师把不同派系的名人剪纸作品作为激发幼儿剪纸兴趣的切入口,投放了不同流派名人剪纸作品的册子。当一个孩子发现这些册子的时候,喊来了更多的孩子来看,图片上的剪纸作品色彩鲜艳、内容别具一格,一下子吸引了孩子的目光:“这是凤凰!我在家里的书上看到过!”“这张图上有三原色——红、黄、蓝!”随着激烈的讨论,他们对剪纸的兴趣到达了最高点。中班一学年剪纸活动开展下来,幼儿的兴趣大大降低了,这时候在大班第一学期,教师又提供了各种剪纸工艺品,如:十二生肖剪纸彩色图集、剪纸团扇、书签、钥匙扣等,幼儿看到后发现剪纸工艺品是非常生活化的,原来剪纸作品是这么有用的,这就再次激发了幼儿剪纸的兴趣。两次剪纸艺术作品欣赏,增强了幼儿对剪纸艺术作品的体验和感知,调动了幼儿的审美情趣。

（三）自主探索，技艺模仿

在开展剪纸活动时，培养幼儿剪纸的方法和技能技巧可以说是至关重要的一步。《纲要》中指出："在支持、鼓励幼儿积极参加各种艺术活动并大胆表现的同时，帮助他们提高表现的技能和能力。"只有掌握了这些基本的剪纸要领，幼儿才能随心所欲地创作，也能有理有据地评价。

剪纸对于幼儿来说属于技巧要求非常强的活动，因此教师在综合分析了幼儿的现有经验、年龄特征及发展能力三方面后，采取多种形式由简到难，循序渐进地帮助幼儿逐步提升艺术欣赏能力和剪纸技能技巧。当幼儿掌握了一些基本的剪纸技能后，教师不必每次都用示范教学，可以通过组织幼儿学习看符号，引导幼儿学会解读图示，慢慢地放手让幼儿进行自主探索，有利于幼儿剪出更多新作品。因为中、大班幼儿的观察能力、动手能力、思考能力等都有较大的发展，用符号、简单的图画做记录也是这个年龄段幼儿的表现特征，加之幼儿对剪纸技巧已有初步的经验。需要注意的是：对于中班幼儿，教师不能完全放手，还是需要一步一步地引导幼儿探索，适宜地提供帮助。对于大班幼儿则可以完整地出示步骤图，让幼儿自主探索，幼儿之间也会互相讨论，以寻求最优的方法。

（四）自我表达，创作作品

考虑到之前开展的剪纸活动都是剪完作品就结束了，没有很好地融入生活中，教师思考采用新的形式把剪纸活动融入幼儿的生活，于是就有了"剪纸工艺品达人"和"剪纸大赛"这两个活动。

"剪纸工艺品达人"来源于剪纸艺术作品欣赏活动，当时教师发现幼儿对这些工艺品爱不释手，于是就组织幼儿进行了"做书签""剪纸团扇""剪纸花伞"等剪纸活动，通过这种创新的形式进一步挖掘幼儿剪纸的潜能，同时还能让幼儿体验到满满的成就感。一方面幼儿在活动中运用了自己学到的单色剪纸的方法和技能；另一方面由于作品需要放入特定的物品中也就是书签、团扇和伞中，相当于给幼儿的剪纸作品无形中加了一个框，幼儿在创作的时候需要充分考虑作品本身的大小，这对幼儿剪纸作品的塑形技能也提出了挑战。

大班幼儿随着年龄的增长和心理各方面的发展，有了自己的主见和想法，主动性水平明显提高，针对大班幼儿这一年龄特征，教师举行了"剪纸大赛"，以比赛的形式促使幼儿开动脑筋、发挥想象、运用所学技能创造独一无二的剪纸作品。从教师收到的最终成品来看，幼儿运用到了对称剪、二方连续剪、五角剪纸、分色剪纸等剪纸技能，体现出幼儿掌握了一定的剪纸方法和技能技巧，并能够灵活地运用。

以上三方面主要阐述了我在中、大班有效支持幼儿开展剪纸活动的方法。活动中，教师要多思考、善观察、勤动手，善于从生活中取材、注重剪纸方法和技能培养以及重视剪纸材料的投放。让幼儿在乐趣中提升动手能力、艺术欣赏能力、想象力和创造力等各方面能力，让剪纸这项民间艺术活动在幼儿园班级活动中绽放出智慧之花。小小一张纸，用好了就是帮助幼儿不断发展的有效工具。纵观整个剪纸活动的实施，是师幼共同学习、欣赏、传承传统文化的过程。剪纸活动丰富了幼儿对传统文化的认知，让幼儿感受到了质朴民风，孩子们喜爱剪纸也愿意传承和发扬剪纸艺术。

幼儿园开展青花瓷区域活动的策略

秦雯婷

习近平总书记曾指出，优秀传统文化是一个国家、一个民族传承和发展的根本，如果丢掉了，就割断了精神命脉。青花瓷以突出的历史风格和独特的艺术特色被誉为中国的“国瓷”，是中国文化的象征。它清丽、隽逸，千百年来不断向世人展现她迷人的风采。为了结合幼儿园“尚美”课程，让幼儿对中国的历史文化有更深一步的了解，本班尝试开展青花瓷区域活动，通过欣赏、探究、制作、展览等引导幼儿了解青花瓷的特点，激发幼儿进一步探究青花瓷的兴趣，并学习设计有关青花瓷元素的作品，感受青花瓷作品的艺术美。

一、青花瓷区域活动的内容设置

（一）课程的延伸拓展

“青花瓷”是“我是中国人”主题背景下的学习内容之一。在这一主题中，教师已进行了大量有关中国民俗、文化等方面的活动，而青花瓷对于幼儿来说既熟悉又陌生。熟悉是因为孩子们平时会看到或使用到一些青花瓷的器具。陌生是孩子们之前并没有对它们进行探究，因此孩子们对青花瓷充满了好奇和探究欲。

基于幼儿的这一兴趣爱好，教师们创设了青花瓷区域活动。结合幼儿在集体教学活动中的学习经验，在区域活动中进行了拓展和延伸，提升幼儿对青花艺术的认知经验，进一步感受青花文化的魅力。

（二）艺术的意蕴挖掘

青花瓷的意蕴是通过陶瓷艺术作品的内容与形式表现出来的。青花瓷意蕴美能够成功地展现出来主要取决于创作者自身的审美意识和对陶瓷工艺性能的把握运用。创作者通过青花这一形式载体，表达出自己的审美、情趣等，通过情景交融，使得陶瓷艺术作品达到自然天成的意蕴美的境界。

1. 选取自然之景，寄予作者之情

在创作青花瓷时，需要创作者从创作构思、创作体验、创作传达三个方面来完成。创作构思是十分复杂的，需要创作者对创作内容有具体的观察、思考，再加入创作者的想象，最终呈现出一幅情景交融的画面。当代青花瓷的意蕴之美是创作者的情感与思想相结合的产物。青花瓷花纹中的景虽然是自然之“景”，

但它更是一种艺术的语言，是情感的一种表达方式，是创造者通过思考和想象创作出的"情中景"。这一"景中情"成就了青花瓷独特的意蕴之美，唤起欣赏者情感上的共鸣，表达出一种只能意会不能言传的境界。

2. 使用蓝白二色，表现独特意蕴

青花瓷的色调以蓝白二色为主，也是表现青花独特意蕴之美的方式。青花瓷的蓝不是简单的蓝，它有浓有淡，有粗有细，有深有浅，在创作过程中会有无穷的变化。青花瓷的白也不是单纯的白，它白得纯净、白得奢华。蓝白是自然的颜色，将蓝色的花纹渗透于洁白无瑕的釉面之中，给人一种特别的艺术感受，赋予了蓝白二色互相衬托而形成的一种新的美，赋予了青花瓷器动人的东方韵味。

二、青花瓷区域活动的策略探究

（一）感知欣赏

1. 创设有效区域环境，激发幼儿探索欲望

环境、教师、孩子，这三个方面是构成蒙台梭利教育的三大要素。环境是教育的第一要素，环境就像是会运动的生命体，时刻影响着教育的效果，环境是素质教育中不容忽视的"隐形课程"，环境的创设在开发幼儿智力、促进幼儿个性发展等方面具有重要的教育作用。环境是隐形的教育元素，它对幼儿的认知发展起到了潜移默化的作用。为此，在创设青花瓷区域活动中，教师在环境创设上进行了缜密的思考。

(1) 创设蓝白环境，优化青花艺术氛围

在布置区域环境的过程中，教师精心选择了一些比较典型的青花瓷器供幼儿欣赏，促进幼儿更深层次地认识和理解青花瓷所蕴含的民族文化内涵。区域环境的主色调也以蓝色和白色为主，如桌子上铺上蓝印花布，以及用蓝印花布制作的围裙、头巾等。墙上装饰的边框也以蓝色青花纹样为主。同时收集各种材料，如纸扇、纸伞、纸盘、瓶子等，用白色的丙烯颜料和蓝色记号笔，勾画出与青花瓷相似的基本纹样，并作为装饰品展示。幼儿在环境中潜移默化地感受青花瓷的独特魅力，激发对青花瓷这一民间艺术的兴趣，在与环境的互动中获得创作青花瓷的"支架"。

(2) 开展家园合作，丰富青花认知经验

在幼儿生活阶段，幼儿园、家庭是其最主要的两个生活场所。在这种生活背景下，家庭与幼儿园之间的合作，能够实现家庭教育与幼儿园教育力量的有效凝结。深入开展青花瓷区域活动，离不开家园合作。教师组织家长们利用周末或节假日的时间，带领幼儿参观博物馆、瓷器展，通过网上查询等多种方式，收集各种与青花瓷相关的资料。同时通过开展亲子小报制作活动，引导家长带领幼儿

认识青花瓷的由来、不同时期青花瓷的种类和特点等，让孩子将制作的小报带到班级中进行展示、分享和交流。这些丰富的前期经验，为后面开展青花瓷区域活动打下了扎实的基础。

2. 创设自主创作环境，提升幼儿想象创造力

(1) 随心所欲作画，激发幼儿自主创意

在青花瓷创作活动中，教师要赋予幼儿自由、自主的发展，为幼儿营造宽松、融洽、被肯定的心理环境，幼儿可以按照自己的想法和意愿自主创作。每个孩子都有独特的地方，通过随心所欲、自由自在地创作绘画，能让孩子的创意最大程度地表现出来。如有的幼儿对花鸟比较感兴趣，他们会通过绘画花鸟纹，创作出栩栩如生的花鸟瓷盘；有的孩子喜欢小动物，他们会将动物的神情、姿态展现得淋漓尽致。也正因为创设了这样一种宽松、自由的环境，孩子们对青花瓷区域活动的参与度日渐高涨。

(2) 结合故事情境，丰富绘画创作主题

幼儿园的孩子天真、可爱、想象力丰富，他们非常喜欢自编自画，尤其喜欢把自己编入故事情节之中，时常在自己的故事里忘乎所以，不亦乐乎。利用幼儿的这一身心特点，教师有意识地结合故事内容开展青花瓷绘画活动。教师会要求孩子们在开展绘画活动之前进行一个编故事比赛，孩子们通过丰富的想象力创编婉转曲折的故事情节，在孩子们胸有故事的基础上再进行绘画，能力强的孩子能够将每一段故事情节绘画在一个纸盘上，最后将这些盘子整合为一套，颇有创意。

(3) 巧用园本诗词，提升青花作品韵味

青花瓷有着浓厚的历史文化和精湛高深的绘画艺术，孩子们虽然喜欢青花的美，但是让幼儿表现与创造还是存在一定的困难。因此教师根据绘画的特点，把青花瓷进行了分类，分为人物故事、山水风景、吉祥写意、龙图腾等系列，并讲解相关图纹中所蕴含的美好寓意，如：牡丹图象征着花开富贵，莲子荷花图象征着多子多福，鲤鱼吉祥图象征着年年有余等。同时，结合幼儿园传统古诗文的特色课程，让幼儿借助诗画的翅膀，在了解青花绘画技巧的同时，自由表现，大胆创作古诗词的意境。让诗画形象与青花图案巧妙结合，为幼儿绘画创造提供了丰富的源泉。

（二）深入探究

1. 基于幼儿生活经验，提供适宜操作的材料

生活源于艺术，艺术源于生活。在任何学习活动中，只有贴近孩子的实际生活，才能引起孩子探索和学习的兴趣，在青花瓷区域活动中也是如此。在活动开展前，教师可利用《青花瓷》这一首具有中国风的流行音乐，让孩子在优美、婉转、

典雅的音乐声中去体会国粹艺术。为了让孩子更加近距离地欣赏、了解青花瓷，在材料投放初期，教师与孩子们共同讨论他们了解的瓷器有哪些？分别有哪些用途？逐渐引导到青花瓷是最具代表性的瓷器之一。那么哪些瓷器上有青花花纹呢？进一步的提问打开了孩子们思维，盘子、瓷碗、伞面、青花配饰等都逐渐出现在了孩子们的认知中。根据幼儿这些生活认知经验，教师提供了相关的材料，孩子们在操作过程中也非常感兴趣。

2. 材料种类丰富开放，创作形式自由发挥

在材料的种类上，教师提供了符合大班幼儿年龄特点的材料。如颜料、棉签、记号笔、毛笔、树枝、彩纸等。幼儿会根据自己的能力和兴趣爱好自主选择材料进行个性创作。如有的幼儿会选择用记号笔在平面花瓶轮廓上绘画青花图案，然后将黏土做的梅花粘贴在树枝上，最后插入花瓶中，呈现出一幅惟妙惟肖的半立体"瓶中梅"作品。又如有的幼儿选择颜料、棉签和毛笔这些材料，结合已有的对称经验，尝试绘画云肩，拓展了幼儿绘画的内容，提升了绘画技能。

3. 平面与立体相结合，分层次阶梯式呈现

虽然教师在区域中提供了丰富的材料，但在材料的呈现形式上，还需要根据幼儿的发展水平循序渐进地投放材料。在活动开展初期，教师尝试着让幼儿用不同质地的颜料在不同材料上进行创作，在前期的尝试中，总结积累经验，选取好的方式方法进行进一步运用，然后再结合实际不断总结探索。如活动前期，教师提供了一次性纸盘、纸扇、花瓶和旗袍轮廓做底，平面的材料易于幼儿绘画和操作，在幼儿熟悉并掌握了基本的绘画技能后，教师尝试着提供一些立体材料，如各种瓶瓶罐罐、纸碗、花盆等，用刷上白色或者蓝色颜料作底，作为后期绘画创作的基础材料。幼儿可以在活动中，选取自己喜欢的材料进行创作，从材料收集到绘画创作选择，都有效地锻炼幼儿的动手能力。

（三）自主表达

1. 重视幼儿前期经验，指引实践创作方向

青花瓷作品在日常生活中其实并不少见，比如说吃饭用的青花碗、插花用的青花瓷瓶、印有青花元素的服装等，都是孩子能够看得到的青花元素载体。因此，在幼儿自主创作之前，教师通过环境创设中的图片展示，引导幼儿仔细观察传统青花瓷的纹样和装饰特点，并将其与生活中的青花瓷花瓶、青花瓷碗、青花瓷盘等实物进行对比、讨论，让幼儿"有章可循"，在动手实践前有基本的创作方向。

2. 基于幼儿绘画技能，操作内容层层递进

在幼儿学习绘画青花瓷花纹过程中，教师先让幼儿欣赏关于青花瓷瓶的图片、实物，观察青花瓷瓶的造型及纹样特点、颜色，与幼儿一同讨论纹样的寓意

等，并让幼儿说一说青花来历的小故事，在这个讨论讲述的过程中所积累的经验，为幼儿顺利进行青花瓷创作打好基础。在欣赏青花图案的造型美之后，教师启发幼儿迁移原有线描画中连续图案的经验，在各种旗袍服饰形状的底板上尝试添画青花的图案和进行纹样装饰。然后在一次性纸盘上创作青花瓷盘。在指导过程中，教师引导幼儿尝试用合适的花纹、深浅不同的蓝色，绘制青花纸盘，进一步感受青花瓷的美。最后，尝试对立体瓷瓶的设计与装饰。在设计装饰青花瓷瓶时，重点要关注的是花纹的装饰部位，如瓶口、瓶颈、瓶身等处的花纹，同时还有引导幼儿观察各部位花纹的主要特点和排列规律，为幼儿的创作积累经验。由于幼儿有了圆盘及花边纹样的装饰经验，所以在花瓶的装饰中也能较好地迁移经验。同时，为了让幼儿能更深入地了解青花纹样和种类，教师还让幼儿在纸伞、挂件、勺子等物品上进行创作，难度的提升更好地激发了幼儿的创作热情，感受别样的创作体验。

（四）作品呈现

1. 开展青花瓷展览馆，寻找作品的闪光点

对幼儿来讲，绘画作品的创作本身是一种自我表达的方式，每个幼儿都希望通过作品展示自我、张扬个性、增强自信。在青花瓷这个区域中，教师与孩子共同商量，以青花瓷展览馆的方式呈现和展示幼儿的作品。在摆放形式上，把瓶瓶罐罐等易碎的作品放到较高处的展示板上，平面的作品贴在比较下面的墙面上。对于纸伞、纸碗等立体的作品则呈现在柜面上，便于幼儿欣赏和探究。同时在展览馆的空旷之处教师们创设了茶憩的情境，古色古香的圆桌上铺着蓝印花布，桌面上摆放着幼儿绘画的青花瓷茶具。孩子们通过参观这样一个展览馆，互相欣赏作品，寻找每一件作品的独特艺术魅力。

2. 青花作品拍卖活动，增强幼儿创作兴趣

幼儿作品的呈现形式可以多种多样，除了通过开设展览馆的形式展示幼儿的作品，教师还举办了青花瓷作品的拍卖活动。由于幼儿缺乏拍卖活动的经验，教师通过大量的视频观摩，初步了解拍卖的规则和流程。基于这些经验基础，拍卖活动开始了，在一次次的拍卖过程中，孩子们学会欣赏，懂得优胜劣汰，学习他人作品中的亮点，总结自己作品中的缺点，为幼儿进一步创作激发了创造的灵感和火花。

3. 青花服饰表演秀，感受行走的青花艺术

作品的呈现形式可以是静态的，也可以是动态的。对于幼儿创作的一些具有青花元素的服饰，教师们结合表演区域开展了以“青花服饰表演秀”为主题的走秀活动。孩子们穿上自己绘画的旗袍、头巾、围裙、云肩、围巾等服饰进行走秀。穿旗袍的孩子还给自己加了一点配饰，有的撑着一把青花纹纸伞抑或是拿

着一把青花纹纸扇，宛如一个温文尔雅的江南女子。有的孩子穿上汉服戴上自己绘画的青花纹云肩，犹如一个富贵人家的小姐。这样的走秀活动，让孩子们看到了青花花纹多种多样，表现形式丰富多彩，同时也一进步体现区域整合性原则，全方位提升了幼儿的游戏经验。

总之，青花瓷区域活动对幼儿的思维想象、审美能力的培养和动手能力的发展都具有非常重要的作用，教师应注重青花瓷区域活动的实践，通过多元策略，促进幼儿的发展。

幼儿园传统美术活动区阶梯式推进的策略

严美俊

摘　要：我园美术活动的开展有一定的实践基础。例如将传统文化与美术活动相结合等。本文从大、中、小班儿童的年龄特征入手，探讨幼儿园传统美术活动区的年龄适应性实践，将拓印、版画和国画循序渐进地应用到小、中、大班的教学中，满足了不同发展水平幼儿的美术表达愿望和需求，促进了幼儿对民族传统文化的自豪感和认同感。

关键词：传统文化　幼儿美术活动　年龄适应

每位幼儿心里都有一颗美的种子，而我们教师需要做的就是为这颗种子提供阳光与雨露，让其茁壮成长。《指南》中指出："幼儿艺术领域学习的关键在于充分创造条件和机会，在大自然和社会文化生活中萌发幼儿对于美的感受和体验，丰富其想象力和创造力。引导幼儿学会用心灵去感受美和发现美，用自己的方式去表现和创造美。"

幼儿在美术表现上一般会表现出三个明显的阶段性特征，依次是：涂鸦期、象征期和形象期。"涂鸦期"的幼儿画虽然不能画出具体形象的主体物，但已有了明显表达的意愿，看似随意的涂画实则是幼儿希望凭借绘画与别人交流思想的意图；"象征期"的幼儿最主要的特点是简化但是缺乏细节的描绘，他们会用一些象征符号（方形、圆形、三角形等）去表现对象的特征，随着幼儿认识的提高，画中的细节也逐渐增多、形象也逐渐复杂；"形象期"的幼儿思维中的形象性仍占主要地位，但他们在知觉现实的同时，也加入了自己的想象及主观感受。在想象的同时，按照自己熟悉的经历作画，凭记忆把所见事物加以概括和重新组合形式的表现出来。

依据这三个阶段性特征，制定了不同年龄段传统美术活动的主题：小班以拓印为主，中班以版画为主，大班以国画为主。这三个阶段是一个感受传统作画材料、激发兴趣；到学习传统作画方法、动手实践；再到画面整体表达、创造表现的一个循序渐进的过程。

一、各年龄段传统美术活动的定位与价值

我园作为一所以传统文化为特色的幼儿园，以“崇善尚美、和乐自信”为办园理念，因而我将幼儿尚美区域内的艺术欣赏和表现方式自然也靠向了传统，发展传统美术不仅能够增强幼儿对本民族文化的认同感，更能激发幼儿的民族自豪感。在此基础上，我们在班内开设了尚美区，意图开辟一块专门的以传统美术表现区域供幼儿感受与实践。由于幼儿的年龄段不同，尚美区内传统美术活动的定位也是存有差异的，具体体现在以下三个方面：

（一）小班拓印，体验激趣

对于小班幼儿而言，刚来到幼儿园一切都是新奇陌生的，手部的小肌肉发育也没有那么完善，相对来说在这个年龄段进行艺术表现的方法是以体验为主，技法的要求相对较低，这一阶段的幼儿在绘画、构造的活动中，愿意尝试各种新材料、表达熟悉物体的粗略特征，从涂鸦期进入了一个象征期。

因而我把此年龄段的尚美活动区的主题定在了拓印。拓印原本指复制文字的方法，拓印石碑的书法文字或者是一些青铜器上的纹样等，而在幼儿园美术活动中，拓印活动则是运用多种材料蘸取各种颜料进行想象与创作的玩色游戏之一，其图案纹样神奇多变，色泽鲜艳明快，能调动幼儿的好奇心、求知欲，激发幼儿对美术的兴趣，又易于操作，因此深受小班幼儿的喜爱。在以拓印为主题的尚美活动区中，我选择的是中国画颜料以及宣纸进行拓印表现，让幼儿对国画材料先有一个初步的实际感受，为后续的传统绘画做一个经验铺垫，并发展其想象力和创造力，获得传统艺术美的享受、传统艺术美的教育，进而陶冶幼儿的情操。

（二）中班版画，形的表达

升入中班，幼儿不仅积累了对颜色的认识与感受、拓印的实践经验等，还对于美术的画面表达积累了一定的经验。随着幼儿知识、经验的增长，手部运动机能的发展和形象经验的增加，他们开始喜欢表达自己所想的内容。

在此基础之上，中班开展了以版画为主题的尚美区活动。传统的版画制版分为凹、凸两类，版种具体有木刻、铜刻、石刻、砖刻及实物制版等，而我选择吹塑板作为版画创作材料。首先它集绘画、手工制作于一体，其灵活的构图可以提高幼儿的动手能力、设计能力和创造能力，并且具有很大的创作空间，正适合满足幼儿猜想、探究、模仿、尝试和创造的天性；其次吹塑纸质地较软，用铅笔用力在吹塑纸上划过，其表面即可留下大小宽窄不同的点、线，从而制作出丰富多彩的版画效果，国画颜料代替油墨便于幼儿独立操作及活动后的清洗；并且宣纸有独特的渗透性，更能凸显出画面的形和色彩的表现。在这样的活动中可启发幼儿

彰显个性，让幼儿尽可能地利用和开发各种材料的特性，创作不同制版效果的作品；让幼儿在体验中感受快乐，在实践和拓展中发展想象力和创造能力，进而增强幼儿对中国丰厚的民族文化的认知和情感。

（三）大班国画，技法表现

大班幼儿处于幼儿时期发展的最高阶段，幼儿自我意识开始发展，而国画在快速发展的现代生活中具有浸润幼儿艺术心田的作用；在激烈的社会竞争中，国画恬静淡雅的艺术风格能帮助人们沉淀自我；国画回归自然天性能够促进幼儿真正在恬淡的艺术风格中释放自我。幼儿在墨香中感受传统的味道、在宣纸上表达自己内心的感受、用五彩的国画颜料绘出幼儿的活力与童趣。

国画是我国传统艺术的重要表现形式，历史悠久，风格独特，名家名作辈出，具有很高的艺术欣赏价值。接触国画可以培养孩子的气质，陶冶情操，激发幼儿爱祖国的情感。在水墨画中，让幼儿大胆地尝试运用毛笔、墨汁、国画颜料，运用简单易学的作画技能，自主地画画，将自然界中的美通过水墨画作品表现出来。在水墨画活动中幼儿是自由的，心情是轻松愉快的，有利于思维的想象发展。孩子们在水墨画活动中会自然地将心里美好的情感流露出来，从而产生自然、诚实、大胆、直率、稚拙的特点，在表现过程中萌发美感和创造力。所以，学习水墨画会让孩子学会一种更高层次的艺术思维方式和表达。

二、各年龄段传统美术活动的感知与经验铺垫

小班幼儿年龄较小，对生动形象、色彩鲜艳的事物和形象感兴趣，但他们的观察带有很大的随意性，处于直觉行动思维阶段。中班幼儿渐渐能够根据事物的表象进行思维，过渡到具体形象思维。大班幼儿则慢慢进入了抽象逻辑思维，逐渐尝试借助于概念、判断和推理解决问题，创造力开始萌发。正因为各年龄段思维方式的不同，幼儿对于传统美术活动的感知和经验铺垫方式也存有差异，具体体现在以下几个方面：

（一）小班拓印的认知与尝试

1. 拓印的认知

教师应提供各种拓印的磨具、图片、视频，让幼儿通过观看拓印视频和教师实际操作了解什么是拓印，通过观看视频知道拓印是如何操作表现的，可以产生哪些画面效果。

2. 欣赏拓印作品

教师给幼儿提供各种拓印作品图片，例如传统的拓印作品以及现代幼儿的改良创意拓印作品，并引导幼儿去观察图片上有什么好看的图案，猜想这些图案是怎么印出来的，通过欣赏各种拓印作品的色彩美，萌发幼儿对拓印的兴趣。

3. 认识拓印工具

教师应提供各种拓印工具实物与图片，引导幼儿认识一些常用的拓印工具，让幼儿知道工具的一些基本用途，并提供机会让幼儿动手尝试去摆弄这些工具，熟悉这些工具的使用方法。

（二）中班版画的实践与表现

1. 认识版画

教师给幼儿提供各种版画所需的工具、图片、视频，让幼儿通过观看视频和教师实际操作了解什么是版画，并通过观看视频和图片让幼儿知道版画可以呈现哪些画面效果。

2. 欣赏作品

教师通过提供各种版画作品图片来引导幼儿观察图片上有什么以及好看的图案是怎么制作表现出来的，引导幼儿通过欣赏各种版画作品的色彩美，萌发对版画的兴趣。

3. 介绍版画工具

教师在提供各种工具实物以及图片，制作工具如吹塑板、铅笔、复写纸、底稿、国画颜料、橡胶磙（可用橡皮管、木棒等自制）、宣纸、毛笔等的基础上引导幼儿认识常用的版画工具，知道工具的一些基本用法。

（三）大班国画的理解与技法

1. 大师的画

教师在调研的基础上提供国画《梅》《兰》《竹》《菊》和国画故事《齐白石画虾》《胸有成竹》《徐悲鸿画马》作品图片，带领幼儿欣赏《梅》《兰》《竹》《菊》等国画作品，并提供图书、视频资料等与国画相关的故事，让幼儿对国画有初步的认知。

2. 认识工具

教师给幼儿提供各种毛笔、宣纸、毛毡、笔洗、笔筒、笔架、印盒等水墨画所需材料的实物与图，并引导幼儿认识各种画水墨画的材料与工具，使幼儿能正确叫出其名称。幼儿通过摆弄、熟悉这些材料与工具，懂得爱护瓷器用品和笔架等。

3. 学会执笔

教师提供大毛笔一支和握笔姿势、笔法及墨法的图式。幼儿通过看图示并在教师的解说下，认识毛笔的笔尖、笔肚和笔根，并通过图示知道正确握毛笔的方法，尝试拿大毛笔正确握笔。最后在掌握正确握笔方法的基础上通过看图示了解不同笔法：中锋、侧锋、逆锋，并用清水尝试这几种笔法。

三、各年龄段传统美术活动的实践方法与过程

小班幼儿的手指小肌肉群还未发育成熟，有些动作还不够灵活；中班幼儿则

初步掌握了粗动作和一些精细动作；到了大班幼儿的精细动作的准确性更高，有一定的整合性和灵活性。所以不同时期幼儿的手部动作发展也决定着传统美术活动在各个年龄段的实践方式与方法的差异，具体体现在以下几个方面：

（一）拓印，感受尝试

1. 初期我选择的拓印工具是蔬菜。呈现的素材以幼儿生活中常见的蔬菜为主，因为蔬菜具有易抓握和方便拓印创作的特点，并贴近幼儿实际生活以及其现有经验，能够激发幼儿兴趣从而让幼儿更好地参与到活动中去。

在确定好了拓印素材后，我们以家园合作的方式收集蔬菜。蔬菜拓印是以蔬菜的横截面为拓印工具，教师为幼儿提供多种颜色的国画颜料，将其拓印在宣纸之上。在这个阶段以幼儿随意的拓印方式为主，让幼儿去感受不同蔬菜拓印的画面、颜料和宣纸之间的关系。幼儿很喜欢这类自由拓印。青菜拓印出的玫瑰花、秋葵拓印出的小星星、茄子拓印出的小太阳等等都让幼儿觉得十分有趣。

2. 中期我选择的拓印工具是各种树叶。在饭后散步的时候，我和小朋友共同收集各种各样形状的树叶，有椭圆形的橡皮树叶，有心形的紫荆树叶，有掌形的八角金盘，有扇形的银杏树叶，有披针形的竹叶等……相对于蔬菜的便于抓握，树叶就显得有点挑战难度了，蘸取颜料的时候只能握住树叶根部的小柄，拓印的时候需要用小手掌按压一下，这样才能清晰地拓印出树叶的叶脉走向。在实际拓印的过程中，小朋友也发现了，其与蔬菜拓印单一的表现效果的不同之处在于：树叶的两个面拓印出来的效果是不一样的，正面主要能拓印出树叶的形状并且容易蘸上颜色，反之背面主要能拓印出树叶的叶脉走向，蘸取颜色的时候不容易蘸上。

3. 后期我选择的拓印工具是各种按压式的、滚轮式的、扫把式的等现成工具。在前面两个阶段的实践操作基础上，幼儿已经熟练掌握了蘸取颜料、按压拓印的方法，并感受了国画颜料和宣纸的画面表现效果。在此基础上，我们提供了新的拓印工具：需要滚动、平扫的拓印工具。新的工具不仅丰富了画面的表现力，还开拓了幼儿创作的思路、锻炼了幼儿的手部动作，在增加画面表现技法的同时，幼儿拓印画面创作进行了一个提升。在这一阶段幼儿拓印的动作越发熟练，自信心得到了更大的满足，幼儿选择自己喜欢的拓印工具及颜色，进行自由拓印创作，最后的画面表现力也较之前丰富了不少。

（二）版画的实践操作

1. 画稿

中班幼儿手部动作发展呈现从无法很好地控制到逐步提高手指动作的力度的特点，并且刚开始进行版画实践创作的时候，由于幼儿对材料特性没有一个很好的熟悉，画稿都是幼儿自己绘制的一些简单的画面，因而我也提供了一些现成的底稿(动物简笔画，植物简笔画，线条清晰方便的印画以及刻板)。自己设计底稿有困难的幼儿，可以选择自己喜欢的现成的底稿，这样不仅满足了不同发展幼儿的需求，也让幼儿对画面中的各种形状的表现有一个初步尝试和了解。

2. 刻板

发展能力较高的幼儿将画好的稿子用水彩笔画在吹塑纸上，画得不满意的地方，可以用湿布轻轻擦去；选择现成底稿的幼儿则需要使用复写纸将画面印画在吹塑板上，画好后用铅笔(或者竹签笔)用力刻画，由于吹塑纸质地较软，铅笔画后成凹痕，线条密集的地方，用力凹下去形成凹块，在画面中表现出的就是亮面，而未凹进去的区域则是暗面。

3. 印制

幼儿用胶磙将国画颜料在平板上来回滚动，使胶磙表面均匀受墨(颜料中不能加水太多，要有一定的黏稠度)，磙在刻好的板子上(根据需要，可随意调整各种颜色)，使吹塑纸版画上均匀受色(吹塑纸上的色不能太少)，然后用宣纸覆盖在吹塑纸上，稍用力压印，完成作业。除此之外还有一种印制方法：用毛笔调国画颜料填在吹塑纸上，然后将事先做了底色的图画纸压印在吹塑纸上，填一种色印一种色，逐一将画印完。

4. 尝试版画表现

艺术起源于游戏，而这版画的制作，从行为学上的确可以定位为游戏。幼儿天性就喜欢做游戏，但必须源于兴趣。喜欢堆砌泥房的小手，将来很可能是建筑师的手；爱到处涂抹的小手，在将来就可能握上画笔。在启动了幼儿刻画的兴趣后，就要将他们引导进入版画的制作快乐之中，这当然应当从最简单的单色版画做起。

前期进行的是单色版画的尝试与表现，版画相对底稿的画面绘制以及上色相对来说比较容易些，这一阶段幼儿主要是进行一些动物主题的版画制作，小动物活泼可爱的外形比较受小朋友喜爱，并且小朋友们都有去动物园的经验，那么对于动物外形和特征都有一定的经验，这样也为整体画面中对动物形的绘制有一定的帮助。

后期进行的是多色版画的尝试与表现，从单色到双色再多的画面尝试与实践，不仅是幼儿对画面主题绘制日渐发展的过程，也是幼儿对版画制作逐渐掌握和成熟的过程，更是幼儿对色彩调配及画面创造力的提升。在画面中我们可以看到高高的大树、可爱的小花、云朵上荡秋千的伙伴、微笑的太阳、五光十色的外太空、头戴皇冠的公主、飞碟中的外星人等……这一阶段幼儿的画面更加完整以及丰富，创作的目的性明显增加，尽管画面有时还是存在一定的随意性，但我总是鼓励幼儿,充分尊重他们稚嫩童趣富有幻想的创作内容。爱因斯坦说过,想象比知识更重要。因为知识是有限的,而想象力概括着世界的一切,推动着进步,并且是全部知识进化的源泉。

(三)国画,创作表现

1. 国画基础知识学习

首先是学习墨的五色六彩,教师提供墨法图示、毛笔、墨汁、水、宣纸、毛毡等,带领幼儿看图了解墨的"五色六彩"。幼儿通过正确握笔及使用墨、水、笔在宣纸上练习各种墨法,感受水与墨的不同比例,画出不同水墨画的感觉。其次尝试玩墨,教师提供毛笔、墨汁、一大盆水、宣纸、毛毡等。教师带领幼儿正确握笔,在宣纸上随意用毛笔画点和线条,然后将画好的宣纸轻轻浸到水中,观察墨汁在宣纸上慢慢晕染开的过程,体验宣纸和墨之间的晕染关系。最后幼儿进行练笔,主要是以线点画的形式,提供毛笔、墨汁、各色颜料、水、宣纸、调色盘、毛毡等。幼儿用墨尝试在宣纸上画出中锋、侧锋和逆锋的不同笔法,画出大小粗细各不同的点和线,组成一幅创意水墨画。

2. 加入技法表现创作

幼儿积累了各种国画材料和工具的经验后,开始尝试绘画表现。一开始的绘画主题以蔬菜瓜果为主,先从单个的蔬菜开始画起,尝试通过颜色、笔锋的结合,用毛笔进行国画技法的绘画,其次进行蔬菜国画的组合图表现,这一阶段要加入画面整体构图的考虑。经过一段时间的蔬果绘画练习后,可以步入花卉植物的绘画学习,并且结合相应的古诗进行画面表现,如荷花、梅花、菊花等有季节特点的花卉。最后开始以动物主题的整体画面表现,如青蛙、熊猫、鱼、螃蟹、鹅等等,结合先前掌握的植物和花卉的绘画技法,较为完整地创作一幅主题明确、考虑构图、展现技法的国画作品。如在后期,积累了一定的国画技法,我班幼儿创作了以小青蛙找妈妈为绘画主题的国画作品,每一幅作品表现的是一个场景,作品中不光有主体物青蛙、金鱼、螃蟹、虾,幼儿也加入了荷花、荷叶、水草、水波等画面点缀,画面层次开始丰富、富有表现力了,也凸显了国画的绘画技法。

四、总结

拓印激发了小班幼儿的艺术创造兴趣,提高了他们的动手能力和想象力,无需画笔,只要生活中所能看到的东西,蘸上国画颜料,按一按、压一压,就会在宣纸上创作出各种天马行空的创意画,他们得到的是创作的充分自由、鼓励和肯定。而版画则是手工和绘画的结合体,对幼儿动手动脑、创新能力、实践能力是一种锻炼。其灵活的构图、丰富的用色与童趣十足的美感特点极为契合,在丰富了幼儿的艺术表现形式的同时，也结合传统作画材料，培养了幼儿的民族自豪感。现在有“国潮”这一词汇，主张培养文化自信，那么国画就是一种很不错的方式，幼儿在国画学习中，不光感受到了其独特的艺术表现魅力，更是对中华数千年璀璨文明的继承和发扬，也奠定了幼儿的中华民族之人格。通过这三种传统美术活动形式在不同年龄段的实践与开展，满足了不同发展水平幼儿的美术表达愿望和需求，同时促进了幼儿对本民族传统文化的自豪感和认同感，充分实现文化自信，为身为中国人而自豪。

走近京剧艺术

朱凌怡

摘　要：京剧艺术是我国传统文化中浓墨重彩的一笔，蕴含着丰富的教育资源。在幼儿园开展京剧教学有利于弘扬优秀传统文化，促进幼儿爱国情感发展。本文从探究京剧艺术教学入手，介绍启蒙幼儿京剧学习的方法和建议。

关键词：学前教育　京剧　幼儿

中国文化博大精深，京剧艺术更以深厚的文化底蕴影响了一代又一代中国人。它是地地道道的中国国粹，不仅唱腔动听，而且表演生动。在幼儿教育中进行京剧艺术教育，不但可以扩大幼儿的视野，丰富他们的知识，还能保持和发扬民族文化，培养幼儿从小树立民族自豪感和自信心，为自己是一个中国人而自豪。但在幼儿园教学中，有关京剧的教学资源挖掘较少，没有系统的教学方法，因此，探索京剧如何合理科学地在幼儿园开展是本文的主要目的。本文主要从激发幼儿兴趣、挖掘京剧语言魅力和带领幼儿体会京剧魅力三部分展开。

一、从激发幼儿兴趣入手，走进戏曲

"兴趣是最好的老师"，京剧脸谱特别能激发学生学习的兴趣，初步了解京剧艺术往往是从生动有趣的京剧脸谱开始的。不同颜色的脸谱有不同的象征意义，如：红脸——赤胆忠心；白脸——阴险狡诈；黑脸——刚直勇敢等。即使幼儿看不懂京剧的表演内容，但当他看到不同颜色的脸谱时，也会分辨出忠奸善恶，这为京剧欣赏扫清了障碍。值得注意的是在选择欣赏曲目时也应简短易懂，朗朗上口，从而激发幼儿学习京剧的兴趣。不单单是欣赏，幼儿画脸谱，动手做一做自己喜欢的脸谱，教师在活动区内提供了京剧脸谱、戏曲剧照等，使幼儿对京剧有更多的了解，还能在艺术审美上得以提升，使幼儿通过脸谱欣赏、脸谱绘画、脸谱制作来展现生活中的美和内心世界的美。在欣赏活动中，孩子们不仅赏识到京剧脸谱的色彩美，同时，他们的艺术情感也得到了熏陶。

案例一

在活动室的一角，几个孩子用颜料及油画棒在纸上画各种不同形态的脸谱，还把画的脸谱粘贴到瓶上、纸管上。小朋友们把脸谱放在一起，我们通过开展欣赏色彩各异的脸谱活动，引导幼儿学会从颜色判断京剧人物哪个是“忠诚”的人，哪个是“勇猛”的人，哪个是“狡猾”的人，孩子们都感到很神奇。

此外，环境对人的影响是深刻的、隐性的、潜移默化的，要让幼儿对京剧有一种感性认识，首先要与幼儿共同创设充满京剧文化的环境，鼓励孩子们一起和爸爸妈妈收集关于京剧的内容，促进幼儿对京剧的了解，激发他们对京剧的兴趣。

案例二

我们在传统文化活动区里投放有关京剧的曲目、视频，让幼儿欣赏有名的京剧唱腔如《苏三起解》《红灯记》、儿童京剧《宇宙锋》等。活动区中投放京剧服饰，有水袖、妈妈的长裙、爸爸的T恤、乐器；在活动室周围张贴京剧的各种剧照、脸谱、服饰等；在师生共同收集京剧资料的同时，幼儿可以通过多种渠道获取有关京剧的信息，提高参与活动的积极性，他们长期熏陶在这个环境中，能不断感受京剧艺术的魅力，从而激发了他们学习京剧的欲望。

二、从京剧的语言魅力入手

舞台戏剧都是靠语言来激起矛盾，推动故事情节，情节的疏密都是靠语言来控制，京剧也不例外。它具有诗一般的语言艺术，几乎每一句念白都讲究抑扬顿挫，平仄分明，朗朗上口，如京剧《爬长城》中的歌词浅显易懂又富有趣味性，描写了小朋友在爬长城中的所见、所闻、所感，旋律流畅，孩子们学起来朗朗上口。它的唱腔与幼儿平时接触的幼儿歌曲有很大的不同，小朋友带着一颗好奇的心认真学习。他们在学唱的过程中自然地感受到这首曲调与以往所学的歌曲有着明显的不同，而且还能从京剧中听到很多历史故事。

案例三

根据幼儿思维具体、形象的特点，本着选材应遵循“贴进幼儿的生活”“选择幼儿感兴趣的事物和问题”的原则，我们选择那些浅显易懂、旋律简单、形象鲜明，又有模拟京腔的京剧片段。我们选的第一首京剧是《爬长城》，让幼儿初步感受京剧唱腔和京味十足的锣鼓经。歌词浅显易懂又富有趣味性，描写了小朋友在爬长城中的所见、所闻、所感，旋律流畅，孩子们学起来朗朗上口。但它的唱腔与幼儿平时接触的幼儿歌曲有很大的不同，而我一开始并没有告诉他们这是京剧，他们在学唱的过程中自然地感受到这首曲调与以往所学的歌曲有着明显的不同，纷纷提出疑问：“这是什么曲子呀？怎么跟我们以前学的曲子都不一样？”“我觉得前奏部分特别有意思！”当他们知道这就是京剧时，都很惊讶、很激动，以浓厚的兴趣一再要求“再来一次！再来一次”。

幼儿园的孩子年龄小，以直觉行动思维为主，需要选择浅显易懂的或贴近他们生活的京剧故事，才有可能被幼儿所理解、接受和喜欢。京剧剧目中的历史故事内容丰富，涉及面广，教师要进行适当的筛选和修改，只有能引起幼儿共鸣的、有一定教育价值的故事才适合幼儿。

三、从京剧扮演游戏入手

游戏是幼儿的基本活动，是能让幼儿获得快乐的、满足需要和愿望的、自发的、不同寻常的一种行为。幼儿心理学研究也表明：游戏是促进学龄前儿童心理发展的最好活动形式。在游戏活动中，儿童的心理过程和个性品质能够得到更快的发展。按照皮亚杰的理论，我们不应忽略游戏，尤其是合作扮演游戏在儿童教育中的作用。

在孩子对京剧有兴趣的基础上，可让他们参与表演，感受京剧的魅力。从手势——兰花指，步法——圆场步，念白开始，新鲜的戏曲气息增进了孩子们对京剧的理解与兴趣，注意力马上被吸引过来，活动气氛活跃了。教师可以通过自身的示范，使幼儿随之自然而然地用肢体语言简单表露自己参与的情绪，一起“动”起来。简单的奏击锣鼓动作，有模有样的台步表演，将使幼儿沉浸在游戏的快乐中，体会到趣味，也能感受参与活动的愉悦和幸福。

京剧这个具有中国特色的艺术品种只有发展才有生命力，京剧进幼儿园，为孩子们接触优秀的传统文化提供了良好的契机，有利于增强他们对传统文化的感情，有利于传统文化的弘扬。作为新时代的中国人，作为民族文化的传承者，我们应该更好地把京剧融入到幼儿艺术教育中，让幼儿在亲身体验中获得的快乐才是真正的快乐，在亲身体验中获得的感受和认识才是真正的知识，我们要将一切有机结合，让幼儿对京剧的认识在体验中增长。

四、小结

以上都是促进幼儿更好地了解和学习京剧的具体措施，除此之外，我们还可以在家园共育中开展相关的资源普及，促进祖父母和幼儿之间的情感关系，征集家长和社会资源的支持。在幼儿园中，教师可以通过环境创设等将京剧资源引入一日生活活动，促使幼儿主动参与。

缝绞之美

——浅谈大班扎染活动的开展

王丽红

《幼儿园教育指导纲要(试行)》中明确提出:“要充分利用社会资源,引导幼儿实际感受祖国文化的丰富和优秀,激发幼儿爱祖国的情感,萌发幼儿初步的感受美和表现美的情趣。”

我园自办园以来一直致力于幼儿园传统文化方面的相关研究,所以,结合我园尚美特色课程和扎染工艺蕴含的丰富创造性,本班在尚美活动区创设“扎染”艺术。从小班到大班,本班围绕“扎染”在尚美活动区开展了各种各样的活动:小班开始接触晕染、印染,中班了解几种常见的扎染技法,大班探索缝绞技艺。通过欣赏、感受、体验、创作、分享等一系列活动,使幼儿在玩中感受扎染的乐趣,了解并接受传统民间文化。

一、缝绞探秘

大班上学期的时候,本班幼儿不仅掌握了十余种简单的扎染技法,还能通过这些技法进行适当的创想和扎出不同的图案。因此在大班下学期,我投放了一些缝绞的作品,旨在让幼儿发现扎染技艺的深奥和玄妙。整个过程,我并未直接告诉幼儿缝绞的制作方法,而是先让幼儿观察,并且通过幼儿跟幼儿的互动来促进幼儿的思考,最终个别幼儿发现了洞和针的奥秘。之后我再告诉他们这叫缝绞,是用针和线来完成的,先是用针线穿缝,再结扎起来。

尚美活动区开始了,幼儿进入活动区后,发现今天的活动区有点不一样,不仅多了扎染作品,还多了几幅扎染图案。他们左看看右看看,有的幼儿跟同伴还开始了讨论……我提醒道:“你们有发现这些作品跟我们之前的作品有什么不同之处吗?”听到我的问题,有的幼儿马上有了回应,说:“比我们之前的作品更好看,图案上面的线条一根根都能看清。”“是的是的,你们看,这里有辆小汽车,之前我们从来没扎出来过。”“啊!你们看,这是葫芦娃里面的葫芦吗?真像!”“咦,之前我们扎染的图案没有这一个个小孔的,这些图案上面怎么都有一个个小孔?”幼儿的讨论声越来越热烈,观察得也更仔细了!我见机又提出问题:“你们觉得这些图案是怎么做出来的呢?”旁边的幼儿发表自己的意见:“这个图案比我们之前扎出来的图案看上去难多了，像是用了很多线去扎。"这时，刚刚发现图案上很多小孔的幼儿说了自己的想法："我觉得这些图案上的小孔像是针戳出来的小洞洞。"

二、奇思妙想

经过第一阶段的探秘之旅后，幼儿的思维一下子得到了拓展，在思考绘画图案的时候也有了很多的想法。在后续的观察中，我们可以发现幼儿经常会在图纸上涂涂画画，还时不时蹦出一句："老师，除了爱心、花朵，我能画其他的吗？""只要我想到的，都能缝绞出来吗？"……奇思妙想还在不断延续，相信幼儿之后也会创作出各式各样的作品。

经过自己的探索和教师的讲解之后，幼儿萌发了继续探索缝绞技艺的兴趣，很多幼儿一有时间就聚到活动区。在探索过程中，幼儿的问题也如约而至。

"老师，那这个缝绞法是直接缝吗？"

"如果直接用针和线的话，我的图案能跟我心里想的一样吗？"

……

我听后并未直接回答，而是试图启发其他幼儿："他们的问题提得真好，你们觉得答案是什么呢？"

一阵沉默后，有个男孩说了："我觉得不能马上就缝，得先想好图案。"

"对的，先想好图案，再画出来，这样就能按照画的线条来用针缝。"

我肯定了这两名幼儿的想法，并鼓励幼儿动手试一试。

于是，幼儿开始选布料、选自己需要的尺寸大小，之后一个个拿起笔，开始在布上画……不一会儿，各种图案出现在布上，有爱心、花、叶子、云等简单的图案，还有垃圾筒、地铁等复杂的图案，每个幼儿都画出了自己喜欢的图案。

三、欧风 LoGo

幼儿是善于发现的观察者，总是对生活中感兴趣的、觉得有意义的东西有各种各样的创作想法。于是，我们可以看到，幼儿试图二次创作并进行扎染。作为老师，需要及时地鼓励幼儿大胆地表现与创作，并尊重每个幼儿的想法，支持他们富有个性和创造性的表达。

这天，幼儿参观完小学后，在小学门口拍了合影，班里有幼儿问："老师，我们能在自己的幼儿园门口也拍张合影吗？"于是，回到幼儿园门口时，幼儿就自发地排起合影队伍。"不能把幼儿园的名字挡掉，过去一点。""幼儿园名字旁的这棵树也不能挡住，我们的接送卡上都有这棵树的。"大家你一言我一语地商量着。这时，我问："你们知道名字旁的这棵树代表什么吗？""是不是说我们现在是小苗苗，长大要变成大树？""那是让我们健康长大的意思。"幼儿纷纷发表自己的意见。我夸赞他们说得都很好，并且告诉他们这棵树是幼儿园的标志，也叫 LoGo。

这时，有位小女孩举手说："我们能把幼儿园的这个标志在衣服或包包上进行缝绞吗？到时穿上有幼儿园标志的衣服拍毕业照，一定很酷！"一语激起千层浪，其他幼儿纷纷表示这个想法好，都跃跃欲试。回到教室后，幼儿开始在布上设计、绘画欧风 LoGo……

四、实现设想

在实现设想的这一阶段，幼儿虽然碰到了各种问题，但在教师的引导下，幼儿通过观察与讨论，总是能顺利解决出现的问题，说明幼儿是有能力的学习者。同时，活动中的分工合作促进了幼儿社会性的发展。就这样，幼儿在教师的支持引导下，成为活动的主体，实现自主成长。

幼儿绘画了图纸以后，就迫不及待地将画有幼儿园 LoGo 的布固定在绣绷上，然后拿起针线按照老师指导的平针缝绞方法开始笨拙地穿缝起来……可是，新的问题出现了："老师，叶子的这个地方全部缝好后看不见叶子的形状了。""呀，我画得比较大，固定在绣绷上的只有树的一部分，而且有的只有半片叶子，怎么办呀？""哎呀，我的线跟我画的图案没有对上，歪掉了。"……

这时，一名幼儿引起了我的注意，只见他特别仔细且小心，一针一线穿梭在自己画的图案上，虽然针孔之间的距离掌握得不是很好，但基本能按照自己画的图案进行穿缝……我适时地对线和图案没对应上的幼儿说："你去看看××是怎么缝的，能不能帮你解决你碰到的问题。"他仔细观察了一会儿，说："我明白了，针戳进去时一定要对准自己画的线，而且一针一针过去的时候中间的距离不能隔得很大。"可见当幼儿带着问题观察时，观察会更有目的性，也更仔细。

针对其他幼儿的问题，我组织全班进行了讨论。经过一番分享交流后，看不见叶子形状的幼儿知道自己的图案画得太小了，而画得比较大的幼儿最后选用了长方形的刺绣绷架。随之，新的问题又来了，如果图案设计得比较大，一个人的话缝绞起来困难，怎么办呢？有幼儿马上举手示意说："我可以帮他一起完成。"接着，又有幼儿想加入。就这样，组队完成后，大家都开始忙活起来了……

两周后，当我帮他们拍下成功的照片的时候，幼儿的惊叹声此起彼伏："美！太美了！""哇！我们成功啦！""用缝绞法做出来的作品好好看呀！"是的，幼儿的作品很美，无与伦比的美，但幼儿脸上自信骄傲的笑脸更迷人。

五、实践总结

1. 兴趣是幼儿实践行动的动力

大班第二学期，幼儿对于扎染已经不陌生，且已掌握一些基本的扎染技法。

那么，怎样才能让幼儿对于扎染的兴趣始终保持在高位？经过一番思考，我选择了扎染中的缝绞技艺作为大班下学期的活动内容。缝绞法不仅能锻炼幼儿的手部精细动作，且较烦琐的技艺和精细的图案对大班幼儿来说具有一定难度，能激发幼儿强烈的挑战欲。为了进一步激发幼儿的兴趣，前期我还在活动区投放了诸多照片和作品，帮助幼儿在观察的基础上进行后续的实践。

2. 在实践探索中延展妙想

扎染是一个持续性的活动，作为教师，也需要不断地观察、分析、思考、跟进、调整、反思，才能使活动效果更好，增强幼儿的体验感和成就感。

教育也是教学相长的过程。活动中我的观察指导能力有了提升，不仅关注了幼儿的设计成果，还关注了幼儿在活动中的互动、困惑、需要得到的支持，帮助幼儿从扎染出发，将生活中看到的、遇到的一切美的事物与缝绞联系在一起，更好地发挥幼儿的想象力和创造力。

3. 开展创造性扎染活动

陶行知曾明确提出："中国的教育太重书本，和生活没有联系。教育不通过生活是没有用的，需要生活的教育，用生活来教育，为生活而教育。为生活需要而办教育，教育与生活是分不开的。"《幼儿园教育指导纲要（试行）》也倡导整个幼儿园的生活就是大课堂，明确指出："幼儿园应为幼儿提供健康、丰富的生活和活动环境，满足他们多方面发展的需要，使他们在快乐的童年生活中获得有益于身心发展的经验。"而教师作为幼儿学习的支持者、合作者和引导者，要时刻关注幼儿在活动中的表现和反应，敏感地察觉幼儿的需要，及时以适当的方式回应。所以，当幼儿主动提出将幼儿园的 LoGo 进行创作扎染的想法时，教师更要作为幼儿的支持者、帮助者、促进者，满足幼儿的创造需要，提高扎染活动开展的质量。

好玩的刺绣

——在传统布艺文化活动区中提升大班幼儿的学习品质

周　洁

布艺是一种古老的民间艺术，能让幼儿产生丰富的构想，给幼儿以真的启迪、善的熏陶、美的享受。但现在的幼儿生活在电子时代，活动在室内居多，从小和动漫、卡通为伴，在幼儿身上已很少看到带有民间色彩的东西。针对这一情况，本班在个别化活动中开展了以传统布艺为特色的活动，采用“剪剪玩玩、想想贴贴、画画绣绣”寓教于乐的方法，使幼儿感兴趣、愿思索、会操作、敢创造，培养幼儿耐心、细致的良好学习品质，提高幼儿的审美情趣和能力，拓展幼儿的视野和创造意识。

《幼儿园教育指导纲要（试行）》中明确指出：“幼儿园应为幼儿提供健康、丰富的生活和活动环境，满足他们多方面发展的需求，使他们在快乐的童年生活中获得有益于身心发展的经验。”教育学家苏姆林斯基说过，“儿童的智力在他的手指尖上”。正因如此，本班借助园所特色文化的熏陶，结合大班幼儿的年龄特点，改造成人刺绣的方式，精心选择别具一格的“刺绣”内容，形成了独特的适宜大班幼儿开展的刺绣活动。

实录一：

本班传统文化区设有“布布馆”，馆中围绕着布艺开展了许多活动，如布的原料、布的制作过程、布艺发展的历史、布的分类等，这些活动让幼儿对布艺有了一个全面的认识，使得幼儿对于布艺有了浓厚的兴趣。在布艺贴画的活动中，有幼儿在剪剪贴贴中发现了有的布料花纹很好看，是由线组成的，而且是立体的。幼儿对这个新发现产生了极大的兴趣：“这种花纹真好看啊，老师你能教我们怎么制作吗?”我说：“这种花纹叫作刺绣，是用针穿上线在布上绣出好看的图案。”我马上抓住幼儿的兴趣点，因势利导，启发他们：“那我们来开刺绣区吧！”幼儿听了都欢呼雀跃。我问幼儿知不知道刺绣是怎样做的，需要用什么材料？这个问题似乎没有难住她们。欣蕊说：“刺绣要用针穿线的。”萱萱说：“针穿好了要打结的，不然要松掉的。”思思说：“刺绣要用彩色的线，这样绣出的图案很漂亮。”赵盛说："刺绣可以做在布上，先画上自己喜欢的图案，然后再绣。"讨论后，她们决定今天回家收集做刺绣的材料，明天自己动手刺绣。

【实录分析】

卢梭说："问题不在于教他各种学问，而在于培养他有爱好学问的兴趣。"兴趣是人们探求事物和进行活动的动力，幼儿只有做感兴趣的事，才能充分发挥主动性，主动思考并自觉采取行动。刺绣活动的生成来源于幼儿的生活，幼儿在剪剪贴贴中发现了不一样的美——刺绣，这种立体的、有质感的艺术表现手法深深吸引着幼儿，也正是有了这种对刺绣的兴趣，幼儿在整个活动中都充满热情。

实录二：

在所有刺绣材料都收集齐全后，好几个幼儿来到刺绣区，准备大干一场。一时之间，刺绣区坐满了人，幼儿都拿起了针，穿起了线。可一会儿，大部分幼儿脸上的笑容都不见了，甚至快要哭了。我见状走过去询问，只见他们的表情都非常着急，一名幼儿说："老师，我的线穿不到针的小洞洞里去。"于是我请操作成功的幼儿介绍自己穿线的过程，经过一番讲解示范，幼儿明白了穿针的几个步骤：先把线的一端弄尖，再一手拿线一手拿针，把线对准针孔穿进去，最后在下面打结。于是，幼儿又重新穿了起来。这一次，他们更加专注细心，认真地完成了每一个步骤，很快掌握了穿针、打结的方法。幼儿穿好针线后，开始根据自己之前设计的图案来刺绣了。可是问题又来了，有的幼儿说："老师，我的线拉不出来了，怎么办？"有的问："老师，我的线绣得弯弯扭扭的，怎么办？"问题一个接着一个。看来只提供材料，完全放手让幼儿自己刺绣的可行性较低，教师应该思考如何更好地指导。

【实录分析】

虽然幼儿对刺绣的兴趣很浓厚，活动区中的材料也已经准备齐全，但是在实施的过程中还是困难重重，主要问题还是幼儿对于这门技术不了解，所以我决定以欣赏活动为切入口，并分阶段进行。首先，我们通过课件让幼儿欣赏了各种不同风格的刺绣作品。其次，经过反复尝试和试验，我们将材料刺绣的底板和绣线分别划分出四种不同种类。刺绣的"底板"分成薄纸板—彩色卡纸—无纺布—纺织布这四种，绣线分为毛线—开司米线—棉线—彩色绣线这四种。每种材料都分门别类地摆放好，并贴上标记，以便幼儿能自由地选择材料。最后，整个刺绣活动分成了四个阶段进行，根据刺绣活动的开展情况逐步更换不同的刺绣材料，使幼儿在每个阶段都能找到适宜的绣线和底板，不断激发幼儿对刺绣活动的参与兴趣，保持幼儿对刺绣活动的尝试热情。

实录三：

经过一段时间的实践后，能力弱的幼儿选择了先绣线条的图案，再绣几何图形的图案，最后绣小花、小草、小树、月亮的图案；而能力强的幼儿因为有了成功的经验就直接绣难度大比较复杂的图案了。大家认真地绣着，个个都全神贯注，唯恐出现什么差错。最终，幼儿成功了，一幅幅美丽的图案出现了，刺绣材料在幼儿灵巧的小手中变成了一朵朵漂亮的鲜花、一只只美丽的蝴蝶、一棵棵弯腰的柳树姑娘、一个个弯弯的月亮……幼儿相互交流和欣赏，不断迸发出创作灵感。

【实录分析】

从材料的选择和收集到刺绣的制作，从发现问题到解决问题，从失败到成功，幼儿始终在轻松愉快的氛围中学习，在主动的学习中探索，在自由的探索中发现。在幼儿积极主动的刺绣活动中，他们的手部肌肉动作、手眼协调的能力及运用色彩的能力不知不觉得到了提高。同时，刺绣活动给了幼儿充分展示自我、表现自我的机会，幼儿体验到了成功的满足，增强了自信心。

反思与总结：

《3～6岁儿童学习与发展指南》中明确指出："幼儿在活动过程中表现出的积极态度和良好行为倾向是终身学习与发展所必需的宝贵品质。"刺绣只是一个活动的载体，我们的观点是"重兴趣，轻结果"，在整个刺绣的活动过程中，我们自始至终重视幼儿学习品质的培养。

刺绣活动的开展，有利于锻炼幼儿的动手操作能力。刺绣活动从"穿针引线""打结"到一针一线地绣，不但锻炼了幼儿手部动作的精细度，还很好地发展了幼儿的肢体协调能力和手脑、手眼并用的能力。

刺绣活动的开展，有利于培养幼儿的合作精神。在刺绣活动中，幼儿之间互相学习、取长补短，平时一些活泼好动、调皮淘气的幼儿在学习刺绣时也变得神情专注、一丝不苟，不仅促进了幼儿之间交往与合作，还能促进幼儿自主创新，体验成功。

刺绣活动的开展，有利于培养幼儿的耐心、细心、恒心。为了使作品色彩鲜艳、丰富，刺绣需要换好几种颜色的线，这就要求幼儿有足够的耐心和毅力，是培养幼儿做事认真、一丝不苟精神的有效途径。

总之，本次开展的刺绣活动，能锻炼幼儿的动手操作能力，帮助其形成良好的学习品质，培养创造力和审美能力，促进幼儿各方面能力和素质的提升，为幼儿一生发展打下良好基础。

尚美墨，自信娃

——开设大班水墨活动区有感

熊申德

摘　要：为培养幼儿对艺术作品的审美情趣和能力，开发幼儿的艺术天赋，激发他们学习继承传统美术技法的民族自豪感，在我园开展“尚美”特色课程的背景下，我们班级里开设了尚美活动区“水墨坊”。

关键词：传统文化　水墨画　教学实践

书法、水墨、剪纸、泥塑、印染、编织、建筑、服装等都是中华上下五千年文化贡献给世界的独特的艺术表现方式，对儿童也有着深深的吸引力。随着传统文化在幼儿园中不断深入，各种案例和经验也层出不穷，幼儿园老师们对水墨活动可谓是“仁者见仁，智者见智”。而我们班“水墨坊”的理念是“尚美墨，自信娃”。《3～6岁儿童学习与发展指南》中指出艺术是人类感受美、表现美和创造美的重要形式，不能为追求结果的“完美”而对幼儿进行千篇一律的训练，以免扼杀其想象与创造的萌芽。故“水墨坊”的目的不是把幼儿培养成一个个艺术家，我主张水墨活动中只要幼儿认识水墨工具与材料，学会正确握笔，初步了解水墨的笔锋与五色六彩，具有简单的造型能力就足够了。比起让幼儿掌握更精准的技术，我更倾向于幼儿在“水墨坊”里可以乐于欣赏、积极创造中华水墨的美，并且能够大胆自信地表现自己。

叶圣陶先生说过：什么是教学，简单一句话，就是要养成良好的学习习惯。在小、中班的阶段，幼儿们认识了水墨画这一传统艺术，他们接触了水墨的工具和材料，对于水墨画的兴趣被初步激发，我们在幼儿们看墨玩墨中潜移默化地培养着他们握笔的姿势等，幼儿们已经有了基本的成图能力。

一、热情的催化剂：带领幼儿领略水墨艺术

（一）激发幼儿水墨兴趣的固有方式

爱因斯坦说：“兴趣是最好的老师。”

在幼儿开展水墨活动后，幼儿对于水墨画表现出了极大的热情，但是这种兴趣都是出于自我表现的浅层兴趣，容易受到影响和转移。在开展水墨活动以来，

我们持续常用观察法、游戏法、情境法等多种形式来激发幼儿学习的兴趣。

1. **观察法：**《3～6岁儿童学习与发展指南》中指出，"和幼儿一起发现美的事物的特征，感受和欣赏美"，幼儿对于自己没有接触过的名画都是抱着好奇的态度的，因此教师应选取合适的素材，带领孩子们走近水墨画，以此提高幼儿对于水墨的兴趣，以及审美情趣。

2. **游戏法：** 游戏既是幼儿的天性，又是幼儿的发展需要。在游戏的方式下，幼儿会对画水墨画产生浓烈的兴趣和冲动。比如结合《春夏秋冬》的主题，请幼儿玩魔法奶奶打电话的游戏，拨打了哪一个季节的电话就请幼儿画出哪一个季节。幼儿这样边游戏边画水墨画，在兴奋中感受水墨带来的乐趣。

3. **情境法：** 诗是有声画，画是有形诗，中国的诗画本是一体的。由此，教师可以幼儿可接受的古典诗词进行导入。引导幼儿结合古典诗词的意境进行自由创作。如我们先请幼儿欣赏古诗《小池》："泉眼无声惜细流，树阴照水爱晴柔。小荷才露尖尖角，早有蜻蜓立上头。"和幼儿一起解读诗歌的意思后，就可以让他们用水墨画表达诗歌的情景和意境。幼儿画完后，教师带着孩子们边欣赏画边念诗歌，边演小鱼，这样更激发了幼儿学习水墨画的兴趣，满足了幼儿表现自我的需要。

（二）激发水墨兴趣的新契机

在活动实践中，我们发现幼儿的兴趣会随着这些手段的次数增多而停滞不前，抓住随机教育的机会成了重燃幼儿水墨兴趣的新转机。我们教师要善于做教育契机的发现者、幼儿发展的促进者。随机教育是社会教育中一种非常重要的教育形式，幼儿的日常生活中蕴藏着丰富的教育契机，水墨活动中亦是，需要我们教师善于观察、捕捉，如果运用得当，就可以取得良好的教育效果。

比如幼儿们欣赏交流齐白石先生的《虾》时，在大家都在就画的内容以及虾的形态讨论的时候，突然有个幼儿指着画一角的印章提出疑问后，表现出了无限的欣赏和无比的向往，这让我意识到"印章"可能是这个阶段能让幼儿们燃起对水墨热爱之火的最有效途径。我抓住了这个随机教育机会，结合"百家姓"与幼儿们一起探索了如何制作印章，有了自己的专属印章，他们会积极地去翻出自己的印章和红颜料，然后兴高采烈地去找朋友们有自己标志的作品。

磨刀不误砍柴工，机械呆板的水墨活动久而久之自然会让幼儿们疲倦与厌烦，比起不断练习技法，让幼儿们发挥主动性去欣赏表达，同时老师抓住随机教育的机会，能让水墨活动进展得更顺利。

二、水墨技法的原动力：幼儿参与创作

幼儿是学习的主人、活动的主体。在教育过程中，教师为主导，幼儿为主体。

我们必须正确地认识幼儿，真正确立幼儿在学习、活动中的主体地位。苏联教育家维果茨基认为学生的发展有两种水平：一种是学生的现有水平，指独立活动时所能达到的解决问题的水平；另一种是学生可能的发展水平，也就是通过教学所获得的潜力。两者之间的差异就是最近发展区。教学应着眼于学生的最近发展区，为学生提供带有难度的内容，调动学生的积极性，发挥其潜能，超越其最近发展区而达到下一发展阶段的水平，然后在此基础上进行下一个发展区的发展。

对于幼儿来讲，水墨画的难度可大可小，教师在把握教授技法的尺度上具有一定挑战性和不确定性，但是教师要明确幼儿的最近发展区需求才是技巧进步的原动力。

（一）经验原动力巩固技法

大班幼儿有了基本的构图能力，并且在持续的水墨欣赏活动中，在教师的引导下幼儿多看多想，积累了不少经验与素材。根据幼儿阶段性的学习主题，教师提供给幼儿实时的素材，幼儿会自主地创作，在创作的过程中不断练习自己已习得的技巧。如在大班《动物大世界》主题下，幼儿在水墨坊绘画水墨熊猫，其间不断练习着他们点线的基础构图能力，后续为熊猫添上竹子的时候，幼儿不会改变笔锋，仍旧利用点线去绘出竹子。虽然后续有幼儿提出了这样的竹子存在美观的问题，但不可否认的是幼儿确实由于自己已有的经验原动力在不断巩固技法。

（二）问题原动力学习技法

基于最近发展区理论，“水墨坊”不急于追求精益求精的技巧，而是更倾力于幼儿能乐于欣赏、积极创造中华水墨的美。让幼儿们“走在前面”，在由浅入深的水墨活动中，在欣赏、表现和创造中，幼儿对水墨有了兴趣，对美有了追求，他们对于水墨知识与技法也会求贤若渴。

教师寻找到合适的素材后抛给幼儿，让幼儿自主绘画创作，其后自己发现问题，教师以此寻找到幼儿的最近发展区，再进行技法知识的传输，更为恰当。接上一个例子：有个孩子就是用许多线多次组成了竹子，另外的孩子觉得不具美感，于是两个幼儿就来寻求我的帮助。后来我就竹子这一素材点指导幼儿们学习了“中锋、侧锋”，我分别将它们命名为“直直”“躺躺”，引导幼儿发现“直直”画出来的线条只能画出细细的竹子，而“躺躺”画出来的线条就可以变成粗粗的竹子。在幼儿展开丰富的联想后，从而更得心应手地运用中锋和侧锋，可见幼儿自己发现问题是学习技法的原动力。

三、水墨作品的巧运用

《3～6岁儿童学习与发展指南》中指出，大班幼儿要能用自己制作的美术作品布置环境、美化生活。

（一）水墨作品促进幼儿良好常规的建立

在组织水墨活动前，除了要对幼儿的需要和兴趣进行充分了解，也要对幼儿的现实生活进行了解。从幼儿的阶段需求出发，不仅要充分挖掘和利用环境生活中广泛的教育资源，还要以解决幼儿问题为落脚点，要把资源创设到环境中去，引发各要素的有机结合。通过水墨活动，幼儿制作了专属水墨小人。有了这些水墨小人，幼儿再也没有忘记过插进区卡，以此解决了一个常规建立的问题。

（二）水墨作品促进幼儿社会领域的发展

家庭教育是幼儿园教育不可缺少的配合和补充，教师寻找合适的素材提供给孩子与家长进行亲子合作，把这样的亲子水墨画作挂在教室里大有益处。比如水墨画与诗词的结合是理解作品的重要组成部分，把水墨画的欣赏与传统文化知识结合起来需要充足的时间和耐心，以此作为亲子活动非常合适，由家长去陪伴引导幼儿“悟”水墨之美。我们老师则利用走道、墙壁布置展示幼儿的作品，孩子们能看着这些作品分享，一方面让幼儿充分展示自己的才能，另一方面也促进了亲子关系，还能让幼儿欣赏到别人的作品，促进幼儿社会化的发展。伴随着越来越到位的表达能力，还积攒着成功感和自豪感。

（三）水墨作品促进幼儿文化自信的提升

在学前领域中提出“文化自信”理念看似高远，但如“水墨坊”这般让儿童从小感知、了解、认同、接纳、传承祖国的优秀传统水墨文化，并引以为傲，就能为他的终身发展奠定文化自信的强大底气，成就自信美娃！其实，我们班孩子们的水墨作品不仅能用来美化班级环境，也可以“美化”他们自己。孩子们可以在“模特店”里的 T 台上走秀，大方地展示水墨扇、水墨伞等，甚至有的孩子提出了要画水墨旗袍的想法……在园本研修课展示的时候，我设计了一节走秀形式的教学活动，孩子们带着他们的水墨作品走上红毯，个个脸上都洋溢着开心与喜悦。观摩的老师们也被这些小模特惊喜到了，更是不吝惜夸奖和掌声，我们班的孩子们被这样的互动鼓舞着，更加大胆地展现自己的水墨作品，更加勇敢地表现着自己，浑身散发出了更自信的光芒……

四、小结

总而言之，水墨画有着它独特的魅力，也具有创造美的能力。要真正提高幼儿学习水墨画的兴趣，让幼儿在水墨活动中去感悟、体验，去发现水墨的美，去创造不同维度的美，还需要我们教师不断地探索与实践。让我们共同奋斗吧！为了孩子，也为了中华民族传统文化的传承和发扬光大！

基于传统古诗文,在美工区活动中提升幼儿艺术审美能力

丁晓玲

摘　要: 我国经典的传统文化中蕴含着许多意境优美、内容广阔、感情深挚、有趣的内容,不仅有利于促进幼儿语言记忆想象等认知能力的发展,还能提高幼儿领略我国传统文化的经典美,加强对美的鉴赏力和感受力。因此,充分利用传统文化内容开展美工活动区,进而促进幼儿的审美能力,值得我们思考。

关键词: 美工区　传统文化　艺术审美

早在《幼儿园工作规程》中就已提出"萌发幼儿初步的感受美和表现美的情趣"的目标。近年来颁布的《3～6岁儿童学习与发展指南》中更是对此做了详细的解释:"幼儿艺术领域学习的关键在于充分创造条件和机会,在大自然和社会文化生活中萌发幼儿对美的感受和体验,丰富其想象力和创造力,引导幼儿学会用心灵去感受和发现美,用自己的方式去表现和创造美。"可以说,审美教育是幼儿园艺术领域的重要目标。

苏珊·朗格认为:"审美情感是一种无所不在的'令人兴奋'的情感,是欣赏优秀艺术时被直接激发出来的,是人们认为艺术应当给予的'快感'。"在之前的案例中,孩子们欣赏图片时的鼓掌、赞叹声,是他们感受到了美景之后发自内心的表现。之所以孩子们的审美情感被有效激发,这与教师在美工区活动中的内容选择、环境布置、活动形式以及活动评价密不可分。

第一,选择内容的适宜性。

《纲要》指出:教育内容选择和设计必须遵循发展性原则,让所选的内容适应幼儿需求,适应时代需求,要去其糟粕取其精华,适应幼儿最近发展区。教师在选择美工活动素材上要选择幼儿感兴趣的、适合他们年龄特点的内容。可与主题、季节、节日活动充分结合。如小班幼儿欣赏过春天美景后画画柳树,中班幼儿过完清明节后画画杏花树,大班幼儿结合"城市"主题画老房子和江南美景。

案例一:中班美工操作"吹画杏花"

刚过完清明节,以"传统节日"为内容的中班,在美工区投放了吸管、颜料等

美工材料，旨在让幼儿在玩颜料的过程中制作一幅“清明时节，美丽杏花村”的美工作品，从而感受清明时节的优美意境。这个活动，主要是以古诗《清明》中“牧童遥指杏花村”这句话开展的一个关于杏花树的美工活动。在小班点画的基础上，中班采用吹画与点画相结合的形式，旨在表现树枝的枝干特点及杏花树的美。在活动前期，教师将大量关于杏花树的图片布置在美工区中，图片包括一大片杏花林、一棵杏花树、一朵杏花，孩子们可以由远及近地欣赏杏花树的美。精美的图片数次引发孩子们的赞叹“哇，好漂亮啊”，还有不少孩子好奇地问：“老师，这是什么树？”“这些花好漂亮，是什么花？”“我们要画花吗？”当教师将吹画材料提供以后，孩子们看到熟悉的棉签和新鲜的吸管，一下子激发了他们作画的兴趣。

第二，环境布置的熏陶性。

蒙特梭利说：“环境是幼儿教育的第一要义。”0～6 岁期间，幼儿处在“心智性吸收”阶段，处于一生中最重要的“敏感期”，会通过感官把幼儿园环境中一切事物“照单全收”。既然要让幼儿感受美、创造美，提高审美，那么教师首先要充分利用传统文化元素，创设一个具有经典美的传统氛围环境。不仅在美工活动区的整体装饰上要布置出瓦片屋檐、亭台楼阁的古色古香气息，就连供幼儿欣赏的图片也要选择精美的，最后幼儿完成的作品呈现方式也需要教师花心思细心装饰得古朴典雅，让幼儿整体感受传统文化之意境美。这样能进一步引发幼儿美术活动的兴趣，更能激发幼儿的审美情感。

案例二：大班美工操作“江南水乡”

大班以“水墨画”为内容的传统文化活动区中，正在开展美工活动“江南水乡”。作品重点以古诗《江南》中“鱼戏莲叶间”为载体绘画水墨金鱼，以此呈现江南水乡美景。在画水墨金鱼前，孩子们已经开展过“折纸荷花”和“线描老房子”的美工活动。因此，教师将孩子们的这些作品，呈现在传统纹理边框的背景展板上。

为了让孩子们画出不同方向的金鱼，体现金鱼游来游去的灵动性，教师提供了几条金鱼玩具，供孩子们摆弄。孩子们通过摆弄不同方向的金鱼，尝试模仿着用毛笔也绘制出不同方向游动的金鱼。原本枯燥的水墨绘画活动，变得好玩有趣，孩子们在摆弄材料、玩玩游戏中，画出不同方向游动的金鱼，穿梭在荷花荷叶间，和之前的折纸荷花和线描画老房子，共同布置出一幅小桥流水的美丽江南水乡之图。

第三，活动形式的多样性。

美工活动不是单纯的绘画活动，不一定非要拿笔进行绘画。根据幼儿年龄特点及发展水平的不同，幼儿园开展的美术活动，不一定全部都是拿笔的绘画活动。小班幼儿的小肌肉发展尚未成熟，更多地采用点画、印画的方式；中班年龄段可以在吹画、点画的同时适当加入简单的水墨画；等到大班则可以更多采用传统水墨画的方式，并结合折纸、剪纸、线描画、颜料画等，综合运用多种形式，开展丰富多彩的美工区传统文化活动。

案例三：小班美工操作“点画柳树”

春天来了，小班的孩子已经去户外认识过嫩绿的柳树，他们又刚刚学了一首新的古诗《咏柳》。没多久，班级里的美工区就出现了这样一个“画柳树”的美工操作活动。考虑到小班幼儿的小肌肉还未发展成熟，因此教师摒弃了一贯的笔，采用了“棉签点画”的形式开展活动。古诗中“万条垂下绿丝绦”，对于小班的孩子来说理解起来相对较困难。于是，教师将手中的棉签比作“梳子”，绘画的过程变成了“给柳树姑娘梳头”这样一种拟人手法，形象生动地表现柳条向下垂的特点。不少孩子在画完柳树后，都高兴地叫着“老师，我给柳树梳完头发了”“你们看，我的柳树头发有好多呢”。

当孩子们完成画作后，教师将一棵棵柳树“种”在了展板上，布置环境。孩子们纷纷发出“哇！真好看”这样的赞叹。还有不少孩子得意扬扬地向同伴介绍着自己的作品：“看我的柳树”“那是我的柳树”。

第四，活动评价的情感性。

通常我们对幼儿美工作品的评价更多地注重技能方面，“画得好不好”“怎么画更像”等。这样的评价方式不仅限制了幼儿的想象力和创造力，更重要的是遏制了他们对美的感受和体验。尤其是开展以传统文化为载体的美工活动中，通常都是通过美工作品表现传统文化的意境美。只有少提一些“像不像”“好不好”的评价要求，而是给予幼儿更多的时间欣赏自己的作品、大家的作品，幼儿才能深刻地感受作品的美。可以说对传统文化美工活动的评价，不在于幼儿说出个所以然，而在于幼儿的观察以及切身的感悟和体验。

小结

当前，审美教育作为社会文明进步的标志，受到了很大的重视，对新生一代进行审美教育更具有特殊重要的意义。如今，越来越多的地方兴起“重拾经典”的传统文化活动，让更多的人重视起中华传统文化对幼儿的熏陶教育。那么，如何利用传统文化内容开展美工区活动，在传统文化美工区活动中培养幼儿审美情感，是需要教师在活动的各个环节，包括环境布置、内容选择、活动形式、活动评价等方面深入挖掘。

幼儿园传统文化活动区内容的选择

徐 静

传统文化活动区是教师结合优秀传统文化，以“传承创新、多元融合”为教育理念，将传统文化与活动区有机地结合，创设幼儿感兴趣的活动区环境和内容，使其在轻松自由的氛围中自主地选择游戏、学习的内容，从而达到弘扬和传承优秀民族文化目的的活动区域。

《纲要》指出：教育内容选择和设计必须遵循发展性原则，让所选的内容适应幼儿需求，适应时代需求，要去其糟粕取其精华，适合幼儿身心发展，适应幼儿最近发展区。传统文化活动区的内容的选择更要符合幼儿发展特点，凸显文化倾向。

一、传统文化活动区内容设置的现状

1. 传统文化活动区内容不适宜幼儿发展特点

内容选择和设置的重要原则是发展适宜性，即要求内容选择符合幼儿的年龄特点与身心发展的需要，既要求接近幼儿的最近发展区，又要具有一定的挑战性。

比如，中一班传统文化活动区的内容为“茶艺”，旨在让幼儿在看茶艺表演、做茶杯、泡茶品茶等一系列的活动中感受和了解中国的茶文化。在这里幼儿可以看看各种茶叶的形状、颜色，观察各种茶具的不同特点、通过视频看看茶艺表演、用黏土做做茶杯等。为了避免热水烫伤幼儿，泡茶工作是老师代为完成的，幼儿也只是品尝一下花茶的味道。没有几天工夫教师发现幼儿对于茶艺的兴趣缺失，在游戏时这里往往乏人问津。

茶文化无疑是具有浓厚中国特色的传统文化的一种，它包括选茗、择水、烹茶技术、茶具艺术等。而这些对学龄前的幼儿来说显然太过于遥远，他们没有相关的经验基础。所以茶艺这个内容的选择是不符合幼儿的年龄特点和认知特点的，同时由于各种条件的限制，幼儿也无法通过操作去感受茶艺的魅力，因此对幼儿来说是缺乏挑战性和趣味性的。

2. 传统文化活动区内容未凸显传统文化特色

课程内容的选择应当凸显中华优秀传统文化的意蕴。课程内容应反映和传递中国优秀的文化,体现课程的文化性。中国优秀传统文化是宝贵的文化遗产,是优秀的课程资源和素材,在课程内容选择中要挖掘其中的典型代表,通过幼儿园的努力和探索,赋予其教育教学的意义和文化的价值。

但是各班级传统文化活动区在材料的提供方面往往也会发现更多的是以幼儿手工制作为主,传统文化的特色不凸显。比如,中国传统扇文化有着深厚的文化底蕴,它与竹文化、道教文化、儒家文化有着密切关系。于是中二班以“扇子”为主题创设了传统文化活动区,教师利用两块屏风向幼儿介绍了各种扇子的种类、扇子的结构、扇子的用途和演变;活动区中有的幼儿在用手工纸做折扇;有的在空白的团扇上画上图案,有的在空白的折扇上画画,有的在用铅画纸以及雪糕棒的组合制作各种形状的扇子,而音乐角里几个女孩子则手拿扇子跟着音乐翩翩起舞……

由此可见,从活动区教师材料的提供上来看,操作的形式还是比较单一的,仅仅停留在手工制作上,与一般的美工区无异,传统扇子文化的特色并不凸显,幼儿通过操作之后也不能够将自己制作的扇子与中国传统文化联系起来,因此这个区域总体上来说缺少传统文化气息,传统文化特色不凸显。

二、传统文化活动区内容选择的原则

1. 传统文化活动区内容选择的文化性和通俗性相统一

进入大班之后我们开展了第一个主题活动《我是中国人》,在主题活动开展的过程中幼儿认识和了解“造纸术”“印刷术”“指南针”“火药”,加深了对祖国文化的认识,知道中国人是聪明勤劳的,激发了民族自豪感。从内容的选择上看,四大发明是从大班幼儿的主题活动中延伸出来的活动,很显然它是适合大班幼儿的认知水平和发展需要的,也是幼儿感兴趣的。同时,四大发明又是我国古代劳动人民的智慧结晶,对幼儿认知来说还是具有一定的挑战性的,幼儿通过自己看图片看视频、操作摆弄才能有更进一步的认识和发现,在这个过程中培养了他们的观察力、探索力、口语表达能力、动手操作能力、创造力、合作意识等。

于是,传统文化活动区的“四大发明”便随着幼儿浓厚的兴趣产生了。在环境创设中,老师投放了造纸所需要的各种工具和各种各样的纸,让幼儿去感受它们的不同;和家长一起用各种废旧材料制作了字模、名字印章等,让幼儿感受活字印刷的神奇和有趣;提供司南图片,认识各种各样的司南,并感受司南的演变过程等。

2. 传统文化活动区内容选择的趣味性和教育性相统一

说到有趣,我想对幼儿来说游戏是最有趣不过的了。传统的民间游戏游戏规则、道具简单，容易掌握，对游戏场地要求不高，幼儿甚至只需要学会一首儿歌或者是制作简单的道具就可以游戏。游戏可以反复进行，趣味性强。游戏中幼儿的身体也可以得到很好的发展，如在“跳房子”中能锻炼孩子的平衡能力。同时游戏也能促进幼儿社会交往能力的发展，创新意识的发展。比如在组织游戏时，教师可以鼓励幼儿在游戏中根据需要，制定出适宜的规则等。

于是中四班老师们就将传统的民间游戏搬到了传统文化活动区中。有的游戏只需要幼儿学会念儿歌、了解游戏规则就可以玩了，例如点豆豆、拉大锯、卖小猪等，对这类的游戏教师提供了游戏的步骤图片、视频等。幼儿根据图片和视频就可以一起游戏了。而有的游戏需要游戏道具，例如跳橡皮筋、抽陀子、打弹子、滚铁环等，这类游戏教师除了提供道具之外，还提供了玩法示意图以及玩法视频，幼儿可以根据示意图尝试摆弄玩具。走进中四班的传统文化活动区，仿佛也回到了小时候和小伙伴们一起游戏的快乐时光。

再比如，印染对小班的幼儿来说是相对较简单同时也是幼儿能力所及的活动，教师选择了贴近幼儿生活的材料，能够吸引幼儿调动参与活动的积极性，而通过压一压、滚一滚就能够得到图案精美的作品又让幼儿觉得无比神奇，活动的趣味性强，幼儿参与的积极性高。

小二班的“印染”活动，教师就地取材，捡取了自然角种植的小麦的叶子以及鲜花的花瓣用于幼儿的印染活动，幼儿只需将小麦以及花瓣放在手帕上，通过用石头压一压、滚一滚的方法就能够制作出图案颜色精美的手帕了，极大地增强了幼儿的成就感以及活动的趣味性。

三、传统文化活动材料提供的策略

1. 传统文化活动区在材料提供上凸显传统特色

传统文化活动区，是教师结合传统文化的内容创设的活动区域，意在通过活动区的活动向幼儿传播传统文化的种子，因此传统文化活动区一定要凸显传统特色。

如大一班的小戏台就是一个充满传统文化韵味的活动区。从材料提供上看，教师通过购买以及家园合作制作的方式提供了各种各样的传统表演服饰，幼儿通过穿一穿、演一演感受着传统文化的魅力。而无论是皮影戏表演还是唱京歌要用的脸谱，幼儿既可以自己制作，也可以用教师提供的道具。幼儿在演一演、唱一唱戏剧的过程中感受传统文化的博大精深。

再如小三班的“最炫民族风”，教师和家长一起收集了 56 个民族的传统服饰，幼儿可以在这里装扮自己，也可以配合相应的民族音乐唱一唱、跳一跳，感受不同民族文化和习俗的不同魅力。

2. 传统文化活动区在内容选择上不断向外拓展

比如，清明是我国的传统节日之一，也是重要的祭祀节日，是祭祖和扫墓的日子。但是在中六班的传统文化活动区却将清明与季节特征相结合，将清明时节的天气特征、人们踏青游玩的情景融入进去，将活动区的内容向外拓展，延伸出制作油纸伞、放风筝等内容，使得清明的节日活动内容更加丰满了。

再比如说印染，在古代印染主要是染布，包括蜡染、扎染等。而对于小班的幼儿来说蜡染、扎染挑战性太大，可操作性不强。于是，教师就在“染”上动了脑筋，除了染布，也可以染纸，各种花草也可以拿来作为印染的材料，通过使用颜料在水中也可以实现印染……这些调整和拓展不仅让小班幼儿更加方便操作，同时也大大提高了他们的操作兴趣。

3. 传统文化活动区在材料调整上要根据幼儿操作情况不断跟进

材料的提供是一个不断调整的动态的过程。在活动中教师要通过细致的观察，发现材料提供的问题并不断地进行调整。比如，弄堂游戏中教师新投放了打弹子，吸引了很多的幼儿参与，但同时教师也发现幼儿为了操作方面都是跪在地上的，非常不卫生。观察到这一现象之后，教师对游戏材料进行了调整——每个打弹子的玩具下面都加了一块长长的KT板，方便幼儿玩的时候可以跪在上面，避免了跪在地上。再比如进入中班之后教师在游戏材料中加入了新的材料——毽子。但是事实上踢毽子对幼儿园的小朋友来说是比较难的，几乎没有小朋友能够踢到，观察到这个现象之后教师也立即新增了另一种毽子——即手工缝制的一头带有细绳可以提在手里的毽子，这样踢毽子的难度就大大降低了。

综上所述，随着实践的开展，教师基本能够根据幼儿的年龄特点、学习特点选择适合幼儿发展水平和兴趣需要的传统文化活动区内容。

然而，一方面，在内容确定之后，教师提供的可供幼儿操作的内容往往停留在看看说说以及手工操作上，活动形式比较单一，对于活动内容背后传统文化的内涵挖掘得不够深入，这一点是需要我们继续探索和思考的。

另一方面，对传统文化活动区内容如何与班级中其他区域有效融合仍需继续思考。传统文化活动区是班级区域活动的一部分，它不是孤立的存在，需要与班级其他区域有机地融合起来。例如传统活动区中制作的节日美食可以放在角色游戏小吃店中进行售卖；印染的精致的手帕可以放在角色游戏中出售；幼儿制作的皮影可以放在表演区用于表演等。因此传统文化活动区的哪些内容是可以在其他区域或者是一日活动的其他环节有效融合的是我们需要继续思考的。

传统文化活动区丰富了传统文化教育的形式，避免了传统文化教育的“说教”与“灌输”，让传统文化教育变得生动而有趣。同时传统文化活动区也是幼儿感受和学习中国传统文化的一个窗口，相信将传统文化的元素有效地融入到我们传统文化活动区的学习内容中，一定能让幼儿感受到中国传统文化的美，并将这种美不断延续。

班级环境中传统文化活动区的创设

赵　青

摘　要：《幼儿园教育指导纲要》明确指出："幼儿教育是基础教育的重要组成部分，是我国学校教育和终身教育的奠基阶段。"传统文化的传承作为一项重要的学习任务被纳入到了基础教育的教学目标中，因此我们从幼儿时期开始就要对他们进行传统文化的启蒙教育。在幼儿园的整体教育过程中，环境是重要的教育资源，我们可以通过对环境的创设和利用，有效地促进幼儿的发展，尤其是将传统文化与幼儿园的各个区域环创相结合，可以促进幼儿更好地了解中华传统文化，传承我们民族的传统美德，增强民族自豪感和自信心。通过区域活动设计以及环创中接触优秀的传统文化，也能提升幼儿的审美能力和创新能力，培养幼儿的完整人格。幼儿是国家的未来和希望，在幼儿阶段营造良好的传统文化氛围，感受传统文化的魅力，是时代赋予的使命。

关键词： 环境创设　传统文化　活动区

一、幼儿园班级环境中的活动区

班级活动区，又被称为区域活动或者区域游戏，是教师依据幼儿的年龄特点和环境空间以及现有资料把空间划分成若干区域，引导幼儿自主选择区域与同伴、材料之间进行相互作用的一种活动。幼儿园班级环境是非常重要的学习资源，通过对班级环境的利用可以有效促进幼儿的学习和发展。不同的区域活动需要进行独特的环境创设，从而可以有效促进幼儿相关活动的学习和实践。在幼儿园区域活动的过程中，教师应该充分利用班级环境的优势来促进幼儿学习，体现幼儿在区域活动中的主体地位，促进幼儿学习。

二、幼儿园班级环境中的传统活动区

传统文化活动区，是教师结合中国传统文化的精华，以"传承创新、多元融合"为教育理念，将传统文化与活动区域有机地结合，创设幼儿感兴趣的活动环境和内容，使其在轻松自由的氛围中自主地选择游戏、学习的内容，从而达到弘扬和传承优秀民族传统文化的目的的活动区域。

（一）班级环境与传统活动区的关系

1. 班级环境与传统文化活动区的结合利于传统文化的传承和发展

传统文化活动区的很多设计和内容都是直接来源于幼儿的生活，幼儿更容易接受这些熟悉且生动的形象。教师将原本复杂烦琐的传统文化简单化，使处于具体形象思维时期的幼儿更直接地了解传统文化，利用环创和活动区为幼儿树立正面的榜样形象。通过在环境创设布置中加入传统文化的元素也能够直观反映出教学活动的内容，将传统文化内容转化到幼儿的行动当中，有利于传统文化的传承和发展。

2. 班级环境与传统文化活动区的结合有利于提高幼儿的审美能力和培养良好人格

俗话说有才无德更危险，现在越来越多的家长怕孩子输在起跑线上，从幼儿园开始就参加各式各样的辅导班，殊不知幼儿的品德人格的培养要比单一的知识技能的灌输更重要。“三岁看小，七岁看老。”幼儿阶段作为人格形成的奠基阶段，将班级环境创设与传统文化活动区结合，通过营造特定的活动场景，幼儿身临其境，配合教师正确的引导，幼儿的审美能力在潜移默化中得到提升，心灵的内在美也进一步提升。

3. 班级环境与传统文化活动区的结合有利于促进幼儿自主性和创造性的发展

教育家陶行知先生和陈鹤琴先生都提出过：凡是儿童自己能做的，应该让他们自己做；凡是儿童自己能想的，应该让他们自己去想，儿童自己去探索、去发现，自己所发现的世界才是真世界。在区域环创中可以激发幼儿对传统文化探索的潜力，提高幼儿的创造性。同时，幼儿可以在不同的区域中根据自己的意愿和想法，去探索尝试自己能力范围之内的事情，提升幼儿的自主性。

4. 班级环境与传统文化活动区的结合有利于促进幼儿良好品德习惯的养成

曾经有一位诺贝尔奖的得主在被记者提问到在什么时期学到的东西最多时，他回答说在幼儿园他养成了伴随他一生的习惯。在幼儿参与传统活动区的同时，同伴关系也会因此产生。通过教师正确引导幼儿关心他人、关爱同伴、关爱集体，注重幼儿与同伴交往能力的提高，使幼儿在感受传统文化的同时学会合作与分享、尊老爱幼等优良传统美德，为以后一生的行为习惯打下坚实的基础。

（二）班级环境与传统活动区创设的原则

班级环境创设与传统文化活动区的原则，是指教师在区域中创设传统文化活动区的内容时应遵循的根据幼儿教育的原则、任务和幼儿身心发展的特点提出来的基本要求，只有教师很好地遵循这些原则，活动才会高效地开展，幼儿才能更好地融入传统文化中。

第一，安全性原则。安全性作为首要原则是因为所有的教育活动都是建立在幼儿身心健康的基础上。只有当幼儿的安全得到保障时，幼儿才能自由快乐地参与到活动当中来，才能感受到传统文化的气氛。

第二，目标一致的原则。传统文化活动区内容的选择与环境创设的教育目标要一致。在进行活动区时要时刻围绕传统文化教育展开，注重良好品德的培养，如尊敬父母，孝敬老人，团结同伴，合作分享，热爱集体，互帮互助等；特别要增加对传统民族节日的教育，了解我国各个节日的传统习俗；品味古代诗词歌赋的韵味，提高幼儿的审美能力和民族情怀。

第三，遵循幼儿身心发展特点的原则。幼儿的身心发展具有年龄阶段性，幼儿园中的环境创设必须符合幼儿的身心发展水平，要结合最近发展区，目标和内容设定不能过高也不能过低，要照顾到绝大多数的幼儿，让他们在一个轻松愉快的氛围里活动。

第四，创新性和动态性原则。活动区在投放活动材料和布置活动场景时要根据幼儿的兴趣喜好，满足其好奇心和探索欲望，更大程度地激发幼儿的创造力和动手操作能力。如果每次活动都是一成不变的，幼儿将很快丧失积极性和主动性，活动也很难达到预期的教学目标。

三、幼儿园班级环境中各类传统文化活动区的创设

（一）操作类活动区的创设

很多班级创设的传统活动区是一些操作类比较多的区域，比如说节日、扎染、泥塑等，此类班级的环境创设中，可以凸显孩子们的作品成果。比如说，我们在新年来临的时候，和孩子们一起动手制作中国传统文化中具有代表性的事物——灯笼。在元宵节的时候，准备好材料，教孩子们制作花灯，并且把制作好的花灯悬挂在幼儿园的活动室内外，让孩子们充分感受到中国传统节日的气氛。我们还可以和孩子们一起收集、整理中国传统节日的资料，做好节日的调查，把相关的图画、文字布置在班级的主题墙上，通过这样的方式，把中国传统文化节日渗透到幼儿园传统文化活动区中，进行传统文化活动区的创设。

（二）欣赏类活动区的创设

有一些班级，擅长欣赏表演类的传统文化区，比如：小戏台、民族音乐舞蹈，不仅有声音、动作，还有故事，对幼儿来说有很大的吸引力。所以，在日常教学中，把传统的民族音乐舞蹈渗透到传统文化区，对幼儿开展传统艺术教育。在进

行民族音乐舞蹈教学时，考虑到幼儿的身心发展和年龄特点，选择既适合幼儿年龄特点，又符合民族性的音乐舞蹈作品，创设一个轻松自由的氛围，激发起他们学习的兴趣。比如，我们可以选择轻松欢快，又充满童趣、反映幼儿生活和幼儿思想情感的音乐题材，并且根据这些作品编制相应的舞蹈，让幼儿在表演的过程中充分表达出一种快乐自由的童心和童趣。

（三）游艺类活动区的创设

还有些班级创设的传统文化区是偏游艺、游戏的区域，比如：民间游戏、舞龙舞狮等，游戏是幼儿教育中一项非常重要的内容。在日常教学中，我们把中国传统的民间游戏，比如跳绳、踢毽子、丢手绢、跳房子、滚铁环等等运用到幼儿日常活动中，通过这样的方式把传统民间游戏渗透到传统文化区环境创设中。还为传统民间游戏的开展，制作相应的游戏道具，比如利用废旧旺仔牛奶罐制作梅花桩，七个为一组围圆，用大胶带缠紧、固定，做成一个简易的“梅花桩”。还利用废旧纸盒制作舞龙灯，让幼儿举着奔舞嬉戏，充分感受到传统民间游戏的乐趣。

幼儿教育是人生的启蒙阶段，教育环境、氛围等因素都在不同程度上影响着幼儿的成长。在幼儿园中营造传统文化的环境，建设适宜幼儿的传统文化教育，积极地弘扬传统文化，是我们每个老师的责任和使命。环境就像一位不会说话的老师，把传统文化渗透到区域环境创设中，建设班级环境与传统文化区结合的教育方式，对幼儿的成长起着潜移默化的作用。因此，幼儿园应结合班级开展的一系列传统文化活动区，和幼儿一起将传统文化的元素完美地渗透到我们班级的环境创设中，为中华传统文化的传播和继承打下坚实基础，促进幼儿的全面发展。

浅谈小班拓印活动的开展

朱凌怡

摘　要：拓印活动是幼儿园美术活动中的重要手段，它是指使用自己的身体部位或者利用自然界中多元化的材料蘸红、黄、蓝等水粉颜色进行想象与创作的玩色游戏。3～4岁的小班幼儿对于色彩感兴趣，喜欢涂鸦，教师应该提供各种条件和机会利用拓印活动来满足小班幼儿创作的愿望，并在此过程中发展幼儿的动手能力、萌发幼儿对美的想象和创造，弥补作画技巧的不足。《3～6儿童学习与发展指南》中指出："要提供幼儿自由表现的机会，鼓励幼儿用不同艺术形式大胆地表达自己的情感、理解和想象。尊重幼儿的想法和创造，肯定和接纳他们独特的审美感受和表现形式。"拓印活动解放了幼儿的天性，通过多样化的材料和颜料的结合，进行个性化的创作，充分体验创作的乐趣和成功的快乐。

关键词：拓印活动　幼儿美术活动

一、创设特色的环境，萌发幼儿对美的感受和体验

《3～6岁儿童学习与发展指南》中指出："幼儿艺术领域学习的关键在于充分创造条件和机会，在大自然和社会生活中萌发幼儿对美的感受和体验，丰富其想象力和创造力，引导幼儿学会用心灵去感受和发现美，用自己的方式去表现和创造美。"因此，幼儿园美术教育离不开良好的幼儿园环境的创设，通过对周围自然环境以及生活中美的事物的欣赏和感受，激发幼儿自发的、个体化的表现与创造。

"冰糖葫芦儿——"那悠长的叫卖声，让一条胡同都充满了甜甜的糖浆味，冰糖葫芦勾起了多少人的童年记忆，又让多少人留恋它的酸甜。红红的冰糖葫芦很容易受到孩子们的青睐，大人有时候也会忍不住买上一串解解馋。喜欢冰糖葫芦是每个孩子的天性，抓住冰糖葫芦这个兴趣点，教师设计了此次拓印活动，孩子们通过海绵拓印的方式印出排列成串的冰糖葫芦，从而感受拓印的乐趣。同时，通过这个温馨的故事让孩子们跟着老爷爷一起走街串巷，感受帮助别人的快乐。

例如：情境导入（意图：激发幼儿参与活动的兴趣，引出主题——冰糖葫芦）

1. 小朋友你们听到了什么声音？（叫卖冰糖葫芦声）

2. 出示冰糖葫芦

主要提问：冰糖葫芦长什么样子？

小结：冰糖葫芦是红红的、圆圆的，一根杆子把它们串在一起，一个挨着一个。

在拓印冰糖葫芦活动中，老师创设了老北京冰糖葫芦的展示台，并提供了冰糖葫芦的叫卖声、稻草棒上的冰糖葫芦、绘本等素材，让孩子们身临其境，感受老北京冰糖葫芦的特点，为后面拓印冰糖葫芦做铺垫。

二、提供丰富、有层次的材料，激发幼儿想象

工具是幼儿拓印活动的重要载体，不同的材料蕴含不同的教育功能，并且激发幼儿不同的游戏行为和思维创作。幼儿发展存在着个体差异，因此教师不仅要提供丰富的材料而且还要具有层次性，这样才能满足不同水平幼儿的需求，拓宽幼儿的想象空间。

例如：拓印冰糖葫芦（意图：大胆拓印冰糖葫芦，感受海绵拓印的乐趣）

过渡语：老奶奶生病了，老爷爷急着要卖掉冰糖葫芦给老奶奶抓药去。他找了一处地方蹲了下来，突然来了好多小朋友要买老爷爷的冰糖葫芦，但是老爷爷的冰糖葫芦不够，你们能帮帮老爷爷吗？让我们用海绵来帮老爷爷制作冰糖葫芦。

1. 教师示范

——小海绵，喝颜料；找到座位，印一下；排排队，长长高；从下往上一个接着一个印，冰糖葫芦就做好啦。

2. 请幼儿上来感受海绵拓印

3. 幼儿拓印，交代要求

——小海绵，喝颜料；找到座位，印一下；排排队，长长高；从下往上一个接着一个印，冰糖葫芦就做好啦。

——最后，我们用棉签蘸一蘸白色颜料，在冰糖葫芦上点一点冰糖吧。

——注意哦，做好冰糖葫芦后把海绵棒放回颜料盘内，小手擦一擦。

在拓印冰糖葫芦的第一项活动中，老师在提供的画纸上提前画好了冰糖葫芦的杆子，幼儿在操作时易于上手，但缺点就是孩子们最后呈现出来的作品都是千篇一律的。所以在第二项活动中，老师提供的画纸增加了层次性，有的画纸是画了冰糖葫芦的杆子，有的画纸上则没有冰糖葫芦的杆子，从而满足不同幼儿的拓印需求。教师通过材料的不断调整来支持幼儿的不断探索和创作。所以，我们在活动中要根据幼儿能力的发展和兴趣爱好不断地增添和改变材料，使活动

层层递进，促进幼儿的水平不断发展。

三、使用多元化的空间和方法，支持幼儿的创作

拓印的目的在于培养孩子们的创造力和创新意识，充分培养孩子们的想象能力，让孩子们通过五彩缤纷的颜料，编制内心最美丽的画卷，满足孩子们的表达欲望，突破传统的思维模式和绘画手法。因此，教师在组织上也要考虑作画空间和方法的多元化，让儿童创作出充满特色的画作。在拓印活动中，老师应该注重故事、音乐元素的运用，二者对拓展幼儿的创作思路有一定的作用。

例如：活动延伸

1. 师：为什么那些小朋友都有小尾巴呢？它们是谁？

2. 师：这个故事的名字叫《冰糖葫芦，谁买》，等会儿我们一起跟其他小朋友听听这个故事吧。

在拓印冰糖葫芦活动中，借用绘本和幼儿一起欣赏《冰糖葫芦，谁买》故事，我们选取绘本中冰糖葫芦这个素材点，因为其符合小班幼儿的年龄特点，孩子们对拓印冰糖葫芦都很感兴趣。同时，让幼儿感受绘本中人与动物互帮互助、和谐相处的情感。

四、巧用评价，保护幼儿的创作愿望

德国教育家第斯多惠说："教学的艺术不在于传授的本领，而在于激励、唤醒和鼓舞。"儿童美术创作表达的是儿童眼中的世界，特别是小班幼儿对事物的认识具有独特性。因此，教师对幼儿的作品进行评价时，要考虑小班幼儿的年龄特点，了解和尊重幼儿的想法。在对幼儿的拓印作品评价中，切忌用成人的标准，使用"像不像"的评价方式。

例如：作品欣赏（意图：介绍拓印画冰糖葫芦，说说冰糖葫芦的样子）

1. 我们一起来看看哪串冰糖葫芦最好吃，为什么？

2. 小结：圆圆的、红红的、一串串的冰糖葫芦小朋友最爱吃了。感谢你们帮老爷爷制作了这么多好吃的冰糖葫芦，老爷爷卖光了冰糖葫芦，现在去给老奶奶抓药了。

对于幼儿的创作教师要给予鼓励和肯定的评价，在评价时尽量找出其进步的地方加以表扬，并且这种表扬是具体的、确实存在的，而不是泛泛的，如幼儿活动过程中色彩的搭配、画面的布局及幼儿的想法都是可以具体表扬的点。拓印活动的创设可以让幼儿在绘画中体验满足和快乐，获得成功的体验，感受到美术活动的乐趣。

大班幼儿剪纸活动的实践

倪　霞

剪纸是我国普及性较高的民间传统装饰艺术之一，也是我国传统的民间艺术活动，更是一种综合性较强的智力趣味活动。剪纸作为民间艺术的重要组成部分，融合了剪纸方法、剪纸技能、绘画造型等多种主要内容，传递着民族的思想情感与艺术情趣。剪纸作为幼儿园艺术活动，能够激发幼儿的创造力，丰富幼儿的想象力，提高幼儿的动手能力。我国著名教育家陈鹤琴先生说过："从小幼儿应有剪纸的机会。"他认为剪纸有两方面的好处：一是可以养成独自消遣的好习惯，二是可以练习手劲。剪纸能够让幼儿静下心来，专心致志，也可以锻炼幼儿的手部肌肉，促进智力的开发。

本班幼儿在小中班的时候已经掌握了基本的剪纸技能，对沿线剪、镂空剪也都进行了尝试，因此本次大班剪纸活动的设计增加了难度，帮助幼儿掌握更多的剪纸方法。下面结合本次活动实践谈一谈剪纸传统文化活动区的开展经验。

一、基于幼儿的兴趣及认知经验是开展"剪纸"的基础

剪纸又称刻纸，是中国最古老的民间艺术之一。它是以纸作为加工对象，以剪刀或刻刀为工具进行创作的艺术。为了让幼儿更多地了解民间剪纸，我们给幼儿准备了有关民间剪纸的视频，通过视频，幼儿了解到民间剪纸又称刻纸，不仅可以用剪刀剪，还可以用刻刀刻。民间剪纸有装饰、摆衬等多种用途，被剪纸装饰过的物体又有其特定的含义，还能变得更加美观。视频激发了幼儿对剪纸的初步兴趣，兴趣是最直接的学习动力，有兴趣才会参与操作材料和探索。但是让幼儿观看视频，没有实际的操作，还是不能够拉近幼儿与剪纸之间的距离。因此，下一步就是让幼儿动手体验剪纸的操作。

《幼儿园教育指导纲要（试行）》中指出："引导幼儿接触周围环境和生活中美好的人、事、物，丰富他们的感性经验和审美情趣，激发他们表现美、创造美的情趣。"本班的剪纸活动始终围绕幼儿周围生活环境中经常能够看到、听到或者是亲身经历、亲自感知的内容进行，更好地引发幼儿的兴趣及情感体验，从而调动幼儿的积极性和好奇心。活动一开始，我们先让幼儿寻找生活中的窗花，尝试让幼儿剪窗花。剪窗花的过程也很简单，先将剪纸进行折叠，随后在折纸上绘画出

简单的图形，如三角形、长方形、爱心等，画完之后就可以剪了，最后将剪纸打开来。打开的一瞬间，幼儿都“哇”了一声，惊叹于窗花的神奇与美丽。剪窗花这一简单的尝试，点燃了幼儿对剪纸的热情，一张彩纸、一把剪刀，可以把千变万化的形态剪出来，幼儿对剪纸的兴趣一下子就提升了，很多幼儿还想进行二次尝试，为我们之后开展剪纸活动奠定了良好的基础。

二、掌握不同的剪纸方法是促进“剪纸”活动的关键

剪纸的方法有很多，不同的剪纸方法会呈现不同的效果。常用的剪纸方法有一折剪纸、二折剪纸、三折剪纸、四折剪纸、镂空剪、对称剪、连续剪等，不同剪纸方法剪出来的效果也不一样。掌握不同的剪纸方法，能为之后的剪纸活动进行铺垫，也是有效开展剪纸活动的关键所在。根据本班幼儿剪窗花的情况来看，大部分幼儿已经熟练掌握了三折、四折剪纸，因此当前对称剪与连续剪成为剪纸活动中主要的剪纸方法。传统活动区的创设中，也有两种方法的简单图示，在操作过程中，幼儿可以通过边看边剪完成剪纸。

经过一段时间的练习，大班幼儿已基本掌握简单的对称剪，甚至能够剪得复杂一点，画有虚实线的图形，也能在空白彩纸上进行对称剪纸。连续剪则是有点小小的挑战，连续剪的折纸方向是有序可循的，因此可以让幼儿在实践中探索，找到有效的剪纸策略。同时大班幼儿已经能够进行合作，几名幼儿相互配合，相互交流，既有利于解决问题，掌握剪纸技能，又能发展社会性，使得剪纸活动更有意义。这些不同剪纸方法的掌握，能为之后活动的有效开展奠定基础。

三、创设良好的剪纸环境是开展“剪纸”活动的必要条件

《3～6 岁儿童学习与发展指南》中指出：“每个幼儿心里都有一颗美的种子。幼儿艺术领域学习的关键在于充分创造条件和机会，在大自然和社会文化生活中萌发幼儿对美的感受和体验，丰富其想象力和创造力。”所以说，“剪纸”活动区的环境创设是开展活动的重要基础，为幼儿创设一个传统的剪纸环境，对幼儿艺术领域的学习起着至关重要的作用。一踏进教室，良好的环境创设，就能让幼儿感受浓浓的剪纸氛围，墙面上、桌面上、帘子上的剪纸元素大大吸引着幼儿，使幼儿浸润于传统文化氛围之中。

起初，本班创设的剪纸环境更多的是窗花的装饰，让幼儿在浓浓的剪纸窗花氛围中自如创作。之后根据活动主题的开展，我们又为幼儿创设了不同内容的环境，如走马灯的创设等。活动区背景墙的创设也给幼儿提供了展示作品的平台，他们能够将自己创作的作品按主题粘贴，体现了整体性。

四、传统文化元素的融入与整合是促进“剪纸”活动的有效途径

传统文化活动区固然离不开“传统”二字，剪纸本身是中国的民间传统艺术，如果在开展民间传统艺术的同时，再结合我园的园本特色，以“传统内容”为中心，我相信对幼儿的收获肯定会更大，剪纸活动的有效性则俨然而生了。

（一）以“传统文化故事”为背景，运用剪纸装饰

剪纸活动可以传统文化故事为载体，给幼儿提供剪纸装饰的机会。首先，需要对传统文化活动区的环境进行调整，添置一个个“走马灯”的装饰，呈现旋转灯笼的效果，引发幼儿对走马灯的好奇。之后可以通过一些视频或图片的播放加强幼儿对“走马灯”概念的理解，引出传统故事。其次，教师在环境创设中可以添置一些简单的传统故事图片，帮助幼儿整理出故事中的重要人物、画面与主要的故事情节。最后，教师指导幼儿可以利用对称剪、连续剪、画完之后再剪等不同的方式进行剪纸，并且装饰走马灯。传统文化故事既帮助幼儿以生动形象的方式接触到传统文化，又融入了剪纸的元素，锻炼了幼儿的剪纸技能，激发了幼儿的创造潜力。

（二）以“传统节日”为契机开展“剪纸”活动

传统节日的形成是一个民族或国家历史文化长期积淀凝聚的过程。中国传统节日多种多样，是我国悠久历史文化的一个重要组成部分。本园也重视每个传统节日，常常开展传统节日文化教育。剪纸技能，能将传统节日与剪纸活动结合，不仅能增加幼儿对传统节日的认识，还能促进幼儿的剪纸兴趣和技能。

每次借“传统节日”的契机开展“剪纸”活动时，我们总是事先为幼儿准备多种多样的制作材料，提升整个活动效果。下面以传统节日“元宵节”与“端午节”主题活动为例。在“元宵节”活动中，主要任务是让幼儿进行纸质灯笼的制作，幼儿先运用图钉“刻”纸、对称剪、绘画剪、连续剪等方式剪出图案，剪完之后粘贴于我们事先准备好的作为灯笼面的彩纸上，再利用小木棍和扭扭棒充当灯笼柄，制作出一个个灯笼。在“端午节”活动中，为了使整个活动变得更丰满，形式更多样，我们事先为幼儿准备了节日背景图、龙舟，引导幼儿用连续剪的方式剪小人、小鱼，用对称剪的方式剪艾叶、粽子、鳞片等，剪完之后粘贴于龙舟或背景图上进行装饰，整个活动区充满了浓浓的节日气氛，同时也将幼儿掌握的剪纸技能都运用了进来。

剪纸是一种民间艺术，它可以带领我们发现民间艺术的美。虽然在活动中幼儿会受到他们认知水平、技能水平的限制，还不能完全理解民间剪纸这门艺术的全部内涵，但是在教师的引导下，幼儿对剪纸技能有了一定的认知与掌握，也发现了剪纸的艺术美。相信幼儿还能通过更多的活动感受剪纸的乐趣，在实践操作过程中提升自己的剪纸技能，促进手部肌肉的发展，提高绘画能力及想象力。

幼儿园扎染活动的年龄适宜性实践

谈玮吟

扎染，是中国传统的技艺之一，是织物在染色时部分结扎起来使之不能着色的一种染色方法。扎染本是不分年龄、老少皆宜的布艺手工，但如今不管是成人还是幼儿，对于扎染的技能都知之甚少。在本园传统文化课题的开展中，我园各年级的班级都围绕着各种“美”而展开各种不同的活动区：美文、美食、美旅、美服和美艺。本班的“尚美”活动从小班开始就围绕着“染”，一直进行了三年的主题实践。我国教育史上最早的一篇教育理论专著《学记》中提出了教书育人的四大基本规律，即“预、时、孙、摩”，其中的“孙”就是指循序渐进。小、中、大班三个年龄阶段幼儿的发展特点不同，围绕着同一主题进行的实践也不同。因此本班结合不同年龄阶段幼儿的特点开展扎染相关活动，让传统的扎染技艺走进幼儿园，让传统的技能在幼儿园绽放活力。

一、小班实践：兴趣激发

《3～6 岁儿童学习与发展指南》中指出：“儿童的发展是一个整体，要关注领域之间、目标之间的相互渗透和整合，促进幼儿身心全面协调发展。”“幼儿的学习是以直接经验为基础，在游戏和日常生活中进行的。”对于小班的幼儿来说，刚刚进入到幼儿园阶段的学习，其手部精细动作的发展不足以应对传统扎染中技能的要求。因此在小班阶段直接开展传统的扎染活动，显然是不合适的。该阶段主要目的首先是激发幼儿对于扎染活动的兴趣，同时培养幼儿对美的感受。因此，基于小班幼儿的年龄特点，切合幼儿玩色的需求，在小班阶段扎染活动可以借由植物染开展。

植物染，作为从周朝就开始在我国出现的一种形式，它既具有天然、环保以及现代工业染织无法表现的艺术性，又适合在幼儿园小班阶段进行利用。植物染的玩法包括印染和敲染。幼儿自由地在幼儿园里找寻自己喜爱的植物，各种样子的花朵和叶子都被收集到了一起。幼儿自己尝试在纸上摆摆弄弄后，用喜欢的颜色喷上随意的色彩，一幅美丽的植物印染画就完成了。幼儿还喜欢给植物刷上颜色，然后按压在纸面上，叶子的脉络就很清晰地留了下来。植物染的特点是步骤简单，效果明显，成了一个阶段的特色。在传统的扎染中，是会使用植物中的天然色素来进行染色的，虽然小班的幼儿还不能真正地染布，但植物中鲜艳的色彩却是真实存在的，如果用按压、敲击等方式让植物中的颜色出来，并保持在其他的载体上，这样的形式，幼儿会不会喜欢呢？这就出现了第二种玩法——植物敲染。植物敲染借由新的材料：布和锤子。幼儿用他们所喜欢颜色的艳丽花朵，在纸和布中间夹住之后，用橡皮榔头上下敲几下，一块染有植物色彩的手绢就完成了。

这样的两步走实施活动，操作简单，循序渐进，符合小班幼儿的年龄特点。幼儿在这个活动中，能感受到色彩，也能在摆摆弄弄的过程中，完成对构图、画面的理解，为后续扎染活动打下良好的基础。

二、中班实践：技能初探

传统的扎染古称扎缬、绞缬、夹缬和染缬，是民间传统而独特的染色工艺，是织物在染色时部分结扎起来使之不能着色的一种染色方法，中国传统的手工染色技术之一。对于中班的幼儿来说，用到针的绞缬显然是不合适的。《3～6岁儿童学习与发展指南》中关于幼儿手部动作的灵活协调的教育目标中，对于中班的要求中有“能边线对齐地折纸”这样的教育目标。而夹缬的基本的步骤就是在“折”的动作上，容易操作，成为我们在中班阶段开展传统扎染的开始。

传统夹缬方式是要用橡皮筋对木棒两端进行扎紧的，但刚上手的中班的幼儿，面对橡皮筋的捆扎，就是一头雾水了。所以在中班开展扎染活动时，首先需要解决这个问题，可以通过以下两种方式：一方面，家园配合，结合生活区的内容，教会幼儿橡皮筋的扎法；另一方面，材料调整，找到了封口夹、木夹、木块夹、文件夹等多种夹子一一实验。最终发现对于幼儿的扎染来说，虽然这些夹子的效果可能没有橡皮筋好，但也能完全满足幼儿扎染。当然，虽然是传统扎染，为了更加适合幼儿的兴趣，还是需要做一些调整的。比如在颜料的方面，虽然传统的扎染多以靛蓝为主，但是中班的幼儿，更喜欢艳丽的色彩，也不太能应付一大缸染料。于是，扎染的第一步，在染色中，我们选择了滴染。扎染的活动也正式开始了。通过“像折纸一样来折布”的方式，幼儿随意地用在折纸中学到的方法折布块，再用夹子等材料进行组合“扎”。

在中班开展扎染活动的主要目的是技能的锻炼。因此我们选择了相对简单的夹缬，但因为所“夹”材料的折法不同，最后形成的是非常多变的成品。在这个过程中，幼儿能够积累一定的对“扎染”技能的理解，也正是通过这个过程，去感受传统扎染技能的魅力。当然，在中班开展扎染，还是有几点需要注意的。首先，教育要面向所有儿童，材料的选择要充分考虑幼儿的能力水平，给不同发展水平的幼儿提供不同难度的操作材料，例如橡皮筋和各式架子的灵活运用；其次，布的染色要选择易染的布材和颜料，方便幼儿更容易地感受到不同颜色的变化和扎染的魅力；最后在扎染过程中，鼓励幼儿感受传统扎染的魅力。通过循序渐进的传统扎染活动开展，幼儿由简单方式到复杂方式的扎染，充分感受与欣赏到传统的扎染活动的美，感受其中所蕴含的变化多端的魅力，对传统扎染的技能可以达到比较高的水平。

三、大班的实践：美感表达

大班幼儿的表达、表现的能力都极大提升，同时幼儿在小班阶段积累了兴趣和美的感受，在中班积累了对传统扎染技能和美的欣赏，因此在大班，幼儿就可以进入到对传统的创新以及传统美的表达中，开展扎染活动时可以从两个方面入手。

首先是技能的多变。在大班阶段，可以增加更难的绞缬等技能。当然，为了能让幼儿更好更快地掌握绞缬中“缝”的技能，在生活区中，还可以增加“毛线刺绣”等活动以辅助。幼儿在掌握更加丰富的技能后，可以自由地对同一个材料运用不同的各种技能进行创作。相对中班的创造，这个阶段的作品，会有更多幼儿自主创设的成分在其中，幼儿对于一些特殊的图案在扎染中的体现将有更多的控制力。虽然刚刚开始，心比天高的幼儿经常会因为画出的图案过于复杂而最后不能成功“扎”起来，但是，成功的经验还是在不断地累积着。没几天，漂亮的小星星，温馨的爱心等简单的图案，都在布上呈现出了别样的风采。

另一方面，可以从拉近传统技艺与幼儿的生活入手。虽然之前有过很多扎染的经验，但是这些材料往往只是在平面、简单的布上进行创作，与幼儿的生活还有距离。因此，可以在扎染的运用上下功夫。活动区里的作品，虽然看着琳琅满目，但基本上都是布块，最多是几块稍微长一点的布，被我们说成了围巾。如何让幼儿的生活与扎染更加靠近呢？还是要从作品的使用价值上考虑。幼儿要能扎染完能用能玩，那就准备幼儿需要的材料：小包、小衣服、帽子等，这些东西和布料的扎染方式区别不大，但是扎染完、固完色，就可以投入到“上班游戏”中去真正地利用起来！布可以做的东西，我们都能做！头绳、头箍、手机壳、表演用的服装道具……甚至，在实际的操作中，临近毕业，幼儿想要准备一套班服，经过商量，一个超棒的主意脱颖而出：自己扎染一件独一无二的班服！每一个环节都自己动手，在自己的作品上，幼儿展示出了自己在扎染上的独一无二的能力和美的感受，最后呈现出的作品各有各的美。

从本班三年开展扎染活动的效果来看，传统扎染活动在幼儿园开展是有实际意义的，也是符合幼儿年龄特点、需求的。幼儿园阶段的幼儿，能在传统的扎染活动的开展中，体验到传统技能的魅力，感受到传统的美，在传承传统技能的同时，融入自己的创意和想法，将传统的技能和幼儿的生活有机地结合起来，使优秀的传统文化在幼儿园焕发新的魅力。

中班幼儿传统文化活动区的创设与实践研究

周婉晔

传统文化活动区既是幼儿活动的区域，涉及区角游戏、体育游戏、个别化学习等，又是教师结合传统文化的内容创设的活动区域，意在中国传统文化的传承。本课题中主要研究符合中班幼儿年龄特点的传统文化活动区创设，包括创设中班幼儿感兴趣的活动区环境和内容，使其在轻松的气氛中自主地与环境和材料互动，接受传统文化的熏陶。

一、中班幼儿传统文化活动区创设的依据

（一）依据中班幼儿年龄特点

幼儿园中班是幼儿三年学前教育中承上启下的阶段，也是幼儿身心发展的重要时期。中班幼儿相较小班幼儿，有其显著年龄特征。首先，中班幼儿以无意注意占优势，他们喜欢新玩具、新衣服、新图书，因为这些新东西本身的吸引力引起了他们的注意。根据这个特点，我们在引导孩子学习时应当选用有动感、色彩明艳、能吸引幼儿目光的教具以及生动有趣的语言和表情，采用故事或游戏的形式，寓教于乐，使孩子集中注意力。其次，中班幼儿动作发展更加完善，体力明显增强。手指动作比较灵巧，可以熟练地完成精细动作。我们不难发现，中班幼儿好动，有时还缺少技巧，特别爱游戏而问题不少，非常喜欢模仿，语言学习能力比小班也大大提高了。

（二）依据中班幼儿身心发展目标和培养目标

1. 健康

- 喜欢参加民间游戏，知道并会操作几种弄堂小游戏。
- 在传统游戏过程中，能够大胆尝试稍有难度的传统游戏器械。

2. 语言

- 对自己本土方言感兴趣，愿意和他人交流。
- 能结合传统文化情境，感受不同语气、语调表达的不同意思。

3. 社会

- 初步了解中国传统节日、美食、民间游戏等传统文化，萌发民族自豪感和

热爱之情。

- 积极参与到传统文化活动中，并在过程中体验和同伴合作的快乐。

4. 科学

- 乐意收集、探究有关传统文化的信息，萌发对传统文化的好奇心。

5. 艺术

- 喜欢制作和传统节日、美食有关的材料。
- 尝试用不同材料或形式来表达所见所想的传统文化。

二、中班幼儿传统文化活动区环境的创设

(一) 整体风格凸显传统文化特色

在“传统文化我知道”的内容下要进行许多节日主题活动，“春节”是中国传统且最具有代表性的节日。但由于现在社会越来越现代化，孩子们也很少感受到春节喜庆氛围，我们就在大环境中渗透传统文化。首先“中国红”的元素是一定要运用到春节节日中的，大红的灯笼、中国结、对联等等都能烘托热闹氛围。其次孩子们对于压岁钱还是有极大的兴趣的，我们收集了很多不同的新年红包，手工活动中，也和孩子们一起设计红包，活动后再一起和幼儿装饰在墙面上，串起来挂在了架子上，烘托氛围的同时增加了空间的层次感。

(二) 区域墙面呈现传统文化主题活动轨迹

《3～6岁儿童学习与发展指南》中建议，要带幼儿观看或共同参与传统民间艺术和地方民俗文化活动。《迎春节》的主题中，我们前期进行了一次“春节习俗”大调查，家长和孩子们做了亲子的调查表，我们把调查的结果展示在区域墙面上。孩子们可以通过自由的翻阅，或者介绍自己的调查，了解春节中很多传统习俗。有了这样的调查，孩子们对于春节有了更加具体的了解，用画笔描绘出了他们眼中的“过年”，放鞭炮、贴春联、收压岁钱等等。这完全是由幼儿自己衍生出来的活动，通过展现传统文化主题活动的轨迹，让我们的墙面既有传统特色又不失童趣，幼儿也是越来越喜欢我们的传统文化。

(三) 环境创设融入家乡本土特色

我国教育学家陈鹤琴先生就曾明确指出：“幼儿园环境创设要考虑当地的风土民情、文化底蕴、气候条件。”《3～6岁儿童学习与发展指南》中建议我们运用幼儿喜闻乐见和能够理解的方式激发幼儿爱家乡、爱祖国的情感。传统文化中本身就有很多本土文化的元素，比如老弄堂游戏、上海传统美食等，所以在创设这些区域的时候，我们前期需要寻找上海老式建筑的特点、本土特殊的服饰，来熏染幼儿对于“上海本土”文化氛围的感受。中班孩子本身喜欢新鲜事物，踏进石库门、穿上江南水乡特有的蓝印花布，一下子就走进了“老上海”。

三、中班幼儿传统文化活动区材料的提供

（一）材料的种类

传统文化活动区中的材料是幼儿了解传统文化的物质基础，也是幼儿建构知识的依托；幼儿就是在不断地、主动地操作材料过程中获取信息，积累经验和发展能力，因此材料是幼儿发展的载体。但是如何有效地投放材料，才能帮助孩子更好地理解传统文化呢？通过实践发现，传统文化活动区中的材料可以有视觉类的，如图书、图片、影像及亲子自制调查表；有听觉类的，如传统故事、古诗文故事录音，教师讲故事的录音，或者是一些轻音乐，能更好地衬托传统氛围；有操作类的，提供图文配对材料，比如节日与习俗的配对，美食与地方区域的配对；有表演类的，提供头饰、指偶、人偶等具有形象特征的道具，以及简单的背景等，供幼儿表演。还有本土资源的材料有的可直接利用，也有的可装饰、设计，从材料的特点出发，让幼儿动手自制或是和父母一块制作。利用郊区幼儿园独特的得天独厚的自然资源，挖掘出具有本土化特点的区域材料。比如利用稻草、麦秆等自然资源，组织幼儿进行编织、穿线、贴画等多种系列活动，发展幼儿的多种技能。对现有的本土材料进行深入的挖掘，探索更多的能够对幼儿产生教育作用的操作方式方法。

（二）材料的适宜性

1. 考虑价值

对于幼儿传统文化教育，老师们一开始急于强调传统文化知识、符号等外在的、物化的内容掌握，比如了解古诗文，给予幼儿的材料都是千篇一律，如一首首的古诗文图片和录音，孩子们虽然一边跟着录音念古诗文，一边看着图片，但几乎没有孩子真正去理解其内涵。这种忽视其内在精神的习得和传递，本身就是违背优秀传统文化、违背现代幼儿教育精神的。

例如：清明节，虽然我们小班时候也有清明习俗、观赏风筝、踏青，但依然停留在感受阶段。蒙台梭利认为，幼儿“听过了就忘记了，看见了就记得了，做过了就理解了”。对于传统文化的习得同样是这样。因此中班如何区分小班，就要在材料上进行思考。针对中班孩子的年龄特点，他们已经可以尝试自己剪、画，操作能力相对于小班阶段要增强很多，所以不能够再停留在看和感受上了，我们查阅了很多清明习俗，发现有“插柳”的习俗，于是就制作了一棵大柳树，一下子吸引了孩子们的注意力。包括风筝，也是尝试让孩子们自己画对称图形，用木棒简单制作风筝，感受风筝的基本构造，也让孩子们更加了解清明的习俗，也有十分愉快的感受。

2. 安全性

教师起初在准备“弄堂游戏”的游戏材料时，只想到了一些传统的游戏器械：

扯铃、滚铁轮、踢毽子、跳皮筋等，这些都是他们很少接触的材料。但扯铃分量重，铁环材质坚硬，这些材料在孩子们游戏的过程中出现了很多问题。特别是“游戏棒”这样尖尖的材料。这样尖尖的玩具我们平时都不让幼儿拿到幼儿园，自己在准备材料的时候却出现了这个“安全问题”，的确是在前期对于材料的安全性没有考虑周全。在这个问题出现之后，教师就在反复调整“游戏棒”。之后推出了“挑冰棍”，作为替代品，它并没有让孩子们在游戏中失去兴趣和积极性，反而在游戏中安全性得到了保障，幼儿的注意力也更加集中，不会再为那个“尖尖的棒子”胆战心惊了。

四、中班幼儿传统文化活动区内容的选择

幼儿园的活动是以游戏为主，其服务的对象是处于发展中具有主动意识的幼儿。因此，在幼儿园中进行传统文化教育的内容不同于学校教育阶段中的传统文化，以理性理解能力养成和传统文化知识教育为主，而是有自己独特的文化和教育使命。同时，由于幼儿园的文化和教育使命以及中班幼儿的身心发展特点，使得在幼儿园中进行传统文化教育并不是无限可能的，在内容、形式、过程等方面具有一定的限定性。在讨论中班传统文化活动区内容初期，我们有很多的设想，同时也对比小班的传统文化活动区的内容，虽说在初步感受的基础上要进一步加强，且中班孩子好动、爱模仿、有一定的创造意识，但是依然在动手能力、理解能力上有一定的局限性。同时，我们在内容选择的时候就要挖掘传统文化背后的价值所在。

（一）传统节日

我们抓住传统节日教育的核心意义，通过把握要点进行价值遴选，找准和突出传统节日文化中的精华，然后设计活动，使幼儿在传统节日活动中健康情感得到发展。我们利用“元宵节、清明节、端午节、中秋节、重阳节、春节”这些中华传统民俗节日，增强幼儿对传统节日的兴趣，让其初步了解我国传统民俗节日。在每个节日开始前，我们都有一个亲子制作调查表的前期准备。在初步调查之后，我们分别对每个节日的传说、习俗、美食等内容进行筛选，选择适合于中班幼儿的活动。我们在小班初步欣赏的基础上，加上了手工制作，给灯笼装饰、自己设计平面的灯笼等。像清明节、中秋节、端午节这些节日都有非常具有代表性的传统美食，我们选择简易的操作材料，可以做青团、做月饼、包粽子，同时结合角色游戏，让幼儿把传统美食自然地融入我们的生活。

（二）传统美食

美食对于幼儿来说一直有着很大的吸引力，相比较小班的感受初期，中班在选择内容上，教师也是先后做了很多的调整，一开始结合中国的传统节日，比如

清明节做青团、端午节包粽子等等，但是在内容上还是略显单薄，也和一些研究传统节日的传统文化区有所重复。在让幼儿了解一些传统美食制作方法之后，教师发现孩子们对于面食的小点心比较感兴趣，所以在内容上选择了面皮类和面团类两大类的传统美食。过程中孩子们通过初步的仿真制作到后期真实材料制作，亲身的实践给予幼儿的感受更为深刻。教师还在角色游戏区域设置了一个“传统美食”展销会，幼儿还会用童谣买卖传统美食，传统的氛围十分浓郁。

（三）弄堂游戏

弄堂游戏对于现在的孩子来说非常的陌生，但却是我们小时候童年最美好的回忆。在前期选择弄堂游戏内容的时候，不难发现，其实操作的材料并不是特别的花哨复杂，有些甚至只要一根线就能玩得不亦乐乎。所以我们在选择内容时，特地挑选了一些孩子现在不太玩甚至不接触的游戏，比如弹珠游戏、跳竹竿、跳皮筋、翻绳儿等。但同时我们也不仅仅停留在这些传统游戏的传统规则上面，针对中班幼儿的年龄特点，也做了一些创新和调整。比如弹珠游戏，我们设计了一个小房子，底座挖了一些小洞，小洞里是数字。游戏的幼儿可以尝试把手里的弹珠弹入相对应的洞中即获得分数，这既保留了弄堂游戏的经典动作，也把幼儿现阶段动手、思维、想象等多方面能力的发展融入了其中。

五、中班幼儿传统文化活动区教师的指导

（一）合理投放材料

孩子们是多彩的，是有差异的，充分利用区域活动中的各种材料，让每一个孩子都有成功的可能，体验到活动带来的快乐与满足，这是尊重幼儿，“让幼儿成为学习的主人”的具体表现。

1. 有层次投放

在材料的提供上，要根据幼儿的发展水平体现一定的差异性，以适应不同阶段幼儿学习的需要，一步一步地把幼儿引向所要达到的传统文化教育目标。

比如，传统美食——“元宵汤圆”的创设，根据幼儿原有水平的差异，在材料中予以区分：对能力比较弱的幼儿，创设了练习区——搓搓小汤圆，让幼儿尝试用最简单的材料“橡皮泥”来制作汤圆，帮助幼儿获得成功，从而体验到搓汤圆的乐趣；对能力较强的幼儿，我们创设了比赛区——包汤圆比赛，每个人都有真的面粉、馅儿，让幼儿两人一组进行包汤圆比赛。这种方式使材料和形式具有挑战性，幼儿在比赛中，既能体验成功的喜悦，又获得了自己制作“包汤圆”这种传统美食的技能。

2. 分阶段投放

关注幼儿在传统文化活动区中的表现和反应，敏感地察觉他们的需要，及时

以适当的方式应答，形成合作探究式的师生互动。即教师提供给幼儿一种操作材料，要根据幼儿的年龄特点、兴趣创设不同的目标环境。

在“传统节日”的传统文化活动区，幼儿梦梦告诉老师，她问了爸爸妈妈重阳糕上有什么，然后她就找替代材料，结果，只找到纸条当重阳糕上的萝卜丝，其他找不到可以当重阳糕上食材的材料了。听到梦梦的话，老师及时地去找寻各种材料，毛绒球、彩片、彩珠等等，放在“重阳糕”区域内，让孩子自由选择。过程中，教师并没有指定材料和准备成品，幼儿对于材料内容都有自己的想法。老师在观察的时候，及时地发现了材料的缺失，此时再提供，就不会破坏他们的积极性和创造性。

（二）有效观察指导

在自主探索中，教师不要功利性、直线型地指导幼儿，也不要急于提供操作过程、把最终目标呈现于幼儿面前。对中班幼儿，教师应采取带有启发性、建议性的语言来引导孩子们主动参与活动，成为幼儿活动的支持者、合作者、引导者。

1. 观察先行，及时介入

实施教育，观察先行。蒙台梭利曾对观察在教育中的重要性做过精辟的论述：唯有通过观察、分析，才能真正了解孩子的内在需要和个别差异，以采取应有的态度来配合幼儿的成长需要，适时地介入。比如，区域活动开始了，静静等几个人在包“青团”，包着包着没有了兴趣，准备离开。看到这情形，我让他们尝试把做好的青团放到百宝箱，他们瞬间就明白了我的意图。第二天，静静和小轩就开起“青团店”，制作和买卖不亦乐乎，还因为几个小客户的要求，延伸了很多不同馅料的“青团”。

2. 设疑启迪，引导探究

针对不同性质的学习内容，教师应运用不同的指导方法。当幼儿需要帮助时，教师就应给予启发、点拨，但教师的指导语言应是开放式的，要能发散幼儿的思维，要让孩子有更多的机会自己去发现、总结。依旧是之前“青团”问题，连锁的问题还包括之后他们的延伸话题——青团馅，有的孩子坚持“青团”只有一种馅儿，有的孩子说现在有好多种馅儿。当时没有给出结论，我让他们进行了“青团大调查”，通过生活中的调查，甚至还有孩子带来好几种不同馅儿的“青团”，这才让孩子们把传统美食和生活紧紧地联系到一起。

3. 师生互动，生生互动

在区域活动中，教师和孩子共同创设了比较宽松的活动环境，要注重师生之间的平行互动和幼儿之间的生生互动，利用自身行为的榜样示范作用，对幼儿的自由活动进行指导。在“弄堂游戏”区域内，老师提前就给孩子们创造了上海怀旧的氛围，也让幼儿初期自己研究不同游戏的玩法。老师自身也需要做不少功课，查阅了解弄堂游戏的每个玩法，并在过程中和幼儿共同探讨游戏。

传统文化活动区的创设与实践，极大地促进了幼儿社会性的发展，在活动区，幼儿积极主动地参与，动手操作和表达、表现的能力也得到了发展，并得到了传统文化的熏陶。

托班幼儿拓印活动的开展

——从教室里到花园里，从手指拓印到趣味拓印

潘萌萌

古代的“拓印”，是对雕刻或石刻表面的手工复制品，以拓印文字为主；而现在的拓印，以趣味拓印为主，将身体的部位或生活中常见的各种东西印在纸上。

受限于年龄特点和发展水平，托班幼儿的美术活动要求活动内容与生活中常见事物相结合、与幼儿的兴趣需求相联系。鉴于此，拓印活动就应运而生了。我们请家长协助收集生活中的各种物品，用上小手、用上蔬菜宝宝、用上简单的物品等，在教室里、花园里、长廊里由里到外进行了各种各样的拓印活动。经过一年的拓印，幼儿都纷纷爱上了这种色彩缤纷、形式多样的游戏。

一、前期经验的铺垫，教室内手指拓印

现在的科技越来越发达，拓印的工具多种多样，我们可以在市面上买到各种花样的拓印工具：动物、植物、人物……我们在使用的过程中却发现，这些拓印工具对于孩子们来说只有一时的新鲜劲儿，玩了几次就无人问津了。

对于托班的宝宝来说，生活经验有限，对生活中常见物品的认识也有限，那么托班幼儿最熟悉的，应该是自己的一双手。因此，在铺垫前期经验的时候，我们选择了用手指拓印桂花和梅花，在蘸蘸颜料、点一点的过程中，感受拓印带来的愉快，感受作品完成带来的成就感。

【案例】

在手指拓印的过程中也碰到了一些小困难，孩子们在读托班之前几乎从来没有接触过颜料，部分孩子不敢用手去接触颜料，这是很正常的一个从陌生到熟悉的过程。于是，我唱起了儿歌“小手弄脏没关系，我们待会儿洗一洗”。几位幼儿听见之后，大胆地用一根手指放进颜料盘里戳一戳，我激动地鼓励了这几位小朋友，夸他们是勇敢的宝宝；对于暂时不敢蘸颜料的宝宝，我慢慢地走到他们身后，握着他们的手，跟他们一起去蘸颜料。渐渐地，一朵一朵的金黄色的桂花出现了，虽然孩子们点完桂花有涂抹的过程，我知道他们是想把手上剩余的颜料涂抹干净，但是这是第一次接触颜料、接触拓印，孩子们已经踏

出了非常勇敢的一步。在一周之后第二次拓印红红的梅花时，孩子们对于颜料就没有那么陌生了，不用老师帮助了，这是孩子们第一次独立完成的梅花拓印。到这时，孩子们对于拓印的前期经验已经铺垫完成，认识了颜料，了解了拓印的基本步骤。

二、拓展拓印的范畴，花园里的树叶拓印

在开始前期经验的铺垫时，我们在室内进行，介绍手指印、脚丫印的基本方法；但是当幼儿自身的能力有了一定基础之后，我们会带幼儿去室外的大自然中进行拓印，如拓印油菜花、拓印梅花等，拓印的环境从室内搬到了室外，我相信大自然是最好的老师。

陈鹤琴先生说过："大自然、大社会是一本无字的书、活的书。是我们的活教材、活教师。"通过拓印活动，幼儿将充满生机的大自然，加注更多的色彩。拓印形式新颖、操作简单，不仅能满足幼儿天马行空的想象，而且在拓印过程中容易获得成就感。

因此，我们经常选择大自然中的一些常见物体进行拓印，比如春天的时候，我们运用到花园里的花朵来拓印，夏天用到了荷塘里的藕和莲蓬来拓印，秋天用到了飘落的树叶来拓印，冬天用到了水龙头旁结冰的冰块来拓印，带孩子感受大自然的美，在大自然中创造美。

托班的门外有一块大草坪，这是幼儿得天独厚的地理资源。幼儿每天都在草地上玩，从秋天到第二年夏天，风雨无阻。大自然中的变化，也让幼儿更加直观地认识了这个美丽的世界。

【案例】

秋天了，花园里的叶子由绿变黄，从树上落到了地上。去小花园之前，我们在教室内进行了一次谈话活动，我问孩子们："怎么样留住美丽的秋天？留住漂亮的树叶？"孩子们想了许多聪明办法，有想把树叶带回家的，有跟秋天一起合影的，还有想把树叶蘸上颜料印在纸上的。因此，我们带领着托班的孩子，到花园里进行了一次捡树叶的活动，把一片片的落叶捡拾到篮子里。孩子们捡树叶的同时，我们老师在草地上铺开了一张张彩纸，让孩子们捡到树叶之后，在颜料盘里蘸上颜料，为秋天枯黄的树叶添上缤纷的色彩。最后，将蘸满颜料的树叶印在纸上，"秋天"就这样被"留"在了纸上。孩子们意犹未尽，纷纷去找寻自己更满意的树叶，有的小朋友找了更大的树叶，有的小朋友找了"奇形怪状"的树叶，这才是秋天啊！经过这一次的树叶拓印，孩子们的思路一下子打开，在花园里看见的花花草草都想带回教室进行拓印，在平时散步的时候，孩子们总是将掉落的花瓣、树叶收集在篮子里。

三、增加拓印的趣味，家园中的多样拓印

在我们班，为什么拓印活动中幼儿的兴趣总是很高？因为这是他们用自己的小手做的，自己捡的叶子，自己摘的蔬菜，是他们十分满意的东西；同时，家长帮助幼儿在家里进行前期生活经验的铺垫，也为拓印活动提供了成功的基础。

比如随着城市化进程步伐的加快，孩子对现代化的东西越来越熟悉，而对于生活中常见的蔬菜宝宝却分不清，特别缺乏对自然的洞察力。

在我们幼儿园的西侧开辟了一个种植园区，在这个种植园里，幼儿们可以尽情地去亲近大自然，去观察和探索，为孩子们自发的科学探索提供良好的机会，有利于激发孩子的探索欲望，培养探索精神。

【案例】

小菜园的蔬菜宝宝一天天长大，利用孩子们自己摘下的蔬菜宝宝，回教室进行拓印，能够更好地让孩子们认识蔬菜的横截面，认识我们身边的蔬菜宝宝。一天，孩子们读到了一个绘本，名字叫作《小兔的大衣》，书中的小兔子有穿不完的花花大衣，走到胡萝卜田里，就能穿上胡萝卜大衣；走到树林里，就能穿上小树大衣。孩子们露出了羡慕的眼神，也想变出这样的花花大衣。于是，我们带着托班的孩子们一起来到教室西边的菜园里，告诉孩子们："我们先摘一点蔬菜宝宝吧，待会儿回教室变魔术。"孩子们在菜地里来来回回忙活着，摘了青菜宝宝、黄瓜宝宝、辣椒宝宝、茄子宝宝，我带着孩子们回教室了。清洗完蔬菜，我帮助小朋友们将蔬菜宝宝对半切开，跟孩子们说："把蔬菜宝宝蘸点颜料印在小兔白白的衣服上，你们也帮助小兔拥有了一件新大衣。"很快，一件件青菜大衣、黄瓜大衣、辣椒大衣、茄子大衣就完成了，孩子们兴奋地围在晾晒的桌子旁，激烈地讨论着。这应该是孩子们拓印作品的鼎盛时期，不单单使用一件蔬菜进行拓印，灵活运用几种蔬菜宝宝多次取色，多次拓印，呈现形式非常好，孩子们情绪持续高涨。

同时，我们发动家长始终致力于从生活中发现新鲜的拓印材料。家长为我们的拓印活动区添砖加瓦，比如收集来的保鲜膜、收集来的果实、收集来的小扣子，都为孩子们创造美的过程提供了无限的可能。

在拓印活动中，幼儿也能够适当地学习到很多东西，认识到不同的花草树木、认识到不同的蔬菜、认识到不同的拓印工具，这些都是在幼儿原有生活经验的基础上继续开展体验，所以幼儿在整个活动中不停地在体验小花匠、小农民、择菜工、拓印艺术家的一些工作，不断地有事情在操作，生活经验不断地积累，促进了幼儿更好地体验生活式学习。

综上，我们拓印的地点从教室里搬到花园里，从最基础的手指拓印到趣味拓印，用拳头和棉签印出“秋天的柿子”；用手的右侧印出“小金鱼”；用牛奶盒印出“公共汽车”……拓印不仅仅是老师带领幼儿进行，还可以是在各个地方、自发地进行拓印，孩子们将生活中的物品摇身一变变成各种各样的拓印工具，将“艺术”与“生活”巧妙地结合在一起。孩子们在玩中学、学中玩，从中感受美、体验美、创造美。

让生活充满染趣

马婷婷

《幼儿园教育指导纲要(试行)》中明确提出:“要充分利用社会资源,引导幼儿实际感受祖国文化的丰富和优秀,激发幼儿爱祖国的情感,萌发幼儿初步的感受美和表现美的情趣。”扎染是我国劳动人民发现美、表现美的成功案例,它在我国已有数千年的历史,是我国古代劳动人民的智慧结晶,一直以其独特的美生长在人民中间,点缀和美化着人民的生活,是众多民间艺术中一颗璀璨的明珠。

现结合我园传统特色这一契机,我们决定在“尚美”活动区创设“扎染”艺术。不仅因其工艺从扎到染具有丰富的创造性,且我们从小班开始就接触晕染、印染,已经有了初步的对色彩的感知力以及对美的欣赏力,相信我们的扎染作品会更加色彩艳丽、图案变化无穷。我们旨在让幼儿感受扎染的乐趣及图案出现所带来的惊喜,萌发幼儿对扎染活动的兴趣,从通过欣赏、感受、体验、创作、分享等一系列活动,让幼儿感受并接受传统民间文化。

一、初次尝试

通过一段时间的前期经验的铺垫,幼儿了解了印染艺术,了解好看的印染作品是如何做出来的,喜欢并期待能够自己去印染。在教室中间的“尚美”活动区,我们将该区域布置成了古代染坊的模样,让幼儿有身临其境的感觉,能提高他们对印染的兴趣。

活动开始了,婷婷、昕昕、凯凯和琳琳来到了染坊。婷婷拿了一张纸巾和报纸,将纸巾和报纸放在了托盘上,凯凯学着婷婷的样子拿起了纸巾和报纸,昕昕拿了宣纸和纸巾。接下来小朋友们都学着视频里的动作在自己选择的材料上滴颜料。凯凯拿起绿色的颜料瓶中的滴管,用力往托盘中的纸巾上滴了很多颜色,不一会儿托盘里就充满了颜料水,凯凯用手戳了戳托盘里的颜料水,不一会儿就走开了。琳琳与其他小朋友拿的第一个材料不同,她拿了画画用的铅画纸和宣纸,选了黄色的颜料瓶,与凯凯不同的是,她只滴了小小的一滴。

“哇,它变大了,宣纸的颜色更大。”

“昕昕,你拿了什么纸呀?”

“我拿了宣纸和纸巾。”

“你滴了几滴呀?”

“我滴了一滴。”

昕昕指着纸巾说:“它的圈圈更大。”

我们可以看到,婷婷是一个比较认真的小女孩,平时在学习时都比较认真,所以在刚来到染坊时,便有模有样地尝试了起来,在自己选择的材料上各自滴了一滴,然后仔细地看着两张纸的印染效果。凯凯在操作过程中没有按照示范的操作,导致了没有很好的观察效果,没有一会儿就失去兴趣了。在活动中教师需增加对凯凯的指导,可以教师先滴一滴进行示范,然后和凯凯一起重新操作一次,帮助孩子进一步感受印染的乐趣。由于是初次操作,四名幼儿虽然都有意识地选择多种材料,但是教师可以引导幼儿多次选择材料,对比不同材料的印染速度。经过前期对于印染的铺垫,幼儿初步了解了印染的步骤和需要使用的工具。

二、自由创作

幼儿对工具的使用和对材料的选择初步掌握了。大部分的幼儿在创作时都会有一定的创造性,有的是一些简单的小图案,能力强的幼儿则能在印染过程中创作一幅简单的图画。面对能力弱的幼儿,教师可以在操作前,利用碎片化的时间和小朋友们沟通,引导幼儿了解简单的图案等。及时鼓励及肯定幼儿的作品,在活动结束后,请幼儿分享自己操作的印染作品,将幼儿的作品张贴在染坊的展板上供幼儿欣赏,提高幼儿的印染兴趣。

我们提供了一些小朋友们在多次操作后选出的一些容易印染的纸,如宣纸、纸巾等。大部分的幼儿都已掌握了滴滴管的方法。活动开始了,梦梦、小贤、瑶瑶三位小朋友来到了我们的七彩染坊。在桌上放了托盘,各自选择了一张纸。梦梦首先选择了一个滴管,在纸的中心滴了一滴红色,然后用棉签蘸取黄色,在红色周围画起了竖线……小贤首先选择的是一把小刷子,在宣纸的底部刷上了绿色……两位小朋友都有了自己的小想法,小贤还时不时地一边操作一边说自己画的是什么。只有瑶瑶站在一旁不知所措,我走过去问她:“瑶瑶怎么了?”“我不知道画什么。”于是我跟瑶瑶坐在一旁聊聊今天她看到的事

物、自己喜欢的东西等。经过引导，瑶瑶也开始选择工具创作了起来，可是不一会又停了下来……

三、尝试扎染

七彩染坊开业了，不一会儿就迎来了很多的小工人。鑫鑫带着子辰来到了染坊，寻找着染坊的材料，瑶瑶、梦梦、小贤也来到了这里。看到鑫鑫和子辰不知所措的样子，瑶瑶说："我们要先在布上绑橡皮筋，把它扎起来。"说完，这几个小朋友开始各自拿起了一块布在上面绑橡皮筋。瑶瑶、梦梦和小贤虽然在速度上都比较慢，动作也不熟练，但是能够掌握正确的捆法。鑫鑫也学着其他几位小朋友的样子绑了起来。此时，在染坊里听到了一阵强烈的哭声，原来是子辰不会绑橡皮筋，急得哇哇大哭，最后是瑶瑶帮助他绑的橡皮筋。

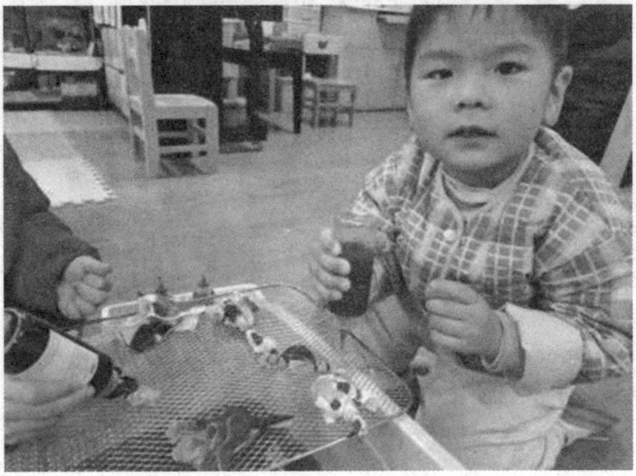

子辰平时是一个动手能力较弱的孩子，爸爸妈妈都因为是早产平时都比较宠爱，基本都会代劳，所以平时子辰能够独立自主的机会是比较少的。不会的事情也不愿意去尝试，总是希望人家来帮助他。在布上绑橡皮筋对子辰这种动手能力比较弱的孩子来说有点困难。

幼儿在染坊中使用工具较之前已经丰富了许多，在绑布的过程中，已经能够注意到教师提供的不同工具，并尝试着用不同的工具去绑扎染的布。但对不同的工具如何使用还不是很熟悉，如悦悦在工具上绑橡皮筋绑得比较松，导致最后的图案比较模糊。

又一次，七彩染坊开张了，一下子迎来了四个小染工。熙熙拿起了一块布，在布上绑了一个揪，然后又在另一个地方绑了起来。宸宸看到了，也学着熙熙的样子绑了起来，但宸宸先在布的角落绑了一个揪，原以为宸宸会跟熙熙一样，但宸宸突然伸手拿了两块木棒，将布夹在了木棒中间。悦悦说："哇，这样绑真好玩。"于是悦悦和涵涵分别拿起了不同的工具绑了起来。

四、反思与总结

扎染技艺是我国传统技艺，是极具传统意味的民间文化。传承和弘扬民族民间艺术、推动和促进传统手工扎染技艺的发展，具有重大的意义和深远的影响。对于刚刚踏入集体生活的小班幼儿来说，民间文化似乎特别遥远。如何让幼儿愿意自己去尝试，并能喜欢上染，从中体会到染的乐趣呢？

在初次了解时，我们准备了一个小箱子，幼儿从中摸出了染过的手绢、衣物等。幼儿通过实物感受印染，有效提高了幼儿对于印染的兴趣。通过游戏等方式，帮助幼儿了解印染需要哪些工具，为幼儿的操作进行铺垫。扎染艺术与幼儿的生活经验息息相关，所以丰富幼儿的生活经验也是比较重要的。在幼儿掌握了用简单的材料进行印染之后，我们提供了更为丰富的材料，为幼儿进行扎染活动提供基础。通过欣赏、讨论等，幼儿从开始只扎一个且较松，发展为能扎很多个揪以及用不同的材料，最后完成了一幅图案丰富的扎染作品。

幼儿的成长离不开周围的环境，环境对幼儿发展的影响是非常重要的。瑞士心理学家皮亚杰认为，人的潜力行为就是适应能力，环境是儿童发展最重要的因素之一。幼儿园环境的创设有利于激发幼儿内在的积极性，让幼儿直接得到一种情感体验和知识的启迪，从而促进幼儿的全面发展。所以我们将教室中的一个区域设计成了古代染坊的模样，从上而下零星点缀各种作品。幼儿在进入该区域后以染坊工人的身份开展活动。在情境中幼儿更加愿意主动地了解扎染，走进中国传统文化艺术。

“青花之韵”活动对提高大班幼儿艺术素养的探索

王丹君

一、艺术教育的独特意义

随着时代的发展,我们的孩子接受了越来越多的新鲜事物,接触到较多的西方文化。而中华上下五千年,历史悠久,我们的文化经典也是灿若星河。这些优秀的传统文化,凝聚了前贤的大智大慧,是一笔宝贵的精神财富。习近平总书记指出:“博大精深的中华文明是中华民族独特的精神标识,是当代中国文艺的根基,也是文艺创新的宝藏。把艺术创造力和中华文化价值融合起来,把中华美学精神和当代审美追求结合起来,激活中华文化生命力。”

二、大班幼儿艺术素养

《指南》指出:“大班幼儿乐于收集美的物品或向别人介绍所发现的美的事物。”可见大班幼儿已经能够自主收集身边美的事物,并且能够乐于分享美、表达美。同时,大班幼儿也能够使用多种工具、多种材料或不同的表现手法表达自己的感受和想象。而幼儿艺术领域学习的关键在于充分创造条件和机会,在大自然和社会文化生活中萌发自己对美的感受和体验。作为教师,我们应该创造条件让幼儿接触多种艺术形式和作品。我园作为传统文化特色园,一直致力于传统文化教育,引导幼儿了解传统文化,体验传统文化,欣赏传统文化。在传统文化活动的开展中提升幼儿各方面的品质,尤其是艺术能力的培养。

三、青花瓷的艺术价值

青花瓷作为我国的传统瓷器,不仅是我们引以为傲的艺术品,也是世界人民的艺术财富。青花瓷,又称白地青花瓷,常简称青花,是中国瓷器的主流品种之一,属釉下彩瓷。原始青花瓷于唐宋已见端倪,到了元代中晚期,景德镇青花烧制技术完全成熟。青花瓷是中国绘画技巧与制瓷工艺相结合的完美产物。尤其是青花瓷的图案,自元以后,青花瓷的图案一般采用主图和幅图相结合的表现形式,将画面分层呈现。青花瓷以其简明的风格,中华华丽的气韵,典雅细腻的艺术价值，以及题材丰富、内涵深厚的纹样，在现代社会和国际社会大放异彩。青花瓷的特点在于蓝白相间的花纹。幼儿通过了解青花瓷的特点，可以进一步感受我国古代传统工艺的精妙，也能够在欣赏青花瓷花纹的过程中提升幼儿的艺术鉴赏能力、艺术审美品质。

四、“青花之韵”艺术活动

为了使幼儿进一步我国传统艺术——青花瓷，我们在教室里创设了“青花之韵”尚美区，引导幼儿认识青花瓷，欣赏青花瓷。活动初期，我们收集了各式各样的青花瓷器，幼儿可以通过现场欣赏的方式，感受青花瓷的魅力，了解青花瓷蓝白相间的特点。活动中期，我们根据幼儿的兴趣，创设了青花瓷由来小故事的绘本，同时也通过多媒体向幼儿展示青花瓷的制作过程，从由来以及制作过程两个方面更进一步了解我国的青花瓷文化。活动过程中，我们在创设欣赏与认知活动的同时，也一直为幼儿提供丰富的材料、工具，支持幼儿进行自主绘画，幼儿从临摹到自主创作，从平面到立体，幼儿在感受青花瓷文化的同时也逐渐愿意尝试将青花瓷带入到我们的日常生活中去。

1. 乐于探究，感知青花之意

艺术启蒙始于感知和欣赏。在感知欣赏过程中，我们应当支持幼儿多感官参与、立体化体验，充分调动幼儿的视觉、听觉、触觉、嗅觉、言语知觉等多种感知器官；与此同时，还应当尊重好奇、好动、好问的幼儿特点，支持幼儿通过操作和互动，更加深入的感知艺术之美。

(1) 实物欣赏

活动初期，我们充分利用家长资源，与幼儿一起收集了生活中带有青花瓷花纹的物品，如花瓶、旗袍、茶壶、吊坠等。在欣赏过程中，幼儿很快就发现了青花瓷的特点，“这些东西只有白色和蓝色两个颜色”，从而了解了青花瓷蓝白相间的特点。不仅如此，青花瓷的欣赏也使得幼儿对于传统瓷器有了不一样的感知。

(2) 花纹临摹

幼儿在清楚了解青花瓷蓝白相间的特点后，对创作青花瓷作品也充满兴趣。在绘制前幼儿能够根据青花瓷蓝白相间的特点选择白色铅画纸、蓝色记号笔，从中可以看出幼儿对于青花瓷蓝白花纹的特点已经有了清楚的了解。在观察中我们发现：幼儿对于青花瓷的认识还处于蓝白花纹的阶段。但是，对于花纹的特点，幼儿还是不够了解。幼儿设计的花纹大多以形状、线条组成，例如三角形、正方形等，使得作品的呈现偏现代化。而幼儿对于传统的花纹是没有经验的。因此，为了引导幼儿感受传统花纹的特点，我们创设了一块关于青花瓷花纹的板块，展示了各种各样的青花瓷花纹，幼儿在欣赏这些花纹的过程中，也对这些花纹产生了临摹的兴趣，为此我们准备一些便于幼儿临摹的花纹或者图案，在临摹中感受青花瓷花纹的特点，进一步感受青花瓷的古典美。另外，我们也鼓励幼儿收集生活中比较常见的古典花纹，比一比，找一找，引导幼儿发现花纹的特点。通过欣赏与临摹，幼儿多方面地了解到了青花瓷之美，对青花瓷也有了初步的了解与感知。

2. 多样表现，呈现青花之美

青花瓷活动开展到了中期，幼儿对于青花瓷的花纹有了一定的了解，在临摹的基础上，幼儿对此也产生了新的思考，有了不一样的想法。

(1) 形式丰富

大班幼儿对于较为单一的绘画形式很容易失去兴趣。因此，我们在尚美区预设了丰富的材料，除了画笔，还有粘土、玻璃瓶、玻璃球、宣纸、折扇、雨伞等，幼儿选择自己感兴趣的内容进行创作表现。对于一些新的表现形式，幼儿不是特别清楚，我们也制作了步骤图供幼儿参考，也可以通过教师指导或者同伴指导的方式引导幼儿进一步完成创作。

尤其是在幼儿临摹花纹后，对于青花花纹的设计幼儿有了独特的想法，起初只是在临摹过程中增添一些自己的创设，后期幼儿已经能够自主创设青花花纹。在这一基础上，幼儿开始尝试使用不同的表现形式去创设青花花纹，例如平面的纸盘、花瓶、茶壶、旗袍、裙子，还有立体的扇子、纸伞、花瓶等。在活动过程中，幼儿不仅仅是在白纸上进行设计，他们有了较多的选择，表现形式的多样化不仅激发了幼儿对于青花的兴趣，同时，也激发了幼儿表现与表达的欲望。

(2) 成果初显

随着创造形式的多样化，幼儿在创造过程中，通过不断的尝试与思考，利用纸巾与记号笔晕染的特点设计青花服饰。在服饰种类的选择上，幼儿对于现代化的服装例如连衣裙，短袖短裤等有一定的了解，因此在服装款式的选择上，幼儿选择了这些较为现代化的服装。根据幼儿的生成，作为教师我们也进行了思考，为此我们设计了一个服装大 PK 的环节，幼儿可以使用青花瓷的花纹设计图案，并增加服装款式，例如旗袍、公主裙，芭蕾舞裙等。随着幼儿的制作，服饰的种类也逐渐丰富，幼儿自发地进行了中西式扇面 PK。在制作材料的选择上，幼儿可以运用宣纸、餐巾纸等各种材料绘制青花相关服饰。在制作完成后，我们也开展了投票活动，幼儿可以为自己喜爱的服饰进行投票，最后根据票数选出获胜的服饰。在活动过程中,可见幼儿能够根据自己的想法,自主地表达自己对青花瓷的美产生的感悟。

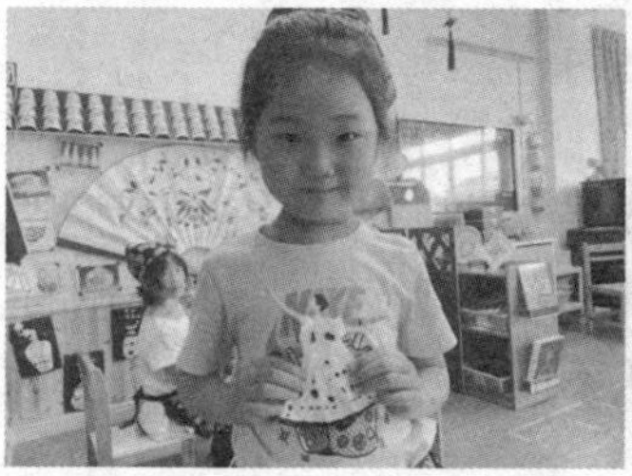

3. 大胆想象,创造青花之韵

(1) 自主设计

随着青花服饰大PK活动的开展,幼儿设计了相应的青花旗袍、衣裙、扇子、雨伞等,天气炎热时,幼儿也会使用青花折扇为自己带来清凉,有的幼儿也会拿起漂亮的服饰在自己身上比划,“穿上这样的裙子一定非常漂亮。”幼儿在此基础上又萌生了新的想法,能不能设计一些可以使用的青花物品。接收到幼儿的这一创新想法后,我们为幼儿提供了相应的材料:折扇、团扇、纯白色连衣裙、青花颜料等。在获得材料后,幼儿开始了自主创作。女孩会将完成的服饰穿在身上走秀,进行真正的服装大PK。开展角色游戏时,幼儿也会穿上青花裙子在小舞台演出,手持团扇或折扇,进行传统舞蹈表演,精彩的演出吸引了许多的观众。除此之外,幼儿乐于在各种物品上进行青花设计。

(2) 美化生活

随着活动的开展,幼儿的艺术表现形式也逐渐丰富多样,幼儿对于美艺也开始有了自己初步的见解,能够将青花花纹融入到生活中去。在一天下午的尚美区活动中,我们发现一名幼儿并没有在以往我们为他们准备的花瓶、茶壶等形状的铅画纸上作画,而是在美工区选取了一张A4大小的铅画纸设计青花花纹。幼儿完成设计后,我们询问了原因,原来教室里的运动材料——投壶罐头在使用过程中原先的包装出现了破损,幼儿便在尚美区中为坏了的投壶罐头制作新的装饰。作为教师,我们也从起初的不解转变为惊讶。为此,我们也在尚美区中创设了一片评价区域,幼儿可以将自己想要表达的内容绘制在评价区域中,我们也能够听到“幼儿的心声”,“我特别喜欢一一画的这个花瓶”“我想设计一个青花瓷茶杯”等,我们也会根据幼儿的需求进行环境的创设以及材料的增添。

在尚美区的创设中,我们根据幼儿的年龄特点以及需求预设了丰富的材料,站在儿童的立场思考,从儿童的角度出发,预设了多种创作形式,但是成年人的思维还是有限的，幼儿的想象力是丰富的，幼儿能够将自己对青花瓷的认识进行转化，变成自己的经验运用到生活中去，由此可见，美艺活动的开展意义不光在于幼儿对于中华传统美艺的认识，更重要的是引导幼儿将这种传统美艺融入到生活中。

4. 支持调整，收获自主体验

作为教师，我们应该是幼儿活动的支持者、观察者。随时捕捉、观察幼儿的表现情况，遇到问题及时反思，为幼儿创设一个积极的、充满乐趣的、自由的环境去感受具有传统特色的青花瓷，给予幼儿不同的美艺体验。

(1) 营造与渲染

活动开展初期，我们将尚美区进行了创设，使用了青花屋檐、青花扇面等营造传统氛围，相对于教室内的其他色系，蓝白相间的色系更加吸引幼儿的眼球，同时，收集的青花瓷器等物品有序摆放，也激发了幼儿的参观兴趣。兴趣是幼儿活动的关键，而传统氛围的渲染也能够帮助幼儿体验并感受传统文化的魅力。

(2) 创设与支持

在尚美活动的开展中，我们根据幼儿的经验在不同的阶段开展了不同的青花活动，前期幼儿对于青花瓷的了解比较少，但是为了满足幼儿表达欲和表现欲，我们引导幼儿临摹青花花纹，感受了解青花花纹。到了活动中期，幼儿在临摹了青花花纹后对于这一传统花纹也有了一定的了解，也有了设计青花花纹的想法，因此我们在尚美活动区中提供了多种材料：画纸（花瓶形状、茶壶形状、茶杯形状）、纸盘、纸杯、纸伞、粘土等，材料的多样性也能够激发幼儿的创作兴趣。

(3) 观察与调整

教师是幼儿活动的支持者，也是观察者。在活动过程中，我们观察幼儿活动表现，到了活动后期，幼儿对于设计青花有了一定的见解和想法，对于幼儿需要的材料以及表现形式，我们会给予材料上的支持，也与幼儿共同探讨如何实现。

通过尚美区的开展，幼儿在一系列的活动中慢慢地对青花瓷有了一定的见解，也从一开始的临摹作品，感受青花花纹到之后自己创设青花花纹，从开始的平面创作到立体制作，再到后期根据自己的想法选择材料进行创作。幼儿在青花活动的开展过程中，从认识青花瓷到对青花创作有了独特的见解以及思考，可见传统文化活动的开展，不仅仅是能够提升幼儿对于美艺方面的见解，更多的是幼儿能将这一传统艺术转化为自己的经验，并运用到生活中，这便是我们的尚美区创设的意义与目标。在青花瓷活动中，我们创设的相关文化环境在潜移默化中培养了幼儿的文化认同感，对幼儿来说也是一场特殊的视觉盛宴。不仅如此，体验式活动的开展能够激发幼儿对于传统文化的兴趣，也能够使幼儿获得丰富的体验，真切地感受到传统文化的魅力。

年龄梯度下传统扎染活动初探

施淑雯

落实中华优秀传统文化教育，实施的关键和难点在于儿童化。儿童不同于成人，有其独特的生理和心理特点，因而幼儿园开展中华优秀传统文化教育，关键应从儿童的视角出发，尊重和遵循幼儿的年龄特点，以体验实践、文化浸润、浅显形象的方式渗透于幼儿活动中。

我园以源远流长的中华优秀传统文化为课程设置的主要背景，开展传统文化视域下幼儿园"尚美"课程研究。教师结合本班特色，充分考虑幼儿的发展水平，在每个班级中都开展了"尚美活动区"。根据年龄梯度，预设与生成了不同的传统扎染之美。

一、小班：植物敲染，亲近自然之美

一抹绿，一分彩，一素色，晕染于一处，视为艺术可惊世；一株草，一束花，一块布，敲拓到一起，便成文化润人心。为了让小班的孩子更加了解中国的传统文化和中国特色的民间手艺，在"尚美活动区"我们开展了植物敲染的活动。

饭后散步时，孩子们在幼儿园里收集了各种落叶和花朵，寻找自己喜欢的植物，他们有的发现了草丛中的三叶草，有的采集到了形状好看的叶子，还有的跑去更远的地方小心翼翼地捧回了香味十足的花瓣。当天下午个别化的时候，汤汤、团团等人就来到了尚美活动区，我们提供了喷壶、锤子、石头、布、纸等材料。她们将刚刚收集的新鲜花放在布上，经过一番敲敲打打，鲜花的形态跃然于布上。过了几天，汤汤和团团又来植物敲染了，他们还是用之前收集的花草敲染，但是这一次的结果与之前大相径庭。于是，我们换了一种工具，将花草放在纸上，用彩色的喷壶喷在纸上。这一次，花草的形状清晰地出现在了纸上。通过两次操作，我发现了一个问题：敲染一定要用新鲜的叶子，蔫了的叶子敲不出颜色来。新鲜的植物更适合敲染这个方法，在植物中有天然的染料，在敲的过程中植物里的色彩流出，逐渐敲击出完整的叶片。

对于刚刚进入幼儿园的小朋友来说，幼儿园的一切都是很新奇的。幼儿可以走出教室感受大自然的美，提高幼儿美的意识，充分利用幼儿的各种感官，让他们看一看、闻一闻、摸一摸，摆弄那些看得见、摸得着的美的事物。想要把大自

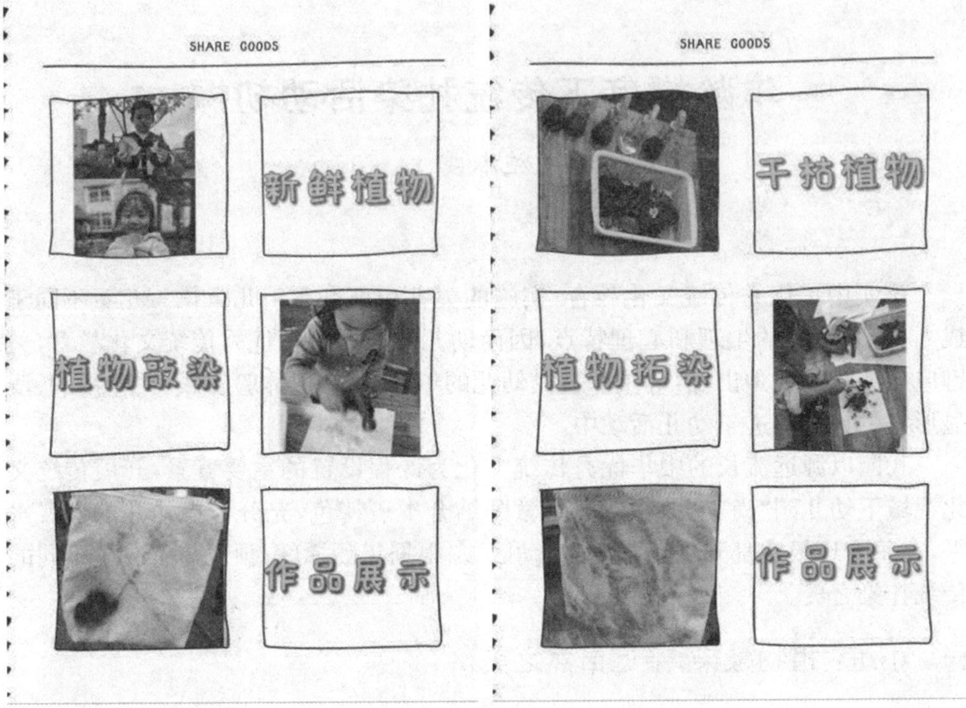

然最美的状态保留下来，除了摄影、绘画、刺绣等方式，还有另外一门传统手艺，它不需要摄影师的专业对焦，不需要画家的陈年技艺，只需简单的敲敲打打，就可以把植物的自然形状、色彩镌刻在所需的载体上，它就是——植物敲染。一块布、一把锤，经过一番敲敲打打，每一幅敲拓染的作品，都有独特的美丽。

二、中班：趣味扎染，独特花纹之美

“扎染”是中国民间一种传统的染色工艺，运用不同的捆扎技法，呈现的图案、色彩也各不相同。幼儿利用绑、捆、扎等手法染出了风格不同、图案各异的小手帕，初步感受扎染的独特花纹之美。扎染材料相对简单、易寻找，一般是来自日常生活或自然之中。我们寻找出一些适合幼儿捆扎的材料和方法：有幼儿游戏中用的小塑料玩具、塑料雪花片、纽扣等；有日常生活中使用的筷子、夹板，还有各种夹子、绳子、皮筋、毛根等，将这些各种形状的材料包裹在白色棉布里，用不同方法进行捆扎、缠绕，染色后会出现深浅不一、形状各异的图案。“漂亮的图案和条纹是怎么染出来的呢？”“我染出来的布会是什么样的呢？”孩子们对扎染充满了好奇。扎染真的好有趣！

“尚美活动区”总是最受欢迎的地方，孩子们看到色彩鲜艳的颜料和各种形状的材料，一个个都迫不及待地想进去玩一玩。这时候的“尚美活动区”，我们主要是提供了丰富的材料，环境上主要以照片为主，照片上的内容是扎染的步骤。有一天，睿睿、汤汤、球球来到染坊，马上就拿出需要的材料，你一句我一句，“我要染彩色的”，“我要星星的”，“我要一条条的”。他们将布从里向外一层层卷紧，然后隔一节扎一段皮筋。很快他们就扎好了，拿起颜料瓶就开始染色了。打开一看，居然都是一样的，都是一条条的花纹。过了一段时间，孩子们对于扎染是越来越熟悉，我们替换了扎染步骤图，取而代之的是不同的扎法，有简笔画的形式呈现的几种扎染造型，也有实物展示的扎染工具。这一天，球球又来到了“尚美活动区”，看了看自己之前的作品，皱了皱眉头，转头看到墙上预设的扎染造型，他说：“我们再试一试吧，这里有好多造型，我们之前的图案都是一样的，我们来试试墙上的方法吧。”最后，他们用了包、叠等不同的方法，每块布都是不同的。球球用的是包物法，他使用了弹珠，他的布上一圈是白色的，像一个小太阳。睿睿用的是夹物法，他使用了星星的木板，他的布上就是一个个白色小星星的花纹。汤汤同样也是用的夹物法，她用的是长条的木板，她的布上就是一条条白色的花纹。看到一块块白色的手帕在自己手中变成了图案美观、鲜艳夺目的艺术品，孩子们兴奋无比，不停地与老师、同伴互相交流着、欣赏着、体验着扎染活动带给自己的喜悦和快乐。一块小小的布，通过孩子们的双手，成为一件件独特的“艺术品”，每一块布都有独一无二的美。

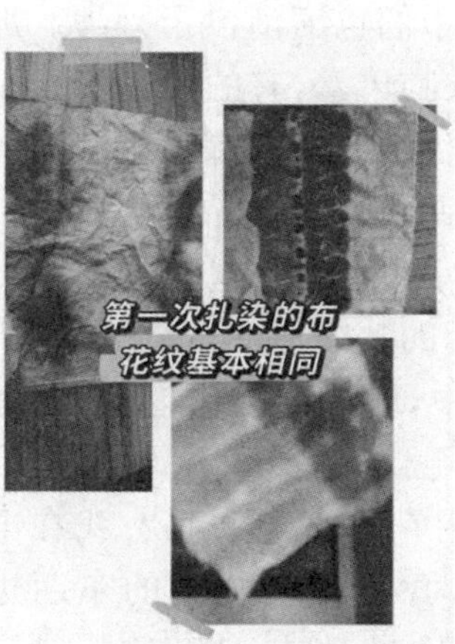

如果说幼儿小班时接触的染，主要是感受大自然之美，感受天然染料的颜色、形状变化，那么到了中班，就是体验扎染的神奇，虽然从技法上来说还是比

较简单的。但是幼儿通过使用不同的扎法，能够发现不同扎法带来的不同花纹。扎染艺术的不可复制性与随机性是扎染的独特魅力所在。在创作活动中，我们要尽可能多地创设各种情景，给予幼儿充分发挥的空间，调动幼儿的双手及大脑，多情景交融、多形式融合、多想象创新，让扎染活动“自然花开、变幻无穷”。

三、大班：传统扎染，传承创新之美

到了大班，在环境上我们布置了各种各样的扎染欣赏作品，如房顶悬挂师幼共同制作的大型扎染作品，展示了各种扎染花布、扎染服装等蕴含美好寓意的扎染作品，其色彩艳丽，造型、图案新颖别致，令幼儿眼前一亮。孩子在充满扎染的艺术氛围中开展各类欣赏和创作，发现各种优秀传统艺术作品的色彩美、形式美，从而潜移默化地体验传统文化内涵，自发地产生对艺术美的表现与创造欲望。

“尚美活动区”依旧是孩子们很喜欢的地方，每一次下午个别化的时候，一块布、一扎一染，便是扎染作品。很快，布用完了，孩子们也渐渐没了兴趣。那一块布可以做什么呢？于是，我们在班级里展开了头脑风暴，有的说：“可以做成围巾。”有的说：“可以做成一个包。”有的说：“可以做成一件衣服。”孩子们的想法都很好，我们扎染好的布可以用在我们实际生活中啊！孩子们变成了一位位服装设计师，在他们的手中，传统的布变成了时尚的发箍、包包、帽子等。孩子们戴上它，满满的时尚感。看到如此好看又实用的扎染作品，孩子们都十分想穿在身上，展示他们的美。在一次的角色游戏中，欣怡问我：“老师，这些衣服帽子可以用吗？”我问：“怎么用？”欣怡想了想，摇了摇头说，“不知道。”第二天一早，欣怡一见到我就问：“老师，我们可以用它们来走秀吗？我在电视上看到那些模特穿着好看的衣服走秀，特别美。我们这些扎染的东西也特别好看。”于是，我们班的角色游戏有了一个特别的地方，叫作“扎染 T 台”。孩子们穿上扎染的各种作品，勇于展示自我的美，传承中国传统文化之美。

在信息化、科技化等现代文明浪潮的冲击下，扎染艺术等一些传统工艺品被贴上了“土气”的标签，而将逐渐被推向淘汰的边缘。其实扎染之所以被很多人认为“土气”，是因为在传统文化不断被外来文化冲击的过程中，没有得到高度重视和保护，也没有得到很好的传承与发展，才使得这一精湛的传统工艺和浑厚的文化内涵变得淡薄起来。在“尚美活动区”，我们以传统文化为背景，开展扎染这项传统技艺活动。遵循幼儿教育规律，遵照大班幼儿身心发展及认知特点，我们对传统民间扎染内容进行更深入的挖掘，幼儿用自己的扎染作品布置环境，自发产生新的游戏情节。幼儿在做做、玩玩、秀秀中潜移默化地传承传统文化，感受扎染这种传统技艺的魅力，用这种传统技艺创造美。

四、总结与反思

1. 基于幼儿的年龄特点，感受不同扎染的美

在“尚美活动区”，我们在小班主要以植物拓染、敲染等活动为主，敲染又称锤染和拍染，是通过敲打的方式来进行植物染色的一种传统印染方式，让幼儿喜欢大自然之美，喜欢传统技艺之美。在中班，随着幼儿手部精细能力的发展，我们开始让幼儿接触简单的扎染，主要利用夹板、弹珠等工具进行扎染，让幼儿欣

赏扎染带来的独特花纹，认识传统技艺扎染。到了大班，我们加入了更多的扎法。幼儿认识了不同的扎法，欣赏了不同扎法带来的不同花纹。同时，我们不单单在布上扎染，还在更多的物品上扎染，如包、发箍、衣服等，幼儿能够把扎染的作品运用到实际的生活中，并利用传统技艺制成的扎染作品布置我们的教室环境，美化我们的实际生活。

2. 基于幼儿园教育的特点，创造传统扎染的美

这三年里孩子们在我们的“尚美活动区”体验扎染这一传统技艺。在一块小小的布上，留下他们对于扎染的独特痕迹。但是，在一块小小的布上扎染已经满足不了我们的孩子了。于是，我们将扎染运用到生活的方方面面，如扎染的包、扎染的围巾、扎染的头绳、扎染的发箍等。我们为孩子们每人准备了一件白衣服，让家长和孩子们一起利用扎染的方法，制作自己独一无二的班服。孩子们穿上扎染的服饰，感受到了扎染这种传统技艺的魅力。扎染的美就在于手工染色着色的美，我们的班服就是要寄托我们对艺术之美的喜爱，传承着传统技艺与弘扬传统文化。在我们的角色游戏中，孩子们利用扎染作品表演走秀。走秀活动中，孩子们穿戴着自己制作的帽子、围巾、服装等扎染作品，随着音乐走一走，秀一秀，充分感受到用传统工艺创造美的快乐。这三年里，我们探索如何基于幼儿园教育的特点，有机融入中华优秀传统文化，激发幼儿内心深处的文化自信和民族自豪感。通过浸润式的扎染活动，幼儿感受到了大自然染色之美，发现传统技艺之美，用传统的技艺方式创造美。每个幼儿心里都有一颗美的种子。在“尚美活动区”中，我们为幼儿充分创造条件和机会，在大自然和社会文化生活中萌发幼儿对美的感受和体验，丰富其想象力和创造力，引导幼儿学会用心灵去感受和发现美，用自己的方式去表现和创造美。

第三章　节庆习俗

——浸润衣食中的气息

第一节 引言导读

民风民俗是中华民族五千年辉煌灿烂史中的重要组成部分，蕴涵着天地万物，融会贯通了乡土、乡情、乡音、乡风等普普通通老百姓的审美追求，内容丰富、形式多样，蕴涵着我们民族独特深层的精神价值观及相关活动、礼仪与相应的食品，渗透出深厚的文化底蕴，而许多民俗民风是和中国的传统节日联系在一起的。

而传统节日有着艺术化的特点，传统节日文化中蕴含着传统的审美情趣与艺术风格，许多充满想象的神话故事和传说都运用到了歌谣、年画和剪纸等艺术形式中，焕发出充满幻想与创造热情的魅力光芒。

因此，我们基于节庆活动，充分融于一日生活场景，引导幼儿在感受民风民俗的过程中，实现中华优秀传统文化的教育。具体而言，节庆活动不仅仅是一个仪式、一个活动，而且是贯穿一日活动中的不同环节的活动。我们采用了多种方式开展民间节日活动，将节庆活动的组织与幼儿在园活动的四大板块自然结合。

一、聚焦节庆，深挖意义

节庆作为人类社会各个族群中普遍传承的一项重大的显性文化事项，它的有效开展是需要相应的氛围进行渲染的，我国的传统节庆也不例外。对幼儿进行传统节庆文化教育，其氛围的营造主要体现在环境的创设之中。要全面营造浓厚的幼儿传统节庆文化教育的氛围，就需要利用一切可利用的教育资源，来创设园内外丰富的、体现节庆价值取向的文化环境。

我们开展了多年的传统节日，一到中国特有的节日时，老师和孩子们总是很忙碌地布置教室，班级里总能营造出热闹浓厚的过节氛围。春节了，他们一起贴窗花、贴对联、挂灯笼；端午了，他们一起挂艾叶、挂菖蒲……幼儿在与教师一起布置环境的过程中，体验传统节日的热闹。中秋了，教师拿来磨具和孩子一起做月饼、植物角里放上真实的菊花盆栽或观察或写生；元宵了，教师和幼儿围坐在一起听故事、包汤圆……教师提供丰富的材料，旨在让幼儿通过与各种材料的互动中，体验操作的乐趣和节日的快乐。重阳时，教师鼓励每位幼儿为家里的老人做一件事；除夕时，和家人一起吃年夜饭守岁并制作海报；清明时，和家人一起踏青祭扫，来园后说说踏青的故事、做做自制图书。幼儿在与家人共同庆祝节日、收集素材中，能萌发关爱他人的情感，体验爱的意义。

1. 传统节庆

传统节庆日活动一直是我园坚持开展的常规活动。基于长期的实践循证，我们进一步深入挖掘传统节庆日的教育价值。一方面，在每个传统节日中挖掘"美食"元素，以"美食"为侧重点开展"可以吃"的节日活动，帮助幼儿在与同伴、家人共同品尝美食的过程中，感受传统节日的乐趣。另一方面，在节日活动中，更多引入家长元素。比如重阳节和爷爷奶奶去古镇寻找传统糕点美食，清明节和家人一起做青团、放风筝、踏青，中秋节和家人一起赏月、做月饼，元宵节和家人一起做花灯……感受节日活动中与家人、朋友间的美好情感，将传统节日中的美好情感在欢乐的氛围中继承与弘扬。

2. 特色节庆

值得说明的是，为了更好地营造幼儿园传统节庆文化教育氛围，不可缺少的是将家庭中的资源和社区中的节庆资源引进幼儿园，与家长、社区同庆，真正地在普天同庆中实现现实教育。

考虑到现在后疫情时代，亲子旅游普遍不多，我们围绕"美旅"开展"旅游节"活动，既可以丰富"尚美"课程资源库，又可以让孩子和家长在热闹的"中华美旅节"活动中，感受祖国的大好河山，萌发热爱祖国的美好情感。

活动当天，孩子和家长穿上具有代表性的民族服装，亲子合作向小游客们介绍一些地方美食、特色美艺、标志性建筑等，邀请小伙伴们体验有趣的民俗活动。在熙熙攘攘的集市中，孩子们走走停停、看看玩玩、欣赏美景、穿戴美服、品尝美食、弹拨乐器、参加游戏……热闹非凡、不亦乐乎！

二、融入生活，增强体验

1. 活动区聚焦美食，延展习俗

我们的教师在开展以传统节日为特色的区域活动时，需要帮助幼儿不仅认识与节日有关的文化背景，还要在热闹的节日活动中，建立良好的亲子关系、师生关系、同伴关系，并在良好的社会环境及文化熏陶中学习遵守规则，形成基本的认同感和归属感。

具体而言，民以食为天，饮食文化是节庆文化的重要组成部分和价值承载。对于传统节日文化的习得与了解，教师要通过引导幼儿角色扮演体验制作、分享传统美食的快乐，同时从节日美食中加深对传统节日的了解。

教师为幼儿构建真实的生活场景，如将蓝印桌布、青花瓷碗等传统元素布置出逼真的城隍庙小吃街、大食堂等环境，提供丰富的小笼、粽子、馒头、崇明糕、花馍、面条等传统美食的成品或半成品游戏材料，幼儿可以看看、做做美食，也可以在逼真的城隍庙小吃街、大食堂等环境中和幼儿家人一起去聚餐，请店主介绍店里的特色小吃、新品菜肴，教师引导幼儿在与同伴的游戏互动中切身了解“吃”的文化、“吃”的学问，感受中国美食文化的丰富多样。

比如，在中二班的传统美食区，教师帮助孩子把自己制作的传统美食摆放出来，鼓励制作的孩子用好听的声音进行叫卖以招揽顾客，其他区域的孩子都会被这些叫卖声吸引过来。买卖双方经过一番询价很快成交，所有的孩子在游戏中都感受到了轻松与快乐。教师鼓励幼儿在美食游戏中交流表达，可以很好地激发他们大胆地在大家面前表现自己、释放自己，鼓励他们与同伴更快乐地沟通。中国美食文化博大精深，这些班级的孩子穿着蓝印花布的围兜，在知由来、学制作、会叫卖、玩游戏的过程中，俨然是大厨和服务员的样子，有的忙着和面做汤圆，有的在灶上蒸着饺子，有的包春卷，有的大声吆喝“卖汤圆喽”“吃饺子喽”，元宵节的美食店就是这样忙碌。在教师提供材料、支持游戏的进程中，幼儿仿佛穿梭在中华美食一条街中，感受着丰富有趣的中华美食文化的同时进一步发展了自身的社会交往能力。

2. 家园社探寻美食，亲子互动

在如今大力弘扬传统文化的时代背景下，我们的周围有很多地方藏着传统文化中的美食、美艺、美服等“五美”元素。我们鼓励家长要经常带孩子去各类传统文化场馆参观；将幼儿园开展的各类活动延伸到大社会中去。比如，重阳节活动，鼓励孩子和爷爷奶奶一起去古镇、城隍庙等地方寻找传统糕点类美食，在品尝美食的过程中感受传统糕点的样式美、味道美，在陪伴老人的过程中培养敬老爱老的美好品德。

3. 大活动形式多样，彰显节庆

开放是一种心态、一种理念，也是一种教育原则。在课题开展中，我们坚持开放教育的时间和空间，开放活动的形式和内容，开放指导的策略和方法，因此，我们拓展主题活动，让幼儿在开放的环境中进一步激活情感经验，使幼儿对传统文化的体验更加有趣、生动。

如以“快乐成长”为主题的“六一”系列庆祝活动：

大班的“传统故事小品”专场，将一些耳熟能详的传统故事改编成小品，如“狐假虎威”“老鼠嫁女儿”“司马光砸缸”“三打白骨精”等充满趣味；

中班的“宝宝 show 历史”专场，带领幼儿现场穿越古今，孩子们或身着汉服翩翩起舞，或跟随私塾先生摇头晃脑地吟诵三字经，或又来到充满文艺气息的民国年代感受现代诗歌的魅力；

小班“古诗新唱”专场，《静夜思》《江南》《咏鹅》《春晓》等一首首古诗配上活泼轻快的旋律，在孩子们的演绎下更显生动。

中秋节赏诗会，孩子们和家长一起寻找关于中秋、关于月亮的古诗，老师和孩子们一起制作古诗灯谜，活动时猜猜灯谜、听听故事、吃吃月饼，孩子们对这个节日的记忆也更为深刻。这一系列的主题特色活动倾注了老师、家长、孩子的辛勤劳动，但是孩子出色的表现又不得不让人折服，他们的自信在活动中增强，他们的喜悦在成功中体验。

每个节日都有属于自己的庆典活动、风俗习惯，每逢过节，人们或者唱歌跳舞，或者遍插茱萸，或者龙舟竞渡……而我们的孩子也用自己的方式参与幼儿园节庆大活动中，感受节日氛围。如迎新年的时候，孩子们穿上节日的盛装，你做鞭炮我挂灯笼，贴窗花贴对联，见面作揖话吉祥，一派热闹景象。

【案例】元宵节活动方案

<table>
<tr><td>节日名称</td><td colspan="4">元　宵　节</td></tr>
<tr><td>活动目的</td><td colspan="4">1. 知道农历正月十五是我国的传统节日——元宵节，了解元宵节的来历及习俗（猜灯谜、赏灯、吃元宵、划旱船等）；
2. 大胆地创造与想象，通过不同的形式表达自己的感受与理解；
3. 感受与老师、小朋友一起玩花灯、猜灯谜、做元宵、吃元宵的快乐，进一步感受团圆的意义。</td></tr>
<tr><td>时　间</td><td>活动内容</td><td>活　动　要　点</td><td>负责人</td><td>活动准备</td></tr>
<tr><td>2月19日（周五）
9:00—10:00</td><td>做汤圆</td><td>1. 以班级为单位的搓汤圆活动，体现不同的年龄特点（小班搓实心汤圆、中大班搓夹馅汤圆）
2. 了解元宵节是我国特有的传统节日及主要习俗
3. 感受做汤圆的乐趣，愿意与老师一起做汤圆</td><td>各班班主任、保健室</td><td>汤圆食材、一次性台布</td></tr>
<tr><td>2月22日（周一）
9:00—10:30</td><td>戏曲欣赏（与社区联谊）</td><td>1. 全园幼儿观赏本帮戏沪剧的各种演艺，了解上海传统戏曲文化
2. 体验幼儿园、社区一起过节，感受元宵节的快乐</td><td>各班班主任、家教社区负责人</td><td>联系社区表演队、底楼垫子摆放</td></tr>
</table>

续　表

时　间	活动内容	活　动　要　点	负责人	活动准备
2月23日(周二) 9:00—10:30	大班专场（传统故事表演）	1. 庆元宵亲子节目表演，感受节日的气氛 2. 大胆地在集体面前表现自己，体验合作表演和游戏的喜悦	大班年级组长	亲子节目排练、音响设备
2月24日(周三) 9:00—10:30	中班专场（宝宝秀历史）		中班年级组长	
2月25日(周四) 9:00—10:30	小班专场（古装亲子秀）		小班年级组长	
2月26日(周五) 9:00—10:30	全园大活动元宵市集会	1. 创设市集热闹的场景，室内观赏区、游戏区；室外手工艺区、游艺区、表演区、贩卖区、兑奖区等 2. 幼儿自主选择、自由游戏，体验赶集的乐趣，感受节日的魅力	保教主任	各个区域方案、材料购置等

第二节　经验总结

传统文化背景下幼儿园“欢乐庙会”活动的组织与实施

李英秋

传统文化活动区是教师结合中国传统文化的精华，以“传承创新、多元融合”为教育理念，将传统文化与活动区域有机地结合，创设幼儿感兴趣的活动区环境和内容，使幼儿在轻松自由的氛围中自主地选择游戏、学习的内容，从而达到弘扬和传承优秀民族传统文化目的的活动区域。在传统文化活动区开展过程中，我们常常创设不同的情境，让幼儿在看看、说说、唱唱、跳跳、画画、玩玩等游戏中，主动地感受和理解具有丰富内涵的传统文化。

在“庙会”这一传统民俗文化活动被列入国家级非物质文化遗产保护对象时，庙会又称“庙市”或“节场”，是一种广为流传的传统民俗文化活动，北京、上海、浙江、山东、湖南等多地的庙会被列入国家级非物质文化遗产。我园尝试通过“庙会”的形式展示传统文化活动区内容，引导幼儿在“逛庙会”的传统民俗情境中，领略中国传统文化的丰富多彩，感受经典文化的博大精深。

从各班传统文化活动区到混班混龄的“欢乐庙会”，此次活动将全园各班的传统文化活动区集中呈现，以开放性的混班混龄形式进行，展示了一场别样的“欢乐庙会”。

一、班级的活动区活动，百花齐放

在科研主任的带领下，课题组成员通过查阅各类报刊、书籍、论文中有关幼儿园传统文化教育及幼儿园活动区的资料，对相关概念进行界定，明确我园初步开展传统文化活动区实践的要求，主要有以下三点：首先，在区域划分上体现与其他区域位置的“界限性”，采用教室内独立开辟一角的方式开展活动区活动，根据动静所需划分独立区域；其次，在内容选择上体现与五大领域内容的"相融性"，在坚持传统性、适宜性和渗透性原则的基础上，融合健康、语言、社会、科学、艺术五大领域中各年龄阶段的目标，各班自主选择、创设环境；再次，在区域定位上体现形式上的"转换性"，可以是游戏形式，也可以是个别化学习，依据预设区域的定位，在相应的作息时间段开展。

明确上述基本要求后，我们又根据小、中、大幼儿的年龄特征和发展特点，大致将各年龄段的侧重内容进行梳理：小班侧重游戏、感受类的内容，如小戏台、传统方言、传统美食、传统游戏等；中班侧重艺术、操作类的内容，如传统茶艺、民间乐器、传统木偶戏、传统染艺等；大班侧重艺术、认知类的内容，如传统纸艺、传统服饰、传统书画、传统节日等。

各班老师参考如上要求，完成传统文化活动区的方案初稿，涵盖目标、内容、材料提供、玩法、观察重点、指导要点及环境照片等要素。

主要内容如下：

年级组	班级	名称	主要内容
小班组	小一班	小戏台	故事欣赏（成语故事、寓言故事等）、童谣欣赏（沪语儿歌、绕口令等）、戏剧欣赏（沪剧、京剧）、幼儿表演、小戏台
	小二班	嘎三胡	说说单词（水果、人物、季节）、念念儿歌（水果、人物、季节）、演演情景（水果、人物、季节）
	小三班	快乐扎染	扎染文化及介绍扎染的工具、观看扎染视频感受不同的布料；布料的不同折叠方式、为布料染色
	小四班	食全食美	传统美食知多少、节日中的美食、传统美食故事会； 传统美食的分类、知道传统美食制作方法； 制作传统美食、传统美食展销会
中班组	中一班	茶艺	茶艺知多少：茶叶知多少、茶具知多少、礼仪知多少； 茶具制作：画茶具、泥工茶具、陶土茶具； 品味中国茶：茶具的摆放、泡茶品茶
	中二班	快乐乐器	我们的乐器知多少：了解中国乐器起源、认识中国传统乐器； 我们的乐器我会用：了解中国传统乐器的分类、演奏方法； 制作我们的乐器：自制各种传统乐器、自制乐器展示
	中三班	木偶戏	布袋木偶：布袋木偶"知识堂""工艺社""表演会"； 杖头木偶：杖头木偶"知识堂""工艺社""表演会"； 提线木偶：提线木偶"知识堂""工艺社""表演会"

续　表

年级组	班级	名称	主　要　内　容
中班组	中四班	染吧	染艺知多少：了解扎染方法、欣赏扎染成品； 我来染吧：探索扎染和蜡染的工艺特点、图案和手法的关系； 趣味编织：了解编织工艺、用扎染蜡染成品进行手工艺编织
大班组	大一班	叹为观纸	造纸术：造纸知多少、我也来造纸、小小纸展； 各种各样的纸：认识不同的纸、纸的各种特性； 纸的艺术：折纸剪纸、作品展览
	大二班	添衣吾份	了解传统服饰：了解中国服饰的历史、民族的服饰特点； 服饰设计：设计传统服饰样板、花纹、设计盘扣等服饰元素； 服饰发布会：制作成衣、举行服饰发布会
	大三班	墨墨悟文	认识国画：国画知多少、毛笔分家、玩笔、玩墨； 练习画：画竹子、桃花、水果等； 水墨画展：各种形式的水墨画展览
	大四班	传统节日	闹元宵：元宵知多少、汤圆滚滚、元宵灯会； 清明踏青：清明时节雨纷纷、放风筝； 庆端午：端午知识知多少、编织手环

二、年级组的专场活动，精彩荟萃

在一年一度的元宵佳节到来之际，结合开学欢乐周，我园进行了一个大胆的尝试：以年级组为单位，每组一天，进行为期三天的“元宵庙会”专场展示。方案一提出，就得到了大家的认同和支持。两个部都充分利用我们现有的公共区域，提前进行“元宵庙会”的区域划分、场地布置等，每班将活动区的内容按照操作类、观赏类、娱乐类、品尝类等划分为小区域，并增加多份操作材料以同时容纳更多的幼儿。在大家的精心准备下，各年级组的“元宵庙会”拉开帷幕。下面以表格的形式呈现各年级组的活动内容。

年级组	操　作　类	观　赏　类	品　尝　类	娱乐类
小班组	制作面食（小圆子、春卷、饺子、馄饨）、植物印染手绢、浮水印画、喷画裙子、印章画盘子、装饰风筝、刷色、模具做月饼、颜料装饰兔子灯	各种各样的风筝、美食剧场、欢乐小戏台	品尝面食：小圆子、春卷、饺子、馄饨	咔嚓咔嚓（拍照）、蹦擦蹦擦（自由舞蹈）、放风筝、套圈圈猜灯谜游戏

续 表

年级组	操　作　类	观 赏 类	品 尝 类	娱乐类
中班组	新年（红包、灯笼、对联、爆竹、窗花、糖葫芦、制作饺子、汤圆、月饼、春卷、葱油饼）清明节（青团、风筝）重阳节（重阳糕）	猜灯谜、欣赏扎染作品、美食转盘	特色小吃：饺子、汤圆、春卷、葱油饼、糖葫芦	舞龙、新年照相馆、投壶、套圈圈、射箭
大班组	风筝、皮影戏、折扇、团扇、剪纸灯笼、刻纸灯笼、转盘泥塑、彩色泥塑、茶壶茶杯、捏泥人	观花灯、猜灯谜、剪纸展、皮影戏表演	特色小吃：饺子、汤圆	皮影戏表演

在为期三天的“元宵庙会”活动中，幼儿穿上喜庆的红色服装，穿梭在各个活动区之间，参与各种各样的活动，如动手做元宵、剪窗花、皮影戏、捏面人、做灯笼、猜灯谜、舞龙、印染、弄堂游戏、吃冰糖葫芦、卷爆竹……庙会现场气氛热烈，幼儿忙碌的身影、灿烂的笑容、成功的喜悦都诠释着本次活动带给幼儿的快乐和收获。

小班观赏区的欢乐小戏台，为幼儿提供感受中华传统技艺的机会，领略变脸的神奇和中国武术的美；幼儿还可以合作表演皮影戏，中华民族的自豪感油然而生；在舞台秀的表演中，幼儿丝毫没有胆怯之态，大胆地向大家展示了中国服饰之美，表现力极强。

在中班美食区的制作与品尝中，幼儿初步尝试制作饺子、馄饨等传统美食，了解传统美食的外形特征以及制作工艺。整个活动过程中，幼儿喜欢探索传统美食的制作方法，不怕困难，不断尝试。同时幼儿在制作完成后品尝了自己亲手制作的美食，增强了成功感。

大班的剪纸操作，幼儿通过剪纸锻炼手部精细动作的发展，巩固剪刀的使用方法，同时感受对称的美。在连续剪中幼儿表现出不怕困难、不成功再反复尝试的韧性。

“元宵庙会”利用传统节日的契机，通过传统文化活动区展示的形式带给幼儿不一样的体验。幼儿充分参与到传统文化特色的闹元宵活动，在动手动脑的趣味活动中感受传统佳节的习俗和气氛，在交流合作中促进认知、情感、社会性等多方面的发展。

三、双混的园所大活动，精彩纷呈

经过分年级组的“元宵庙会”活动，我们开始思考如何将三个年级组的传统文化活动区内容汇集在一场庙会中，通过以大带小的混班混龄形式，进行一场全园性的游园，让幼儿在“庙会”的情境中，体验游戏的乐趣。

首先，合理布局，划分区域。之前庙会根据操作类、观赏类、娱乐类、品尝类划分的区域比较清晰，因此继续沿用并更名为：制作区、观赏区、美食区、游艺区。将美食区置于室内有流动水的底楼中庭四周，保证操作卫生；制作区和游艺区内容比较多，所需活动空间大，布置在户外操场；观赏区则利用中庭舞台进行表演，将现有的场地充分合理运用。

其次，元素合并，体现层次。有些内容小、中、大班都有，可以合并为一个区域，如汤圆、饺子、馄饨等传统美食的制作等。对于有操作要求的内容，则按照不同年龄幼儿的发展水平进行合并，以体现不同的操作层次：如节日习俗中的风筝，中大班幼儿可以在区域里放飞风筝、自制风筝，小班幼儿则可以涂鸦装饰风筝，让进入区域的幼儿都能找到合适的游戏内容。

再次，添加内容，丰满材料。对于面积扩大后材料显得单薄的区域，进行材料添加：如拍照区中，之前只提供了天安门的背景板，现在区域扩大了、参与的幼儿多了，便又增加了长城、石库门等中国著名建筑的背景板；游艺区的舞龙搬到操场戏台上后，略显空旷，于是添加了一对舞狮伴其左右，舞台顿时热闹起来；泥塑区中教师提前几天收集各种各样的瓶子，用白色黏土进行包裹、晒干，满足幼儿制作青花瓷瓶子的需求；对于幼儿感兴趣的且有实物纪念品的区域，则通过材料的多份准备以满足幼儿的不同体验，如端午节相关的制作中，提供多彩的香包、五彩绳、香皂花瓣，帮助幼儿制作香囊包、挂彩蛋等，幼儿乐此不疲地制作着，“做个香香的送妈妈”“做个驱蚊的送奶奶”，还不忘塞一张祝福便签，几乎每个参加活动的幼儿都人手一份带回家，满满的幸福感。

综上所述，“欢乐庙会”让幼儿在做、品、玩、赏、尝中感受游戏的乐趣，幼儿也在用自己的方式表达对传统文化的理解与认识，感受中华传统文化的独特魅力。“欢乐庙会”的精彩展示，得益于我园在传统文化活动区的开展过程中对核心价值的把握。教师需要有良好的传统文化素养，有分析内容的能力，有创设有效环境的能力，有积极情感的表现能力，才能合理地选择内容，辩证地扬弃，自如地设计活动，从而传递出传统文化的内涵，让幼儿有良好的情感体验。

幼儿园大班“中华美旅”特色活动的设计与实施

王丽红

摘　要：中华优秀传统文化中的“美”包罗万象、无处不在，是幼儿园获取优质教育资源的宝库，对儿童的终生发展有着重要的启蒙和激励作用，必须传承和发扬。本文以“美旅”为载体，帮助幼儿从中获得“美”的学习体验，懂得认识美好事物、提高审美情趣，萌发爱祖国、爱家乡的美好情感。文章基于实践，主要从幼儿园开展中华美旅活动的可行性、大班中华美旅特色互动的设计和大班幼儿开展中华美旅特色活动的实施策略进行阐述，其中策略中涵盖了环境创设、开展各类活动、搭建亲子平台几方面。

关键词：幼儿园　大班　中华美旅

2020年，我园开始了“传统文化视域下幼儿园‘尚美’课程的构建与研究”的课题研究，旨在培养新时代有良好品德、审美情趣、爱祖国文化的中国儿童。“尚美”课程通过充分挖掘中华传统文化中“美”的物质、精神内涵，依托美艺、美食、美文、美服、美旅等内容，帮助幼儿感受与欣赏传统文化中的美，并加以表现与创造，使幼儿乐于接受传统文化的积极熏陶，帮助幼儿从中获得“美”的学习体验、懂得认识美好事物、养成美好品德、提高审美情趣，萌发爱祖国、爱家乡、爱亲人的美好情感。而本文依托我园特色课程，主要讲述的是大班幼儿在开展中华美旅特色活动中的一些实施策略。

一、大班开展中华美旅特色活动的可行性

中华美旅，旅在字典中的解释是出行、旅行；美旅即美好的旅行。本文中的中华美旅是指在旅行中纵览中国版图中的美，包括中国的著名景点、大好河山和特色建筑。

所谓中华美旅特色活动，是指通过了解何谓中华美旅，以美旅为载体开展各种各样的活动，进而帮助幼儿加深对中国特色建筑之美、著名景点之美等的了解。

《幼儿园教育指导纲要》中指出：“培养孩子爱祖国、爱家乡的情感，为使孩子们从小就树立热爱祖国的意识，培养其社会责任感。”《幼儿园工作规程》中也提出：“萌发幼儿爱祖国、爱家乡、爱集体的情感，培养诚实、自信、友爱、勇敢、勤学、好问、克服困

难、讲礼貌、守纪律等良好的品德行为和习惯，以及活泼开朗的性格。”中华美旅活动不仅需要幼儿感受欣赏，还需幼儿动手动脑进行操作实践，结合大班幼儿爱学、好问，表达与表现方式呈现多样化，因此，在幼儿园中进行中华美旅活动是可行的。

二、大班中华美旅特色活动的设计

1. 中华美旅特色活动设计的原则

《3～6岁儿童学习与发展指南》中对艺术的解释，“艺术是人类感受美、表现美和创造美的重要形式，也是表达自己对周围世界的认识和情绪态度的独特方式”，并且在“感受与欣赏”“表现与创造”两个方面分别提出不同年龄段的具体要求。这与我们对于传统文化中的“美”的内容和理念非常契合。社会领域中要求幼儿“知道自己的民族，知道中国是一个多民族的大家庭”“能感受到家乡的发展变化并为此感到高兴”“知道国家一些重大成就，爱祖国，为自己是中国人感到自豪”等也是与我们开展传统文化有重要联系。所以开展大班美旅活动中的核心原则基于《发展指南》并考虑到传统文化中的“旅行”，也是与儿童的生活息息相关的熟悉内容，适合在幼儿园以幼儿可接受的形式开展活动，从中挖掘传统文化中的“美”。

2. 中华美旅特色活动结构图

中华美旅特色活动以美旅为主要内容，通过幼儿园、家园和社会三个途径开展活动。其中，幼儿园美旅活动形式主要在园所环境创设、幼儿一日活动中有机渗透；家园亲子活动以邀请家长共同参与亲子制作、传统节庆日为主；社会实践活动则以走出校园的春秋游为主。如“结构图”所示：

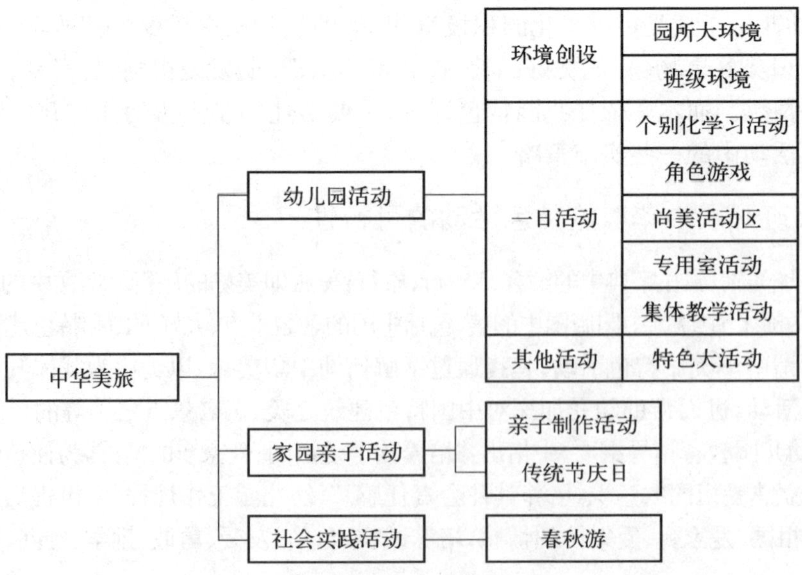

三、大班中华美旅特色活动的实施策略

《纲要》指出：教育活动设计必须遵循发展性原则，让所选的内容适应幼儿需求，适应时代需求，要去其糟粕取其精华，适合幼儿身心发展，适应幼儿最近发展区。环境创设应符合幼儿的年龄特点与身心发展的需要，所以我们基于《3～6岁儿童学习与发展指南》中对艺术的解释，再结合大班幼儿对各种美景、建筑图案、结构等有着浓厚的兴趣，让幼儿通过感受、欣赏、体验和操作等一系列活动，来提高审美体验，从而增强幼儿的创新能力以及培养幼儿的民族精神。在开展中华美旅的活动中，对于如何帮助幼儿更有效更积极地体验中国的大好河山、特色建筑等，下面浅谈下我的经验。

（一）创设适宜的环境

《纲要》提出："环境是重要的教育资源，应通过环境的创设和利用，有效地促进幼儿的发展。"通过对环境的方案设计，适宜采用"润物细无声"的方式，将中国各地的著名景点、祖国的大好河山以及中国传统特色建筑融入环境中，让幼儿在浓郁的氛围中与传统文化对话，体会其中的"美"。

1. 园所大环境中的"各地美"

中华美旅的大环境创设主要体现在我们园所的三楼公共墙，墙上主要以水墨画的形式绘画了祖国的大好河山和特色建筑，同时，在水墨画背景的映衬下，将建筑特色的绘本与各地著名景点的建筑模型融于水墨画中，并在旁边配上点读笔。大班幼儿在水墨画的指引下不仅可以游览祖国的大好河山与特色建筑，还能从绘本中汲取关于特色建筑的知识。而建筑模型和点读笔的呈现方式也激发了幼儿参与环境观赏的积极性。这样的环境布置旨在让幼儿在欣赏祖国大好河山美、感受建筑丰富多样美的过程中，增长见识和审美情趣。

2. 班级小环境中的"地方美"

我们根据幼儿的生活经验以及开展活动的主题，创设了有关美旅的环境。如主题"我们的城市"，大班创设了石库门、城隍庙、江南水乡、蒙古包等具有地方性建筑风格的主题环境，同时组织幼儿收集各种关于各地建筑风格的图片以及幼儿去过的著名建筑景点的照片等，展示于我们的尚美活动区的墙上。同时在班级的建构区也会展示一些家长与幼儿共同制作的各地建筑模型。让幼儿通过参与班级环境进一步萌发爱祖国爱家乡的民族自豪感。

（二）开展活动促内化

1. 个别化学习活动

在个别化学习活动中，我们有目的地投放材料，让幼儿按自己的意愿与能力，以看一看、读一读、做一做的方式，进行个别化学习活动。幼儿在学习与探索

中，感受中国特色建筑的独特风格和魅力。

如在传统阅读区中，通过对建筑特色绘本的阅读，像《建天坛》《建土楼》《最美的建筑》……让幼儿对富有特色的建筑产生兴趣，如幼儿会问土楼为什么有圆形、半圆形、方形等不同的形状？为什么天坛的建筑都是绿色或蓝色的等问题，从而让幼儿产生探究中国建筑不同风格的欲望。

又如在美工区中，我们投放了毛笔、宣纸、水、墨、手工纸、麻绳、棒冰棒等各种材料，幼儿可以自主选择材料进行水墨画画祖国的河山景点等，也可以运用材料做一些简单的模型，如幼儿熟悉的东方明珠、中国馆等。

2. 角色游戏

在角色游戏中，幼儿会将已有经验通过游戏的形式加以体现。如四川的熊猫馆、江南小屋、城隍庙小吃街等，大班幼儿都会在留白区开起来，幼儿对于动物有着独有的喜爱，在他们的心里，四川有着著名的熊猫博物馆，在角色游戏中，幼儿也会运用各种材料开起熊猫馆的游戏；在江南小屋，幼儿会运用积木砖块搭起富有特色的砖墙，并在门口挂上串串辣椒、大蒜；在城隍庙小吃街，他们会建构起九曲桥。在走廊上，幼儿穿着新疆服饰载歌载舞，旁边的主持人还会喊着，快来新疆旅游啦，来看好看的新疆舞哦！这也体现了幼儿通过游戏将旅行中的美景、特色建筑、特有风俗等所见所闻进行内化，变成幼儿自己对美旅的理解。

3. 尚美活动区

在“尚美活动区”的开展过程中，我们的孩子始终能感受到中华美旅文化中的奥秘与魅力，孩子不仅知道了“我是中国娃”，大班的孩子更能表现出“我为中国骄傲”的自尊与自信。比如在认识西藏这一地方时，孩子们不仅知道布达拉宫是西藏的代表性建筑，也知道了西藏有着集宫殿、城堡和寺院于一体的宏伟建筑。同时，幼儿也能在尚美区中欣赏到来自这个地方的美食、服装、艺术等地域文化特色。

4. 专用室活动

在建构专用活动室时，我们结合大班开展的“我们的城市”主题活动，在墙上创设一些上海及其他地方的特色建筑。先请幼儿观察上海的建筑，并组织交流讨论，说说上海的建筑都有哪些特点，来促使幼儿进一步认识上海不同建筑的特色和结构。之后再进一步推进，提供其他地方的特色建筑图片，如湖南的岳阳楼、安徽的徽州建筑、北京的故宫等，让幼儿再一次感受这些不同地方不同风格的建筑，并进行观察比较，在观察比较中积累对中国特色建筑的认识和了解。

5. 集体教学活动

我们主要从《学习活动》出发，寻找适合在幼儿园开展教育教学活动的传统文化素材点，并结合自身阅读的中国风绘本、古诗等，通过一课三研、同课异构的方式，根据大班幼儿的实际发展水平与兴趣需要，设计了不同领域的集体教学活动。

如根据学习活动中中国功夫这一素材点，设计了健康领域活动，在活动中让大班幼儿认识到中国功夫是我国独有的，并在活动中通过观察、模仿来简单掌握武术的基本动作，从而激发幼儿做中国人的自豪。又如绘本《铁门胡同》，通过欣赏绘本里的建筑，感受老北京胡同的特色，了解爷爷奶奶那个时代的胡同建筑，再通过比较现在住的房子，让幼儿感受城市的变化、时代的变迁，从而激发幼儿爱祖国、爱家乡的情感。

再有《魅力古镇》这一活动，让幼儿在欣赏周边古镇的视频中，感受古镇建筑与环境融为一体的特点，由于就地取材拍摄，建筑的色彩和周围的环境十分协调。幼儿不仅注意到了古镇房子以黑白为主的特点，还说到了周围的环境等。在幼儿进行充分表达后，教师引导幼儿进行艺术表现，一幅幅江南古镇的水墨画跃然宣纸上，孩子们体验到了创作的快乐，并在空白的地方加上自己的想象，将画面填充得更丰富，更具活力。

6. 特色大活动

(1) 国庆大活动

在国庆节来临之际，我们组织幼儿以共同绘制长卷画的方式，开展了“中华美旅——各地建筑”的庆祝活动。大班的幼儿旅游经验较丰富，有的幼儿一起画了天安门、长城、天坛，建筑风格各异又尽显文化底蕴；有的画了雄伟壮观的布达拉宫，赞叹藏族人民的勤劳智慧；有的画了造型奇特的福建土楼，还了解到了劳动人民群居生活的乐趣；有的……孩子们在绘制、欣赏、游览各色建筑的过程中，进一步了解了祖国的幅员辽阔和建筑文化，对祖国妈妈的热爱也更加深入和具体。

(2) 中华美旅节

围绕“美旅”开展“旅游节”活动，“中华美旅节”以“美旅小集市”的方式呈现，活动前，组织幼儿、家长收集亲子旅行途中的照片、视频和各地特色物品。活动当天，孩子和家长穿上具有代表性的民族服装，亲子合作向小游客们介绍地方美食、特色美艺、标志性建筑等，邀请小伙伴们体验有趣的民俗活动。在熙熙攘攘的集市中，孩子们走走停停、看看玩玩，欣赏美景、穿戴美服、品尝美食、弹拨乐器、参加游戏……热闹非凡、不亦乐乎！

足不出园的“中华美旅节”活动，不仅巩固了“我是中国娃”的民族自信，还多角度、全方位地感受祖国的大好河山和各地的多姿多彩，萌发了幼儿热爱祖国的美好情感。

（三）搭建亲子互动平台

(1) 亲子制作活动

亲子制作活动不仅能促进亲子之间的关系，同时也能让家长了解幼儿园的特色活动内容，所以是必不可少的。我们结合美旅内容，组织家庭进行“特色建筑模型搭建”亲子比赛活动，更好地为传承我国传统的民俗文化而服务。

家长和幼儿利用家中的各种盒子、纸板、吸管、木棒、塑料瓶子、毛线及民俗特色的布等材料大显身手，进行了变废为宝的模型搭建，比较有特色的作品有傣族竹楼、江南老房子、吊脚楼等。亲子制作让幼儿在动手动脑的过程中，充分体验到制作模型的成就感和满足感，也在变废为宝的过程中发展幼儿的创新能力。

(2) 迎新春集福活动

在春节期间，我们开展了迎新春集福活动，幼儿在家长的带领下，回到自己的家乡过年，他们为大家带来了祖国各地的过年美景和有趣习俗。受疫情的影响，幼儿大多留在上海过年，但他们也感受到了上海各处浓浓的年味儿，如豫园、东方明珠、迪斯尼、周边古镇等，并用自己稚嫩的画笔记录下了旅游手记，在朋友圈进行了分享和集福活动。此次活动将亲子互动和传统节庆日相结合，不仅增进了亲子关系，还加深了对传统习俗的感受与体验，提升了民族自豪感和自信心。

四、对幼儿发展的影响

1. 增强幼儿的爱国情感

虽然幼儿还尚未游览祖国的全貌，但在活动过程中，通过感受、欣赏、体验、表达等，让幼儿渐渐知道我国的版图之大，风景之美，建筑之多，通过各种活动，幼儿对美旅活动的兴趣越来越浓厚，幼儿的爱国情感也在潜移默化中增强，作为一名中国人，感到很自豪。

2. 提升幼儿审美素养

在活动开展的过程中，引导幼儿发现各地的山水美、景点美、特色建筑的独特美，使幼儿对各地风景名胜、特色建筑感兴趣的过程中，提高了幼儿的审美情趣。这些具有中国特色的地域、建筑在给予幼儿美的感受的同时，也在提高着幼儿的欣赏能力、感知能力、表现能力、创造能力以及审美能力等。

3. 促进幼儿表达能力

幼儿的表达能力主要体现在幼儿通过各类活动的开展，认识和感受到祖国的幅员辽阔，建筑的风格迥异，造型之多，并结合多种方式，积极地表达和表现感受和领略到的美，如通过语言、动作、操作、表演等。

4. 激发了幼儿的创造力

在活动中，幼儿通过获取经验、体验、交流以及亲子互动等多种形式，激发了幼儿探索中国版图的美，以培养幼儿的创造力。大班幼儿的好奇心强，能关注到周围的事物，在开展美旅活动的过程中，适时为幼儿提供观察比较、操作实践的机会，从而在发现问题、解决问题的过程中，发展幼儿的创造力。

五、我的思考

大班中华美旅特色活动开展以来，有了以上的一些实践经验和方法。但开展大班幼儿中华美旅活动只是处于初级探索阶段，还有许多活动和实践有待完善，如：

第一，在条件允许的情况下，如果我们能带领幼儿走出校园，去实地观察申城的著名建筑并进行一定的活动开展，更有助于幼儿直观地理解中华美旅的内涵；

第二，发动家长带着幼儿去各地领略更多的风光，感受各地著名的景点、特色建筑，在课上针对幼儿假期去过的旅游地点开展相应的中华美旅介绍，更激发幼儿的主动参与感；

最后，教师要更有层次、更有细节地选取美旅素材，促进幼儿对祖国美好风光、人文风光和传统文化的感知。

美食荟萃的传统文化

——开设幼儿园传统美食区有感

汪彩云

一、主题背景

中华传统文化源远流长，作为炎黄子孙，中华传统文化深深烙在了每个人的身上。如今，随着中国经济和对外交流的蓬勃发展，西方文化的影响日益加深，潜移默化中，有些人对圣诞节、万圣节都过得津津有味。反观我们的一些传统节日，比如：中秋节、重阳节等，在孩子们中间却是一知半解，甚至无人问津。学前教育是基础教育的重要组成部分，启蒙教育是幼儿教育的方向灯和引路人，可以为幼儿的终身发展奠定基础。我园的特色就是将传统文化和我们幼儿的一日生活相结合，尝试充分挖掘中华传统文化所包含的韵美，有机地吸取中华传统文化之精粹，有选择地借鉴运用到幼儿教育中，让中华传统文化成为幼儿人文素养的一部分，使幼儿在感受中国传统文化之美的同时，弘扬中国传统文化。

为让幼儿充分接受中华传统文化的熏陶，感受传统文化的魅力，全方位地欣赏、领略中华传统文化。每学期刚开学的时候，我们每班的老师都会为自己所在的班级选择一个符合本班年龄特点和班级幼儿特色的传统主题。

二、主题选择

俗话说"民以食为天"，美食自古有着属于一个时代气息的味道。同时，很多美食还有自己的由来和传说，每个节日中美食都充当着不可替代的角色。比如：元宵节，我们要吃汤圆，寓意团团圆圆；重阳节，我们要吃重阳糕，饮菊花酒，寓意登高避祸，步步高升；端午节，我们要吃粽子，寓意除瘟、驱邪。美食还常常被人们取以吉祥的寓意，比如，春节时，中国人的餐桌上每家每户都会出现鱼，这一条鱼象征着来年"年年有余"之意。象征寓意的同时，也可用不同食物替代，同是"团团圆圆，和和美美"之意，南方人是要吃汤圆，而北方人则是吃饺子。美食在中国的餐桌上有着举足轻重的作用和意义，美食在中国人的文化中起到了物化、传载、传承、交流的作用。

因此，美食是传统文化的荟萃所在，更是传统文化的重要表现形式，容易被孩子们直观地理解和接纳。我班的传统区从小班开始就一直是以美食为主，我们在选择主题的时候，也有想过可以是传统节日、传统游戏、扎染等一些其他传统活动，但传统美食相对最直观，与幼儿生活最贴近，也容易被幼儿接纳，经过商讨研究，我们最终选择了传统美食这一主题。

三、主题创设与效果

（一）材料投入

小班：对于小班的孩子来说，能分清角色已属不易，同时，他们还能报出自己店里有哪些东西，有哪些口味，顾客能说出是什么地方的东西。这些都跟我们在材料上提供了比较形象的东西有关。小班的孩子思维是比较直观的，他们正处于直观思维阶段，看到就能说出来。所以，小班的时候，在环境创设上，我们基本上都是以幼儿能直观认识的东西进行摆放。如用海绵纸制作的羊肉串、纸箱包的烧烤架，以及各类自己模仿的食物。同时，还自己制作小菜单，菜单上一部分有食物照片，一部分没有食物照片，为的是让幼儿能自主发现，自主制作，老师及时给予帮助支持和扩展知识内容。

中班：根据中班幼儿的年龄特点和已有的教育经验，我们对本班的小吃店进行了一些调整。小吃店不单单和角色游戏相结合，还和个别化游戏相辅相成。材料的投入上我们也从单纯的照片、实物以及制作好的成品转变成了半成品或者是一些超轻黏土，让幼儿能自己动手制作。这样既满足了幼儿的动手能力，又给他们认识这些食物提供了一个平台。

大班：随着大班孩子的动手能力逐渐变强，我们从中班的超轻黏土过渡到了真实的食材——面粉。孩子对于这一真实的材料非常新奇，于是在大班这一学年我们和孩子一起制作了花馍。三年的延续研究和实际操作已经使我班的幼儿掌握了揉面的技能，并能进行面食的制作。在墙上分享了漂亮的花馍图片后，孩子们都跃跃欲试，尝试自己做一做，并且对制作这类漂亮的面食很感兴趣，他们尝试用剪刀、筷子、勺子等辅助工具进行制作，同时运用红枣、红豆等进行装饰，让人感受到了面塑的独特魅力。这些做法正好契合了《指南》中艺术领域明确指出："尊重幼儿自发的表现和创造，并给予适当的指导。提供丰富的材料，引导幼儿围绕主题，根据生活经验，用自己喜欢的方式模仿或创作。"

（二）指导支持

小班：中国拥有世界上最富戏剧性的自然景观，高原、山林、湖泊、海岸线。这种地理跨度有助于物种的形成和保存，任何一个国家都没有这样多潜在的食物原材料。为了得到这份自然的馈赠，人们采集、捡拾、挖掘、捕捞。中国的城市也是比较多的，每座城市外表都很接近。但唯有美食，能成为区别于其他地方的标签。如上海菜浓油赤酱、湖南菜香辣、四川菜麻辣等，同时各地的小吃也是颇具风格，各有特色。

作为学前教育，生源广泛，班级的孩子来自五湖四海不同的城市，有着不一样的"美食"背景。贴近生活的传统美食能够激发孩子的兴趣，来自不同地方的孩子能够向其他孩子介绍和述说自己关于这些"美食"的经历，让孩子们有想表达、想了解的欲望。我们根据班级里孩子们老家的城市来进行统计和策划，让孩子结合自己的实际生活对各个城市的传统美食有一定的认识和了解。在创设美食区时，我们和角色游戏中的"小吃店"相结合，进行制作和买卖。同时我们以一学期两个美食城市为例开展城市的美食，"一方水土养一方人"，美食代表一个城市的文化背景，代表一个城市的文化底蕴。但是对于幼儿园小班的孩子来说，我们只需要他们了解和知道，具有代表性的城市，一看到这种美食就知道是哪个地方的食物。一说起这个城市，就知道它有什么好吃的美食。于是，我们选取了上海——小吃、北京——烤鸭、重庆——面食和新疆的羊肉串。

中班：对于中班的孩子来说，小朋友都有自己不一样的想法了。所以在游戏中经常会出现争执，有时他们会自己解决，有时会寻求老师的帮助。教师也要给予孩子适时的支持，比如：语言支持。游戏中他们谁都不让谁，于是，在讲评的时候，给了孩子们两个问题："你吃过炸饺子吗？""回去试一试炸饺子是什么味道？"教师没有给予孩子正面的回答，而是给了他们自己去探索的机会，自己去寻找答案。这对于他们今后面对同样问题时，如何解决是有帮助的。同时激发了幼儿自主探索的兴趣。当孩子自主探索好后，告诉老师："老师，我昨天吃了炸饺子，很硬。""那你觉得饺子能炸吗？""能是能，但是不好吃，我还是喜欢煮的饺子。"这时，教师告诉孩子们："有些食物有多种烹饪方法，每一种烹饪方法都会带给食物独有的味道。但是并不是每种烹饪方法都适合它。就像饺子，因为它里面有馅，所以当炸的时候，炸的时间短了，馅不熟；炸的时间长了又会变得很硬，失去了它原本该有的美味。以前人的智慧是不容忽视的，他们做任何事情都是通过实践得到的。你们也要多观察、多想想为什么哦！"

大班：随着时代的发展，人们的生活逐渐走向市场化。人们渐渐忘却了传统美食的制作方法，更何况涉世不久的幼儿，就更无从知道传统美食是怎样制作出来的了。为了使博大精深、世代相传的民族传统，能得以继承和发扬，为了唤醒小朋友对传统美食的兴趣,我们开展了具有传统特色的美食系列活动。针对幼儿年龄特点和学习能力差异,结合中国的传统节日、四季轮换的美食进行美食制作、分享、交往活动,为孩子们构建真实的生活场景,让孩子通过亲身实践去感受成人的职业行为,深入了解成人的劳动,增强生活实践的能力。同时也让幼儿进一步感受"吃"的文化、"吃"的学问,并逐步培养幼儿健康饮食的习惯,为快乐的童年生活增添一道难忘的味道。

四、总结与启示

中国传统文化不应该是人们想象和认为的那种"高大上",而是应该直接触及、影响和接受的现实生活的文化传统,应该是无处不在,潜移默化,融入生活每一个细节的。在幼儿教育这里,更是如此。

1. 开展传统美食文化教育,促进幼儿爱国情怀

我班在开展传统美食文化的同时,或多或少和一些节日相结合,有效地促进了幼儿了解节日以及美食的关联。同时对于这些美食的传说和由来,也加深了对这类食物的认识。比如:月饼的传说——嫦娥奔月,粽子的由来——祭奠屈原等等。在认识食物的基础上,加深爱国主义情怀,初步了解中国传统故事和传说,加深对于自己是中国人的自豪感。

2. 利用家长资源,激发亲子关系

在幼儿园开展传统活动中,我们根据风俗特点,利用家长资源在园内外开展各种形式的家园互动活动,不仅让家长和幼儿感受团圆、和谐、快乐的氛围,更有效地促进了亲子之情。

比如,在中秋节到来之际请家长与幼儿一同收集有关中秋节的图片、故事、传说,并且引导家长在家和孩子开展"我家这样过中秋",到上海的芦潮港观潮、自己制作花灯、拍摄月圆、桂花等照片,吃一吃含有桂花的食物等。在幼儿了解了关于中秋节相关知识的基础上,我们开展了"庆中秋"主题系列活动,并邀请家长与幼儿共同参与"自制月饼"小活动,让幼儿和家长一起感受中秋团圆集体过节的快乐。

我们还利用班级幼儿来自不同城市的特点,开展了南、北方的食物"展销会"。请奶奶们戴上蓝印花布的头巾,和孩子一起制作:花馍、粽子、葱油饼、饺子和馄饨等一系列有特色的美食。制作好的食物我们在厨房间进行加工后,让幼儿品尝。使老人感受到了天伦之乐,同时也是对孩子一次爱老、尊老的实际教育活动。在这些活动过程中,我们采取了教师、幼儿、家庭三方的多向互动方式,让每一个幼儿的家庭在传统主题教育活动中发挥更为重要的作用,这样起到的效果更好、更持续。

传统活动需要幼儿园与家庭、社会的有机结合。家庭教育对幼儿的发展影响是其他教育环境无可比拟和替代的，幼儿园教育和家庭教育密切结合，使教育渗透到了家庭生活的各个方面。作为教师，我们必须整合各方资源，形成教学合力，让幼儿在丰富多彩的传统活动中、在多渠道的参与下，增强对传统美食文化的了解与感受，让中国传统文化深深地扎根于幼儿的心田，并一直传承下去。

浅谈传统节日对幼儿发展的意义

郭曼利

摘　要：我园近年来一直致力于传统文化的研究，首先，传统文化可以让幼儿了解中华民族的灿烂文化，加深对祖国五千年文化的认识，增强民族自豪感和自信心。其次，可以让幼儿接受优秀文学熏陶，提高幼儿审美能力，丰富知识，启迪智慧，发展潜能。最后，对幼儿人格塑造、传统美德的形成、情操的陶冶有不可替代的作用，为培养幼儿今后做人、做中国人、做胸怀壮志的现代中国人奠定良好的基础。我园在此基础上开展了相关的传统文化活动，本文在此基础上探究传统节日对幼儿发展的意义。

关键词：传统节日　学前教育　幼儿发展

一、传统节日中体验爱的教育意义

有很多的传统节日是在家中度过的，因此，我们首先要让家长了解传统节日教育的意义，得到家长的支持与配合，共同架起一座传统节日教育的桥梁，家园一致使传统节日教育产生良好的教育效应，并且在教育活动中让幼儿更好地体验爱的教育和培养良好亲子关系。让幼儿在传统节日亲子活动中积累过节经验、感受传统节日的快乐，同时体验亲子间互相关爱、互相合作的快乐。九月初九重阳节有赏菊、登高的习俗，在近年来重阳节又被赋予了新的意义。重阳节也叫老人节，利用这一传统节庆培养幼儿关爱家中的老人。

在活动开展前，我们先与幼儿的父母取得联系，让家长知道开展此活动的意义、目标及要求，并让家长配合幼儿园开展活动。如和幼儿一起为老人挑选一份节日礼物，在家中为幼儿做榜样，尊敬老人、关爱老人，将幼儿在家如何关爱老人的表现反馈给老师；在班中还开展了“家中的老人是怎么关心我们的”“你知道家中老人的生肖吗”的谈话活动，还会请家中的老人到幼儿园和我们一起庆祝“敬老节”，我们还特别邀请了社区老年学校的老人与班级幼儿的爷爷奶奶们一起庆祝节日活动，社区的老人给我们带来精彩的表演，让班级的爷爷奶奶们感觉原来老人的活动，一样可以很精彩。活动前，我们还在班级传统活动区域的墙面布置了重阳节习俗调查表，如："在家中我会帮助爷爷奶奶做什么"，还有关于重阳节习俗的图片、开展活动的照片等。通过一系列的活动，幼儿学会了关爱老人、尊敬老人。幼儿回家看见老人累了，会帮老人捶捶背、敲敲腿，一些平时爱对老人发脾气的幼儿也有了明显的进步。

又如，"端午节"民间有划龙舟的习俗，在节前让幼儿与家长共同制作了划龙舟所需的桨，我们还为幼儿准备了用纸盒做的龙舟，在端午节当天，开展了"划龙舟"活动，让幼儿感受欢快热闹的气氛，一些家长还带来了自己利用废旧材料制作的龙舟模型。"元宵节"家长和幼儿一起制作漂亮的灯笼带到学校来进行展示，"端午节"开展了制作香袋比赛，"中秋节"与幼儿一起学做月饼，在家长的大力支持下也得以顺利地开展。让家长重视每个传统节日的习俗，让幼儿不仅在幼儿园能感受节日的气氛，在家中也能感受到浓浓的节日气氛，激发幼儿关爱他人的情感。

二、传统节日活动中体验操作的乐趣

儿童心理学家皮亚杰指出，儿童是在对材料的操作、摆弄过程中建构自己的认知结构，材料是幼儿活动的对象，与幼儿的年龄特点、经验、能力和需要相匹配的材料，能引发幼儿的活动欲望。因此，我们创设的环境中不仅为集体欣赏活动提供了丰富的民间艺术成品，也在区域活动中提供了充足的操作材料。对于幼儿而言，这些传统艺术活动就是动手、动身、动脑的艺术，从这个意义上来说，为他们提供丰富的操作性材料比展示成品更重要。

比如，元宵节做花灯时，我们不仅要为幼儿展示漂亮的花灯，而且要为幼儿提供丰富的做花灯的材料（各种彩纸、废旧的小盒子、小灯泡、装饰用品等）。又如，冬至做汤圆，我们在组织幼儿观看爷爷奶奶包汤圆的同时，也为幼儿准备了各种做汤圆所需要的材料：面粉、各种馅料，来满足幼儿动手尝试的欲望，不仅激发了幼儿参与活动的兴趣，还满足了幼儿的创作欲望。又如，春节剪纸，我们除了给幼儿欣赏各种各样的新年窗花，还会为幼儿提供各色的彩纸，让幼儿动手操作尝试剪窗花。在"逛庙会"活动中，幼儿根据剪纸的图示和步骤进行剪纸的创作，并将剪好的窗花贴在玻璃或展示板上，在剪剪、贴贴中，感受春节带来的欢乐气氛。

此外，材料的提供不仅可以在集体教学活动中，在区域活动中也要提供充足的材料，因为在短短的集体活动里，要让每一个幼儿的探索欲望都得到充分的满足是不可能的，恰好区域活动可以弥补这个不足。因此，在传统区域活动中我们也提供了相应的材料，让所有幼儿根据自己的兴趣、需要和能力来自由探索，得到更充分的发展。

三、传统节日活动中体验过节的气氛

环境对幼儿教育有着潜移默化的作用，环境是重要的教育资源，通过环境的创设和利用，能够促进幼儿的发展。幼儿园环境是儿童赖以生存的基本条件，幼儿园环境创设是指改善幼儿生存环境、提高幼儿生存质量，创造环境将成为幼儿园教育的基本内容。

如，中国传统节日——元旦到了，教室里充满了浓浓的节日气氛，玻璃窗上贴上了漂亮的窗花，墙上挂满了好看的彩灯。让幼儿在环境中感受到喜气洋洋的节日气氛。又如：中秋节到了，在教室的墙上贴上了赏月图、嫦娥奔月图，班级还会组织幼儿集体做月饼，将准备好的面粉、模型供幼儿选择，幼儿可以根据自己的兴趣选择不同种类的月饼模型材料进行制作。我们还会请幼儿每人带一块月饼到幼儿园与同伴一起分享，共同品尝毛豆、芋艿，让幼儿学会分享，体验与同伴一起过节的欢快。端午节到了，在教室里挂艾叶、挂菖蒲，班级还为幼儿准备各种中草药材料，让幼儿进行香囊的制作，幼儿将自己的嘱咐和爱意塞进香囊中，另外，还会在班级里举行包粽子比赛呢！让幼儿在与环境的互动中，感受这些传统节日的习俗。

传统节日活动具有广阔的课程开发空间，具有无限的教育生成的张力，是一种动态的课程，这种活动真正可以实现教师、家长和幼儿的共同发展。幼儿从小耳濡目染，浸润并受益于中国独有的文化情怀，无论对于人的个体成长、群体塑造、社会发展，还是民族文化的传承与更新都是十分必要和有益的。中国传统节日的内容包罗万象，在其背后，蕴含的是深厚的民族心理、道德伦理、精神气质、价值取向和审美情趣。

现在，过节已经成了幼儿在幼儿园生活的一部分，每当问起孩子们了解哪些节日时，孩子们便会滔滔不绝地说出许多。传统节日活动成为幼儿表现自我、展示自我、树立信心的舞台，愿传统节日活动陪伴孩子度过快乐的童年。

综上所述，传统节日不仅可以在幼儿园内进行开展，还可以走出幼儿园在家庭、社区中渗透。随着社会的发展，人们在关爱方面提出了更高的要求，富有爱心的人，更容易成功。传统节庆活动中渗透关爱，情感教育就变得十分有益了。

“传统节日”活动区内容的选择与实施

周灵捷

“传统节日”活动区是教师结合中国丰富的传统节日文化习俗，以“传承创新、多元融合”为教育理念，创设出的个别化活动区。整个活动区将优秀的传统节日文化要素与幼儿发展需要相互融合，使幼儿对环境和内容感兴趣，在轻松自由的氛围中进行自主游戏和学习，从而喜欢、了解、愿意参与传统节日活动。

一、内容的选择

（一）收集

传统节日开展之前，教师需先将该节日相关的文化知识收集罗列。收集的内容需要尽量全面和广泛，以便在其中提取有价值并且幼儿感兴趣的内容。通常传统节日可以分为历史文化知识（其中包括节日相关的故事、传说、古诗词等）、传统习俗、节日美食这三大类。

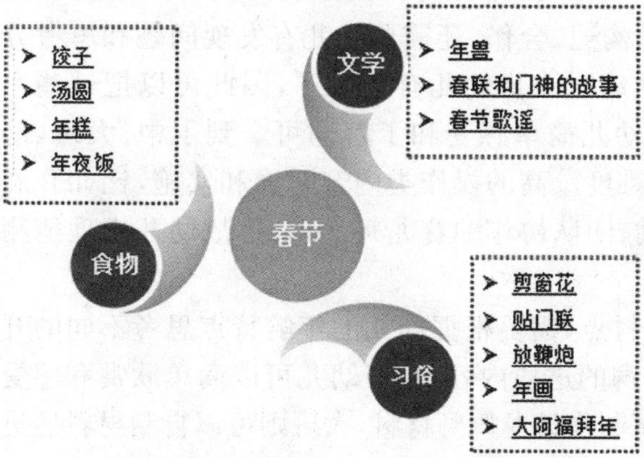

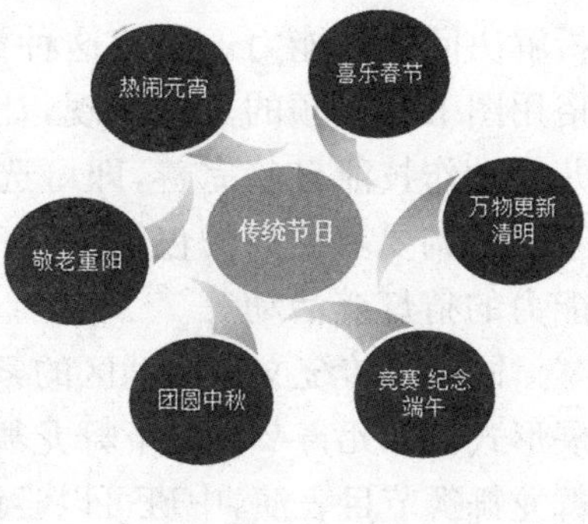

（二）筛选

1. 根据节日主旨筛选有价值的素材

依据确定好的三大分类，教师需要对相关内容进行品读，品读的过程中要不断结合节日的含义和主旨来筛选素材，如团圆中秋、尊老重阳、热闹元宵等。品读节日的文化含义有利于传统节日主旨的确定，确保所有内容和材料围绕着节日主题开展，避免衍生出偏离的内容。

2. 根据幼儿年龄特点和身心发展筛选有积极影响的素材

不是所有的传统文化都是优秀的，所以也不是所有的传统节日活动都适合学龄前儿童参与的。教师在选择素材的时候必须慎重，必须从孩子身心发展的特点和需求出发，筛选优秀的、适宜的活动素材内容。例如，清明节的节日主旨是祭祀，在开展清明节活动时，幼儿可能会模仿家里的祭祀和扫墓，这种活动所产生的情感体验带有消极成分。但其实清明节还是“生机的节日”，大自然到了清明节的时候是生机勃发的，因此后续我们在活动开展中，将清明节的活动主旨确定为“万物更新”，开展如放风筝、踏青等活动，给予幼儿积极的情感体验。这样的调整，使得幼儿在传承和弘扬优秀民族传统文化的过程中，在身体、心理和社会适应方面状态良好。

二、内容的实施

（一）根据幼儿的发展水平，预设适宜的活动形式

不同年龄阶段的幼儿身心发展水平不同，教师需要依据幼儿的年龄特点设计不同的活动。在操作类活动中，小班的动作技能发展还处在不太完善的阶段，因此可以将操作类的内容弱化，只需简单动手感受即可，而将阅读历史文化类的内容放大展开，侧重于以多种形式的阅读帮助幼儿了解传统节日的历史文化。如开展小班端午节活动区时，划龙舟需要手臂和身体一起协调的能力，赛龙舟又需要团队的协商、沟通、合作，还需要幼儿有发现问题和思考分析解决问题的能力。显然这种活动对小班幼儿有些难了，因此可以把这些习俗用图书和视频的方式呈现，让幼儿简单感受和了解即可。到了中、大班，幼儿的动作技能日趋完善，即可选难度较高的操作类内容开展和实施，比如开展手眼协调要求较高的包粽子活动、团队协作的赛龙舟活动、挑战幼儿推理猜测能力的猜灯谜活动等。

同一个传统文化活动区的素材点，需要根据幼儿的年龄特点思考不同的开展形式。如元宵节主题下舞龙舞狮的这块内容，小班幼儿可以简单欣赏和感受舞龙舞狮节目表演，中班可以尝试制作舞龙舞狮材料，大班则可以自制材料后进行舞龙舞狮的练习和表演。虽然是同一个内容，但是不同的活动形式凸显了三个年龄段不同的层次。

例：中班端午节预设方案

活动形式	活动材料	活动主要内容	活 动 图 片
端午节调查	端午节调查表	1. 发动亲子收集与填写端午节知识的调查表 2. 呈现在活动区中供幼儿翻阅讨论	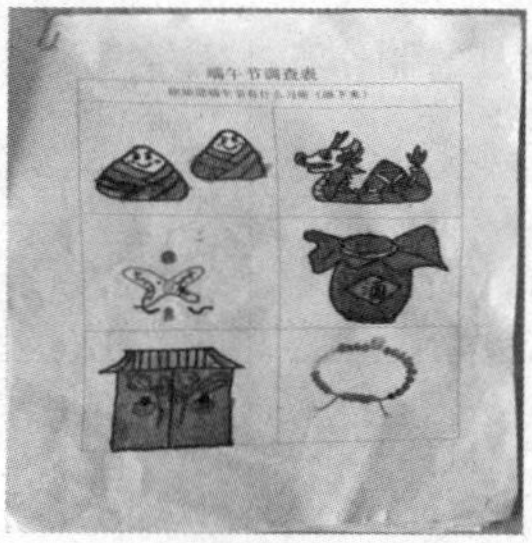
端午故事： 1.《屈原投江》 2. 端午习俗 形式： 1. 阅读图书 2. 观看视频 3. 指偶故事表演	1.《屈原投江》、端午习俗的自制图书、动画视频 2. 故事相关的人物指偶道具	1. 亲子收集绘画端午节习俗图画，装订成册，供幼儿翻阅 2. 翻阅故事图书、观看故事动画视频，了解端午节相关的故事 3. 幼儿在了解故事内容情节的基础上，进行指偶表演	
龙舟彩绘： 1. 手指印画 2. 涂色	1. 各种龙舟彩绘的图片装订成册，供幼儿翻阅 2. 空白龙舟图片	1. 幼儿通过图书翻阅、观看视频，欣赏感受龙舟彩绘的艳丽色彩 2. 自选材料为空白龙舟添色 3. 将完成的作品贴上好朋友的照片，布置在背景中	 
运动游戏：赛龙舟	1. 自制龙舟一对 2. 鼓、鼓槌、鼓架 3. 龙舟音乐与视频 4. 赛道	1. 两个小朋友一起手划棍子，体验划龙舟 2. 听信号进行赛龙舟比赛	

续　表

活动形式	活动材料	活动主要内容	活 动 图 片
手工：制作五毒香囊	1. 各种香料 2. 香囊 3. 五毒香囊图书	1. 翻阅有关五毒香囊的图书，了解五毒香囊的特点 2. 尝试闻一闻、装一装，制作端午节香囊	
手工：制作端午索、粽子、艾蒿	1. 端午节习俗材料 2. 毛线、端午索福包各类图片	1. 感受端午节的各种传统习俗，如吃咸鸭蛋，挂艾蒿、艾草包，饮雄黄酒等 2. 尝试编织端午索，通过图书、福包图片了解端午索辟邪的含义	 

（二）实施的角度

1. 一日活动的开展

传统文化活动区不局限在固定的区域和时间，可以根据内容和形式的不同，融合到教学四大块的活动环节中。赛龙舟、舞龙舞狮、划旱船可融入到运动环节中开展和进行；节日美食可融入到个别化学习活动和角色游戏当中，比如中秋节的“剥芋艿”“剥毛豆”等可以投放进个别化学习活动的生活区中；剪窗花、传统节日故事《年兽》等，可以融入到“我是中国人”主题教学活动中；还能创设有传统特色的公共环境和活动区环境，让幼儿通过环境潜移默化地感受传统文化。

2. 共同性课程的结合

在开展传统文化活动区时，要多注重怎样更好地跟共同性课程结合更为紧密。教师参考用书中，“我是中国人”主题下的二级主题“多彩的民间活动”的内容与要求中指出：“了解我国丰富多彩的民间节日及习俗，感受参加民俗活动的快乐。”其中的素材点春节歌谣、元宵灯会、中秋赏月等都是对于各个传统节日很好的素材补充，可以将传统文化活动区和主题结合，更好地开展活动。

（三）方案的调整

随着传统节日活动的开展和推进，教师预设的内容也要根据幼儿的兴趣点、幼儿活动的具体情况，灵活地进行调整。

1. 活动形式的调整

中班开展清明节活动时，教师预设了斗彩蛋的活动，先请幼儿通过阅读图书、观看视频及图片等方式，了解斗彩蛋的习俗、规则和彩蛋的绘画图案等，再请幼儿绘画彩蛋、进行斗彩蛋游戏。但实际开展过程中，幼儿绘画彩蛋的技能技巧较为单一，斗彩蛋游戏时间短，游戏性也较低，导致幼儿对于斗彩蛋游戏的兴趣不高，不能继续引发对活动的探索。所以教师及时调整了活动内容，将彩蛋调整为图书、视频、成品欣赏，利用亲子活动的形式制作彩蛋，举办"彩蛋展"，提高幼儿参与活动的热情。

2. 活动内容的调整

小班幼儿开展清明节传统文化活动区时，投放了自制图书《介子推的故事》，虽然故事画面经过筛选，但是介子推的故事情节较为曲折，背景较为复杂，小班幼儿不能理解和接受所表达情感。于是，教师将该节日的文化故事调整为抗日英雄的故事，如《小萝卜头》《小小游击战士》等，这些故事情节生动丰富，能够引发小班幼儿的阅读兴趣，也能凸显清明节缅怀纪念的节日含义。总之，无论是在学习性和游戏性方面，教师提供的材料都需要让幼儿感兴趣、可操作，并且能持续地引发幼儿对这一传统文化内容的探索。如果幼儿在活动过程中缺失了活动兴趣，或者活动操作不适宜幼儿的年龄特点，都应该及时进行调整。

（四）充分挖掘家庭、社区资源

《上海市学前教育课程指南》中指出，幼儿园课程开发和实施上应加强与家庭、社区的密切合作，要充分利用家庭、社区及周边环境的教育，扩展幼儿生活和学习的空间。因此，传统活动区的建设也要充分挖掘家庭和社区资源。

1. 家长资源的运用

家庭是幼儿生活的主要场所，幼儿常常从家庭过传统节日的过程中感受到节日文化。因此在开展传统文化活动区时，要充分调动家长的积极性和参与性，引导家长多注意帮助幼儿了解和收集节日相关的传说、由来和文化，给予幼儿亲身体验节日的机会。在活动区开展前，可以结合节日调查表，对节日进行预热和梳理，鼓励家长和幼儿一起进行手工制作，并带到幼儿园与同伴交流分享。

2. 社区资源的运用

积极挖掘社区资源开展传统节日相关的活动，能进一步拓宽幼儿的活动空间。如重阳节在敬老院开展的敬老爱老活动，明确了重阳节"关爱老人"的节日主旨；清明节开展的烈士陵园扫墓活动，帮助幼儿对清明节"缅怀先烈"的节日情感有了更好的升华。

总之，在选择传统节日活动内容前，可进行广泛的收集，并根据节日主旨主题、适宜幼儿身心发展两个原则筛选有价值的素材点；在实施过程中，要根据幼儿的年龄特点和发展水平预设适宜的活动形式，结合一日环节和共同性课程开展和实施，并跟随幼儿的活动情况灵活调整预设方案；在开展过程中，还要充分挖掘家长资源和社区资源，加强与家庭、社区的密切合作，给予幼儿更大的感受传统节日文化的空间。

弄堂游戏走进幼儿园

林婷婷

摘　要： 弄堂游戏是幼儿最长情的陪伴，因为它丰富多彩并且能够满足各个年龄阶段的幼儿的需要，它能促进幼儿在情感、语言、认知、交往合作以及社会价值观等方面的选择取向，是孩子们快乐的源泉。本文针对弄堂游戏在幼儿园教学中的某些问题加以探讨，总结相关经验。

关键词： 弄堂游戏　学前教育　传统文化

"落雨咯，打烊咯，小巴辣子开会咯。"这是一首上海人耳熟能详的民谣，它经常在狭长拥挤的石库门弄堂里徘徊。弄堂游戏是流传于广大人民生活中的一种嬉戏娱乐活动，形式多样、简单易学、活动娱乐性很强，不受时间、空间、条件的限制，能够随时随地进行活动。幼儿园有了弄堂游戏，使孩子们能够享受到更多游戏的乐趣，懂得了与他人交往的重要性，促进了亲子关系的发展，让家长和孩子们成为好朋友。如今，弄堂游戏虽然随着家庭居住环境的改善和家庭娱乐的多样化而逐渐消失，但弄堂游戏带给几代人的欢乐却终生难忘。弄堂游戏具有浓郁的上海地方特色，可是现在弄堂游戏正在面临失传的危机，那么在幼儿园阶段如何开展弄堂游戏呢？在幼儿园阶段开展弄堂游戏需要注意什么呢？

一、弄堂游戏要符合幼儿的年龄特点

小班阶段的幼儿，他们情绪还不稳定，对老师的依恋较强，总喜欢抢着在老师的身边，亲近老师，从而获得安全感。《3～6岁儿童学习与发展指南》一书中指出："营造温暖、轻松的心理环境，让幼儿形成安全感和信赖感。"弄堂游戏中很多游戏都有身体的接触和碰撞，这些游戏为亲密的师生关系提供了很好的机会，通过这些游戏孩子们心理氛围会是平和而又欢喜的。这让小班幼儿很快建立起对教师的亲切感、安全感。如游戏"摇啊摇"，教师和幼儿面对面坐着，教师的手拉着幼儿的手，边摇动身体边念童谣："摇啊摇，摇啊摇，摇到外婆桥……"也可以让幼儿坐在教师膝盖上玩，如"拉大锯""滴滴肉"等游戏，两个人手捏着手儿，一起念一起玩。

中班幼儿思维比较有独创性，活动量也有所加大，体力明显增长，但是合作性较差。我们提供了弄堂游戏中的沙包、飞盘、毽子、拔河等等。幼儿自行结伴，自己组织，自主地参与到富有特色的弄堂游戏中来。这类游戏不仅提高了幼儿参与活动的兴趣，发展了幼儿的动作，更培养了幼儿的组织能力和合作能力。另外如游戏“赶马车”，幼儿可以自己组织，召集伙伴，并且分配角色。“抬轿子”“猜东里猜”“斗鸡”这些游戏一般都需要若干幼儿合作进行，极大促进了幼儿社会性的发展。同时中班孩子们的创造力得到了释放，游戏的规则、材料、童谣和口令的内容等在孩子们的游戏中有了新的玩法。如点豆豆的游戏中，孩子们开始两个组队一起玩，一个孩子打开手心，另一个孩子用手指点对方的手心，边点边念儿歌：“点豆豆、点豆豆、红豆绿豆一抓一大把。”念完后用手抓点豆豆的手指，抓到为胜。孩子们似乎不满足于这样的形式，过了一个阶段，发现孩子们三个一起，有的四五个一起，开展这个游戏，玩得乐此不疲，新的花样让他们不断体味到创造的乐趣。

大班的幼儿合作意识逐渐增强，不仅如此，竞争意识也在逐步发展。根据大班幼儿的年龄特点，我们可以开展一些竞赛性游戏、合作性游戏为主的弄堂游戏。同时，我们也关注到大班幼儿自主性较强，户外活动时常常喜欢追逐打闹，活动量大。我们在开阔的运动场进行幼儿户外游戏活动，让幼儿自主开展弄堂游戏，如：“跳绳”“滚铁环”“抓包”“跳橡皮筋”等。许多弄堂游戏以比赛的形式进行，极大地激发了幼儿的好胜心，培养了他们的进取心。如四角包游戏，谁的技巧好谁就赢得多，孩子在游戏中不甘落后，努力学习，掌握摔打的技巧。当孩子在游戏获胜后，则体验到成功的喜悦，使他们的心理得到满足。

二、弄堂游戏可渗透到幼儿一日活动中

（一）弄堂游戏作为环节间的衔接

游戏与幼儿的生活是息息相关、不可分割的，我们将弄堂游戏自然地融入了幼儿的一日生活中，如早晨来园、户外运动、角色游戏、个别化学习、午饭后、离园前等环节。

由于幼儿园一日活动包括许多环节，环节与环节过渡时，我们需要注意两个问题：第一，活动内容需要动静交替；第二，环节过渡要自然，减少幼儿等待的时间。而弄堂游戏的种类丰富，可供我们教师选择。早晨，来园较早的幼儿，我们通常会玩“翻花绳”“游戏棒”“点豆豆”之类的弄堂游戏，等到孩子们都到得差不多了，再一起进行自主游戏。离园也是很重要的一个部分，离园前可以让孩子们玩“拍手背”“顶锅盖”等小游戏，调动孩子们积极的情绪，也锻炼了孩子们的灵活性，同时也让离园之前活动变得井然有序。另外，在幼儿饭后、活动间隔时有许多零散时间，我们也可以选择些不受时间、场地限制，材料携带方便，便于收拢的

游戏,穿插零散的时间进行。一般我们通常会选择“翻绳”“转陀螺”“东南西北”“石头、剪子、布”等弄堂游戏,使环节过渡自然,活而不乱。同时将弄堂游戏贯穿在一日活动中,也要体现动静交替的原则,如为稳定幼儿情绪(小班幼儿刚入园),我们可以选择手指游戏“拍大麦”等一些安静的徒手游戏,为调节情绪、活动筋骨,可选择“猫捉老鼠”“警察抓小偷”等追逐躲闪运动量大的游戏。

（二）弄堂游戏与个别化、角色游戏相融合

我们幼儿园无论是从大环境到班级小环境都突出了传统特色。每个班级设有传统文化区,我们班级将一些特色的弄堂游戏、符合幼儿年龄的在班级中的传统文化区呈现。一些益智类的弄堂游戏如“挑游戏棒”“翻花绳”“青蛙跳井”“老虎吃小孩”“登棋”等我们将它作为个别化学习开展。一些娱乐性的弄堂游戏如“拍青蛙”“抽陀螺”“套圈圈”等我们将这些与角色游戏相融合。同时弄堂游戏的一物多玩,也给幼儿提供了自由探索、大胆想象、动手创造的机会,不但丰富了幼儿活动的内容,扩展了幼儿游戏空间,还提高了幼儿各方面的能力。幼儿在真切、丰富的弄堂游戏中愉快地参与活动,在与环境的互动中获得有价值的学习经验和情感体验。

（三）弄堂游戏与集体教学活动相结合

有些弄堂游戏也能巧妙地与集体教学活动相结合,比如中班的孩子在认识相邻数的学习活动中,可以在活动环节中加入“跳房子”的弄堂游戏,若目标为认识“6”的相邻数,就可以在地上画上房子并在房子里分别填上 6 的相邻数,引导幼儿边跳边念“6 有两个好邻居,就是 5 和 7,5 是 6 的小邻居,7 是 6 的大邻居,大家一起玩跳格,开心又有趣”,这样一来,使得幼儿在愉悦的游戏中轻松地掌握了“6”的相邻数。玩中学也正是幼儿园所提倡的,符合幼儿年龄特点的。又例如在玩陀螺时幼儿自己会发现或在教师的引导下发现问题:为什么用鞭子一抽陀螺就会在地上转呢?为什么越抽陀螺转得越快呢?与此同时,老师还可以在陀螺上贴上画有七色光谱的漩涡形圆形纸片。引导幼儿在陀螺游戏中自己观察,发现陀螺在越抽越转、越转越快的情况下七色光谱就会变成白色这一科学现象,使幼儿在轻松愉悦的游戏中学会观察与探究。

三、弄堂游戏能促进幼儿全面发展

弄堂游戏不仅能自然融入到幼儿园的一日生活中,对幼儿的发展也是全面的,既能促进运动能力和语言能力的发展,同时对幼儿的智力发展也有很大帮助。

（一）弄堂游戏促进幼儿运动能力发展

弄堂游戏具有浓厚的趣味性,游戏内容较生动具体,形式也很活泼轻松。许多弄堂游戏能促进幼儿走、跑、跳、钻等大肌肉动作，例如："跳绳""跳橡皮筋""抓尾巴""丢沙包""跳房子""跳格子""打稻草人"等；还有一些游戏可以帮助发展幼儿动作的协调性、敏捷性和平衡能力，如："套圈子""掼结子""打弹子""摸瞎子""踢毽子""扯铃子""抽坨子""跳橡皮筋""斗公鸡""老鹰捉小鸡""挑绑绑""踩高跷"等；有的弄堂游戏还能发展幼儿手的小肌肉群和手眼的配合协调，例如："挑花线""抓七子""弹蚕豆""挑游戏棒"等。

因此，我们在预设活动计划时，按照教育目标适当选用适合年龄特点、班级实际情况的弄堂游戏。例如，中班上学期促进动作发展目标之一跑："在一定范围内四散地追逐跑。"此目标分别制订在月、周计划中，最后落实于日计划中完成。在预设活动时，我们按班级实际情况分别选择"老狼老狼几点了""瞎子摸人""丢沙包"等弄堂游戏。它们能很好地实现"在一定范围内四散追逐跑"的目标，且游戏形式生动有趣，幼儿在愉快的嬉戏中发展跑的动作，达到目标要求。

（二）弄堂游戏促进幼儿语言发展

弄堂游戏的一大特点就是很多小儿歌都是用上海话来讲的，具有浓郁的上海特色。在上海话可能面临失传的今天，弄堂游戏可以让孩子们从小接触上海话这一特色语言。如"摇啊摇，摇到外婆桥。外婆住在长生桥，糖炒栗子呱呱叫，吃得宝宝哈哈笑"，记得年幼时在弄堂拿竹竿或扫帚，甚至小板凳当马骑，边骑边唱"唧唧唧、唧唧唧，骑马到松江，松江老虎叫，别转头来落北跑"。叠声词的句式朗朗上口，幼儿可以在轻松愉悦的氛围中重温上海话。

弄堂游戏里还有许多有数字的歌谣："本来要打万万记，现在辰光来勿及，马马虎虎打十记。一二三四五，六七八九十。打了十记还不够，还要打三记。一二三，山上有老虎，老虎要吃人，把它关在笼子里。"还有："排排坐，吃果果，侬一个，我一个，还给妹妹留一个。""一撸麦，二撸麦，三撸掼大麦，劈劈啪，劈劈啪，劈里啪啦打大麦。打麦打到正月正，家家门口挂红灯。""落雨喽，打烊喽，小八腊子开会喽。"童谣声伴着游戏在弄堂里此起彼伏……幼儿也就在这声声童谣声中顺利掌握数字概念。

（三）弄堂游戏促进幼儿智力发展

益智类弄堂游戏内容易懂易学，种类丰富多彩，不受时间、空间限制，幼儿玩起来竞争激烈，趣味盎然，其乐无穷，竞争中有合作。益智类的弄堂游戏大致可以分为三类：牌类、棋类以及混合类。

1. 牌类

这类游戏中最经典的要数"抽乌龟"和"金钩钩鱼"，对于刚接触这两个游戏的孩子来说一副扑克牌是稍有难度的，特别是小班的孩子，我们将扑克牌改成了孩子喜欢的水果、动物等，稍加修改后孩子们对这些游戏爱不释手。

2. 棋类

曾经，在老上海的弄堂里，孩子们最爱的就是摆上一张桌子，三五个孩子在一起下五子棋、跳棋、象棋等。如今，我们把这些棋带进了幼儿园，让孩子们感受下棋带来的快乐，从小培养孩子们对棋类的兴趣。

3. 混合类

除了以上两类益智的弄堂游戏外，其他的益智类游戏还有“挑游戏棒”“翻花绳”“青蛙跳井”“老虎吃小孩”“找东南西北”“刮刮片”“玩火柴棒”等，这些游戏能使幼儿在轻松的状态下积极开动脑筋。

综上所述，弄堂游戏是上海的特色文化，作为教育工作者我们有义务将弄堂游戏发扬光大，一方面让幼儿更好地感受本地的传统文化，激发幼儿对家乡和祖国的归属感和认同感；另一方面让孩子们在弄堂游戏的海洋里健康快乐地成长，使孩子们的生活更加丰富多彩。

扇 之 韵

——中班扇子文化活动的尝试

郑 晨

扇子，作为中华民族文化的代表性产物，在中国已经有四五千年的历史了。扇子文化起源于远古时代，我们的祖先在烈日炎炎的夏季，以随手可取的植物叶子或动物的羽毛、兽皮等物，进行简单的加工，用来扇风挡雨，这便是扇子的源初。

从远古时代开始，扇子就成为人们日常生活中必不可少的用具。一把小小的扇子，与许多历史文化传说结下了不解之缘：文人墨客以扇子为载体，在扇面上题诗作画，赠送亲朋好友；佛教僧人在扇面上抄上经文，便于念经拜佛；青年男女在扇面上书写情诗送给心上人，以表相爱之情或以作定情信物；舞台艺人手握扇子在戏台上婀娜起舞，尽情发挥，衬托人物心理……扇子作为寻常之物却处处投射出传统文化的不寻常之处。

《幼儿园教育指导纲要（试行）》中指出："教育要充分利用社会资源，引领幼儿实际感受祖国文化的丰富与优秀，越是民族的越有生命力。"因此本班特别开展了有关扇子文化的传统活动，让幼儿对于扇子有一个基本的了解，并且能够运用扇子进行各类艺术活动，从而感受传统文化的魅力，提高幼儿的审美能力和动手能力。

此次中班扇子文化活动共分为三个阶段：阶段一为扇子知多少，帮助幼儿初步了解扇子，积累前期经验；阶段二为扇子制作，使幼儿在操作中感受传统文化；阶段三为扇子艺术，体会扇子多样的用途和艺术之美。

一、阶段一：扇子知多少

实录一：

九月的一天，天气依然炎热，户外活动时幼儿边玩边热烈"讨论"道："天气真热，好想吃一根冰激凌。""是呀，我都想去游泳了。"……听到幼儿的话语，我忍不住插了一句嘴："吃冰激凌、去游泳、吹空调能够使我们凉快一点，可是以前的人们可没有这些，他们会想一些什么办法让自己变得凉快一些呢？"这个时候很多幼儿异口同声地回答道："扇扇子。"因为我自己对扇子文化本身就很有兴趣，所以我很想知道幼儿对扇子的了解有多少，于是我就接着问道："你们家有扇子吗？要不明天你们把家里的扇子拿来我们办一个扇子展览会吧！"

可是第二天，当幼儿拿来他们的扇子后，我发现扇子的品种十分单一，很多都是折扇，只有几把是团扇。于是我设计了一个扇子的调查表，以此来让幼儿和家长一起查阅一些有关扇子的资料，比如扇子有哪些种类、扇子有哪些材质等。

又过了几天，当我把幼儿调查表的结果一一呈现的时候，幼儿纷纷议论起来："原来有那么多的扇子。""你们看，这是我和爸爸妈妈一起查到的扇子的资料，这把扇子是用羽毛做的，爸爸说有一个很聪明的人叫诸葛亮，他以前就用过。"雨涵说："这是我从网上看到的扇子，这些扇子都是用布做的，而且上面有很多的亮片，一闪一闪的，这些是跳扇子舞的演员用的。"……大家都对自己调查到的扇子进行了介绍。这一次的调查和分享让幼儿大开眼界，也使得他们对扇子的兴趣更加浓厚了。

【实录分析】

最初，幼儿对于扇子的了解是很少的，很大一部分原因是随着科技的发展，基本上家家户户都有了电风扇、空调，现在的生活已经离扇子很远了，就算出门也有一些简易的卡通电动风扇来代替，扇子渐渐地远离了我们的生活。但是无论是扇子的发展还是起源都蕴含着中国的传统文化，通过几次对扇子的收集和调查，幼儿对扇子的由来有了一个基本的了解，这不仅丰富了幼儿的认知，也在一定的程度上发扬和传承了我们的经典扇子文化。

实录二：

传统活动区，幼儿正在"研究"我刚刚布置好的"扇子小馆"，大家七嘴八舌地讨论着。"这是芭蕉扇，《西游记》里的孙悟空在火焰山灭火的时候用的就是这把扇子。""这是仪仗扇，以前的皇帝出门都要用这样的扇子，说明他很厉害。""你们看，这把扇子的纸上画的是水墨画。"这个时候我忍不住又"插嘴"告诉幼儿："这叫扇面。"接着我就向大家介绍了扇子的构造，有扇面、亲骨、中骨，还有腰。幼儿这才知道原来扇子就像人一样也是由几个部分组成的。这时候有个幼儿问道："老师，你刚刚说的是折扇，那么团扇呢？"于是我就指着墙上的团扇向幼儿介绍："团扇也有扇面，但是没有亲骨、中骨，也没有腰，可是你们看它有一根长长的棒子……"还没等我把话说完，一个幼儿马上说道："我知道，这个叫扇柄。"

【实录分析】

随着活动的继续，幼儿对扇子的构造也产生了浓厚的兴趣，于是我在活动区投放了各种扇子的图示，利用图文并茂的方式对扇子的构造做了一些简单的介绍，这样就可以让幼儿通过自己的观察来了解扇子的每一个组成部分。接下来，我觉得有必要让幼儿自己尝试制作扇子，让他们通过自己动手操作来对扇子的构造有更加深刻的了解。

二、阶段二：扇子制作

实录：

阶段二之初，我在活动区准备了一些彩色纸以及一些简单的步骤图，幼儿发现以后很快动手开始制作扇子，做得最多的就是简单的折扇。虽然简单，可是完成以后你帮我扇、我帮你扇，倒是玩得不亦乐乎。

于是我就把更多的材料呈现出来让大家挑选，有空白的扇面、小竹签、羽毛，还有各种雪糕棒等，大家看到这些材料，一个个各显身手，有的做团扇、折扇，有的做羽毛扇……大家也相互合作，有的在简易的扇子上粘上了小竹片，有的把很多的羽毛放在一起做成了羽毛扇，还有的先在纸上画一个椭圆，然后剪下来再粘上一根雪糕棒做成了团扇，有的还把扇子做成了各种形状……

有的幼儿想对扇子进行更多的装饰，跑过来跟我说："老师有中国结吗？我想把它挂在扇柄上。""老师，你能在我扇面上写一首小诗吗？""老师，我觉得如果能在扇面上画一幅图那就更好了。"于是我又在活动区加入了各色辅助材料，如颜料、橡皮泥、吸管、吊坠等，想看看幼儿还会有哪些创造性的活动。果然幼儿开始运用各种方式在扇面上作画，比如点画、手指印画、撕贴、吹画以及泥工制作等。

不过在扇子制作过程中，幼儿还是遇到了一些困难：有的折扇要打开很困难，因为黏合的时候出现了问题；有的羽毛扇没有办法合上；有的团扇扇面会倒下来；有的扇面上画作比较拥挤；有的颜色搭配存在问题；有的只是写了几个自己认识的字……

【实录分析】

刚开始制作扇子，肯定会有一些问题，这也在意料之中，但是让我欢喜的是幼儿对扇子制作的热情越来越浓厚，他们能够制作出不同的扇子，而且幼儿的扇面越来越丰富，扇子的种类也越来越多，出现了各种画作、各色中国结、各类形状，扇子小馆充满了生机。当他们拿着自己制作的羽毛扇扮演诸葛亮的时候，当他们拿着团扇半遮面的时候，当他们拿着破破的蒲扇扮演济公的时候，传统文化的种子就已经在他们的心中种下了。

三、阶段三：扇子的艺术

活动区的扇子越来越多，有幼儿自己带来的，也有他们自己制作的各种各样的扇子，这些扇子不仅可以拿来遮阳、降温，也成了我们活动区的艺术品。小舞台上，幼儿跳起了扇子舞，动作虽然不是十分优美，笑容却发乎于心。我们还开展了“扇子秀”，将所有的扇子进行了陈列，分类摆放，让其他班级的幼儿也来欣赏这些精美的扇子。

【实录分析】

从扇子的历史发展来看，它除了可以遮阳、降温，也可以用来当成欣赏的艺术品，有很高的收藏价值。另外扇子与舞台艺术有着密切的关系，历来就有风韵婀娜的扇舞。扇子可起健身作用，以扇为名或以扇为媒的“扇戏”有《桃花扇》《沉香扇》《芭蕉扇》；扇子也可以作为舞台道具，用扇的动作来表达各种人物性格。虽然这些对幼儿来说十分遥远，但是在制作扇子、表演扇子舞、扇子秀的过程中，我们的幼儿用他们自己的方式向我们展现了扇子的艺术之美。

四、活动反思

《纲要》中指出教师“应善于利用人、物、时空等各种要素，综合显性课程与隐性课程的效应，以促使儿童自主活动的生成”，而幼儿在老师的支持下可以“自主地选择各种材料、器具和多种形式进行表达和创造”，所以我觉得作为我们教师应该做到以下三点：

1. 捕捉教育契机，发现教育价值

通过扇子活动，我发现教师首先应该认真观察幼儿生活中的行为，挖掘其中蕴含的丰富的教育价值。就比如这一次的扇子活动，只是源于一次户外活动时的对话，并非教师的提前预设，但是随后发生的一系列活动却让所有人感到了惊喜。幼儿在活动中收集资料、相互合作、分享交流，他们在充实着自己的认知，也在挑战着自己的能力。

2. 提供有效支持，助力活动持续

在制作扇子的过程中，幼儿会不断遇到一些问题，这需要教师不断更新现有的材料。比如一开始所做的折扇没有扇骨和扇柄，我就投放了一些雪糕棒、小竹签；幼儿希望自己的扇面上有诗有画，我又投放了水彩笔、中国画颜料、彩泥、吸管等让幼儿通过自己的方式来丰富自己的扇子。教师的有效支持有利于活动的不断开展，帮助幼儿更好地进行自主探究和创作。

3. 创设活动环境，推动活动开展

活动离不开环境的创设，如何有效创设与活动主题相关的环境呢？一方面，教师要利用相关元素创设环境，比如在整个小扇馆的创设中，用咖啡色 KT 板刻成的古代窗户的样子，将一把大扇子放在里面以此来突出我们班的传统文化活动区是“扇子”的主题。教师还可以运用一些充满古朴韵味的蓝印花布做成展示区，用充满中国风的边框来装饰作品墙等。另一方面，邀请幼儿共同参与环境创设，比如专设区域用以陈列幼儿收集和创作的各种扇子。还可以创设小舞台，让幼儿利用自己制作的扇子跳扇子舞。通过一系列环境创设，中华传统的扇子文化在幼儿的心中生根发芽，起到润物细无声的作用。

活动区中的衣食住行文化

李　丹

《幼儿园教育指导纲要》明确要求：幼儿园应当“充分利用社会资源，引导幼儿实际感受祖国文化的丰富与优秀，感受家乡的变化和发展，激发幼儿爱家乡、爱祖国的情感”。

这些社会文化资源的开发、利用的关键和难点在于儿童化。幼儿不同于成人，有其独特的生理和心理特点，因而幼儿园开展中华优秀传统文化教育，关键应从儿童的视角出发，尊重和遵循幼儿的年龄特点。我园开展的幼儿园传统文化活动区则是将我们优秀的传统文化融入到活动区这个自主的活动中去，以期幼儿在一种自由、自主、积极快乐的氛围中主动接受传统文化的熏陶和启蒙。

基于园所课程的开展以及小班幼儿的年龄特性，我们在班级区域里创设了“最炫民族风”传统文化活动区，旨在通过穿穿、跳跳、玩玩、做做等方式让幼儿有意识地接受和感知优秀传统文化的熏陶，在认知、情感、艺术等多方面获得发展。

一、围绕传统衣食住行的活动区创设

随着对区域活动认识的不断提升，教师的角色也在不断转变，从集体活动中的主导地位转变为区域活动中的从属地位。《纲要》中指出，教师在幼儿区域游戏的过程中，是幼儿的支持者、合作者、引导者。由此可见，教师的指导是幼儿是否能在区域互动中得到较好发展的关键，尤其在材料提供、内容选择、环境创设上教师需做深入思考。因此，我班在开展传统文化活动区时，充分考虑幼儿的年龄特点，遵循幼儿的身心发展规律，选择贴近幼儿生活、易于幼儿理解和接受的内容，通过各种形式，使幼儿在时空环境的浸染之下感受和体验中国传统文化。

(一) 基于年龄特点的材料提供

1. 种类少　数量多

3～4岁(小班)幼儿的游戏特点是以平行游戏为主，而模仿是小班这一时期儿童的主要学习方式，他们通过模仿来学习别人的经验和行为习惯，因此小班幼儿的游戏行为容易受到周围同伴的影响，可以说是对同伴无意识的模仿游戏，他们在区域中往往会选择和同伴相同的材料、玩具进行模仿游戏。有次游戏时，我们班的清清小朋友看到同伴西西穿着长裙在大舞台转着圈儿，也想模仿西西的装扮及行为，穿同样的裙子，做同样的转圈动作，但由于大舞台同样的服饰数量提供过少，无法满足清清的游戏意愿，产生了同伴之间争抢裙子的行为，影响了各自游戏的愉悦度。所以在材料的提供上，教师需要充分考虑小班幼儿的年龄特点，注意遵从种类少，数量多，满足每个孩子需要的原则。

2. 色彩亮　造型美

普辛曾讲过："色彩是吸引眼睛注意的诱饵。"小班幼儿往往有很好的直观印象记忆，并对色彩明亮、鲜艳的东西能产生强烈的情绪反应，特别以红、绿、黄、蓝等丰富夺目的颜色为主。在平日里开展个别化活动时，幼儿普遍都会去美工区选择色彩靓丽的彩纸使用，红、黄、绿颜色的彩纸经常会被抢购一空，添置的频率也最高。可见，色彩靓丽的事物往往更能吸引小班幼儿，所以在民族服饰的提供上，我们有意识地选择了傣族、蒙古族、壮族、高山族等近25种色彩靓丽、造型美观的民族服饰投放于活动区中，通过视觉的刺激直观地吸引幼儿进行穿戴。

（二）基于生活经验的内容选择

1. 主题选择

小班幼儿对于民族的概念几乎不了解，中国地大物博，人口众多，光民族就有56个，遍布广，接触少，有些少有耳闻的傈僳族、保安族等就连成人都不甚了解，更不用提学龄前儿童了。前期班级教师通过"民族服饰知多少"亲子调查表作为铺垫引入，但从调查的情况来看，大家对民族服饰的了解以平日里较为熟悉的民族为主，如维吾尔族、傣族、蒙古族等。

游戏分享时，教师与孩子们共聊亲子调查表，发现大部分孩子对于新疆的话题度最高。而新疆作为一个熟识度较高的地区，其文化元素也在无形中渗透着人们的生活。在交流的过程中，幼儿提到了电视里看到有人跳新疆舞、吃过烤羊肉串……许多新疆的地方特色文化都是与他们的生活息息相关的。可见，越是与孩子们生活相关的东西就越能激发孩子的表达欲、求知欲以及情感的共鸣。所以基于小班幼儿的生活经验，在主题内容的选择上主要以新疆作为切入点开展。

2. 内容呈现

(1) 吃

美食对于任何人而言都是不可抗拒的，而小班的孩子更是如此。只要一说起好吃的，他们的眼中会冒金光，嘴角淌着口水，像一个个小馋猫一般。在生活中，由于年龄及地域的限制，小班的幼儿可能没有很多旅行的经验，游览过的风景名胜也屈指可数。但美食即使再遥远，在每一座城市中都会有来自各地的美食。就拿新疆来说，烤羊肉串、葡萄、哈密瓜等食物孩子们平日里肯定都吃过，所以在创设“最炫民族风”传统文化活动区分支内容时，我们重点考虑的就是选择离幼儿生活经验最贴近的事物——美食，只有这样才能更好地激发他们去了解、探索一个地域的文化。

(2) 穿

现在越来越多的家庭都会带着孩子去专业的影楼拍摄艺术照，近年来民族风格的艺术照逐渐盛行。而低幼年龄的孩子本就喜欢穿穿戴戴，装扮捯饬自己，再加之受到家庭因素的影响，他们对于穿漂亮的民族服饰就变得尤为热衷。而新疆少数民族的女生服饰上，由于有靓丽的珠片、长裙摆等元素，更是深受女生喜爱，幼儿在穿穿戴戴中能进一步体验新疆服饰之美。

(3) 玩

日常生活中不难发现，幼儿对于乐器的喜爱常常是不由自主的。满周岁的孩子在他们的小手刚刚可以抓握东西的时候就喜欢拿起“拨浪鼓”，使它发出清脆响亮的声音，并且常会出神地盯着摇晃的拨浪鼓，好像是在探究它为什么会发出这样奇怪的声音。可见，乐器对于幼儿而言有着极大的吸引力。新疆人民能歌善舞，特色的乐器自然必不可少。如弹拨尔、都塔尔、唢呐、达甫、纳格纳鼓等。小班的幼儿又喜欢拍拍打打，故基于幼儿的生活经验，在新疆众多的乐器中，教师选择了达甫、纳格纳鼓两种乐器投放在区角内。达甫亦称手鼓，它的发音清脆响亮，声音力度变化幅度较大，技巧灵活；纳格纳鼓即铁鼓，形状看起来像一个花盆。这两种乐器都是新疆维吾尔族人民最喜爱的打击乐器，幼儿可以在玩玩乐乐中感受新疆乐器的异域风情。

(三) 基于多维度的环境创设

蒙台梭利认为：为 3～6 岁低幼儿童提供丰富的刺激环境，可以使幼儿获得多种感觉，促使儿童的观察、记忆和思维等能力的发展。可见，教学环境的刺激能多方位调动幼儿的感官，激发幼儿各项能力的发展。因此，在开展“传统文化活动区”过程中，我们通过引发幼儿与环境的互动，充分调动其积极的情感和意志直观感知，从而对传统文化产生亲切感和初步的感受与理解。

1. 静态观赏

(1) 56 个民族墙贴

在我国的传统文化中，蕴含着浓浓的中国风、中国味、中国情。因此，基于传统文化视野下的幼儿园环境创设要着眼于传统性，以此为出发点将传统文化的诸多要素融入到环境创设中，充分利用各种传统文化教育资源。故在班级传统区墙面上，采用了 56 个民族的剪纸墙贴作为装饰，在颜色上选用了中国红，利用传统文化的元素进行静态的墙面环境创设，在潜移默化中让幼儿感知民族的红色底蕴。

(2) 新疆风景名胜照片

新疆地大物博，风景优美。为了让幼儿了解新疆的名胜古迹，知道其模样，在活动区内，通过照片的形式投放了伊犁草原、塔克拉玛干沙漠、玉龙雪山、塔里木盆地等大家较为熟知的风景胜地，让幼儿透过图片感知新疆的地理风貌、自然风光。

(3) 新疆舞动作展板

小班幼儿好模仿，常常通过模仿来积累经验。所以在活动区，一方面投放了引起幼儿共鸣的音乐作为素材，另一方面，精选了新疆舞蹈中较为经典的动作，以图片的形式呈现给幼儿观看并进行模仿，让幼儿在模仿新疆舞蹈经典动作的过程中感受新疆舞的身韵与魅力。

2. 动态视听

(1) 看看　说说

捷克教育家夸美纽斯曾说：一切知识都是从感官开始的。在可能的范围内，一切事物应尽量地放在感官的跟前。新疆的风景名胜在环境照片上虽略有体现，但对于小班的幼儿来说不够直观，幼儿无法领略新疆的美丽，如草原的辽阔、山丘的起伏连绵。于是在遵循小班幼儿年龄特点的基础上，我们将新疆的风景以视频的呈现方式提供给幼儿观看，让他们可以更直观地感受到伊犁草原的幅员辽阔，塔克拉玛干沙漠的绵延壮观，愿意和同伴和家人说起自己感兴趣的美景，打从心底里喜欢上新疆这个地方。

(2) 听听　跳跳

音乐能激发美好的情感，陶冶人的性情，同样它是舞蹈活动的关键。小班幼儿喜欢活泼、动感的音乐，这类易感的音乐更能引起他们的共鸣，带动他们抒发美好的情感。于是在活动区，投放了《掀起你的盖头来》《阿凡提》等欢快的、有节奏感的音乐，旨在通过音乐的带动感染幼儿扭动身体，表达情感。

二、着力于融合的活动区实施

(一) 与角色游戏融合

为了迎合孩子们对于传统区域活动中内容的发展和情节的需要，我们把新疆特色美食搬到了小吃店，在小吃店划分了一块区域专门作为新疆特色美食区域，幼儿摇身一变新疆大厨，通过揉、搓、捏、拉等一系列动作亲手制作新疆特色小吃，如馕饼、羊肉串

等。民族大舞台以及其他区域活动的孩子也可以变身顾客来小吃店品尝美食，无形间游戏材料和幼儿发展之间形成了一种隐性的双向关系。与角色游戏的融合，使孩子们从原本单一的音乐表现形式过渡到多元的美术表现形式，让幼儿从不同角度直观地感受新疆民族文化的多样性。多种艺术形式的表现满足了不同幼儿的发展需求，教师在活动实施过程中关注到每个幼儿的个体差异性，真正做到因材施教。

（二）利用家长资源

结合我园的家长半日助教活动，以传统文化区新疆特色美食制作为内容，我们邀请了申彦农妈妈作为家长助教，教授孩子们制作新疆的特色面食——抻面。由于申彦农妈妈是地道的新疆人，所以在制作抻面的流程以及手法的传授上都非常的娴熟，她把如何制作抻面的方法及要领向孩子们娓娓道来，并且手把手地一个一个进行指导，还和我们分享了许多在她家乡发生的小故事，她的热情、友善、认真，深受幼儿喜欢，更展示了一位新疆当地人民的精神风貌。这细细长长的一根面，不仅拉近了家园间的互动，更“拉”近了孩子们与新疆的距离，情感的小苗在这一片沃土上枝繁叶茂。

（三）与特色大活动相结合

结合园所特色课题开展，金秋十月，疫情之下，我园开展了中华美旅节，以“美旅小集市”的方式开展，让孩子们足不出户也能领略祖国的大好河山。而我们正好以此为契机，把班级的传统活动区——新疆，推广给全园的师生、家长们。活动前期，我们向家长们收集了亲子游新疆的旅游照片、视频和具有新疆特色的物品；活动前一天，规划场地布置展位；活动当天，邀请孩子和志愿者家长穿上具有新疆特色的传统服饰，以亲子合作的方式向小游客们介绍新疆美食、特色艺术品、标志性的风景名胜等，身临其境般地感受新疆特色地域文化。

三、适宜幼儿的教师支持策略

在实践过程中，我们发现：要创设适合小班幼儿的传统文化区，的确不是一件简单的事。这是因为小班孩子的年龄特点以及生活性质限制了他们对于传统特色文化的深入了解，而只有基于他们的视角出发，分析他们的体验方式与生活经验，才能更好地做出调整。因此，要在小班中更好地创设此类传统文化区（如维吾尔族、傣族、蒙古族等），建议教师做到以下几点：

（一）在游戏中体验

游戏是幼儿最基本的活动，是幼儿最基本的学习方法，也是幼儿获得发展的最基本的途径，无论在何时何地，帮助幼儿更好地了解事物的方式就是游戏。在开展传统文化区——新疆时，采用与角色游戏相结合的方式在小吃店中开设了新疆美食主题。在材料的提供上，教师投放了新疆帽、棕色超轻黏土、长木棒等，意在通过材料的吸引诱发幼儿动手制作新疆特色美食，如馕饼、羊肉串等。新疆美食店里响亮的叫卖声吸引了许多的顾客，在了解到新疆特有美食的基础上，幼儿的游戏意愿得到满足，甚至还延伸出了新的主题——新疆水果店。在游戏过程中，同伴间的生生互动又进一步帮助其他幼儿提升他们对于新疆文化的认知。

（二）在互动中感知

多元的文化能多角度地帮助幼儿了解一个地域的文化。于是，在传统文化活动区教师与幼儿一同创设了一条新疆一日游线路，线路共分为三条：新疆美食做一做、新疆服饰穿一穿、新疆风景览一览。在环境的呈现上，教师以班级30名幼儿的大头照为底板，分别衬上男女生的新疆服饰底板，让幼儿瞬间变身为新疆小小人儿，并采用人物插卡的形式，让幼儿结伴游新疆。幼儿既能尝一尝、做一做新疆的特色小吃、水果，又能览一览新疆的风景名胜，幼儿在与环境、同伴的交互作用中，丰富自己的感性认知，从情感上进一步激发孩子们对于新疆这块热土的喜爱。

（三）在分享中拓展

对于小班的孩子而言，新疆虽耳熟能详，但这只是对于这个地域名称的熟悉，那里的文化距离他们还是很遥远的。所以教师通过亲子调查表，结合每周家园共育的内容，通过多媒体等各类途径，加深幼儿对于新疆方方面面的了解。如游戏分享环节，教师组织幼儿一起聊聊分享亲子调查表——你知道新疆吗？听到这个问题，班级一半多的孩子举起了手。佳悯说她的妈妈去过新疆旅游，那有好多好多的牛和羊在吃草。佳佳说他吃过新疆的葡萄和哈密瓜，很甜很甜。然然说她在万达广场学跳舞的老师也会跳新疆舞……从幼儿此起彼伏的议论声中可见他们对于新疆这一地方有了更深的兴趣与探索欲望。教师通过分享交流的形式，充分调动幼儿的已有认知经验，促进幼儿表达的同时又能拓展其他幼儿的认知。有学者说“经验是孩子学习的原动力”，相信有了更多的认知经验，幼儿才会更愿意去了解、探索各民族的文化。

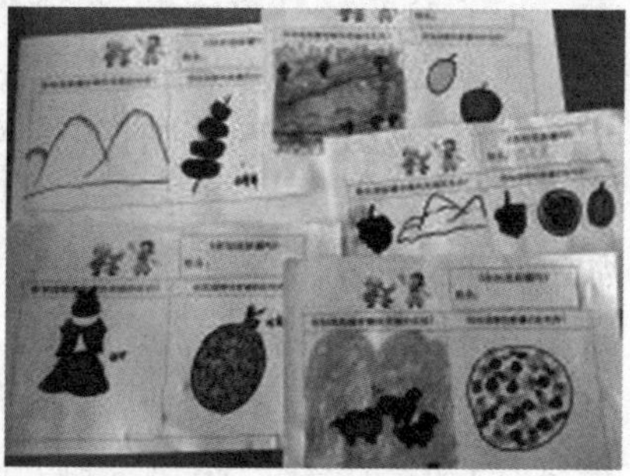

传统美食活动有效性的探索

——以幼儿园“舌尖上的美食”活动为例

王悦雯

摘　要：习近平总书记提出，中华优秀文化应在创新与创造下发展。中华美食是中华优秀传统文化的重要组成部分，应继承、保护与发展中华传统美食文化。因此，本文以“舌尖上的美食”尚美活动为基础，探究传统美食活动的设计与实施重点以及对幼儿的意义。

关键词：美术活动　传统美食　集体活动

一、幼儿园传统美食活动的设计环节

1. 传统文化作为传承，充分融入活动目标

我国文化历史悠久，尤其是我国的传统美食文化，不同的节日品尝不同的美食，不同的地域也拥有独有的特色美食，美食贴近我们的生活，同时教育也应回归社会生活。《3～6岁儿童学习与发展指南》中小班创造表现和语言表达目标如下：小班的幼儿经常涂涂画画、粘粘贴贴并乐在其中；会看画面，能根据画面说出图中有什么，发生了什么事；能根据图书上的文字和画面对应，是用来表达画面意义的。结合我们小班幼儿的年龄特点和指南目标，我们创设了“舌尖上的美食”活动。在说一说、画一画、做一做、玩一玩的活动中，孩子们直观地感受到美食文化的博大精深，从实践中体验到劳动的快乐，由此为作为中国人而自豪。

2. 美食作为教育载体，充分融入一日生活

在一日生活中，我们班充分融汇了传统美食文化。《幼儿园教育指导纲要（试行）》中指出：“教育活动内容要贴近幼儿生活，要充分利用自然环境和社区教育资源，扩展幼儿生活和学习空间。”而“舌尖上的美食”活动伴随着幼儿一日生活中频率最高的美食饮食开展，将“舌尖上的美食”更为贴合地融入到一日生活中。

环境是重要的教育资源，通过教室的创设和利用，能有效促进了幼儿的发展。著名的教育学家陈鹤琴先生指出：“幼儿园环境是儿童所接触的，能给他以刺激的一切物质。”我们在“舌尖上的美食”活动中充分挖掘节日与地域中的美

食，如在墙面的布置上，我们选用了麻布、纸扇和一些东北风的辣椒、青椒等装饰品，为了呈现一种美食的感觉，我们利用了不同的材料制作粽子、春卷、小圆子等美食，让孩子们在看的同时也可以触摸感受美食。在另一块墙面上专门留了一块照片墙，把孩子们自己制作的传统美食以照片的形式张贴上来，孩子们在饭后、游戏的时候都会过去看看，拉着自己的朋友说一说自己做了什么。

品尝节日中的美食是我们庆祝传统节日的一种方式，在我们班中，我们引领幼儿庆祝传统节日的同时，也引领孩子们制作、品尝节日美食。比如元宵节制作、品尝圆子；端午节品尝粽子；中秋节品尝月饼等，我们在班中开展节日美食的同时，不仅让孩子们亲身实践操作，体验制作的乐趣，还能品尝亲手自制美食带来的快乐。

在家园共育中，我们从家长资源中挖掘到了不少的地域美食，我们鼓励家长积极参与到园内活动中，把孩子们所看所学的知识在家中进行巩固，把家长资源带到园中，我们来自五湖四海，通过这样一个优势，尝试邀请孩子们把自己家乡的美食拿到幼儿园中分享，请拿来的孩子说一说这是什么，如何制作，如何品尝，通过网上搜索，一起探究用什么材料制作完成。通过这样一次次的活动，孩子们对传统美食的印象会更加深刻。

二、幼儿园传统美食活动的有效实施

1. 内容的生活化

将中国传统美食文化引入到幼儿的一日生活中，对幼儿全面发展有着极大的推动作用，“舌尖上的美食”实践活动，可以激发幼儿对传统美食文化的认同感和民族自豪感，幼儿对祖国、家乡的热爱之情，促进幼儿全面健康发展。

在园中我们结合我国的传统节日，开展一系列的传统节日美食活动，如元宵节的汤圆、清明节的青团、端午节的粽子等。中秋节，我们和孩子们一起闹中秋。食堂为我们准备了一份大大的南瓜面团，还有几个印花模具；陈老师帮我们把桌布铺好；孩子们围坐在一起，撩起袖管，有模有样地制作。我们先带着孩子一起了解中秋，认识月饼。月饼，又叫月团、丰收饼、宫饼、团圆饼等，是古代中秋祭拜月神的供品。月饼最初是用来祭奉月神的供品，后来人们逐渐把中秋赏月与品尝月饼，作为家人团圆的一大象征，用它祭月、赠送亲友。

我们不仅在园中体验节庆的美食，还互相了解地域的美食文化。通过调查，我们班80%的孩子都来自各大省市，每一个省市都有自己独特的家乡味道，这对于我们开展的“舌尖上的美食”有很大的帮助，比如说我们班的卉卉，她是来自江苏南京的小朋友，有一次美旅活动中，我们班分配到了江苏省，卉卉爸爸知道了积极报名参加志愿者，并私信告诉我们是来自江苏南京，对南京非常了解，在活动当天，卉卉爸爸带来了许多南京特色小吃，有状元豆、南京板鸭等，对于这些美食卉卉爸爸滔滔不绝，不停称赞南京的美食文化。随后的半日助教活动，我们有幸邀请到了卉卉爸爸，卉卉爸爸在那一天给我们带来一堂别开生面的美食课堂，从小笼包讲到鸭肉粉丝汤，从状元豆讲到开洋干丝，让在座的每一位小朋友都垂涎欲滴。

2. 材料的情境化

心理学家皮亚杰指出："一个被动的观察者无法得到知识，必须在分析种种活动中自行挖掘或建立知识，幼儿的主动活动与教师根据目标精心设计的丰富多彩的活动环境及投放材料之间有着密切的关系。"由此发现我们投放的材料是直接影响着幼儿的兴趣，使幼儿在自主活动中不断巩固知识与技能。所以在此基础上我们创设了以下区角：

传统阅读区：提供幼儿家乡独有风味的美食图片及幼儿品尝的照片，传统的美食绘本《打糍粑的大将军》《小偷春饼店》等生动有趣的绘本，让幼儿观察及讲述美食的味道及感受。

尚美活动区：我们创设了小吃店的氛围，门头用蓝印花布包裹，提供超轻黏土、模具、擀面杖、保鲜膜、面团等，供幼儿制作月饼、青团、饺子、面条等，还有画有轮廓的美食图片，供幼儿涂色特色美食。

生活区：提供筛子筛网、研磨器等，供幼儿筛选出精细的米粉、研磨豆粉，锻炼幼儿的精细动作能力。

3. 实施的体验化

传统节日美食文化融入生活，是幼儿真实生活的体现，发挥重要价值。中秋节活动，我们带着孩子们学习视频中的制作方法，一起尝试制作月饼，面团揉圆放在模具、按压、倒扣，一个个印有花纹的月饼映入眼帘，孩子们纷纷举着自己的月饼露出灿烂的笑容。整个活动，孩子们参与的积极性很高，从观看视频制作方法到亲自尝试制作，每一个环节都大显身手，尤其在成品出现在自己的面前时，那一个个自豪有成就感的小脸令人难忘。

孩子直观地感受、制作节日中的美食，但是在班中所学的，回到家后成果并不明显。因此我们通过班级群，及时和家长进行沟通和反馈，把尚美活动区所学的内容推送给家长，给家长带一份传统文化的"信件"。通过推文我们告诉家长今天学了些什么，讲了什么故事，带着家长融入到我们尚美活动区中，同时我们也会鼓励家长，放手让幼儿做一些简单的活动，比如"揉面团""搓圆子"等，进一步提升幼儿的自我生活能力，并且把传统的手艺延续给孩子。孩子们在玩中学，学到了不少美食文化的奥秘，工具的操作、制作方式、烹饪的形式，促进了孩子动手能力的发展，更是促进了亲子之间的情感交流。

综上所述，我们为丰富幼儿的活动内容、强化幼儿的民族认同和个人素养，需要将传统文化与幼儿教育活动加以融合，并组建出好玩儿、有趣的幼儿教育活动形式，引领幼儿在其中认知传统文化、感受传统美食，进而促使幼儿在多元化的传统美食体验和活动参与中切实实现进步和成长。

在多样化的传统美食文化活动中，幼儿将深入感受中华民族的伟大、了解传统美食文化的魅力，且能够在多元化的活动参与中实现个人能力与素养的完善。相信在传统美食文化活动的有效开展中，一定可以使幼儿感受到中华文化的博大和厚重、感受到中华民族的伟大和力量，并在丰富的民族文化形式中成长为德、智、体、美、劳全面发展的优秀儿童。这样的文化教育活动不仅是传承中华文化的有效途径，也是落实《3～6 岁儿童学习与发展指南》的重要环节，推动幼儿教育获得更广阔的发展空间。

大班传统节日活动区的开展

——以元宵节为例

周灵捷

摘　要：“传统节日”活动区是教师结合中国丰富的传统节日文化习俗，以“传承创新、多元融合”为教育理念，将优秀的传统节日文化要素与幼儿发展需要相互融合，创设出幼儿感兴趣的个别化活动区环境和内容，使其在轻松自由的氛围中进行自主游戏和学习，从而达到喜欢、了解、愿意参与传统节日活动目的的活动区域。在此背景下，我班开展了传统节日文化活动区，根据一年传统节日的顺序，展开大班幼儿对于传统节日的了解与感受活动。本文以元宵节为例展开详细的探讨。

关键词：传统节日　元宵节　学前教育

一、注重节日开展文化背景

教师要更多思考传统节日开展的目的，以幼儿进一步了解和感受中国传统节日文化为目的。在一个节日开展前，教师需要对节日进行收集和梳理，在人文历史方面、民俗活动方面和饮食特色方面收集材料，并在把握年龄段的情况下，制定投放和操作的形式。这些素材点并不是在节日开展时一起投放的，应该是有先后顺序的，先对节日环境有感知，再对节日历史人文有兴趣和了解，在幼儿了解的基础上，再分开进行各种民俗操作活动，并且要把握操作的最终目标不是美工的技能技巧，而是整个操作活动中对于民俗活动的探索、发现、再现和深入了解。这样开展的操作活动才能跟节日背景紧紧联系在一起。

节日来临的时候，我们往往会及时进行材料的更新和投放，让幼儿在活动区内的内容更加丰富多彩，但是实际上，如果没有对节日认识经验的丰富，幼儿对提供的操作活动的材料是脱离节日背景的，根据材料的提示和流程图、背景环境的范例等的提示，幼儿可能当成一个单纯的美工操作活动。所以在元宵节我们做了以下尝试：

1. 丰富元宵节的节日环境布置，如增加真实的花灯和灯谜、元宵节传统习俗的图片供幼儿讨论。使这个区域的元宵节的氛围更加浓厚，幼儿在环境的启发下，更能够融入到元宵节的氛围中去。

2. 操作材料过一段时间后提供，刚开始的活动区域，更多发动家长一起制作元宵节调查表，收集关于元宵节的书籍和视频资料投放其中，供幼儿翻阅点读了解，在了解的基础上，幼儿对于元宵节的各种传统习俗有了更多的认识和兴趣，在此基础上投放操作材料供幼儿操作。

案例 1：

传统活动区内，春节的节日活动刚刚过去，我们先只提供了元宵节的调查表和关于元宵节的图书，但同时各种操作材料，如捏面人、做花灯的材料都已经准备就绪，投放在了活动区域内。在个别化学习活动开始时，幼儿对于新投放的材料很感兴趣，拿着椅子走到操作区，开始根据流程图进行操作。

苗苗：我今天用彩泥做一个小蜗牛。

依依：我要做一个山羊的花灯。

并且开始了操作，操作过程中，幼儿一直沉浸于自己的美工制作当中。阅读区，幼儿正在翻阅新投放的元宵节故事《元宵姑娘》。

二、关注幼儿生成兴趣

兴趣是最好的老师，兴趣能够调动幼儿的内在动机，让他们积极地投入到活动中。在每个传统节日活动区开展前，教师都会根据收集、思考、分析的结果，预设一份活动方案，但在活动开展中，教师应在观察中，抓住幼儿的生成和兴趣点，进行价值判断，继而灵活调整方案，有侧重地开展这些活动。活动开展中，教师要加强观察，根据幼儿的年龄特点和发展水平、本班幼儿的实际情况，进行分析思考，继而推进活动更加有效地开展。分别从阅读认知、操作技能等方面参考《3～6 岁儿童学习与发展指南》的五大领域、《上海市学前课程指南》等进行理论参考，使得推进过程和调整方案等更加具有科学性、操作性和适宜性。

在了解节日的基础上，幼儿开始进行各种操作。舞龙是幼儿比较感兴趣的，但是没有投放相应的操作材料，可以引导幼儿观察舞龙的装饰特点，感受元宵节舞龙活动的热闹景象。在幼儿观察舞龙的基础上，教师进行舞龙开展环节的梳理。一是感知舞龙鲜艳的色彩，观察图案并进行彩绘装饰。二是引导幼儿观察舞龙的角色分工，并自己尝试分配角色进行舞龙。三是在视频中观察思考舞龙的动作要领，掌握舞龙的动作技巧。这样，从视频欣赏到最后自己尝试舞龙，幼儿一直在根据自己的需要自主地观察发现，了解并感受舞龙的经验是深刻的。

案例 2：

在观看了舞龙视频后，幼儿对于舞龙的各方面产生了浓厚的兴趣。

师：看过舞龙以后，有什么感受？

苗苗：舞龙是有很多人参加的。

小雨：舞龙要有很响的音乐，感觉很热闹。

萱萱：舞龙的龙身上很漂亮。

师：看了舞龙以后，你们想不想自己也来舞龙？我们需要准备什么东西呢？

苗苗：要有一条龙的。

师：我们可以用什么方法制作吗？

在引发了问题之后，对舞龙感兴趣的幼儿开始关注怎样来制作舞龙并参与舞龙活动。

小雨：可是我们没有做舞龙的布啊？

师：可以用什么材料代替呢？

幼儿有困难的时候，教师可以帮忙搜索舞龙的自制材料。在图片的启发下，幼儿开始用百宝箱里的瓶子舞龙。

师：舞龙的身上有什么让我们感觉很漂亮？

依依：舞龙的身上是很漂亮的，五颜六色的，瓶子是白白的。

可以用什么方法让舞龙变得更漂亮？于是幼儿开始用手工纸进行装饰。

教师在瓶子外面包上了白色画纸，引导幼儿进行舞龙彩绘。

在音乐中，幼儿开始了舞龙活动……

案例中提到的教师对幼儿感兴趣的“舞龙”活动的重点展开。又如在重阳节的活动区开展中，教师预设的重点落在了制作重阳糕上，但是在活动开展中，发现幼儿对于泡菊花茶很感兴趣，于是及时调整，及时补充视频、图书等资料便于幼儿了解重阳饮菊花茶的习俗并且投放了相应的材料便于幼儿操作。

三、调动家长和社区资源

《3～6岁儿童学习与发展指南》教育建议中指出：带幼儿观看或共同参与传统民间艺术和地方民俗文化活动，如皮影戏、剪纸、捏面人等。家是幼儿活动的主要场所之一，幼儿对于传统节日的感受和实践都是以家为基础的，家长在节日中对于幼儿的引导和讨论是传统节日的重要过程。所以在开展传统节日时，要积极调动家长资源，让家长理解和支持传统节日的开展，并有意识地和幼儿一起了解实践节日相关的活动。

我们也要充分挖掘社区相关的资源，如民俗文化活动展，如民间艺人捏面人、剪纸、糖画、扎花灯、写春联等。能让幼儿亲身感受节日相关习俗的传承。关注民俗活动和演出，如赛龙舟比赛、包粽子比赛、重阳登高活动等，幼儿在亲身体验后更加深刻了解与假日相关的习俗。关注附近举办的各种民俗活动的开展，如城隍庙的花灯展等，能够拓宽幼儿在开展传统节日活动的空间和场所。传统节日的开展都与家、社区、幼儿园紧密结合，才能给予幼儿更深刻、更系统的体验与感受。

案例 3：

元宵节开展活动中，在区域内悬挂了家长和幼儿亲自制作的花灯，我们筛选了符合大班年龄特点和认知的灯谜，用图加文的形式呈现在花灯中，投放在了区域内。幼儿已经初步地了解了元宵节赏花灯猜灯谜的习俗。

小文：我们来猜灯谜吧。小文在读出个别字后，发出求助信号："老师，这个字我不认识，你能帮助我吗？"

老师念出灯谜后，幼儿想了很久，没有猜出灯谜。

灯谜利用汉语字词多意的特点，不把谜面做原意解释，大班幼儿能结合情境理解一些相对复杂的句子，但第一次接触这种灯谜文字形式，有些不能理解，更谈不上根据字面猜出谜底。于是我以猜灯谜为主题设计了一个集体教学活动，活动目标旨在让幼儿了解灯谜的三个组成要素。用大班最喜欢的竞赛形式，激发幼儿从易到难逐渐适应猜灯谜的形式。在活动形式上，我们用录音的形式，和图加文结合展示谜面，解决了幼儿解读谜面的困难。幼儿能够三三两两地，互相出谜面，猜灯谜。赏花灯、猜灯谜以这种形式顺利开展，幼儿对于花灯也十分感兴趣。会在家长的帮助下收集灯谜，猜灯谜的活动更加热闹了。

四、小结

《上海市学前教育课程指南》中指出：幼儿欣赏感受祖国文化的丰富性，了解和接触民间习俗，参与民间节日活动，玩民间游戏。在此基础上，我们在丰富的传统文化资源中寻找教学灵感，带给幼儿丰富的课程设计，促进幼儿的认知和情感发展。

中班幼儿美食文化之旅

钱　霞

摘　要： 传统文化博大精深，传统美食更是其中重要的一环，在幼儿园课程融入美食文化，有助促进幼儿的认知和情感发展，本文在此基础上根据如何在幼儿园集体活动中促进幼儿对传统美食的兴趣进行了研究。

关键词： 传统文化　传统美食　兴趣

随着时代的发展，人们的生活逐渐走向市场化，渐渐忘却了传统美食的制作方法，涉世不久的幼儿就更无从知晓传统美食是怎样制作出来的了。为了使博大精深、世代相传的民族传统能继续得以继承和发扬，为了唤醒小朋友对传统美食的兴趣，我们开展了具有传统特色的美食系列活动。

我们选择通过"民间小吃"让幼儿了解传统美食，体验传统文化。小吃的内容很符合幼儿的兴趣，美食的内容很多，也贴近幼儿的生活。经过一段时间的热闹之后，发现虽然提供的操作材料很丰富，但是几种幼儿喜欢的、常见的小吃都做得很熟练了，幼儿兴趣不大了。爱因斯坦曾说："兴趣是最好的老师。"兴趣是一种基本情绪状态，它可以驱使人们去行动。如何才能让幼儿对民间小吃有持续的兴趣呢？于是我们进行了一系列的设想与调整。

一、知由来：了解来龙去脉激发幼儿兴趣

（一）结合传统故事，让幼儿知道各地小吃

亲子游成了放假出行的热门话题，我们班家长也很喜欢带着孩子各地游玩，但是当今社会物流发达，不用出门都能吃到各地美食，这也混淆了幼儿对地方特色小吃的区域划分。虽然美食的起源、传说一直流传着，但幼儿很少知道。中班的孩子经过引导能初步了解一些美食的来历。于是，我们搜寻相关的故事传说等供幼儿欣赏，让幼儿对其有了解。

1. 故事图书讲典故

上海早饭"四大金刚"之一的油条，孩子们都吃过，我们就拿它做切入点。我们把新做好的故事图书放在架子上，菲菲就指着封面贴着油条的那本说："老师，这个我知道，是油条。""你吃的油条什么样的？"问题抛下去之后孩子们七嘴八舌

地说起来:“长长的,香香的。”“奶奶买早饭那里有。”“油油的。”……“它还有一个名字叫‘油炸桧’,为什么这么叫呢?”“这是它的小名。”“不是,这是它的英文名。”“不知道。”于是我让孩子们围坐起来,打开油条的故事书,看着图片,一张图一张图地讲起来。孩子们知道故事之后对油条的印象更深刻,还带着点义愤填膺的情绪,同时,岳飞的精忠报国形象也高大威猛起来。

2. 电脑动画讲典故

包子也是孩子们身边的美食。但是天津的“狗不理”包子,为什么叫狗不理?孩子们说“可能是因为太丑了,狗都不愿意理。”“我觉得是因为不好吃,狗才不理的。”“肯定是不好,狗才不理的。”……孩子们天马行空的回答让人忍俊不禁。到底为什么呢?既然“狗不理”,为什么人们都去买?难道狗比人还挑食?这个故事牵涉到人名,幼儿又不识字,我们采用 flash 小故事让幼儿知道:从前,有个小伙,在店里专管做包子,因为他幼年性格很犟,父母给他起了个“狗不理”的小名。他人小心灵,做出来的包子好吃,卖得很快,受到人们的称赞。他十六七岁时,利用所积攒的钱,在附近开起了包子铺,人家喊惯了他的小名“狗不理”,久而久之,就把他经营的包子叫“狗不理”包子了。原来“狗不理”指的是人,不是形容包子的。这个故事告诉我们专心是做好事的一个基本条件。全心全意,认认真真地做每件事,才能获得真正的成功。

(二)结合节日活动,让幼儿了解节日美食

我国主要的传统节日有春节、元宵节、清明节、端午节、中秋节等,有着自己特有的节日美食,也都有着各自的教育内涵。每个节日都有其教育倾向性,作为教师只有明确认识这种倾向性,挖掘出节日主题的核心内蕴,才能把握住节日所承载的教育价值。根据每个传统节日的特点,找到各节日最典型的习俗,结合节日的整体基调,并加以提炼和概括。如:“春节”是喜庆(除旧迎新);“元宵节”是团圆;“清明节”是生命(感恩);“端午节”是竞争(崇敬)。贴近幼儿,选择活动内容时,要根据节日内涵“取意”,以幼儿的需要和兴趣“创意”。利用节日的典型习俗,从幼儿的视角展开并理解节日内涵。比如,清明节活动就围绕其核心内容:纪念、生命、感恩。让幼儿了解有关清明节的各种习俗和活动,开展“好吃的青团”活动,让幼儿知道清明节为什么要吃青团?为什么青团是绿色的?为什么青团是冷食的?通过历史典故了解吃青团习俗流传至今是为了纪念什么?

知道了美食的由来,幼儿对美食文化更感兴趣,更愿意去了解,去尝试,这是幼儿对美食文化跨出的很重要的一步。

二、学制作:加深幼儿对传统美食的经验

与小班相比,中班幼儿动手能力增强,可以根据简单的步骤图、视频、工具来

帮助幼儿完成部分美食的制作，“做中学”模式一直被提倡是因为它是适合幼儿年龄特点的。提供材料让幼儿能自己动手制作美食，充分满足了孩子的好学、好动、好模仿、好想象的欲望，使得孩子们可以在游戏中身心得到健康全面的发展，同时体验传统美食文化。

（一）提供简单美食的制作步骤图和视频

一开始我们在区域里提供了一些现成的传统小吃，也包括馄饨，并提供了一些半成品材料。但是，一旦成品用完了，幼儿不知道如何操作半成品，他们最喜欢的还是使用泥工替代，但是也只是会一些简单的面条、汤圆这类食物的制作，像馄饨这样的就不会了。孩子们对制作一些民间美食都比较感兴趣，但是仅限观赏或直接使用，制作起来有点难度，多以泥工为主，比较局限。即使对典故知之甚多，但看和做是不一样的，没有看到过过程幼儿无从下手。于是我们想到提供简单美食的制作步骤图和视频，也不用去教，想学的幼儿自己会照着步骤图主动学习，也有幼儿跟着其他幼儿学，这种学习的品质比教师灌输更有用，对自己做出的美食也更珍惜。

（二）提供简单美食的制作工具

简单的工具也是吸引幼儿主动动手操作的因素。有些点心做起来有点难度或者复杂，教师可以适当地提供一些相关的模具，让孩子先用模具制作点心。如中秋节的月饼，面皮要有花纹才更像，有了月饼模子，幼儿只需把泥压入模具，再倒出来即可，幼儿特别喜欢“叨叨叨”敲出饼时的声音，大大增加了幼儿的兴趣。制作鲜肉月饼时，完成后一定要在上面拿印章盖个章，才算是完成了，有幼儿就专门负责盖章工作。

活动区材料投放应该是丰富多彩的，应根据幼儿兴趣和需求投放材料，一物多玩，活动区材料投放的丰富程度直接关系到幼儿活动的质量。当然，丰富的材料并不等于越多越好，有的教师为了丰富活动区材料，倾其所能，聚齐所有，投放的材料可谓五花八门，幼儿注意力具有不稳定性，过多过杂的材料容易造成幼儿玩得分心，玩得花眼，不能专一地进行活动，显然这与我们投放材料的初衷是想反的。因此，在投放材料时，应考虑材料与活动目标的关系，材料与幼儿需求的关系，做到有的放矢，根据对幼儿的活动观察，进行定期补充，促进幼儿与材料的相互关系。

三、会叫卖：体会生活中的形形色色

结合角色游戏，我们可以创造他们所喜欢的环境。角色游戏是最符合儿童身心特点及发展需要的，幼儿通过角色游戏不仅可以获得快乐，同时也在角色游戏中增长知识和经验，在角色游戏中获得各种能力的发展，以及在角色游戏浓厚的活动氛围中，让幼儿玩转传统美食，体验传统文化。

（一）传统风味的服饰装扮

在游戏的体验中，幼儿的游戏角色和游戏体验其实非常重要，有的虽然看起来也将游戏教学开展得如火如荼，但是仅仅是走了一个过场，幼儿对于游戏角色、游戏体验没有深刻的领悟。让幼儿穿上具有传统风味的服饰——戴上蓝印花布的围兜和头巾，再进行具体的游戏时，幼儿的角色感就会更强了，也会体会到穿上服饰后就会深刻领悟到游戏的内涵，感觉自己就是个巧手的民间小吃叫卖者，更能实际地融入游戏角色和游戏环节。

（二）有趣的民间叫卖

叫卖又称货声，俗称吆喝，是特有的传统民俗文化。旧时社会底层的小商小贩基于北京胡同这一特殊的居住形式，为招揽生意、推销商品和出卖手艺的需要，在街头巷尾之间自发口头创唱的一种带有一定韵律和别样情感的叫卖调，从语言、韵律、内容和反映的传统民俗风情上都具有强烈的京味特征。如冰糖葫芦叫卖："冰糖葫芦——谁买——"那悠长的叫卖声，让一条胡同都充满了甜甜的糖浆味。靠叫卖来招揽生意的，他们的叫卖声较有趣。因此我觉得也非常有必要让现在的孩子对民间风俗产生兴趣，让他们能在游戏中有机会更大胆地表现自己，给他们更广阔的语言发展空间，发挥好我们这一代的传承作用。通过图片、声音、游戏、示范等多种互动方式激发他们学习的兴趣，并让孩子们在看一看、听一听、猜一猜、学一学、玩一玩的形式中感受叫卖的有趣，同时增加他们对美食的兴趣。如：在传统美食区，我们让孩子把自己制作的传统美食摆放出来，让制作的孩子用好听的声音进行叫卖以招徕顾客，其他区域的孩子都会被这一叫卖声给吸引过来，买卖双方经过一番询价很快成交，所有的孩子在游戏中都感受到了轻松与快乐，从而更好地激发他们大胆地在大家面前表现自己、释放自己，让他们与同伴能更快乐地沟通。

作为一种汉族民俗文化，叫卖突出了它的特点。叫卖因其中有音乐、词律和民俗等诸多内容，是中国商业文化的重要组成部分，作为一幅有声有色的风俗画，在游戏中叫卖民间小吃，不仅是幼儿对美食文化的学习，还有助于他们社会交往能力的发展。

四、小结

中国美食文化博大精深，针对幼儿年龄特点和学习能力差异，结合中国的传统节日、四季轮换的美食进行美食制作、分享、交往活动，为孩子们构建真实的生活场景，让孩子们通过亲身实践去感受成人的职业行为，深入了解成人的劳动，增强生活实践的能力。同时也让孩子们进一步感受"吃"的文化、"吃"的学问，并逐步培养孩子健康饮食的习惯，为快乐的童年生活增添一道难忘的味道，让"文化"源远流长。

传统民间游戏对幼儿社会性发展的影响

周飞思思

摘　要：中国传统民间游戏具有强烈的地域特色，幼儿在玩耍时能够体验本地区的人文。传统民间游戏不仅符合幼儿的兴趣，还能促进幼儿的社会性发展。本文在幼儿活动的基础上探究传统民间游戏对幼儿社会性发展的影响。

关键字：传统民间游戏　社会性

一、传统民间游戏

传统民间游戏是自古以来广泛流传于大众生活中的各种游戏娱乐项目。传统民间游戏具有随意性和强烈的趣味性，得到了大众的喜爱。

在中国各地都有许多具有特色的民间游戏项目，这些游戏在每个地区具有每个地区的特色，相互之间既有联系又有不同。每个人都能够或多或少地说出几个自己年幼时期所玩过的传统民间游戏，如跳房子、老鹰捉小鸡、丢手帕、切西瓜等。中国传统民间游戏具有强烈的地域特色，幼儿在玩耍时能够体验本地区的人文，而且传统民间游戏一般简单易学，所需要使用的工具也相对简单，能够在任何地方进行游戏，很多游戏不受场地的限制。游戏是幼儿的基本活动方式和主要学习方式，我们引导幼儿传承传统民间游戏，不仅符合幼儿的兴趣，还能促进幼儿的社会性发展。

二、传统民间游戏对幼儿社会性发展的意义

《3～6岁儿童学习与发展纲要》中指出：幼儿社会性是在日常生活和游戏中通过观察和模仿学习发展起来的。游戏是幼儿的天性，而传统民间游戏不受地点的限制，不受人数的限制，可以随时让幼儿进入到游戏中。传统民间游戏富有趣味性的特点，符合幼儿的心理特点，可以吸引幼儿参与其中。近年来随着电子产品的不断普及，幼儿使用电子产品的年龄在不断变小，幼儿的社会交往变得越来越少，通过传统民间游戏，幼儿可以更多地和同伴交流进而促进幼儿的人际交往和社会适应能力发展。

（一）在传统民间游戏中与同伴友好相处

在传统民间游戏中，游戏参与者之间的交流非常多，幼儿在和同伴的交流过程中一点点地和同伴发展相互间的关系，做到和同伴友好相处。例如当幼儿想要加入游戏中时，他需要和正在游戏的幼儿表达自己想要加入游戏的想法，在得到同伴们的同意后加入。在游戏的过程中，如果遇到只有一个重要角色的游戏，幼儿之间就需要相互商量，轮流进行游戏。如在传统民间游戏“切西瓜”中，一名幼儿当切西瓜的人，其他幼儿手拉手围成圈当西瓜，当切西瓜的人切到两人之间，两人就向相反方向跑，先跑到原位置的人赢得一局。几乎所有的孩子都想要当那个切西瓜的人，但是切西瓜的人只有一个，于是幼儿商量之后决定，切到谁的时候谁就是下一个切西瓜的人，但是同时切到的有两个人，于是幼儿又开始商量，最后决定谁先跑到原来的位置上，谁就是下一个切西瓜的人，在这个决定达成之后，幼儿解决了争抢这个位置的“冲突”，游戏一直愉快地进行着。幼儿通过相互商量，找到了和同伴友好相处的方法，得到了所有人的认同。

（二）在传统民间游戏中增强自信

传统民间游戏具有一定的随意性，幼儿在传统民间游戏的进行过程中可以根据游戏同伴们的情况来进行规则的制定。当参与游戏的幼儿普遍都非常熟悉当前的游戏的时候，游戏规则就可以相对提升难度，当参与游戏的幼儿对于当前游戏不是很熟悉或者还不能很好掌握的时候，游戏规则就可以相对简单一些。在传统民间游戏“抛绣球”中，幼儿可以将手中的绣球自行抛接，也可以将绣球相互抛接，还可以一人抛绣球，一人使用竹筐接住绣球，甚至当幼儿能够熟练抛接绣球的时候，可以将竹筐设置成高高低低的样子。在这个游戏中，幼儿可以根据自己的能力来选择想要玩的游戏难度，每次都能够体验到成功的喜悦。在幼儿达到前一个目标之后，就可以向下一个目标发起挑战，即使一开始不能将绣球抛到竹筐里面，同伴也会给予一定的指导，幼儿在这个过程中渐渐建立自信心。传统民间游戏适合不同能力程度的幼儿，帮助幼儿在游戏过程中增强自信。

埃里克森人格发展理论认为，这一阶段的幼儿需要有自主参加游戏的机会，在活动参与中，幼儿的主动性会得到发展，幼儿会更加自信，能够积极融入集体，表现出进取心。

（三）在传统民间游戏中适应群体

人是社会性的动物，人在社会中才能够发挥自身最大的优势。幼儿上幼儿园的过程就是一个不断社会化的过程。传统民间游戏相互合作和多人参与的游戏形式帮助幼儿适应群体，让幼儿在群体中找到自己的位置。在传统民间游戏中，首先幼儿想要参与到游戏中的想法就是在主动中参与集体活动、融入集体。在幼儿参与传统民间游戏的过程中和同伴不断交往，在群体活动中体验到快乐。

在传统民间游戏“老鹰捉小鸡”中，游戏的开始需要至少三个人，一人当母鸡，一人当老鹰，剩下的人当小鸡。小鸡依次在母鸡后牵着衣襟排成一队，老鹰站在母鸡对面，做出捉小鸡姿势。游戏开始时，老鹰叫着做赶鸡动作。母鸡身后的小鸡做惊恐状，母鸡极力保护身后的小鸡。老鹰再叫着转着圈去捉小鸡，众小鸡则在母鸡身后左躲右闪。在这个过程中，母鸡体会到了保护他人的重要性，发展了爱同伴的情感，而当小鸡的幼儿在这个过程中体会到了相互团结的力量，只有当所有小鸡都行动一致的时候，老鹰才不会抓住小鸡。幼儿在游戏中不断提高在群体中的参与度，不断适应群体，社会性得到了充分的发展。

（四）在传统民间游戏中遵守规则

虽然传统民间游戏的随意性比较大，但是传统民间游戏也是有一定的游戏规则的，而这些游戏规则是一代代长年累月得来的，是参与游戏的人都认同的规则。在传统民间游戏中，幼儿通过以一次次的游戏总结经验，和同伴商量之后制定各种不同的规则，而这些大家自己制定的规则是得到了所有幼儿认可的，所以幼儿对于遵守这些游戏规则都非常自觉。在游戏过程中如果遇到有的人不遵守规则，大家就会一起提醒他。在传统民间游戏“跳皮筋”中，幼儿在游戏开始前就可以说好这次游戏的一些规则，大家都会按照提前说好的规则进行游戏。

皮亚杰游戏理论认为，游戏的发展水平在一定程度上表现了幼儿的智力发展水平。皮亚杰认为儿童需要游戏，游戏可以帮助他们解决与外部世界的冲突。可以看出游戏对于幼儿发展的重要性。在我国的传统民间游戏中，各种不同的游戏内容广泛而丰富，能够帮助幼儿在不同的游戏中发展生理心理，在游戏中得到成长。

中国人民在一代代的传承和完善中留下了无数有趣的游戏，适合幼儿的玩乐，让幼儿在玩乐的快乐中获得自身的成长。

传统文化背景下幼儿园美食区活动初探

葛　臻

一、美食区的设计与实施

1. 背景与预设

俗话说“民以食为天”，世界上每一个国家与城市都有它们专属的美食特色与饮食习惯，美食甚至能代表一个地区的文化特色。中国的美食文化更是拥有悠久的历史，令人垂涎的美味和神秘古老的传说让世界上的食客对中国美食流连忘返。

近年来，我园“尚美”课程开展得有声有色，“美食、美艺、美旅、美文、美服”的“五美”内容获得一致好评。在这“五美”中，本班选择“美食”这一主题，原因在于“美食”更加贴近幼儿生活，而幼儿的注意以无意注意为主，贴近幼儿生活经验的教育内容能满足幼儿兴趣和需要，引起幼儿的无意注意。因此，本班开设传统美食区，帮助幼儿了解中华传统美食，继承弘扬优秀传统文化。

2. 组织与实施

对于传统美食区的组织与实施，欧风幼儿园非常注重传统文化方面的培养，如何有效地开展传统文化活动我认为有以下几点：

(1) 利用家乡饮食文化，丰富前期生活经验

《幼儿园教育指导纲要(试行)》中的一个重要内容，是幼儿园应充分结合本土资源，引导幼儿了解本土文化及祖国文化，体会本地的发展与变迁情况，激发幼儿热爱祖国和家乡的情感。幼儿对于美食的喜欢与兴趣是要建立在对传统美食的了解基础上的。班级幼儿来自全国各地，不同的地方都有属于自己家乡的专属美食。

活动开展之前，首先可以利用亲子调查表的形式让幼儿与父母一起去探索中华传统美食。亲子调查表的内容包括“你家乡的传统美食”“你吃过的传统美食”“你喜欢的传统美食”等，这些调查问题都具有趣味性，让幼儿带着兴趣去了解、熟悉传统美食。随后，教师鼓励家长带着幼儿前往周边古镇、饭店等地亲自品尝传统美食，幼儿的味觉得到极大的满足，对传统美食的印象也更深刻。最后，教师请幼儿来园与老师、同伴们分享交流自己吃过的美食。教师需要记录幼儿分享的美食，之后经过筛选、整合、汇编等一系列操作，编制出一本凝聚幼儿智慧的传统美食大图书。该图书放置在教室美食区中供幼儿翻阅、交流，感受中华传统饮食文化的魅力。

(2) 通过优质的活动环境，创设良好活动氛围

《纲要》指出："环境是重要的教育资源，应通过环境的创设和利用，有效促进幼儿的发展。"环境可谓幼儿的第三任教师，为了帮助幼儿直观感受传统文化的不同表现形式，教师有必要进行传统美食相关的文化环境布置。幼儿通过与环境互动，有利于更加深入了解传统美食。

在美食区的布置中，教师可以用黏土制作丰富、常见的传统美食，如粽子、春卷、青团等。另一方面利用醒目的图片、浅显易懂的图画，吸引幼儿对于美食的关注，引起幼儿对于传统美食的探究兴趣，帮助幼儿熟悉一些常见的传统美食来历背景、制作工艺、形状口感等。同时，可以将"尚美区"的墙面布置得古色古香，富有中国特色，比如一整面中国美食地图能够让幼儿更加直观地了解不同地区的传统美食。除了物质环境的布置之外，心理环境对幼儿也有重要影响，幼儿进行活动时，教师可以适当播放一些悠扬安静的传统音乐，让幼儿在轻松愉悦的氛围中更加身临其境地探索。

(3) 借力一日活动开展，感受体验传统美食

为了使幼儿在美食区获得的经验与其他活动获得的经验形成一个整体，教师要开展各种与传统美食相关的主题活动、集体教学活动、区域活动、实践活动等教育活动。幼儿通过丰富的活动，了解传统美食，发展动手能力，体现了主动性与创造性。

比如很少有幼儿知道"冬至"，但是这个传统节日却有"冬至大如年"的重要地位，而包饺子是冬至的传统风俗之一。为了让幼儿对于饺子有更深刻的认识，教师在冬至这天通过卡通视频、图画、有趣的故事等带领孩子们了解饺子的由来。随后请他们用泡泡泥做饺子、用画笔画饺子。幼儿通过自己的体验，真正做了一回小厨师，知晓了如何和面才劲道、饺子皮怎么擀才能又薄又圆，成就感满满。

二、美食区的文化与幼儿

1. 美食区中的幼儿

实录一：丰富的墙面创设

"你看，这是烧卖，"艺雯指着墙面上的烧卖和伞伞说道，"我奶奶上次给我买了好多烧卖给我吃，很好吃的，你吃过没有呀?"伞伞看了看，说："嗯……好像吃过的。"艺雯继续对伞伞说："下次我家有烧卖的时候，你来我家玩，我给你吃。"伞伞高兴地点了点头。“你看,你看,这些是我们吃烧卖的照片,我在这,我在这里。”艺雯高兴地拉着伞伞指着照片对他说,“我在这里,辰辰在我旁边,”伞伞高兴地说着,这时,其他小朋友也来了,“哄”地一下挤在了一块,喊着叫着:“我在这里。”“你看,我还拿了粽子呢,这是我妈妈之前带我去新场古镇吃的。”你一句我一句地说着。

分析:

有些传统美食对于幼儿来说可能比较陌生,不能引起他们的注意点,并且如果让孩子们去制作的话,对孩子们来说有一定的难度。鉴于此,教师可以利用墙面上的布置引起幼儿的关注。首先选择教室里面的一角,利用麻布、纸扇、一些东北风的辣椒、青椒等进行墙面装饰。为了呈现出一种美食的感觉,班级教师利用不同的材料制作粽子、春卷、小圆子等美食,让孩子们在看的同时也可以触摸感受美食。除此之外,我们还张贴了一些制作烧卖的步骤图,孩子们能够通过观察步骤图了解烧卖的正确做法。另一块墙面上专门留了一块照片墙,墙上粘贴着孩子们自己制作的传统美食的照片,以及孩子们品尝传统美食的照片。孩子们在饭后、游戏的时候都会拉着自己的朋友到照片墙处,说一说自己做了什么,分享彼此关于传统美食的感受。

实录二:浓厚的节日气氛

端午节活动开始啦,大家都知道端午节要吃粽子,当然为了让大家更加深刻地体验一把端午节的快乐,我们还组织了让孩子们一同制作粽子。只见孩子们拿起我们准备的粽叶和一些用彩泥制作的小米粒开始包粽子,虽然动作略显笨拙,制作出来的成品样子也千奇百怪,但是孩子们都表现得格外积极,在浓厚的端午节气氛下,孩子们都非常兴奋。孩子们还通过观看相关视频了解了端午节的由来和吃粽子的含义。

分析:

历史悠久的中国文化孕育了多姿多彩的传统节日,这些内涵丰富的传统节日是中国传统文化的重要组成部分。逢年过节,传统节日氛围浓厚,活动丰富,还有独具特色的传统节日美食,深受幼儿喜爱。因此,基于节日进行传统文化教育已成为幼教工作者的共识,教师可以根据幼儿年龄特点,结合本地风俗,选定可开展主题活动的节日。本班利用刚刚过去的端午节开展了相关的主题活动。端午节是中国的传统节日之一,活动前幼儿就已经通过卡通片有一定的了解,这也使得孩子们对于端午节充满兴趣。活动中,通过让幼儿自己来制作粽子了解中国传统佳节带来的快乐。首先为幼儿提供丰富的食材,在包粽子的过程中切身体验制作粽子的乐趣,同时也锻炼了中班幼儿的一些动作技巧。相比于一些比较刻板的学习方法,这样在节日的氛围下,幼儿在亲子操作体验中更加了解传统文化的博大精深。

实录三：有趣的一日课程

又到了学本领的时间，今天是一年一度的重阳节，我们邀请了几位奶奶和孩子们一起学本领。我们开展的活动内容是唐诗《九月九日忆山东兄弟》，虽然唐诗对于小班的孩子们来说是比较难和枯燥的，但在导入环节中我先拿出一根长长的茱萸让孩子们猜一猜是什么，引起了孩子们的兴趣。畅畅说“这是小番茄我吃过”，妞妞说“是辣椒”。奶奶们在一旁听得笑呵呵。显然他们对茱萸还是比较陌生的，在我向他们介绍茱萸这种植物之后，便开始了接下去的活动环节。我通过一些卡通图片让孩子们逐字逐句理解唐诗的意思，最后通过一个有趣的卡通片来让孩子们对已有的对重阳节的认识再巩固。我也邀请了爷爷奶奶们同孩子们一起念唐诗、做游戏，整个活动氛围温馨而热烈。下午的点心时间到了，我们为孩子们准备了好吃的重阳糕。当孩子们看到重阳糕的时候纷纷表示“这是什么糕糕呀”。我和悦悦老师告诉他们，这叫“重阳糕”，是重阳节特有的美食。

分析：

农历九月初九是我国的重阳节，又叫“老人节”。尊老、敬老是中华民族的传统美德。在活动中，幼儿了解重阳节的来历，欣赏有关重阳节美妙的传说故事、学习重阳节唐诗、品尝重阳糕，进一步了解重阳节的传统文化，知道重阳节相关的传统习俗，接触重阳节特有的传统美食，培养了幼儿尊老、敬老、爱老、助老的中华传统美德。相信通过这样一次活动，幼儿内心深处一定会埋下一颗懂得珍惜、理解关爱、学会感恩的种子。

2. 美食区中的文化

随着当前幼儿教育的不断发展，我们更加注重优秀传统文化的传承。作为以传统文化为特色的幼儿园来说，有必要传递饮食文化，引导幼儿感受民族优秀文化的魅力。幼儿园美食区的创设蕴含着丰富的教育价值，为饮食文化和传统文化的传播提供了良好途径。

(1) 锻炼幼儿动手能力

美食区的开设有利于引导幼儿学习生活技能，感受不同美食的丰富多彩，体验生活所带来的乐趣。同时，幼儿在美食区中动手操作，有利于加强动手能力的培养。比如，在上述实录中开展做重阳糕的美食文化活动。通过讲解重阳节的来历，使幼儿对重阳节有更明确的感知，加强对节日特色文化的了解。其次，重阳糕作为重阳节的传统美食，反映敬老爱老的美好品德，蕴含丰富的民族文化。因此，教师带着幼儿亲自制作重阳糕，引导不同小组的幼儿相互配合，在制作的过程中，使得幼儿对食物进行科学配比，具备安全的操作意识，使幼儿在实际操作的过程中，获得成功的体验。

(2) 渗透爱国情感

美食区的开设有利于培养幼儿的爱国情感，使得幼儿能够树立民族自信心和自尊心。比如，在端午节活动中，首先引导幼儿和父母一同探索，查阅相关图书资料，了解端午节的来历，对屈原进行纪念。同时，开展美食文化活动，发挥幼儿的动手能力，引导幼儿在尝试说说关于端午节的风俗习惯中，进一步感知屈原的爱国之情。除此之外，开展家园合作，引导家长对幼儿包粽子进行指导，在制作粽子的过程中，渗透爱国情感。

(3) 培养幼儿身体素质和良好品质

美食区的开设有利于锻炼幼儿的良好品质，促进幼儿的身心健康发展。比如，在冬至节，邀请家长来参与班级内所组织的冬至活动——包饺子，利用图片来讲述冬至包饺子的背景和由来。活动中，教师引导幼儿认识包饺子所需要的材料和用具，使幼儿在对各种食物进行合理搭配的过程中，明确不同素材对于身体健康成长的作用。同时，利用传统文化可以传递智慧与爱。幼儿与家长合作和面揉面团、擀面皮、包饺子，有利于增进家长与孩子之间的感情，获得感恩意识。

在传统节日活动中快乐成长

——基于传统节日的教育活动的扩展与收缩

沈一骄

现在的幼儿教育在时代的推进下，越来越科学，越来越“世界化”。但是我们始终不可以摒弃自己国家上下五千年所留下的文化瑰宝。传承传统文化是当下最主流最重要的事之一，正是深刻知道传统文化的重要性，我园开始专注于关于传统文化的探索和研究。落实到每个班级都有班级特色的传统文化主题：“传统美食”“传统节日”“传统技艺”等，老师将这些传统的文化内容结合到幼儿的游戏中，幼儿可以更直接地体验和了解我们国家的悠久历史和文化，也可以从传统文化中感受到有趣的内容，边学习边快乐成长。然而如何利用传统节日来发掘一些对幼儿有意义的教育内容，是值得我们去寻找、去总结的。

一、发掘传统文化教育资源，挖掘传统节日的价值增长点

中国的传统节日形式多样，内容丰富多彩，是我们中华民族悠久历史文化的一个组成部分。传统节日的形成，是一个民族或国家的历史文化长期积淀凝聚的过程，从古至今传统节日就是与我们生活紧密联系在一起的，对于幼儿来说我国的传统节日是带领他们走进传统文化的一扇大门。

依据大班的主题内容，我们根据班级幼儿已有经验及兴趣将主题活动《我是中国人》进行延伸与整合，尝试结合传统节日，将民间剪纸艺术文化渗透到幼儿的个别化学习活动中。针对大班的年龄特点，我们所开展的游戏都从以往的认识和感受转变为自主的动手操作为主。通过幼儿在个别化学习中，折、剪不同的事物，激发他们对剪纸活动的兴趣，并同时感受我国传统技艺的独特魅力。

镜头一：

背景：当下班级的传统区内容是传统节日，正好是在清明节时期，老师投放了关于清明节制作菊花的材料，幼儿每次在区角都会制作一些关于传统节日的手工。

区域时间到了，老师对今天的区域活动提出了一些要求：我们之前合作通过折剪一起制作了清明节时期的“菊花”。试试将你们制作的菊花组合在一起变成美丽的花束。因为老师在准备纸，一开始美工区并没有小朋友来，当我将纸投

放到美工区时，洋洋看见了跟过来说："老师，我今天还想来做菊花。"一会儿，行之、汐汐也来到了美工区，洋洋从纸篓里拿了张绿色的纸，边拿边说，咦，再做哪种菊花呢，只见他将正方形纸对折，然后用铅笔画，再剪，展开后，他将作品举起来说："看，我先做了菊花的叶子。"旁边的行之也剪了菊花的叶子，举起来给一旁的老师看。

这时，传统区的小朋友越来越多，一会儿，洋洋从美工区架上取来 3 个固体胶，接着，洋洋选择了一张橙色的纸，又开始剪长长的菊花的花瓣，当他打把花瓣粘贴在一起的时候，看着他的作品，咧开嘴笑了，然后将作品举给旁边的小朋友看，接着，他又选择了一张黄色的纸，对折后，咬了咬铅笔，眨眨眼睛，很快，他就开始低头画和剪，展开看了看，笑着说："怎么菊花有点少呀。"汐汐跑过来说："一两朵好像是不够，清明节扫墓的时候我看很多人都拿了一大束花呢。"我立刻问道："都是菊花吗？"汐汐转动眼珠想了想，回答道："也不是，还有别的好看的花。"

突然三个人就灵机一动，又拿了其他颜色的手工纸，开始画其他花朵的花瓣形状，准备制作起其他的花类，洋洋还说道："以前老师还教过折纸的花朵，也可以放在一起嘛。"

传统节日本身并没有特定的手工制品，也不是每个传统节日都有剪纸的习俗，这就需要老师抓住传统节日的特点，将每个传统节日里可以手工制作的部分挖掘出来，结合传统的剪纸技艺，将传统和传统巧妙地融合贯通，用孩子可以接受的方式去动手动脑，达到老师期望的目标，让幼儿在感受和认知传统文化的基础上，得到更多的锻炼和发展。

1. 锻炼孩子的综合能力

传统区域的剪纸活动不单单能锻炼幼儿手的动作灵活度、协调度。其实还能锻炼幼儿的综合能力。从技能方面来说，大班的幼儿能根据需要划出图形，线条基本平滑，能沿轮廓线剪出由曲线构成的简单图形，边线吻合且平滑，锻炼到了幼儿的手眼协调能力。所以从表达表现能力的锻炼方面来说，幼儿在完成作品后也是有感而发的，当洋洋看到自己剪出来的叶子、花瓣等很高兴，并能主动与同伴分享，在活动中能够与同伴互动。

剪纸活动需要幼儿手脑并用和其他技能相辅把画、剪、折、贴切有机地结合起来进行操作活动。这样发展幼儿剪的技能的同时也发展了幼儿画画、折纸等多方面的兴趣和技能。操作能力提高了使幼儿手部动作得到发展幼儿的生活自理能力也得到了相应在提高。

2. 带给孩子创造力

在折纸过程中，需要运用色彩、剪切、粘贴等多种技能，在这个过程中，孩子会有充分的自主发挥权利，在这个过程中，会激发出幼儿对传统节日乃至传统文化的认知和经验，综合自己的技能制作出美丽的手工作品。在这个过程中，幼儿有丰富的空间可以发挥。幼儿在剪贴、剪染、剪折活动中经常接触各种颜色的纸，以及剪刀、宣纸等各种不同形状、性能、颜色的材料。对这些材料的物理性能、功用逐步熟悉这不但扩大了幼儿的知识面，而且剪纸活动还给了幼儿一个自主发展思维想象力进行创造性活动的机会。在剪四瓣花的活动中幼儿用一张正方形的纸只动一剪就得出一朵四片花瓣一模一样、均匀对称的花，而且剪动的线条稍加改变花瓣的形状也随之改变。奇妙的变幻使幼儿兴趣更为浓厚并爱不释手地剪了又剪，在自由活动的时间也经常进行练习。这种练习使幼儿不断进步，进步使幼儿稳固了兴趣，兴趣使幼儿求异，求异使幼儿创造。

3. 增加孩子的主动性

在传统的纸工集体教学活动中，普遍采用的是集体示范讲解法，教师教一步，幼儿剪一步。幼儿的学习是在接受直接传授或教的过程中发生的，是被动的；幼儿获得的只是剪纸的技能，但这不是智慧。或者，这样的学习对一部分幼儿而言，是乏味而意义不大的。以传统节日为背景的手工制作则比较新奇有趣，区别于集体教学活动的折纸，儿童通过传统区域的活动更能够激发引导孩子们学习的兴趣，培养动手能力。

儿童学会制作手工品的过程中，可以从中培养自己的观察能力和学习能力。而且，制作成功以及制作时的鼓励能够培养、增强孩子们的自信心，磨砺他们的意志力。另外，学习和制作手工品，要利用到工具，需要孩子双手的协调配合，这样，能够帮助他们更好的控制自己的动作。另外，在学习和交流手工的过程中，孩子们的人际交往能力得到发展和提高。手工作品的制作以及玩耍能够让儿童从中得到乐趣，真正感受传统文化带来的乐趣和魅力。

二、适宜幼儿身心发展特点，聚焦传统节日的内涵契合点

中国的传统节日形式多样，内容丰富有趣，是我们中华民族悠久历史文化的一个重要的组成部分。传统节日的形成，是一个民族或国家的历史文化长期积淀凝聚的过程，所以传统节日里包含的内容很多，覆盖的领域很广，并不是所有的内容都适合所有幼儿来学习和体验，有些适合大班幼儿，有些适合小班的幼儿，这是需要我们思考的。

镜头二：

背景：针对小班的年龄特点，班级中开展了比较容易让孩子接受的内容主题——“传统节日”。对于小班的幼儿，我们所开展的游戏都以认识和感受为主，简单的操作为辅。

在活动的最初阶段，我们为孩子准备了很多插片的故事接龙，幼儿可以按照

节日小故事的内容一边插图片，一边简单叙述故事，然后在理解和认识节日的基础上完成一个简单的节日配配对，将节日相关的事物粘贴在一起。

老师拿出不同的节日板，在操作板上都贴上了雌雄贴，我们还准备了很多关于不同节日的图片，从食物到服饰到习俗，供小朋友进行一个归类的操作（将相关的图片黏贴在一块操作板上）。在游戏开始前，幼儿围坐在一起集体观赏传统节日的图片。

师：小朋友你们看一看，这些照片上都是什么？

幼：我看到鞭炮了。

师：你们看到过放鞭炮吗，什么时候会放鞭炮呀？

幼：回家过年的时候，鞭炮的声音很响的。

师：你还看到了什么？

幼：我看到饺子了，我最喜欢吃饺子了。

师：我们什么时候会吃饺子呀。

幼：在幼儿园会吃。

师：那我们过年的时候会吃吗？

幼：会，在老家我吃过的。

师：那这是什么你们知道吗？（红包）

幼：我知道，我知道，这是装压岁钱的。

师：那你们看看这是什么呢？（花灯）

幼：灯笼，灯，哇，好漂亮……

师：什么时候我们会挂这些漂亮的彩灯呢？

幼：过年的时候！大家一起挂彩灯很开心！

可以看出，小班的幼儿对传统节日的认知还是有一些基础的，对于传统节日有一个笼统的概念，看似简单的认知，其实已经对传统的食物、装饰、习俗有了初步的了解。其实传统的节日单纯介绍给幼儿有些内容比较烦琐深奥，并不适合幼儿来认知，幼儿也不会感兴趣，记住节日的全部内容对于孩子来说意义不大。老师可以选择积极的、童趣的内容来激发幼儿对传统事物的兴趣，比如春节中的“团聚”，元宵节的“赏花灯”，春节的“红包”“饺子”这几个点都是孩子能体验能感受的点，从而提升传统节日对于幼儿的价值。这个价值体现在两方面：一个是情感方面，幼儿不仅可以通过配对照片感受到传统节日给我们带来的幸福感和归属感，结合幼儿园在传统节日的一些活动，幼儿还能提升手工制作的技能，这都是需要教师针对年龄特点来细心挖掘和分析的。

镜头三：

背景：在每次的观赏节日图片认识传统节日后，区域内我们继续投放了相应的操作材料，我们提供了不同颜色的超轻黏土，幼儿可以制作关于传统节日的传统美食。

师：你们看看，这是什么，你吃过吗？

幼：这个是青团，昨天妈妈给我吃过的。

师：青团是什么颜色的？里面是什么颜色的？

幼：外面是绿绿的，里面是黑黑的。

师：今天老师给小朋友准备了很多不同颜色的超轻黏土，你可以去做一做好吃的青团。

（幼儿操作）

师：咦，汐汐，你做的是什么？

幼：这个白白的圆圆的是汤圆，这个大一点的是饺子。

师：汤圆是什么时候吃的呀？

幼：嗯……是元宵节。

在重视感知这一块内容后，这次的游戏让我有一丝的欣喜，在每次观赏图片和认识节日的时候，原来幼儿对传统节日已经开始有了认识和了解。我们一点一滴的引导和选择性的挖掘对于幼儿的认识还是起到一些作用的。而操作的加入，让幼儿可以边动手边感受传统节日带来的快乐。潜移默化中增强了幼儿的动手能力和创造力。

传统节日来源于生活，节日教育活动应该富情境性、实践性、娱乐性，使幼儿在自然、宽松、愉快的氛围中主动参与实践、接受教育。

在传统节日教育系列活动中幼儿了解了每一个传统节日的来历，增长了文化历史知识，通过幼儿园多种多样的节日庆祝活动儿童在实际参与中熟悉了文化传统习俗，了解到了社会民俗习惯、社会礼仪及规范等。儿童的各种认知技能也在传统节日教育中得到发展，例如：儿童在各种庆祝活动中为老师、父母或同伴送上祝福的话语等，使幼儿的语言能力得到锻炼和提高。在学习念诵与传统节日活动相关的古诗词中，配合节日氛围和庆祝活动，使儿童对诗词的含义也有了更深刻的理解。富有娱乐性的传统节日庆祝活动，如猜灯谜等活动为儿童提供了锻炼思维能力的最佳途径。

在今后的活动中，我们要以感受为主，充分利用传统节日这一块内容让幼儿潜移默化地接受传统文化、传统知识以及传统人文。发掘更多的教育资源，寻找有利于幼儿的内容形式，提升传统文化对幼儿教育的价值。让幼儿能在传统文化中徜徉，在传统节日中快乐成长。

傣族风情游

诸 贤

围绕尚美课程中的“五美”课程内容，本班在“尚美活动区”开展了关于傣族风土人情的活动，旨在让幼儿通过感受、制作、操作来体验傣族的特色元素，初步感受少数民族与我们的不同。在环境创设和材料投放方面，班级两位教师无论在创设初期还是在实践的过程中，都尽可能挑选既符合中班幼儿年龄特点，又有傣族特色的元素。

【游戏镜头一】

角色游戏开始了，小雨来问我：“老师，我们可以开一个打鼓店吗?”一边问一边指向音乐区的象脚鼓，我说：“像昨天那样的打鼓店吗?”小雨点点头，我就回答她：“当然可以啊!”于是小雨就去音乐角搬象脚鼓。清清在旁听了我们的对话后，马上去穿了音乐区的傣族服饰，两人很快就穿好了服饰，布置好了打鼓店，并搬了 8 个椅子。接着小凯、路平、鸣鸣三名幼儿也加入了打鼓店的队伍，但是他们没有服饰，就过来一起用手打鼓。小凯用手打了一会儿鼓以后，就去找了各种各样带柄的玩具来很用力地敲鼓。这样的动静吸引了维维和培培坐在椅子上观看打鼓表演，看了一会儿后，维维捂着耳朵大声说：“你们这样敲鼓是不好听的，要有节奏，还要有人唱歌才好听，这样太吵了。”可是一群打鼓的幼儿根本就不理会维维的建议，维维和培培见状马上就走了。后来的游戏时间，再也没有客人来过打鼓店，打鼓的幼儿之间也没有任何的交流。

象脚鼓是云南傣族的特色乐器，用手掌和手指不同的力度就能发出不同音色的鼓声，幼儿特别喜欢，但是大部分幼儿不知道如何敲得好听，所以出现了实录当中的情况。维维有打鼓的经验，知道如何击打出好听的鼓声，但是其他幼儿沉浸在敲击象脚鼓的声音中，根本就没有理会维维的建议。针对片段中出现的

问题，教师可以采取以下措施：

1. 增加幼儿关于象脚鼓的经验积累。可以通过集体活动，学一学如何演奏象脚鼓，如何用象脚鼓伴奏、跳舞。

2. 请维维示范如何有节奏地演奏。

3. 分享环节和幼儿一起讨论：怎么维持打鼓店的秩序？怎么招呼客人们？

4. 家园共育：可以和爸爸妈妈去看一场演出；在家欣赏一些象脚鼓演奏的视频。

【游戏镜头二】

每天游戏中，梦瑶和暖暖都喜欢在一起开城堡酒店，她们喜欢去百宝箱找布置城堡的材料，也会去“尚美活动区”找衣服和乐器来装扮自己。但是仔细去观察，这两名幼儿每天都是如此，选择一样的游戏主题、一样的材料，乐此不疲。今天发现梦瑶和暖暖还是开了城堡酒店，开门之后，两位公主在玩泼水的游戏，而且玩了很久，后来还邀请了其他小朋友来玩泼水，暖暖说：“泼水节很热闹的，要很多人的。”

案例中的梦瑶和暖暖高频选择一样的游戏材料，主要是因为她们有相关经验的积累。两名幼儿经常选择的游戏材料是傣族服饰和象脚鼓，这与幼儿的已有经验有关，之前幼儿做过调查表，欣赏过傣族舞蹈的视频和音乐，体验过幼儿园关于云南旅游的大活动，这些经验使得幼儿对傣族服饰和象脚鼓有了一定的认识，更有操作兴趣。区角中其他玩具比较陌生，幼儿缺少兴趣。为了激发幼儿对其他材料的兴趣，进一步丰富关于傣族的经验，教师可以采取以下措施：

1. 听故事《泼水节的传说》，帮助幼儿了解泼水节和背后的故事，引导幼儿用泼水玩具去体验泼水节。

2. 观看傣族观光视频，了解傣族美食，闻一闻傣族香料：香茅、小青柠、芭蕉叶等，进一步刺激幼儿对傣族美食的认知和兴趣。

【游戏镜头三】

个别化活动中幼儿可以自主选择喜欢的区域活动。霖霖来到了美工区，拿了大象底板纸和蜡笔，坐下后便开始给大象涂颜色了。两三分钟后，霖霖拿着涂好颜色的大象走到我面前说：“老师，我画好了。”“怎么画得那么快啊，要不要再帮大象做些装饰呢？”我鼓励霖霖继续尝试。霖霖说：“我已经画好了，不想再画了。”于是我遵循了霖霖的意愿让她离开了。

大象是幼儿比较喜欢和熟悉的动物，通常情况幼儿都会喜欢画大象，那么霖霖为何缺少绘画兴趣呢？有以下两点原因，一是霖霖在美术方面属于拔尖的一批幼儿，涂色的技能她已经掌握了，觉得很简单，没有尝试和挑战的欲望；二是美工区的材料只有蜡笔，能供幼儿自主选择的材料过于单一，也导致幼儿失去兴趣。

思考与调整

1. 丰富幼儿生活经验，是游戏情节发展的前提

游戏本身就是以幼儿能了解和想象的事物、经历过的生活、接触过的事物为素材，因此，有意识地丰富幼儿的生活经验，能保证游戏情节顺利发展，不断地丰富游戏情节的内容。

(1) 利用家长资源，呼吁家园共育

在开设活动区之前我们设计了《傣族知多少》的调查表，请每个家庭利用剪贴或者绘画的方式去熟悉傣族的服饰和傣族的小动物。既帮助幼儿积累相关经验，又促进家庭成员的情感联结。

(2) 引导幼儿观察周围社会生活

在生活中观察得越细致，感性认识越丰富，在游戏中反映得就越逼真。虽然傣族元素在我们汉族的环境中很少出现，但教师可以鼓励幼儿去发现生活中的傣族文化，一旦发现关于傣族的东西可以带到幼儿园里来和小朋友分享。教师还可以为幼儿提供表现机会，比如增设一个"傣族我发现"的广播台。

(3) 加强教师自身关于少数民族知识的储备

想要幼儿对材料和环境感兴趣，教师首先要有正确的相关知识储备。教师可以多看相关的视频和书籍，也可以去上海自然博物馆，博物馆里有云南少数民族的分布和历史，可以拍摄照片和幼儿一起分享。

2. 加强教师有效介入，是游戏情节发展的助推

游戏是幼儿的天性，是幼儿自发自愿的活动，这对教师的指导提出了一定的要求。教师该怎么做才能更好地推动幼儿游戏呢？教师应该何时介入，又应该如何介入呢？自然状态下的幼儿游戏变化多端，教师要认真观察，并在此基础上抓住时机有效介入。

当游戏情节内容单一、无趣、停滞不前时，教师需要介入。教师需要仔细观察幼儿游戏开展的进展情况，如果幼儿的游戏情节发展停滞不前，则需要教师的介入。很多时候，我们会发现幼儿的游戏情节内容总是重复的几个，显得非常单一。如果长期下去，幼儿的游戏水平就会显得停滞不前，这就需要教师的及时介入，让游戏情节内容更丰富，变得更有趣。比如打鼓店一开始就是一两个幼儿用勺子在敲鼓，还会搬着鼓跑来跑去，然后老师语言介入："你搬着鼓是在巡回演出吗？"促使这两个幼儿开始思考如何把打鼓变成一场演出。

3. 落实材料支持策略，是激发幼儿在“尚美活动区”兴趣的能源

自主性游戏中的环境和材料是支持幼儿活动最基本的物质基础，可以满足幼儿的游戏需要。但是材料应该如何为游戏情节发展服务，材料又如何驱动幼儿开始并坚持自主学习呢？如果材料提供仅仅只是一种形式，那只能满足幼儿的简单操作，无法促进游戏情节的发展，所以活动区中需要有效落实材料支持策略。针对以上问题，本班在个别化活动“大象”中做了以下调整：

(1) 材料的提供上更丰富，注重个别差异性

用按压的方式将雪花泥均匀地抹在大象的底板上；用彩纸撕贴的方式将撕下的彩纸涂抹上固体胶后装饰大象底板；用按、抹、压等方式用超轻黏土装饰大象底板。

(2) 作品的呈现上更多样，激发幼儿创作欲望

将幼儿作品沿轮廓剪下，并用黑色相框进行装饰；请班级幼儿评选他们最喜欢的大象作品并拍照留念。

随着活动的开展，幼儿在认知以及表达表现方面得到了很好的发展。首先，幼儿的知识面拓宽了，通过傣族美食店以及大舞台的创设实践，现在只要一说起傣族，幼儿个个都能脱口而出傣族的一些特色小吃、水果等，有的还会动手配对。幼儿对于傣族的艺术也有了一定的了解，听到有关傣族的音乐，会不自觉地舞动身体做起傣族孔雀舞的经典手势。其次，幼儿变得更乐于表达表现了，比如以往比较胆小、羞涩的幼儿，从起初默默地向大舞台表演的幼儿投去羡慕的目光，到后来渐渐被漂亮的民族服饰所吸引后尝试穿戴，再到现在与同伴们一起表演，无论从情感上还是行动上都变得更积极、更主动、更自信。

舌尖上的美食

——中华小当家

范婷婷

国家教育方针对于《完善中华传统文化教育指导纲要》的要求，体现了国家对于中华传统文化的重视及其实现的紧迫性。《3～6岁儿童学习与发展指南》报告指出："幼儿时代，作为人生的一个阶段，是一个其本身就拥有极高价值的时代。"

因此，我们将幼儿园尚美传统文化的教学模式融入教育中，发挥幼儿的主体性，促进幼儿的身心健康发展，调动幼儿的积极性和主动性，让幼儿从不同形式开展的传统文化活动到了解重要的传统美食文化中去。

一、传统节日美食多

"你们知道传统节日的美食都是怎么来的呢?"美食博物馆的讲解员乐乐问着参观的孩子们，乐乐拿出一本嫦娥奔月的故事书，看着画面内容，根据故事主线乐乐讲解员播放着故事。

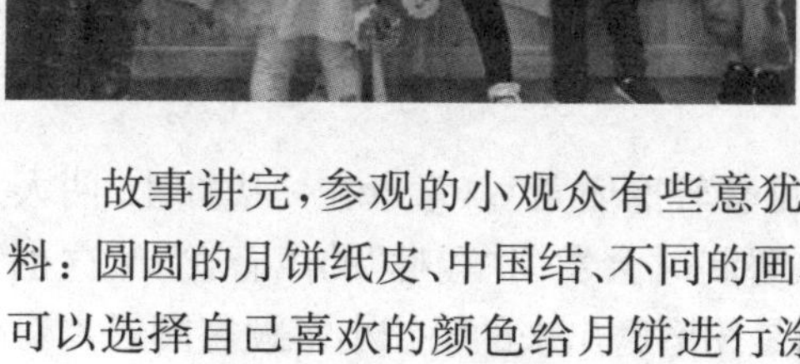

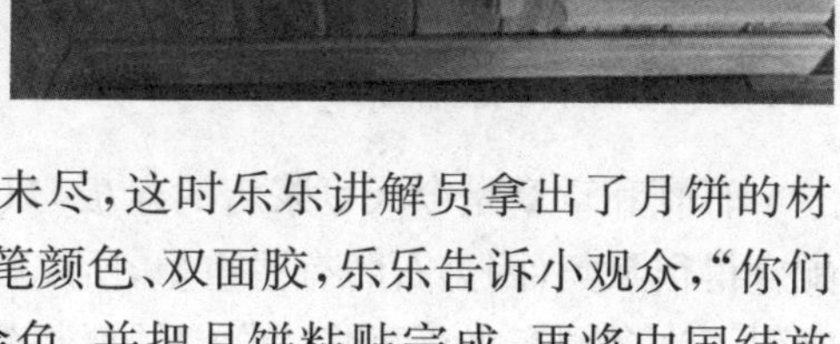

故事讲完，参观的小观众有些意犹未尽，这时乐乐讲解员拿出了月饼的材料：圆圆的月饼纸皮、中国结、不同的画笔颜色、双面胶，乐乐告诉小观众，"你们可以选择自己喜欢的颜色给月饼进行涂色，并把月饼粘贴完成，再将中国结放入，这样一个月饼的挂饰就完成了，你们可以带回去做个纪念哦。"

乐乐的话吸引了小观众，煜煜、俊俊、源源、瑶瑶都挑选了自己喜欢的颜色进行涂色，等涂完颜色，进行粘贴，这时遇到问题了，怎么贴呢？小观众求助乐乐，乐乐也难倒了，"不要紧，我来咨询一下我们的馆长。"乐乐带着问题找到了我，我帮着小观众们一起解决问题，将两片月饼皮进行粘贴，并将中国结挂穗串起来。孩子们带着月饼挂穗开心地离开了博物馆。

“民以食为天”，中国的传统节日与之对应的特有美食，是每位中国人餐桌上的“座上宾”，与幼儿的生活经验相贴近。通过尚美活动区的材料投放，从五彩的绘本图书《饺子和汤圆》、删减的《嫦娥奔月》自制图书等传统节日延伸的美食绘本故事中了解美食由来、传承等，加之幼儿组织简短的语言介绍故事内容，增加了幼儿打开传统美食这扇门的好奇心，促进幼儿的自我激励机制；月饼涂色、拼贴的简单操作更是符合小班年龄特点和学习与发展指南中美术技能和表现力的体现。

二、本土美食知多少

“笃笃笃，卖糖粥，三斤核桃四斤壳，切侬肉还侬壳……”上海的传统叫卖声响起来了，伊伊老板开始了她这一天的工作，这是一家上海本土的小馆子，里面有许多的上海饮食文化的图片，奕奕来到这里，此时伊伊老板便开始介绍了起来，“这是上海的葱油拌面，材料很简单的，只要面条和绿色的小葱就能完成，还有上海的小笼包，小笼包里面咬进去会有汤汁的，上海的早餐有豆浆和油条，油条长长的，很香……”伊伊老板讲得很好，奕奕听得也很认真，图片中还有一些小朋友认真品尝上海美食的图片，奕奕欣赏着，发现原来上海的美食有很多。

幼儿与幼儿间的本领相授最能调动幼儿在活动开展中的积极性和主动性，以此为本，从幼儿出发。上海胡同的叫卖声是本地区语言的独特性，还具有辨识性和时代性，“但闻人语响”，入耳为先的感官体验上，开启了上海本土美食的探寻之旅，驻足幼儿的目光。加之亲子之间在上海古镇中寻味本土美食的照片，亲身的体验感生动形象地促进了幼儿间的交谈，说着寻味后的感受如香香的、长长的、甜甜的、糯糯的等简单词语，看着照片中品味后的丰富表情如开心的、惊讶的、疑惑的等情感体验，情景再现式地呈现与本土美食碰撞后的心情体验，提升本土美食区域知识的开展。

三、磨制豆浆嘿咻嘿

轩轩和章章是今天豆浆店的老板，只见轩轩磨着黄豆，章章在一边加水，两人配合得很默契，因为石磨有些重量，所以在磨制时会发出“嘿咻”的声音，当然这也吸引了许多顾客来买豆浆，“你们的豆浆都是用磨磨出来的吗?”小影顾客问道，“对呀，我们都是手工制作的豆浆，可香了。”轩轩回答，“而且我们的黄豆都是经过一整个晚上浸泡的，所以磨出来的豆浆都很白。”轩轩说得诚恳，小影就点了一杯豆浆，“可是，你们只有一个味道的吗，我想喝红豆味的豆浆。”小影又疑惑到。“我们有很多种口味的，有红豆味的、香蕉味的、蓝莓味的、原味的、草莓味的，你要什么味道我们都有。”轩轩的肯定回答让小影放心了，章章磨制豆浆，轩轩将磨出来的豆浆分装到不同的杯子中，加入红色的颜料，一杯定制的豆浆完成了，小影付完钱带着豆浆离开了。

幼儿自我磨制豆浆的过程中直接了解制作方式：浸泡黄豆、研磨加水、顺时针转动上磨，直至白色的豆汁滴下来，期间还需尽量保持转动速度，石磨的自重对于小班幼儿的力量和耐力的发展是具有挑战性的，而在豆汁的出现后也更加激发了幼儿好奇心下的满足感。在豆浆味蕾的环节，又通过提供不同的颜料色素，让豆浆变色来模拟口味，将尚美活动区与角色游戏相结合，打开了多元游戏方式。自主探索与好奇心的双重挑战研磨过程，推动了幼儿的研磨之路，深切体验了一番豆浆的来之不易。

综上所述，《3～6岁儿童学习与发展指南》指出：“珍视幼儿生活的独特价值，充分尊重和保护其好奇心和学习兴趣，创设丰富的教育环境。”幼儿的生活即教育，简单的饮食从古至今延续至此，幼儿对于“吃”的饮食文化的认识仅限于饱，殊不知在“吃”的世界中数不胜数的食材都有其不同的年代遗留痕迹。至此，结合尚美中传统饮食的文化魅力开展了一系列的教育活动。

活动进程	价值分析
美食博物馆乐乐将故事讲解和做手工结合，产生“纪念品”。	“拼贴、涂色、粘贴”符合小班对于艺术活动的大胆表现的方式。
上海胡同的叫卖进行食物的推荐，吸引了幼儿的驻足。	1. 通过对物体特征如“油条长长的”描述，符合小班对于简短的语句的复述的发展。 2. 能发现不同食物特征，并且尝试用多种感官“听”“叫卖”“品”“看”等探索物体，具有初步的探究能力。
手磨豆浆的古老方式结合现代不同口味的调试推动了游戏的进行。	不同颜料颜色的加入基于生活经验并加以想象让幼儿大胆表现自我。

四、总结与反思

(一) 结合生活开展资源，了解不同的饮食文化

在传统饮食文化中从本土和非本土两方面着手，著名教育家马斯基有言："教育必须反映本民族、本地方的特色、精神、传统和特点。"如何实现了解，面对班级中不同地区的兼容性中，寻求家长资源。

1. "纸上得来终觉浅，绝知此事要躬行"，好奇、好问、好探索是幼儿的年龄特点，生活中真实的事物与现象是幼儿科学探究的生动内容，因此密切结合家园的联系，以成人的引导发掘"躬行"之力，共同寻求上海古镇、城隍庙或步行街的老字号，通过看、闻、吃、摸的感官体验直观地接触本土特色美食。亲子共育，启动家园之窗的储蓄之力，凝聚家园教育，为幼儿积累更丰富的生活经验，深入地了解本土饮食文化。

2. 因班内幼儿五湖四海的特质，所以在非本土饮食文化中，根据迥异的家庭地区背景情况，同期结合传统欢乐周活动，邀请巧手奶奶进校园展现美食制作，如汤圆(元宵)，如何将面团变成面皮？如何将馅料放进面皮又变成圆团？如何用馅料变成元宵？又如南北方差异的文化传统，口味选择上也不同，南方偏甜口、北方偏咸口，以致馅料也大为不同，汤圆是包出来的，元宵是摇出来的。一种食物的不同做法，在一同制作下了解区域间的差异性，让幼儿以小手之力去包容饮食的大魅力。

(二) 针对幼儿年龄特点创设可发展的教育环境

《指南》指出："幼儿的发展是一个持续、渐进的过程，同时也表现出一定的阶段性特征。"在推动幼儿的教育活动中应在幼儿的年龄特点基础上开展可持续发展的教育环境。基于《指南》在不同领域开展不同形式的活动教育。

1. 3～6岁幼儿处于语言发展的关键期，语言的发展可从口语交流和书面语言学习开展。结合此发展要求，根据小班"能口齿清楚地说儿歌、童谣或复述简短的故事"的语言表达方式及"能听懂短小的儿歌，或故事，会看画面，能根据画面说出图中有什么，发生了什么事情"的初步阅读理解能力的特点，开展了"传统美食相关的故事绘本""寻找美食照片"的教育形式，幼儿可以通过欣赏故事绘本中的画面来进行一个故事的猜测讲解，幼幼互动中增加对于饮食的兴趣，也可通过对于照片中美食的特征进行短句的描述介绍，如：我吃过长长的油条，可香了；我吃过圆圆的葱油饼，可香了。

2. 小班的幼儿喜欢涂涂画画、粘粘贴贴，并乐在其中，结合特点开展月饼的制作，利用涂色和粘贴的方式，选择喜欢的颜色掌握涂色的技能；利用简单的图形和线条制作汤圆，掌握画圆的方法，并且利用长短直线、曲线、点点等设计小

碗;通过黏土掌握揉搓的方式搓圆子,利用前后滚的方式制作长长的面条,并加以撕贴彩纸的方式来点缀面条的不同艺术表现形式等开展艺术活动,让幼儿大胆地表现自己。

3. 幼儿的思维特点是以具体形象思维为主,要引导幼儿通过直接感知、亲身体验和实际操作进行科学学习。小班幼儿对于“感知和发现周围物体的形状是多种多样的,能对于不同的形状感兴趣”的特点上开展活动,如看《饺子和汤圆》中,和幼儿讨论其形状,体会半圆形和圆形的不同,又如端午节饮食中的粽子是三角形、正方形等,让幼儿通过形状特征描述事物,体会生活中其他地方用到的图形。

4. 幼儿在运用语言交流时也在发展着人际交往能力、理解他人、判断交往情境的能力、组织自己思想的能力。发展着幼儿的社会适应性,幼儿可以自主选择、自由结伴开展活动,增强群体意识。

(三) 变“玩”为“学”,变“学”为“玩”

游戏是幼儿的天性,游戏反映发展、巩固发展、促进发展。将尚美活动区与角色游戏结合开展,综合小吃店、博物馆等游戏,将不同领域的技能融入其中,进行一个尝试性的学习,尝试新的游戏行为,不再是单单利用高结构食物进行游戏,而是通过自己手工制作参与游戏的创作中,如五彩汤圆、彩色青团等,将传统饮食文化贯彻于游戏中。在丰富的材料提供、多样性的活动选择中基于生活经验游戏,延伸角色游戏的创造性行为,更好地激发幼儿的主动性学习,让幼儿成为游戏的主人,尚美区的开放性材料投放能够让幼儿更好地自我表现和表达,体现自己天性和潜力的过程,快乐学习。

3～6 岁的幼儿期是重要的启蒙教育阶段,以“国风”的教育理念引领幼儿参与延展性、传承性、趣味性、丰富性的活动中去,透彻、融合、挖掘适应幼儿期的中国传统文化,推进素质启蒙教育,传中华民族智慧结晶,承悠久时代中的伟大民族精神,使优秀文化遗产代代相传。

“节节风味馆”的热闹故事

徐雯晴

小班幼儿从家庭进入幼儿园，从一个熟悉的环境到一个陌生的地方，除了需要一种生理的安全感之外，还需要一种心理的安全感，游戏则是幼儿心理成长的维生素。游戏不仅能满足孩子生理发展的需要，认知、情感、社会性发展的需要，更是幼儿自我表现、自我肯定的需要。游戏是幼儿期普遍存在的活动，是幼儿为了寻求快乐而自愿参加的活动。所以，对于低年龄幼儿，满足他们的心理需求就成为老师工作的重中之重。

节节风味馆是我们“尚美活动区”，支持幼儿开展角色游戏，通过自己的观察、观看图示等制作一些简单的节日美食。本文通过节节风味馆的活动片段，展现出幼儿的游戏行为并对其分析，总结小班幼儿在此年龄阶段所表现出的游戏行为特征和游戏心理特征，从而得出有效的引导策略，满足孩子的身心发展需求，营造宽松、温馨的师幼氛围。

一、游戏进程

镜头一：(活动时间 11 月中旬)

角色游戏开始了，点点作为节节风味馆的员工开始了自己的工作。点点先是将节节风味馆的食物装盘端到桌子上给客人们，骁骁享用完食物之后来到收银台准备付钱。“你今天吃了好多食物，要 10 元。”点点对骁骁说。骁骁拿出手机开始支付，旁边的子昂看见了，好奇地将自己的手放在收银机上乱按。付完钱之后骁骁离开了，点点又去端菜了。站在一旁的宸赫看见了，立马站在收银台旁不停地按着收银机上的按钮，看到有新来的客人之后就拿出二维码准备让小客人付钱。

幼儿对于这种自主的、摆弄性强的游戏是很有兴趣的，但是游戏水平具有很大差异，个性开朗或内向都是影响游戏水平的因素。实录中小朋友们的表现，反映了小班孩子处于操作材料自我满足的阶段。

最初，宸赫对材料不熟悉，因此他以点点为模仿对象。宸赫是一个比较内向的孩子，对社交比较恐惧，他跟在点点后面学样，也许这样他很有安全感，觉得这样不会被老师发现。接着，他不断地尝试摆弄新鲜材料和不同的小朋友一起合作游戏。慢慢地他消除了榜样意识，开始以自我为中心，在游戏时表现出了自我

心理的需求。他开始独立游戏，以自我为个体，和同伴开始了合作行为、语言交流。这时，他在游戏中，已不纯粹是模仿，而是在模仿的基础上生成了创造性游戏。

镜头二：(活动时间12月中下旬)

节节风味馆又开张了，子昂、点点、安琪作为节节风味馆的员工又开始了忙碌的工作，子昂作为厨师，有模有样地将食物放在锅里进行加工，用勺子翻炒了几下，随后找到节节风味馆的碗，将锅中的食物装在碗中；服务员点点准备等待厨师装盘完毕之后将食物端到桌子上给客人享用；客人们围成一桌，津津有味地享用着年夜饭，不时发出感叹："这个火锅可真暖和呀！太好吃了""哎哎哎，服务员我还要点菜，菜单在哪里！""来了来了，你还要什么呢？""我要勺子，服务员，勺子在哪里？"……一顿美食享用完，只见齐齐拿出手机给在收银台旁等候的安琪扫码，安琪确认收款之后齐齐才离开。

经过一个月，孩子们的游戏水平逐渐提高，他们进入节节风味馆后，已经对材料的选择有了自己的判断，并且能对材料进行分类。这说明他们已经有了粗浅的角色意识，知道所选材料的用途，用这些材料可以干什么。随着游戏的逐步开展，幼儿对如何进行角色游戏有了一定的了解，也积累了一些生活的经验，因

此在材料选择上更加有针对性、统一性。游戏的动机已不再是材料这一外在因素，而是转变成自身游戏渴望的内在因素。在观察中发现孩子们有了自己的角色后玩得更开心了，游戏常规也有所改善。

二、分析与调整

通过观察孩子的游戏行为、分析他们的游戏心理，发现孩子的游戏水平也像知识技能一样有一个自然习得的过程，当他们出现矛盾冲突时，他们会自己寻找解决的办法。小班的孩子很喜欢玩角色游戏。通过扮演不同的角色，在游戏中再现现实生活中人们的形象和活动，是培养幼儿交往兴趣与能力的一条重要途径。因此在开展角色游戏时我们要注意以下几个要点：

首先，以幼儿的兴趣为主，开展角色游戏。

《纲要》中指出："兴趣是最好的老师。"同时也是幼儿学习的动力。我们要善于发现和利用一切资源，为幼儿创造出新的角色，让他们在新的游戏里发现游戏规则和规律，在游戏中得到发挥和成长。根据幼儿的兴趣来开展游戏，幼儿不仅喜欢，也会提高他们的积极性。而且，角色游戏是发展幼儿语言的最好途径之一，幼儿在游戏中才能尽情地发挥自己、展示自己。

有了兴趣，幼儿才会更加积极地参与到游戏中，才会在游戏中学到本领。可见，幼儿的兴趣有着举足轻重的地位。因此，在游戏中，我们要注意观察与发现幼儿对哪些事情比较热衷，由此开展出各种不同的角色，从而丰富游戏的内容。

其次，发挥幼儿参与的自主性，让他们在玩中学，在学中乐。

为了在游戏中充分把权利交给孩子，我们在分配游戏角色时，没有安排角色，而是让他们自己选择。而在游戏过程中，由于小班幼儿的从一性差，我们不要求幼儿坚守岗位，如果他们不喜欢一种角色了，可以重新选择另外一种角色进行游戏，只要他们喜欢，可以扮演多种角色。尊重幼儿，让他们自己自主选择的同时，要给予他们一定的选择，让他们能向着我们所希望的好的方向发展。

幼儿只有在游戏中学习，他们才会记得清楚、学得认真；只有学习了，才能遵守游戏的规则和方式，玩得开心；在学中玩、在玩中学的角色游戏中，他们才会成长起来……同时，他们会自己创造出一些角色游戏。

最后，教师恰当参与，增进和幼儿之间的感情。

有时，我们也会亲自加入他们的游戏世界，让自己与幼儿间没有距离，使他们没有心理负担地去玩。老师的参与，可以引导幼儿学会最基本的交往能力，学会遇到问题自己商量解决。老师的参与，也会大大提高幼儿的自信心，并且教师可以在游戏中向幼儿提出一些问题，让幼儿自己尝试解决，这样幼儿在不知不觉中学到本领，还能玩得更开心。教师的参与，会拉近与幼儿的距离。蹲下来，用幼儿的视线看世界，会使教师更熟悉幼儿、了解幼儿，做到从幼儿角度去思考，一切为了幼儿，从幼儿出发……

作为我们教师又应该如何有效支持幼儿的角色游戏呢？幼儿在角色游戏中常常会出现一些预料以外的情况，影响游戏的顺利进行和游戏效果，这就需要老师及时有效地进行随机教育，引导游戏继续进行下去，一般情况下运用到以下几种情况：

当游戏内容贫乏时，需要老师画龙点睛地启发、诱导，使幼儿创造出丰富多彩的活动。比如：我带了一位“小客人”去节节风味馆，告诉他们我们需要点餐，拿起手中的菜单，我们可以对服务员说：“请问你们这里什么比较有名？招牌菜是什么呀？”服务员安琪：“中秋节的时候我们会经常吃月饼，重阳节的时候我们吃得最多的就是重阳糕了。”让游戏成为生活的一个再现，引导幼儿应该怎样招待小客人，使游戏情节丰富。

当角色之间有冲突时，老师要及时调整，使游戏有条不紊地进行。比如在娃娃家游戏中，当“客人”去“主人”家里做客，“主人”却拦住不让进门，这时老师就以“奶奶”的身份加入了游戏，让“主人”说一说为什么不让进，原来娃娃家里客人太多，坐不下了，“客人”听后说我以后再来。就这样冲突平息了，游戏又顺利地开展下去了。

总之，角色游戏要符合幼儿的年龄特点，为幼儿所喜爱。幼儿在扮演角色时，才会感觉到自己是游戏中的主人，把自己变成各种角色人物。我们要真正实现角色游戏的教育功能，才能更有力提高幼儿角色游戏水平，使角色游戏开展得更好，更有教育意义。

后　记

著名教育家陈鹤琴先生针对传统教育的弊端，吸纳新的教育理念，并结合中国化教育实践探索，最终提出了影响深远的“活教育”理论，明确指出学前教育的旨向是促进幼儿“做人，做中国人，做现代中国人”，借以强调教育应当继往开来，面向世界、面向未来。在立德树人的新时代背景下，活教育的目的论依然熠熠生辉，有着强有力的指导意义。

基于此，我园深入挖掘中华优秀传统文化的教育资源，循证探究中华优秀传统文化教育在幼儿园教育实践中的有效落实，组织幼儿开展好玩有趣、形式丰富的传统文化活动，感受传统文化中各种物质、精神之美，初步形成“我是中国人、我爱中华文化、我为中国骄傲”的美好情感。

一、中华优秀传统文化教育在幼儿园的有效落实，焦点在于“儿童发展优先”理念的践行

在立德树人的时代背景下，中华优秀传统文化教育的问题不在于“要不要做”的价值厘清，而在于“如何做”的实践探究，即如何做，才能更好地适宜幼儿的年龄特点和发展规律，才能凸显实效性。换言之，如何“儿童化”、如何践行和落实“儿童发展优先”就成为了探究的焦点。

鉴于学前教育的独特性，“儿童发展优先”已然成为人们的价值共识。所谓“儿童发展优先”包含两层含义：一是教育应当指向儿童的发展，一是教育应当适宜儿童的发展。前者强调，教育应当指向儿童的发展，促进儿童的发展，是从教育的功能、目的的角度进行厘定的；后者强调教育应当适宜儿童的发展，遵循幼儿的身心发展规律，是从教育的措施、实践的角度进行的说明。因此，我们的实践探究将一如既往地聚焦于“儿童发展优先”理念的内化和践行。

二、中华优秀传统文化教育在幼儿园的有效落实，核心在于课程建设和优化

如前所述，课程是教育的核心，为教育的开展提供了基本的抓手和实践的依

据，是教育的基础保障，具有保底、托底的功能，是提升教育质量的关键所在。因此，幼儿园必须始终把课程建设和完善作为常规性的核心工作。

同理，我们的实践探究也始终致力于课程体系的构建：目标理念的逐渐明晰，课程结构的逐渐自洽，内容资源的逐渐充实，路径策略的逐渐优化。

三、中华优秀传统文化教育在幼儿园的有效落实，关键在于教师专业发展的配套推进

教师的专业成长是课程实施有效性的关键因素，其影响力体现在对课程内涵的解读和挖掘、对课程资源的开发和利用、对幼儿特点的把握和遵循、对课程实施的评价和反思等。

简而言之，要使传统文化释放出魅力，教师必须具有良好的传统文化素养，有把握分析内容能力、有创设有效环境能力、有良好的情感表现能力，能自如地设计活动传递传统文化的内涵等。

我们的实践探究，始终着力于构建配套的教育研究机制和专业支持体系，在完善课程的过程中，紧紧抓住教师专业成长的实践要旨。

“路漫漫其修远兮，吾将上下而求索”，无论“儿童发展优先”理念的内化和践行，还是教师专业成长的推进和落实，抑或园本化课程的完善和优化，都是我们应当而且必须面对的永恒课题。我们将本着务实的态度和科学的精神，一如既往地深入探究，推进实践，优化成效。

编　者